한반도
선비들의
풍류

한반도 선비들의 풍류

펴 낸 날 2024년 3월 14일

지 은 이 김도상, 권택성, 신승원, 이대영
펴 낸 이 이기성
기획편집 윤가영, 이지희, 서해주
표지디자인 윤가영
책임마케팅 강보현, 김성욱
펴 낸 곳 도서출판 생각나눔
출판등록 제 2018-000288호
주   소 경기도 고양시 덕양구 청초로 66, 덕은리버워크 B동 1708, 1709호
전   화 02-325-5100
팩   스 02-325-5101
홈페이지 www.생각나눔.kr
이 메 일 bookmain@think-book.com

• 책값은 표지 뒷면에 표기되어 있습니다.
  ISBN   979-11-7048-669-5(03910)

풍류

한반도 선비들의

금호강 르네상스를 중심으로

김도상 · 권택성 · 신승원 · 이대영

생각나눔

목차

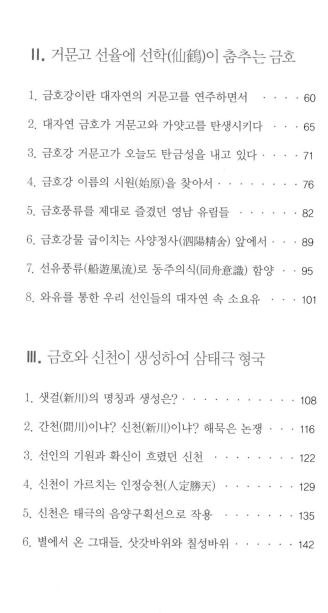

II. 거문고 선율에 선학(仙鶴)이 춤추는 금호

III. 금호와 신천이 생성하여 삼태극 형국

프롤로그

선비(족)란 '오늘날 내몽고의 다신안링(大興安嶺)을 기반으로 살았던 선인 (仙人)처럼 지혜로웠고, 비호(飛虎)처럼 용맹(仙智虎猛)하게 살았던 민족'이 었다.[1][2] 중화사상에서는 동이서융남만북적(東夷西戎南蠻北狄) 등의 폄하 표현으로 시안베이(Xiānbēi, 鮮卑)라고 했다. 한반도 한민족에게는 선인들이고 활동무대가 '대선비산(大鮮卑山)'[3]이었다는 사실을 선비의 어원상 오늘날 인정할 수밖에 없게 되었다.

우리 한민족(東夷족)에게 선비족의 정신문화는 『논어(論語)』술이편(述而篇)에서 "학문을 닦는 데(道)에 뜻을 두되, 덕행을 즐겨 행하고, 어진 마음가짐을 향상 떠나지 아니하며, 예술이란 숲속(大自然)에서 노닌다(逍遙遊)는 게 선비의 삶이다(志於道, 據於德, 依於仁, 遊於藝)."라고 했다.

여기서 예술(藝術)이란 『예기(禮記)』유행편(儒行篇)에서 6가지 예능(六藝)를 제시했는데, 바로 '예악사어서수(禮樂射御書數)'였으니, 오늘날 예절, 음악, 궁술(사격), 기마술, 서도(書道), 수리(數理) 등을 완비한 '전인적 지성인(whole intellectual person)'을 선비라고 했다.

한편, 몽골리아(Mongolia) 일부였으나 오늘날 중국 내몽고(內蒙古)의 대선비산(大鮮卑山), 대흥안령산맥(大興安嶺山脈)은 동서로 200~300km, 남북으로 1,200km, 평균 고도 1,250m이며, 2,000m가 넘지 않는 고원 초원지대로, 면적은 대략 85,000㎢, 현재 남한 면적 정도, 그 대지(大地)의 74%가 수림지대였다. 그 속에서 선인들은 호기(浩氣)로 며칠이고 종일 먹지도 않고 끝까지 말달렸던 곳이었다.

대선비산(大鮮卑山)이란 대초원을 종횡무진 달리다가 한반도라는 우리에 잠시 갇혀 있지만, 선지호맹(仙智虎猛)의 호연지기(浩然之氣)만은 간직하고 있는 조선의 선비들이었다. 그들이 유행육예(儒行六藝)라는 대자연 속에서 유유자적(悠悠自適)하면서도 소요유(逍遙遊)했던 것이 바로 한반도 선비의 풍류였다. 이는 처음에는 선도(仙道)였으나 다시 풍도(風道), 풍각(風角), 풍류(風流)로 이어왔다. 조선의 선비들은 풍류를 선유(船遊)와 와유(臥遊)까지 발전시켜왔다.

특히 금호 물길 섶에서 살았던 선비들은 단순한 뱃놀이(船遊)에 그치지 않고, 요산요수(樂山樂水)에다가 누정각(樓亭閣)을 세워 와유(臥遊) 혹은 좌유(坐遊)를 통한 지행일치의 덕행과 심성을 도야했다. 와유(臥遊)로는 관풍(觀風), 관어(觀魚), 세심(洗心), 시회욕행(詩會浴行) 등을 풍류로 고차원의 격물치지(格物致知)라는 묘각(妙覺)에 도달했다.

우리는 평소 선인들의 이와 같은 격조 높은 선비의 풍류를 구닥다리라고 평가절하(平價切下)했다. 그러나 올해 '금호강 르네상스'라는 밥그릇을 마련하는 차원에서 '맛있고 찰진 밥'으로 '선비의 풍류'를 채워야 한다는 생각을 하게 되었다. 뜻을 같이하는 몇 사람이라도 먼저 살펴보고, 수합 정리해서 이렇게 책으로 묶게 되었다. 앞으로 절장보단(折長報短)하는 후속 작업이 이어지기를 기다린다.

2024. 03.

김도상, 권택성, 신승원, 이대영

I.

거문고 선율에 밤 은하,
낮 윤슬이 넘실거리는 금호[4]

1.

새해 첫날,
천지창조의 햇살이

2023년, 새해 햇살과 같은 살가운 인정으로

지구 주변 수성(水星), 금성(金星), 지구, 화성(火星), 목성(木星), 토성(土星) 순서로 5개 항성(恒星)이 우주를 운행하고 있으나, 선사시대 농경사회에서는 목성(木星)을 기준으로 우주 시간의 흐름을 알아차렸다. 지구를 중심으로 운행되는 5개 항성이 마치 오늘  날 자이로스코프(gyroscope)처럼 돌아간다고 당시 생각했다. 지구 자전축(spin axis)을 따라 일월이 운행(日月運行)되었고, 지구를 중앙회전물체(central wheel loader)로 여기고 이렇게 돌아가는 수레바퀴의 발자국(五星輪跡)이 세차(歲次, time-flow wheel)였다. 문자 기록이 된 이후에 세차(歲次)를: i) 왕조에서는 연호(年號)로, ii) 종교에선 단기(檀紀), 불기(佛紀), 공기(孔紀, 孔子紀元), 혹은 서기(西紀) 등으로 표시했다. iii) 일반서민들은 10개(十干) 하늘기둥과 12종 땅 위 대표동물(十二支)로 만들어진 속칭 60갑자(六十甲子)라는 60(10×12×1/2)진법으로 세차(歲次, time-flow wheel)를 갑자(甲子), 을축(乙丑), 병인(丙寅)...계해(癸亥)까지 60개로 명명했다.

2023년은 속칭 60갑자(간지)의 세차로는 10번째 하늘기둥(十次天干) 계(癸)와 4번째 땅 위 대표 동물 토끼(卯)의 만남인 계묘(癸卯)년이다. 계묘(癸卯)는 60간지 가운데 40번째이고, 납음(納音, acceptance and meaning)으로는 금박금(金箔金), 자절금(自絶金) 혹은 우로사제지금(雨露砂堤之金)이다. 또한 5방색(方色)으론 갑·을(甲·乙)은 동 창룡(東蒼龍), 병·정(丙·丁) 남주작(南朱雀), 무·기(戊·己) 중앙 황봉(中央黃鳳) 경·신(庚·申) 서백호(西白虎) 임·계(壬·癸) 북현무(北玄武)로 나눔에 북현무에 해당하여 '검은 토끼(黑兎)' 해다. 이상을 종합하면, 납음(納音)처럼 '366(윤년)개의 금싸라기로 뭉쳐진 금 한 덩어리(金箔金, a lump of 366 gold-rices clumped together)'를 만들자는 기원 의지다. 하루가 작은 금싸라기와 같으나 한 해는 이들이 뭉쳐진 큼직한 황금 덩어리가 된다. 따라서 '2023년 황금 덩어리로 만들기' 과제를 누구나 받았다.

작년 코로나19(COVID19), 우크라이나 전쟁, 정권 교체, 10월 29일(이태원) 사태 등으로 지쳤던 심신을 보듬어 충전하도록 일요일부터 시작하는 올 한 해다. 새해 달력을 받아들고 보면, 윤2월로 29일이라서 366일이고, 휴일은 117일, 중요한 휴일을 짚어보면 1월 22일이 설날, 한글날과 성탄절이 월요일이라서 3일 연휴, 추석(秋夕)은 다음 날이 토요일과 겹치고, 10월 2일 휴가를 내면 6일간 '줄줄이 사탕 연가(row-of-candy leaves)'를 맛볼 수 있다. 현충일과 광복절은 화요일이라서 '퐁당퐁당 징검다리 연휴(stepping-stone holiday)'가 된다. 모두가 바라는 '코로나19 마스크를 벗어 던지는 해(the year of throwing off the COVID19 mask)'가 될 것이다. 세계 주요 선거를 보면, 1월에 체코 대선(1차 혹은 결선), 4월 30일 파라과이, 6월 18일 튀르키예(터키에서 개명), 6월 25일 과테말라에 대선이 예정되어 있다. 총선으로는 4월 2일 핀란드, 스페인, 폴란드 및 스위스에서 미확정 총선이 예정되어 있다.

계묘년, 교토삼굴(狡兔三窟)과 점입가경(漸入佳境)[5]의 한 해

1992년 4월 15일 창간한 교수신문(敎授新聞, Kyosu.net)에선 지난 2002년 올해 사자성어로 '이합집산(離合集散)'을 발표한 이후, 한 해를 대표하는 '교수신문 사자성어'를 발표해 왔다. 2003년 우왕좌왕(右往左往), 2005년 상화하택(上火下澤), 2007년엔 '나도 속았고, 국민들도 속았다(自欺欺人).' 라 했고, 2008년은 '같으면 무리 짓고, 다르면 쳐낸다(黨同伐異).', 2009년 방기곡경(旁岐曲徑), 2010년 '머리만 감추고, 꼬리는 다 드러내 보인다(藏頭露尾).', 2011년 '귀를 틀어막고 종을 훔친다(掩耳盜鐘).', 2012년 '세상을 들어보니 모두가 혼탁하다(擧世皆濁).', 2013년 '거꾸로 가면서도 뒤집어 시행한다(倒行逆施).', 2014년 지록위마(指鹿爲馬), 2015년 정본청원(正本淸源), 2016년 군주민수(君舟民水), 2017년 파사현정(破邪顯正), 2018년 '할 일은 많은 데 갈 길은 멀다(任重道遠).', 2019년 '같은 운명에 처한 머리가 두 개인 새(共命之鳥)', 2020년 '나는 맞고 남들은 틀렸다(我是他非).', 2021년 '고양이와 쥐가 같이 지낸다(猫鼠同處).'라는 사자성어를 선정했다.

2022년은 교수신문에서 올해 사자성어를 선정하지 않았다. 대한 변호사회에서는 '구름 걷힌 푸른 하늘(雲外蒼天)'⁶을 내놓았다. 중소기업 중앙회 제26대 김기문 회장은 2022년 슬로건으로 "모두가 힘을 합쳐 산을 옮기자(衆力移山)."⁷를 뽑았다. 매일경제에서는 고진감래(苦盡甘來)를 올해의 사자성어로 챙겼다. 한편, 공직 사회를 살펴보면, 전북 도청 공무원들은 "굳센 의지(인내)로 흔들리지 않는다(堅忍不拔)."를 선정하며, 소식(蘇軾)의 조조론(晁錯論)⁸까지 설명을 했다. 나주시(羅州市)는 "마음과 진실로 구하자(心誠求之)."를 선정했는데, 제왕서 대학(大學)에서 "마음이 진실로 구하면, 적중하지 못할지라도 그리 멀지 않다(心誠求之, 雖不中不遠矣)."라는 의미로 의지를 다졌다.

연말이 다가와서 2022년을 가장 잘 표현한 말로는 "방귀 잦으면 똥 싼다."라는 속된 표현이다. 한자 사자성어(四字成語)로 살펴보니, 9월 28일 강원 레고랜드(Lego Land) 사태 이후 맞물려 돌아가던 톱니바퀴와 같은 채권 시장이 잡음을 내더니 경제계에선 '설상가상(雪上加霜)'이란 말이 유행했다가 10월 29일 이태원 사고 발생 이후 '각자도생(各自圖生)'이 대세가 되었다.

2023년을 내다보면서 서울대학교 김난도 교수는 "'계묘(癸卯)년 토끼의 해답게', 즉 지혜로운 토끼는 3개의 굴을 파서 죽음에서 벗어난다(狡兔三窟)."를[9] 제시하면서 모든 경우의 수에 대비하는 위기관리를 강조했다. 삼성증권 리서치 센터 김은기 연구위원은 2022년이 설상가상(雪上加霜)의 한 해였으니 2023년은 '점입가경(漸入佳境)'의 한 해가 되도록 노력하자고 했다. 2023년 올 한해 대구광역시는 '금호강 르네상스 시대' 원년을 외치고 있다. '금호강: 가야금 선율에 밤 은하, 낮 윤슬이 춤추는 물길'이란 이름값 축복(名價祝福, value-naming celebration)이 있을 것을 확신하면서 "한밤엔 (뭇별들이) 반짝거리고, 대낮엔 보랏빛 윤슬이, 그리고도 저녁에 꼬마 새들이 날개를 퍼덕거리는 행복한 소리 가득하리라(There midnight's all a glimmer, and noon a purple glow, And evening full of the linnet's wings)."[10]라고 노래했던 예이츠(William B. Yeats)의 시 구절로 새해 축사를 대신한다.

"위험은 모가지를 비틀어야, 죽는 순간에 비로소 기회를 토해낸다(轉禍爲福)."

2023년 올해도 새해가 밝기를 기다리고 있는 위험요인으로는 코로나19 질환의 3년 지속, 남북한 군사안보 긴장 최고조, 우크라이나 전쟁 지속, 미·중 경제 전쟁 등. 마치 독사가 혀를 날름거리고 우리를 노려보고 있는 것 같다. 우리말의 위기(危機)는 '위험과 기회(crisis and opportunity)'가 혼재되어 있다는 의미다. 같은 맥락으로 "기회는 위험이란 가면을 쓰고 온다(Opportunity comes wearing a mask of risk)." 혹은 한자로 '전화위복(轉禍爲福)'인데, 입담 좋은 미국 친구 녀석은 "위험이란 놈은 사정없이 모가지를 비틀어야 죽는 순간 기회를 토해낸다(Danger ruthlessly twists its neck to vomit the opportunity at the moment of death)."라고 설명했다.

1960년대 시골 초등학교 방학 기간 중 들판에 뛰어놀다가 갑자기 소나기를 만나면 가까운 원두막에서 비를 피하자 먹장구름 사이로 번개가 번쩍거리고 천둥소리와 벼락이 떨어진다. 이때 누군가 겁 없는 나에게 '벼락 떨어진 걸 주워 먹을 놈(轉禍爲福)', 다른 사람은 '번갯불에 콩 구워 먹을 놈(千載一遇)'이라고 했다. 이것이 바로 오늘날 지구촌 사람들에게 비교하면 우리나라 사람의 특징이다.

6·25 동란 당시는 우리나라 전 국토가 전쟁의 잿더미로 지구촌의 최빈국이었다. 이에 대해 재레드 다이아몬드(Jared Diamond, 1937년생)의 저서 『총·균·쇠(Gun, Germ and Steel)』 속에선 1950년대 미국 학자들 사이에는 "한국, 필리핀 그리고 가나 가운데 최종적으로 빈국으로 남을 나라에 대해 내기를 했는데 대부분이 한국이다."[11]라고 술회했다. 이런 전화(戰禍)의 잿더미 속에서 못 배웠던 원한과 배고픈 가난을 탈피하고자 '한강의 기적(miracle of The Han River)'을 이룩했다. 그뿐만 아니다. IMF 외환위기 속에서도 광섬유 정보 고속도로를 건설했고, 벤처기업과 정보통신 산업을 통한 제2의 '세디의 기적(miracle of semiconductor & digital)'을 달성해 2021년 7월 5일 유엔무역개발회의(UNCTAD)로부터 32번째 선진국으로 분류되었다. 이와 같은 결과는 '한잠 푹~ 자고 나니 생긴 우연(consequences of falling asleep)'은 절대 아니다. 사실, 남들은 다 알아도 우리는 정작 모르고 있다. 여기서 조금도 안주하지 않고 제3의 '메버의 기적(miracle of Meta Verse)'을 준비하고 있다는 사실이다. 올해는 대구시 지도자들을 비롯한 시민 모두가 삶의 대전환 계기를 바라는 마음이다. 좀 더 말씀드리면, 사마천(司馬遷, B.C. 145 ~ B.C. 86) 『사기(史記)』의 이사(李斯, B.C. 284 ~ B.C. 208) 열전에서 이사(李斯)가 진나라 장양왕(莊襄王, 재위 B.C. 281 ~ B.C. 247)이 붕어하고, 진왕(始皇帝, 재위 B.C. 259 ~ B.C. 210)에게 천하 통일의 계기를 마련하라고, "평범한 사람은 그 기회를 놓칩니다. 큰 공을 이루는 사람은 남의 빈틈을 이용해 모질게 일을 이룹니다(胥人者, 去其幾也. 成大功者, 在因瑕釁而遂忍之)."라고 말머리를 끄집어냈다. 이어 "지금 제후들은 진나라에 복종하는 게 군현에 비유할 수 있습니다. 무릇 진나라의 강성함에 대왕의 현명함이라면 '부뚜막 위에 먼지를 쓸어내듯이 손쉽게(由竈上騷除)' 제후국을 멸망시키고, 황

제의 대업을 이뤄 천하를 통일할 수 있으니 이는 만세에 한 번 있을 기회입니다. 지금 현실에 안주하시지 마시고, 서둘러 성취하지 않으면 제후들이 다시 강해지고, 서로 모여 합종을 도모한다면 아무리 황제가 현명해도 천하를 손에 넣을 수 없을 것입니다."[12]라고 말했다. 올해는 대구시와 시민이 뭔가 대업을 시작하기를 바란다.

2.
태초 물방울이 떨어져
금호강이 흐르기까지

태초 첫 물방울이 떨어져 금호(琴湖)가 생성

지구촌에 물이 어떻게 생성되었을 까? 중학교 화학에서 물(H_2O)은 수 소 원소와 산소 원소가 결합하여 생 성되었다고 똑 소리 나게 답변한다. 그러나 과학자들은 거창하게 설명 을 한다. 2022년 2월 1일 영국 BBC 는 특집으로 "지구의 물은 어디서 얻었는가(Where did Earth get its water from)?"에서 "태양에서 멀리 떨어진 곳에선 혜성과 같은 얼음 물체에서 물 을 얻었을까? 반면에 태양에 가까운 곳에선 암석 물질의 수소 원소에서 물 이 만들어졌을까? 행성인 지구가 물을 얻을 가능성이 큰 방식은 소행성 혹 은 혜성과의 지구 충돌이다(from asteroids and comets crashing into it)."[13]라 고 주장했다. 한국수자원공사(water.or.kr) 홈페이지에선 "지구의 물은 어디 서부터 어떻게 생겨났을까?"라는 해설 사이트를 개설하고 있는데 그 설명 엔 46억 년 전, 태초에 물방울이 생성되었는데, i) '지구 내부에서 일어난 가 스 방출로 물이 생성'되었고, ii) '혜성, TNO(Trans-Neptunian Object) 혹은 소

행성이 지구에 부딪쳐 물이 생겼다.'와 다른 한편으로 iii) '지구가 생성될 당시 수십억 리터의 물이 있었다.'라는 것이다.

유치원생들도 쉽게 이해할 수 있게 60억 년 동안의 천지(우주) 창조라는 장기 작업을 '6일간 백사장에서 진흙 장난(6-days mud playing on the sandy beach)'에 비유해 구약 성서 창세기는 설명하고 있다. 지구 상에 물을 만든 과정을 "궁창 아래의 물과 궁창 위의 물로 나뉘게 하며, 궁창을 하늘로 칭했다. 저녁이 되며 아침이 되니 이는 둘째 날이었다. 천하의 물이 한곳으로 모이고 뭍이 드러나게 하며, 뭍을 땅이라 칭하고 모인 물을 바다라고 했다."[14]

"태초 첫 물방울(the first drop at the beginning)이 있었나니!"라는 구절에서 기억나는 건 2000년 12월 10일 노르웨이 수도 오슬로 시청(Oslo City Hall)에서 개최되었던 제100회 노벨 평화상 시상식에서 김대중(金大中, 1924~2009)이 수상자로 등장했다. 수상자 축하 연설에 나온 베르게 군나르(Gunnar Berge, 1940년생)는 "옛날 옛적에, 물 두 방울이 있었나니. 하나는 첫 방울이고, 다른 하나는 마지막 방울. 나는 마지막 방울이 되도록 꿈꿀 수 있었나니. 삼라만상을 초월하여 우리의 온갖 자유를 되찾는 그 물방울이었다네. 그렇다면 누가 첫 방울이기를 바라겠는가?"[15]라는 시를 읊었다. 그 시(詩)는 군나르 로알트크반(Gunnar Roaldkvan, 1951년생)이 지은 「마지막 물방울(The Last Drop)」이었다.

삼라만상이 영광스러운 마지막 끝판 왕(the final round king)으로 영광을 얻으려고 하는데 누가 첫 물방울이 되려고 하는가? 첫 물방울의 용감함을 칭송했다. 그뿐만 아니라 달구벌 금호는 '태초의 첫 방울(太初一滴)'이란 용감성으로 생성되었기에, 푸른 배추의 새하얀 속살(靑菘白裏)처럼 '가야금 선율에 밤 은하, 낮 윤슬이 넘실거리는 강물(琴湖)'로 이곳에 사는 후손들에게 '가슴 뛰게 하는 호수(heart-thumping lake)'가 되고 있다. 프랑스 에디뜨 삐아프(Edith Piaf, 1915~ 1963)의 샹송 「빠담빠담(Padam Padam)」 노래 가사를 생각하게 한다. JTBC 방송국에서 2011년부터 1년간 방영한 「빠담빠담 … 그와 그녀의 심장박동 소리」가 맥놀이(beating) 치는 '빠담빠담 금호

(Padam-padam Geumho)'의 가야금 선율을 듣고 보며 우리는 이 터전에서 대대손손 복락을 누려왔다.

금호강의 물길은 미의 여신 헤라(Beauty Goddess Hera)의 젖 국물

대구 토박이라고 하면서 금호강을 일필휘지로 그려내지 못하고 있다. 좋게 말하면 당송 8대가의 한 사람인 소동파(蘇東坡, 1026~1101)가 쓴 서림사의 노산을 바라다보며 「서림사 노산절벽을 제목으로(題西林壁)」라는 시에서 "가로질러 볼 때는 산줄기인데, 세로로 내려 보면 봉우리라니. 멀고도 가까움이, 높고 낮음에 따라서 보이는 모습마저 시시각각이로다. 여산의 참다운 모양을 알지 못함이야 단지 내가 산속 깊이 들어와 있기 때문이겠지(橫看成嶺側成峰, 遠近高低各不同, 不識廬山眞面目, 只緣身在此山中)."라는 변명을 할 수 있겠다. 너무 익숙하기에 당연하게 받아들였고, 아름다움도 진면목까지도 몰랐다.

큰마음 먹고, 여객기를 타고 대구 상공을 지나는 기회가 있어 100리 달구벌을 내려다봤다. 대구시청을 중심으로 1~4차 순환선도로(loop roads)가 마치 '네 겹 장미꽃(four-layered rose)'처럼 보였고, 남미 페루 나스카(Nazca, Peru)의 거대한 지상화(Giant Line)보다도 입체적이었다. 언제 신이 이곳에 장미꽃을 만들었단 말인가? 팔공산과 비슬산 자락에 금호강물과 낙동강 물이 만나서 두 물머리 초승달 모양 달성습지를 만들었다.

바로 위 하늘을 쳐다보면, 어릴 때(대략 50년 전)에 일본식 표현으로 은하계(銀河系)라고 했던 '우리 은하(Milky way galaxy)'의 은하수(銀河水, 미리내)가 이곳 달구벌에 쏟아져 내린다는 표현밖에 할 수 없다. 그래서 '별빛 쏟아지는 샘물(辰泉)'이었고, '별빛에 반짝이는 걸(旭水川)'이었다. 신들이 온갖 조화를 이곳 달구벌에다가 능력을 발휘해서 만들었기에 '신들이 손수 틀어 만든 축복의 둥지(神皐福地)'라는 표현까지도 아끼지 않았다. 성경(Deuteronomy)에서 가나안의 땅을 '젖과 꿀이 흐르는 땅(A land flowing with milk and honey)'이라 했듯이 '우윳빛 은하수가 금호와 낙동강을 물들일 땅'이다. 여기서 한발 더 나가면, 팔공산(八公山)과 비슬산(琵瑟山)은 미의 여신 헤라 (Beauty Goddess Hera)의 양 젖가슴이다. 그리스 신화에 의하면 제우스신 은 헤라클레스를 불멸의 신으로 만들고자 헤라가 잠자고 있는 사이에 젖을 먹게 했으나 잠에 깨어 보니 모르는 아이가 자신의 젖을 빨고 있어, 밀치자 곧바로 젖 국물이 흘러내렸다.[16] 이때 젖국물이 흘러내린 곳이 바로 금호강 과 낙동강이고, 이들 강물은 바로 헤라 여신의 젖 국물이다. 이로 인해 자자 손손(子子孫孫)을 위해 달구벌에 풍요와 번창이 기약되었다.[17]

우주 창조의 비밀을 품고 있는 금호강

옛날 시골 농촌에서 형제·자매간에 우애를 갖도록 부모님들이 타이르는 말씀이 "콩이 왜 두 쪽인지 알겠나?"에 이어 "나눠 먹으라고 그렇게 만들었 다." 하셨다. 같은 "콩 두 쪽(二太極)"을 동네 서당 훈장님께서 우주 생성 원 리 태극(太極)에 대해 "콩 한 쪽은 양(남성)이고, 다른 한쪽은 음(여성)이다(太 裏二極, 一極則陽, 餘極則陰)."라고 설명했다. 오늘날 생명체 발생학(embry-ology)에서 난할(卵割, cleavage)은 초기 배아에서 일어나는 세포의 분할을 말한다. 난할 과정에서 하나의 커다란 세포인 접합자의 세포질을 할구(割 球, blastomere)라고 한다. 수정란(硫黃) 할구 분열은 약 30시간 이내 세포 가 둘로 분열, 3일이 지나면 수정란은 자궁 내로 들어와 세포 수는 12~32 개 되어 착상 단계에서 착상까지 약 250개의 세포로 쪼개진다. 세포 분열의 주기에도 S기(DNA합성)와 M기(유사분열)의 모양새를 보여준다.

이와 같은 생명체의 발생학 원리를 몰랐던 선인들은 이미 우주 생성 원리 를 '콩 두 쪽(二太極)'과 '콩 세 쪽 겹잎(三太極)'으로 주역을 비롯한 동양 역학을 이해했다. 심지어 우리나라 태극기(太極旗)의 태극에 S자 모양의 이태극(二太 極) 분열과 태극선(太極扇)의 나선형 삼태극(三太極) 분열을 그렸다.

달구벌은 중생대 경상북도를 포함한 거대한 경상누층군(慶尙累層群)의 분지(경상 호수)에 속했다가 신생대로 접어들면서 수성 퇴적층이 15m가량 쌓임으로써 지면 고저 차이로 생성된 분수령에 의해서 실개울과 금호 호수가 생겨났다. 물길 사이에 초승달 모양의 선상지가 생겨나서 농경지로 이용되었다. 이렇게 분할되는 모습이 수정란의 할구 분열(난할)을 닮아있어 S자 모양의 2태극, 태극선의 3태극에서 다양한 다태극(多太極)으로 분할되었다.

금호강(琴湖江)은 포항시 죽장면(竹長面) 가사봉(佳士峰)의 가사고개(佳士嶺, 500m/sl)를 분수령(分水嶺, divide)으로 발원해 대구광역시 달성 습지 두 물 머리까지 116km를 흐르는 동안 달구벌 분지를 S 모양으로 양분시키면서 100리 벌을 다 적시면서 흘렀다. 금호(琴湖)란 명칭은 경북지명유래총람(慶北地名由來總攬)[18]에선 '바람이 불면 강변의 갈대밭에서 비파(琴, 중국 악기)소리가 나고 호수처럼 물이 맑고 잔잔하다(風蘆琴聲, 湖心淸靜).'라는 의미에서 지었다고 한다.

금호강의 물길은 기록상으로 임진왜란, 일본 제국 시대의 시가지 개발을 위한 수리직강공사(水理直江工事), 1904년과 1959년 9월 12일 두 차례에 걸친 사라(Sarah)호 태풍 등으로 많이 변모했다. 신라 시대 백리 달구벌을 S자 모양을 흐르는 금호강의 모습을 본 최치원(崔致遠, 857~909)은 909년 10월『신라호국성수창군팔각등루기(新羅壽昌郡護國城八角燈樓記)』에서 "남쪽으로 가자. 개울에 있는 한 여인이 시야에 들어와서 '눈을 비비고 볼 정도로 왜 이다지도 수려합니까?'라고 묻자 보살(優婆夷)처럼 보이는 여자분이 '이곳이 바로 성스러운 곳이지요(是處是聖地也).'"[19]라고 대답했다고 적고 있다.

1597년 정유재란에 자식을 데리고 두 번째 참전해서 종전 후 귀화하여 경상도병마사의 보호 아래 경상도병영에서 선화당(宣化堂)이란 거주지를 마련했던 두사충(杜師忠)은, 두 아들에게 "이 집터는 하루에 천 냥이 나오는 명당(一天出一千兩的位置)"이라고 말했다. 그 뒤 1601년 안동에서 대구로 경상감영이 이전됨에 따라 선화당이 경상감사의 감영 집무실로 정하자 계산동으로 옮겨 정착했다. 이와 같은 기록은 매일신문사 인근 '두사충 뽕나무

밭' 안내판에서 "두사충은 풍수지리에 밝아 '하루에 천 냥이 나오는 자리'에 집터를 짓고 살았다(杜師忠精通風水, 在一天出一千兩的位置, 建造房屋居住)." 라고 적혀 있다. 풍수지리에 정통했던 두사충이 경상감영의 선화당 자리를 속칭 '하루 천 냥 명당'으로 봤던 단서는 i) 금호강(혹은 신천)이 달구벌을 이태극(二太極)으로 분할하고 있고, ii) 음극의 핵(陰極之核)에 해당하는 지점을 바로 경상감영의 자리로 봤다. 마치 어릴 때 학용품을 사겠다고 하면 할머니는 계란을 몰래 손에다가 쥐어 주면서 "우리 손자에겐 암탉 똥구멍이 한국은행이지."라고 하신 말로 되짚어보니 두사충이 "하루에 천 냥 돈이 나오는 길지(一天千兩吉地)"라고 했던 예언이 가능했었다.

3.
밤 은하수 광채와 낮 윤슬이
금호에 가득했었다

직경 150km 경상 호수의 자존심 금호

　달구벌 호수의 모태는 중생대 경
상누층군의 경상분지에서 물이 고여
서 형성되었던 경상 호수가 짧은 지
름(短徑)이 150km(長徑 250km)가 넘
었다. 한반도에서 최대 호수였기에 중
생대를 군림했던 지구촌의 모든 공

룡이 이곳으로 다 모였다시피 우글거렸다. 조산 활동(화산 폭발, 융기 및 침강
등)과 침식작용으로 거대한 경상 호수에도 침식 퇴적층이 15m나 쌓이자 호
수는 반경 40km 내외 좁아져 달구벌 호수로 변모했다. 이에 따라 공룡들
은 적자생존을 위해서 새로운 한반도의 저습지를 찾아서 흩어졌고, 6천5
백만 년쯤에 혹성과의 충돌로 공룡이 멸종되기까지 최적 서식지였던 달구
벌 호수(達句伐湖水)도 화산 활동으로 좁아져 금호(琴湖)만 남았다. 화산 활
동으로 인한 재해를 피해 전남 보성(寶城)에서 다시 경남 해남(海南)으로 마
지막 피신지로는 군산을 거쳐 경기도 화성(華城)거랑에까지 갔다. 그럼에도
그곳엔 화산폭발의 열과 열악한 환경으로 산란했음에도 부화가 되지 않았

고, 설상가상(雪上加霜)으로 먹거리마저 없어져 마지막 운명을 맞이했다.[20] '화려한 공룡의 성스러운 최후(華龍聖終)'가 반영되었는지 1794(정조 18)년 화성(華城)을 축조하면서 장자(莊子 天地篇)의 '화인축성(華人祝聖)' 고사를 벤치마킹해서 화성(華城)으로 명명하였다. 동아시아(East Asia)에서 제15위 캄보디아 톤레사프(또레삽)보다도 더 큰 경상호수(慶尙湖水, Kyeong-sang Lake)였다. 이곳이 아침 햇살을 받아 하루를 밝혔기에 주변에서는 아사달(阿思達, 아침 해 뜨는 땅), 조선(朝鮮, 아침 해 뜨는 신성함) 혹은 욱일승천(旭日昇天, 아침 해가 솟아오르는 하늘) 등으로 칭송했다.

그뿐만 아니라 저녁 하늘의 온갖 별들이 쏟아져 내리는 경상호수를 보고 은한(銀漢, 은하수가 어린 큰물), 천한(天漢, 하늘이 비취는 큰물), 천하(天河, 하늘이 빠진 큰물), 혹은 운한(雲漢, 구름이 떠다니는 신비스러운 큰물)이라고도 표현했다. 경상호수는 하늘에 생긴 자연현상을 그대로 반영하여 마치 미술 작품으로 말하면 '하늘의 데칼코마니(Decalcomanie of Heaven)'였다. 이와 같은 신비함은 달구벌호수(Dalgubol Lake)에다가 투영되었다. 삼한 시대 때는 신성한 추수 감사 축제였던 아침 신시(朝市)를 이곳에서 열었다. 달구벌 호수는 조선 시대에서는 금호(琴湖, Keum Lake)로 축소되어 서거정(徐居正, 1420~1488)은 오늘날 달성십경(達城十景)에 '금호범주(琴湖泛舟)'라는 한 폭의 동양화 같은 시제(詩題)를. 아마도 동촌(東村, 오늘날 동촌 유원지) 구룡산(九龍山) 기슭, 운무(雲霧)에 싸인 아양루(峨洋樓) 위에서 시상을 떠올렸을 것이다.

단 하루 동안 금호(호수)에 펼쳐지는 그림들을 대략 스케치한다면 i) 먼동이 트기부터 아침 햇살에 빛나는 황금빛 아침노을(morning glow at the dawn to sunrise), ii) 한낮 햇살을 받은 잔잔한 물결들이 수많은 옥구슬처럼 반짝거리는 윤슬(sun-glitter at noon), iii) 석양(해넘이)에 어둠이 깔리기 전 온 호수를 물들이는 보랏빛 저녁놀(evening glow at sunset and before darkness), iv) 어둠이 호수 위를 덮으면 하늘 거울이 된 양 은하수별들이 쏟아져 내린 광채(star-glitter from heaven's galaxy)를 모두 보듬어 안게 된다.

금호(琴湖)를 한마디로 표현하면, 시인이 아니더라도 "별들의 호수(lake of stars)이고, 아침·저녁놀의 호수(lake of sunrise and sunset glow)다. 그리고 한낮 물비늘의 호수(sun-glitter lake at noon)다."

금호에 비친 밤하늘의 별을 보고 덥석 주저앉아 한탄했던 시경(詩經)의 시 한 구절을 소개하면 "아~아~, 하늘 은하수, 바라다보니 유난히도 빛나네. 저쪽 직녀성(織女星) 찾아보니, 하루에 일곱 자리나 옮겨가네. 일곱 자리 옮기지만, (직녀답게) 비단 무늬 못 짜네. 다른 쪽 견우성(牽牛星) 쳐다보니 수레 상자를 끄지 않네. 동쪽 하늘에 (금성이) 뜨면 새벽별(啓明星)이라 하고, 서쪽 하늘엔 개밥바라기별(長庚星)이라고 한다네. 휘우듬한 천필성(天畢星)은 뭇별 속에 담겨 있을 뿐. 아~ 아~, (풍년을 안겨다 준다는) 남쪽 키별(南箕星)이 있건만, (가뭄에 흉년 농사라) 키질하여 날려 보낼 껍데기조차 없다네. 아~ 아~, (국자 모양의) 북두성(北斗七星)이 있건만, 술이고 물이고 국자로 떠먹을 게 하나도 없다네. 아~ 아~, 남쪽 키별(箕星)이 있건만, 뭐라도 잡히면 삼킬 듯이 혀까지 내밀었네. 아~ 아~, 국자 모양 북두성이 있건만, (아예 못 잡도록) 자루마저 서쪽으로 돌려 버렸네."[21]라고 우리의 선인들은 읊었다. 금호는 "달이 천필성(天畢星)에 걸려있으니 비가 내려도 세차게 내릴 것입니다(月離於畢, 俾滂沱矣)."[22]라고 희망을 이야기했다. 남쪽 키별의 벌어진 모습을 보고, "조금만 입을 벌리면, 남쪽 키별처럼 까불어대니. 남을 헐뜯는 저 사람들은 누구와 더불어 음모를 하겠는가?"[23]라고 세상 무서움을 다시금 느끼게 했다.

금호의 밤하늘을 보고 이렇게 노래했겠지?

조선 시대 민속 화가였던 신윤복(申潤福, 1758~생몰 미상)의 「월하정인(月下情人)」 그림을 보면 김명원(金命元, 1534~1602)의 칠언절구 한시가 적혀 있다. 어설픈 해석을 붙인다면 "삼경 깊은 밤, 창밖엔 가랑비 내리는데, 두 사람의 마음은 두 사람만이 알 것인데. 사랑의 즐거움이 미흡한지, 하늘이 밝

아오네. 다시금 비단적삼 잡고 훗날 기약을 묻는다네(窓外三更細雨時, 兩人
心事兩人知, 情未洽天將曉, 更把羅衫問後期)." 같은 맥락에 사설시조가 있으
니 "창외(窓外) 삼경 세우시(細雨時)에 양인심사양인지라, 신정(新情)이 미흡
한데 하늘이 장차 밝아온다. 다시금 나삼을 부여잡고 훗기약을 묻더라." 서
정주(徐廷柱, 1915~2000)는 「동천(冬天)」에서 "내 마음속 우리 님의 고운 눈
썹을. 즈믄 밤의 꿈으로 맑게 씻어서, 하늘에다 옮기어 심어 놨더니. 동지섣
달 날으는 매서운 새가, 그걸 알고 시늉하며 비끼어 가네."로 월하춘정(月下
春情)을 노래했다.

2006년 제2회 정가경창대회에서 「흥보가」로 국가중요무형문화재 제30
호에 지정된 이수자(가객 예찬건) 님의 '영제사설시조 100곡(앨범)'에 수록된
「창외삼경세우시(窓外三更 細雨時)」에는 "창외삼경세우시에 양인심사(兩人
心事) 깊은 정(情)과 야반무인사어시(夜半無人私語時)에 백년동락(百年同樂)
굳은 언약(言約), 이별(離別)이 될 줄 어이 알리. 동작춘풍(銅雀春風)은 주랑
의 치소요, 장신추월(長信秋月)은 한궁인(漢宮人)의 회포(懷抱)로다. 지척천리
은하(咫尺千里銀河)는 사이허고. 오작이 비산허니 건너갈 길 바이없고, 어안
이 돈절(頓絶)하니 소식(消息)인들 뉘 전(傳)하리. 못 보아 병(病)이 되고, 못 잊
어 원수(怨讐)로다. 가즉히 석는 간장(肝臟) 이 밤 새우기 어려운저."로 이어
지고 있다. 일본에서 최근 유행하고 있는 하무마키 고한(はるまきごはん)의
「은하록(銀河錄, Gingaroku)」 노래 가사에서도 "… 가까이 가면 멀어지는 빛,
옅은 오렌지빛이 어두워져서, 울어버리는 이유를 침묵하는 이유를, 알고 싶
어지는 까닭은, 웃어주는 것 같은 마법 같은 말, 은하는 숨기고 있으니까 그
래(近づいたら　遠ざかるライト, 淡いオレンジ　暗くなって. 泣いてしまう理由を
口を閉ざす理由を 知りたくなるわけは, 笑ってくれるような　魔法みたいな言葉, 銀
河は隱してるからさ)…"[24]

1960년대 국민(초등)학교 교과서에 「의좋은 형제」로 실렸던, 고려 시대 금
호 주변 성주 땅에 이만년(李萬年), 이억년(李億年), 그리고 이조년(李兆年) 형
제는 빈곤한 가계를 꾸며가면서도 형제 우애가 두터웠다. 막내 이조년(李兆

年, 1269~1343)은 고려의 원종에서 충혜왕까지 문신이고, 시인이며, 매운당과 백화헌 호를 가졌던 학자였다. 그가 쓴 "이화(梨花)에 월백(月白)하고 은한(銀漢)이 삼경(三更)인 제 일지춘심(一枝春心)을 자규(子規)야 알랴마난 다정(多情)도 병(病)인 양(樣)하여 잠 못 들어 하노라."가 새삼 기억난다. 조선시대 정조 때 신위(申緯)의 문집『경수당전고(警修堂全藁)』오악부(小樂府)[25]에 이조년의 시조가 칠언절구로 한역되어 올라왔다.

끝으로, 영남 유생 연암(煙巖) 이좌훈(李佐薰: 1753~1770)[26]은 5살 때에 금호강물에 비춰진 「뭇별들이 흐르는데(衆星行)」라는 시가『연암유고(煙巖遺稿)』에 남아있는데, "밤은 깊어만 가는 푸른 달빛 아래, 뭇별들은 곳곳에서 휘황찬란히 빛나는데. 작은 구름이 (저 많은 별들을) 덮겠다고? 초하루 차가운 밤바람이 불어오니 별빛 더욱 유난하구나. 은하수 진주 알이 무려 삼만 섬은 되겠네. 파란 유리 하늘에 모래 알알이 쏟아지듯이. (이걸 보니) 가슴에 상처 딱지 하나 없이 떨어져 버리네. 원래의 기운을 찾아 더욱 힘을 내라고(群芒起虛無, 元氣乃扶持) …."로 시작해서 "이런 하늘의 이치를 누구 주인이 되어 펼치는지? 내라도 곧바로 하늘에 물어봐야지(天機孰主張, 吾將問化翁)."라고 끝맺고 있다.[27] 1801년 4월 8일, 서대문 네거리에 참수형(斬首刑)을 당했던 이승훈(李承薰, 1756~1781)의 6촌 형이었다.

4.
금호 갈대밭, 바람 소리,
새 노래, 갈대풀피리 섞여 넘실

갈대가 손짓하고, 노래하는 금호강

갈대(蘆葦, reed)란 물 섶에 자란 가로 풀을 칭하며, 여기서 갈이란 ᄀᆞ룸, 강, 거랑(걸), 호수 혹은 강을 칭하는 말이다. 가로 풀(대)이란 문발, 울타리, 갈대떼배(葦舟), 지붕 이영, 삿자리(시신을 싸는 갈대 자리) 등으로 다양하게 사용한다. 선비들에게는 갈대 붓(葦筆, reed pen), 갈대 피리(葦箸) 등을 만들었다. 갈대 마을 혹은 갈마(강섶 마을), 갈대밭, 노위(蘆葦, 북한어론 로위), 가로(삿자리용 갈대)밭 등이 갈대에 연유하고 있다. 강(개울, 걸, 거랑, 거렁 등)을 가람(ᄀᆞ룸)이라고 했으며, 한양 한강을 한가람이라고 했다. 불교사찰을 승가라마(僧伽羅摩)의 준말 가람(伽藍)이라고도 한다. "삼천 대천 세계 안팎에 있는 산이며 수풀이며 강이며 바다며(三千大千世界 안팟긔 잇ᄂᆞᆫ 뫼히며 수프리며 ᄀᆞ루미며 바ᄅᆞ리며)."는 1447년 발행된 『석보상절』(19:13)의 구절이다. "강 위에 또 가을빛이로되 불같은 구름은 끝내 움직이지 아니하도다(ᄀᆞ룸 우희 쏘 가ᄋᆞᆳ 비치로ᄃᆡ 블 ᄀᆞᆮᄒᆞᆫ 구루믄 ᄆᆞᄎᆞ매 옮디 아니ᄒᆞ놋다)."는 1481년 간행된 『분류두공부시언해(分類杜工部詩諺解)』초간본(25:25) 구절이다.

금호ㄱ룸(琴湖江) 섶에는 갈대가 대구 사투리로 '천지삐까리'였다. 금호 섶 노곡(魯谷)을 조선 시대 문헌에서는 '갈골(蘆谷)'이라고 했다. 갈대는 그리스 신화에서 "거인 포리페모스(Polyphemos)가 바다의 신인 갈라티아(Galatia)를 사랑했는데, 어느 날 포리페모스는 목동 아키스의 품에 갈라티아가 안겨있는 꿈을 꾸자 질투에 불타 그날 그를 살해했다. 갈라티아는 아키스의 피를 강물로 바꾸었는데 이때 아키스의 모습이 강물에 비치자, 갈라티아가 만져보려고 손을 뻗는 순간 어깨에서 갈대가 돋았다고 한다."[28] 또한 갈대 피리를 처음 연주한 사람은 사티로스 판(Satyr Pan)이었습니다. 판이 아름다운 요정 시링크스(Syrinx. 갈대라는 뜻)를 쫓아가 그녀를 끌어안으려 하자, 판(Pan)을 좋아하지 않는 시링크스(Syrinx)는 강의 신들에게 기도했고 사랑스러운 갈대로 변해버렸다.[29] 이 정도의 그리스 신화에 비하면, 금호(琴湖)의 연유를 "바람이 불면 강변의 갈대밭에서 비파(중국 악기)소리가 나고 호수처럼 물이 맑고 잔잔하다(風蘆琴聲, 湖心淸靜)."라는 표현은 너무 사실적이다.

『삼국사기(三國史記)』에는 고구려 봉상왕(烽上王)을 폐위시키고 을불(乙弗)을 옹립할 때, "국상(國相) 창조리(倉助利)가 가을 9월에 후산(侯山)의 북쪽 사냥터에서 뒤따르던 사람들에게 마음을 같이하는 자는 내가 하는 대로 하라고 하면서, 갈대잎(蘆葉)을 모자에 꽂으니 사람들도 모두 따랐으므로(與我同心者.效我乃以蘆葉揷冠. 衆人皆揷之, 助利知衆心皆同), 마침내 왕을 폐하고 미천왕을 옹립하였다."[30]

사랑하는 연인과 사이를 막고 있는 갈대밭으로 안타까움을 노래한 "짙푸른 갈대, 흰 이슬 서리가 되었다. 내가 말하는 그분, 강물 저 한쪽에 계시네. 물결 거슬러 올라가 그분을 따르려 해도, 길이 험하고도 멀도다. 물결 거슬러 헤엄쳐 그분을 따르려 해도, 희미하게 물 가운데 계시네. 무성한 갈대, 흰 이슬에도 아직 마르지 않았다. 내가 말하는 그분, 물가에 있다. 물결 거슬러 올라가 그분을 따르려 해도, 길이 험하고 비탈졌네. 물결 거슬러 헤엄쳐 그분을 따르려 해도, 멀리 모래섬 가운데 계시네. 더부룩 우거진 갈대, 흰 이슬에 아직도 마르지 않았다. 내가 말하는 그분, 물가에 있다네. 물결 거슬러 올라가 그분을 따르려 해도, 길이 험하고 오른쪽으로 돈다. 물결 거슬러 헤엄쳐 그분을 따르려 해도, 멀리 강물 속 섬 가운데 계시네(遡洄從之, 道阻且右. 遡游從之, 宛在水中沚)."[31] 또 다른 하나는 아무리 멀다고 해도 갈대 떼배(葦舟) 하나로도 충분히 갈 수 있는데 "누가 황허가 그렇게도 넓다고 했던고? 갈대 배 하나로도 항해할 수 있는데(誰謂河廣 一葦杭之), 누가 송(宋)나라가 그렇게 멀리 있다고 했던고? 발뒤꿈치를 들고서 보면 바라다 보이는데."[32] 이와 같은 호연지기를 두보는 "중흥의 여러 장수들이 산동을 수복하고, 승전보가 알려지니 밤도 낮처럼 밝았네. 황하가 듣기로 넓다지만 갈대 배를 타고 건넜다니, 오랑캐 놈의 운명도 쪼개지는 대쪽 신세로구나(中興諸將收山東, 捷書夜報淸晝同, 河廣傳聞一葦過, 胡兒命在竹中)."[33]라고 표현했다.

　조선 시대 해변에서는 염전이고, 저습 지역에서는 갈대밭(蘆田)에서 부평초 같은 민초들이 생계를 의지했으니 i) 먹거리론 어린 순(葭筍)과 뿌리를 김치, 삶은 나물, 갈대 밥, 그리고 약용으로는 해독제와 토사광란의 특효약으로, ii) 갈대 줄기로는 밥 고리, 채반, 함(상자), 삿갓, 초립과 백립 등을 만들었으며, iii) 갈대꽃 이삭으로는 방비자루(房掃), iv) 동서양을 막론하고 갈대로 악기의 리드(reed)를 만들었기에 동양에 태평소, 향피리에서 서양에서는 오보에, 색소폰 등의 피스(piece)로 제작했다. v) 수염뿌리(염근)는 잘게 쪼개서 붓(葦筆)을 만들거나 무명천에 풀(밀가루 혹은 감자 가루) 먹이는 풀 솔, 밥솥 씻는 솥솔, 우마 등 가축의 등짝을 긁는 등솔을 만들었다.

　명종 11(1556)년에는 노전(蘆田)을 내수사(內需司)에서 관할하면서, 노전세(蘆田稅)를 부과했으며, 다 가꾸어 채취할 때도 절수(折受)라는 명목으로 또 다시 돈을 내라고 했다. 이렇게 돈 뜯기가 극심해지자, 철원(鐵原)에서 노전으로 먹고 살았던 임꺽정(林巨正, 생년 미상~1562)이란 혈기왕성한 젊은이에게 노전세(蘆田稅)에다가 절수까지 착취하는 작태를 당하자 임꺽정 민란이 일어났다. 이와 같이 썩어 문드러짐을 정약용(丁若鏞, 1762~1836)은 「애절양(哀折陽)」이라는 시 첫머리에 "갈밭 마을 젊은 아낙 길게도 길게 우는 소리, 관아 앞문에까지 달려가 통곡하다 하늘 보고 울부짖네(蘆田少婦哭聲長, 哭向縣門號穹蒼)."[34]

금호의 명칭 유래에서 '비파소리'라는 표현을 오늘날 같으면 '가야금(거문고) 소리'로 표기했을 것인데 당시는 그렇게도 중국에 대한 사대사상(事大思想)에 사로잡혔는지? 앞으로는 더 나아가 '갈대풀피리(葦草笛) 소리' 혹은 '갈대피리(葦笛) 소리'로 표현함이 바람직하다. 1922년 김소월(金素月, 1902~1934)이 쓴 동시 「엄마야, 누나야, 강변 살자」에서 "뜰에는 반짝이는 금모래 빛, 뒷문 밖에는 갈잎의 노래(The light of golden sand in the yard, the song of reed leaves outside the back door)"처럼 '갈잎의 노래(song of reed leaves)'로 적었다면 좋았을 것이다. 강소천(姜小泉, 1915~1963)이 1937년도 발표한 '소풍(逍風)'이란 동요는 "단풍잎이 아름다운 산으로 나가자! … 들국화 향기로운 들로 나가자! 갈대가 손짓하는 들로 나가자! 금잔디에 누워서 하늘을 보면, 벌레소리 들려오는 들로 나가자!"에서 "갈대 잎이 손짓하고, 별빛이 유혹하는 금호(Kumho's reed-leaves beckon, its starlight tempts)."라는 표현도 있다.

갈대풀피리(갈대피리)[35] 소리에 물결이 춤추는 금호강

동서양을 막론하고, 태초에 예술은 갈대밭에서 새들 노래를 듣고 인간은 시를 짓고 노래를 했다고 한다. "바람 소리결 흥에 취한 새들도 노래하는데 갈대인들 가만히 있을 수 있겠는가? 갈대밭에 인간인들 갈대라도 꺾어서 피리를 불었노라(Birds intoxicated with the sound of the wind sing, but can the reeds stay still? In the reed field, humans broke even reeds and blew the flute)." 이렇게 갈대피리(葦笛, reed-flute)가 탄생되었고, 갈대피리 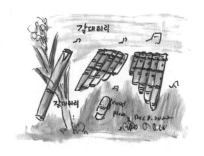 (reed)를 기반으로 서양에선 클라리넷, 색소폰, 오보에, 바순, 백파이프, 목관악기용 리드(reed)가 만들어졌다. 갈대피리는 동서양을 막론하고 악기의

시작점이 되었다. 매년 연말에 듣는 표트르 일리치 차이콥스키(Pyotr Il'yich Tchaikovsky, 1840~1893) 「호두까기 인형(Nutcracker)」의 '갈잎피리(내시피리 혹은 양파피리)의 춤(Danse des Mirlitons)36'를 이끄는 갈대 피리(reed flute)의 앙상블을 들었을 때 더욱 신묘함을 자아내었다. 마치 금호강변에서 가을 갈 대 스치는 소리를 닮아있었다.

금호(琴湖)에 살았던 선인들을 생각하면, 기원전 3,000년경에 수메르인 (Sumerian)들은 걸쭉한 맥주를 거르지 않고 갈대 빨대(reed straw)로 빨 아 마셨다. 오늘날 대영박물관에서 전시하고 있는 B.C. 25,000년, 고대 아 시리아(ancient Assyria) 부조(浮彫)엔 병정들이 잠수함처럼 양가죽 배를 타 고 바닷속으로 잠수할 때는 갈대로 숨을 쉬는 모습을 새겨놓았다. 고대 이 집트 나일 강 섶에 살던 사람들은 갈대 뗏목 배(reed boat)를 이용해 고기 잡이를 했으며, 오늘날도 폴리네시아(Polynesia), 칠레(Chile) 등지에서도 사 용되고 있다. 기원전 1440년 경 이스라엘 지도자 모세(Mose)가 이집트로 부터 민족대이동(Exodus from Egypt)을 위하여 인도했던 갈대 바다(蘆海, Reed Sea, Yam Suph)37를 후세 사경작업(寫經作業)을 하던 수도사들이 갈 대(reed)에서 이(e)를 빼먹는 바람에 오늘날 홍해(Red Sea)로 만들어 버렸 다. 갈대 바다(Yam Suph)라는 히브리어 성경에서는 20회 이상 나오며, 1611 년 킹 제임스 성경(Authorized King James Version of the Christian Bible) 이 후 갑자기 홍해(紅海, Red sea)로 표기되기 시작했다.

갈대에 대해서 신·구약 성경에 나오는 구절이 19군데나 된다. 그 가운데 몇 개를 추린다면, "습지가 아니고서 파피루스 갈대(papyrus)가 자랄 수 있 겠는가? 물 없이 꼴풀들이 자랄 수 있겠는가?"38 "불에 탄 땅이어야 물웅덩 이가 생기고, 메마른 땅이어야 샘물을 솟아오르게 하며, 자칼의 은신처에 서는 짓이겨진 풀들이 갈대와 꼴풀이 된다."39, "너희가 뭘 보려고 광야에 나 갔느냐? 바람에 흔들리는 갈대들이냐(A reed shaken by the wind)?"4041, "내 가 택하는 이 같은 금식, 사람이 자기를 겸비하게 하는 날이냐. 갈대처럼 고 개를 숙이는 것이냐(Is it for bowing one's head like a reed)?"42 그리고 마지막 연약한 갈대이지만 희생의 가치가 있다면 "연꽃 아래 깔려 있는 갈대는 은밀히도 늪에 눕도다(Under the lotus plants he lies down, In the covert of the reeds and the marsh)."[43]

잘랄알딘 루미(Jalal Al-Din Rumi)의 「갈대 피리의 노래(Reed Flute's Songs)」의 몇 구절이 회상되어 여기에 적어본다면, "몸은 영혼으로부터 숨겨져 있지 않고, 영혼은 또한 몸으로부터 숨겨져 있지 않건만, 그러나 그 어떤 사람도 영혼이란 것을 본 적이 없다네(Body is not veiled from soul, neither soul from body, Yet no man hath ever seen a soul).", "이 갈대 피리의 이 구슬픈 소리는 단순한 공기 떨림이 아닌 불이라네. 이 불이 없는 자는 죽은 것으로 여겨지리라(This plaint of the flute is fire, not mere air. Let him who lacks this fire be accounted dead)!", "그 누가 이 피리 같이 독물이고 해독제를 봤던가? 누가 이 피리처럼 동정심 많은 위로하는 사람을 봤는가(Who hath seen a poison and an antidote like the flute? Who hath seen a sympathetic consoler like the flute)?" 그리고 "탐욕스런 갈망의 주전자는 결코 채워지지 않는 법, 조개껍데기는 그보다 큰 진주를 그 안에 머금지 못하듯(The pitcher of the desire of the covetous never fills, The oyster-shell fills not with pearls till it is content), 오직 사랑의 격정으로 옷을 갈아입은 사람만이 탐욕과 죄로부터 온전히 순하다네."[44]

오늘날에도 페루(Peru) 푸노 안데스 산 4,000m/sl 산정호수 티티카카(Lake Titicaca, Urus Islans)에선 갈대 순을 먹는 건 물론이고, 집도 학교까지도 온통 갈대로 만들고 살아간다. 이런 갈대밭(reed field)이란 대자연 속에서 살았던 사람들은 갈잎의 노래를 절대로 잊을 수 없다. 혼연히 떠나버리는 영혼마저도 떠날 때는 몇 번이고 뒤를 돌아본다(Even the soul that leaves in confusion looks back several times when it leaves).

5.
천지창조의 대서사시가
금호강물이 되어 흘렀다

팔공·비슬을 두 손으로 보듬은 금호강물

달구벌 분지를 한 폭의 동양화처럼 스케치한 표현으로는 이중환(李重煥, 1690~1756)이 『택리지(擇里志)』에서 "대구는 경상감영이 있는 곳으로, 산이 사방으로 높게 둘려 싼(山四方高塞), 그 항아리 가운데에 펼쳐지고 있다(在其盆中散). 그 가운데를 금호강이 동쪽에서 서쪽으로 흘려 낙동강으로 유입되고 있다(其中琴湖東西流入洛東). 관아(慶尙監營)는 금호강 뒤쪽에 있고, 경상도의 한복판에 위치한 셈이다. 남북으로 가로(街路, 골목)가 나 있으며, 산세와 물길이 좋아 도회지(都會地)가 형성되었음."45 금호(琴湖)는 달구벌의 흥망성쇠를 묵묵히 지켜만 봤다. 이곳을 살았던 선인들은 금호를 두고 '물을 얻으면 승천할 금호잠용(得水昇天之琴湖潛龍)'이라고 믿었다. 마치 삼국지(三國志)에선 후한헌제(後漢獻帝) 건안(建安) 때에 백성들 사이에 떠돌아다녔던 민요 "89년간 국운쇠망이 기울어지기 시작하자. 13년간에 흔적조차도 남지 않게 되었다네. 마침내 천명(天命)을 다해 하늘로 사라져야 할 경각에 처해있으니, 진흙 속에서 숨어있던 잠용들이 못에서만 머물지 않고 하늘 위를 향해 날아오르고자 한다네(八九年間始欲衰, 至十三年無子遺. 到頭天命有所歸處, 泥中蟠龍向天飛).'46처럼 언젠가 금호(琴湖)란 이름값을 할 것을 믿어왔다.

금호 섶 와룡산 기슭 대로원(大櫓院, 신라어 따로원)에선 신라 화랑도뿐만 아니라 조선 시대 벼슬길 가는 선비들까지도 금호 강물에 비친 달, 건너편 푸른 하늘을 보고 "세속을 초달한 흥취를 한곳에 품었으니 장쾌한 호연지기로세. 푸른 저 하늘에 올라 밝은 달을 손에 움켜쥐고 싶다네(俱懷逸興壯思飛, 欲上靑天覽明月). 칼을 뽑아 물을 갈라도 물은 다시 흐르고, 술잔을 들어 근심을 삭혀보고자 했으나 걱정만 깊어지네. 한평생 사는 게 이다지도 뜻대로 되지 않으니, 내일 아침엔 머리를 풀고 조각배나 저어가겠노라(抽刀斷水水更流, 擧杯消愁愁更愁. 人生在世不稱意, 朝散髮弄扁舟).'47라고 했던 이백처럼 노래했다.

신라 꽃 사내(花郞)들이 중악(中嶽, 公山)과 금호강변 와룡산록 대로원(臥龍山麓大櫓院)을 오가면서 "어진 사람의 요산(樂山)과 지혜로운 사람의 요수(樂水)" 도야로 호연지기(浩然之氣)를 함양했다. 중악을 선인들이 선호했던 이유는 "바다 용궁에서 삼천 척이나 하늘로 솟구쳐 올랐다(中嶽上天許三千尺).'48라는 사실에서 금호용궁(琴湖龍宮)이라는 믿음을 가졌다. 진골 출신 김유신(金庾信, 595~673)이 15세 때(610년) 중악금호도야(中嶽琴湖陶冶)를 마치고, 17세 때 비로소 신라 국가 처지를 고민하게 되었다. "고구려, 백제, 말갈 등은 늘 호랑이나 승냥이처럼 신라를 침범하는 걸 보니 격분이 치밀어 올랐다(見高句麗百濟靺鞨侵軼國疆. 慷慨有平寇賊之志)." 그래서 어느날 공산석굴(公山石堀)에서 신에게 맹세했다. "한낱 미미한 신하이지만 재능과 역량을 헤아리지 않고 화란(禍亂)을 평정하고자 뜻을 세웠습니다. 오직 하늘께서 굽이 살피시어 제게 도움(보이지 않는 손길)을 주세요(僕是一介微臣, 不量材力, 志淸禍亂, 惟天降監, 假手於我).'49라고 기도를 드렸다. 이후에 김춘추(金春秋, 604~661)도 같은 중악금호도량에서 심신수련과 호연지기를 누구보다도 열심히 함양했다.

그런데 김유신(金庾信)이 47세 때 중악(中嶽, 公山) 인근 압량주(押梁州) 군주(軍主)로 642년에 임명되어 내려왔다. 마침 이때 김춘추(金春秋)는 39세였는데, 대야성(大耶城) 도독(都督)이던 김품석(金品釋)이란 사위가 백제 윤충(允忠, 생몰 연도 미상)에게 참혹한 죽음을 당하자 딸 고타소랑(古陀炤娘)은 "두 명의 지아비를 섬기지 않겠다(不更二夫)."라며 자결했다. 이런 참사로 충격을 받았던 춘추공(春秋公)은 사위와 딸의 원한을 갚고자 "백제를 통째로 씹어 삼키지 못한다면 어찌 사내라고 하겠나(大丈夫豈不能吞百濟乎)?"라는 복수심이 불타올랐다. 선덕여왕도 그의 막무가내(莫無可奈) 청원에 그를 고구려청병 사신으로 윤허했다. 국가 사신으로 간지 몇 개월이 지나도 연락이 두절되었다가 비밀첩보가 도착했다. 곧바로 김유신은 일만 병사를 몰아 한강(漢江)을 지나 고구려 남쪽 국경에 당도할 때. 마침 김춘추가 빈손으로 되돌아왔다.[50] 그때 구사일생의 지혜가 바로 '토끼선생 간땡이(兔先生之肝)'[51]에서 나왔다. 지난날 화랑 시절에 금호강에서 수전훈련(水戰訓練)을 했을 때 강물에 빠진 옷가지를 '금호강 섶 바위(遂出肝心洗之 暫置巖石之底)'[52] 위에다가 널어 말리면서 "이건 토끼 간이다."라는 농담을 했던 일화를 회상했다. 토끼의 지혜로 결국은 통쾌하게 고구려 놈들의 뒤통수를 내리쳤다.

용궁(龍宮)에서 치솟은 달구벌이라니?

2022년 연말을 앞두고 미뤄왔던 오늘날 서구 원대동(院坮洞)에 있었던 신라 시대 화랑도 숙소 시설 대로원(大櫓院) 혹은 노원(魯院)에서 조선 시대 땐 역원으로 이용했던 와룡산록대로원(臥龍山麓大櫓院)에 대해 알아보고자, i) 갓바위 부처(冠巖石佛)를 8년간 망치질로 만들었던 의현(義玄, 원광 법사의 수제자) 선사가 수도했던 선본사(禪本寺) 사적을 찾아보고, ii) 신라 시대 경주 선방골 선방사(禪房寺)에서 발견된 대로원(大櫓源) 기명와편(記名瓦片)[53]과의 관련성을 더듬고자, iii) 오늘날 관암사(冠巖寺)에서 직선거리 200~300m 관암석불까지의 큰 바위(巨礫, boulder)들이 흘러내린 너덜겅

(great-stone river)을 따라 올라갔다. 관봉 정상(850m/sl)에 치솟았던 화강암으로 부처를 새겼다는 사실(毘盧峰 1,193m/SL 가운데 968m나 융기)을 확인했다. 이렇게 된 연유는 중생대 지질 형성 과정에서 경상누층군(慶尚累層群)을 화강암이 얇은 땅거죽을 뚫고 솟아올랐기(貫入)에 달구벌의 대부분 산(비슬산, 대덕산, 가산 등)들이 이때 치솟았다.

가장 손쉽게는 이런 사실을 확인할 수 있는 곳은 함지산 망일봉(咸池山望日峰, 273.6m/SL)에 오르면 조개껍데기와 바다 바둑돌(몽돌)이 가는 길마다 발에 차인다. 함지산(咸池山)이란 고대 천문학에서 '해지는 서녘에 있는 천왕의 쌀 창고(西王之庫)'라는 의미에서 함지(咸池)라고 했다. 고산자(古山子)의 지인이었던 신헌(申櫶, 1810~1884)은 자신의 『금당초고(琴堂初稿)』에서 옥황상제가 금호용왕(琴湖龍王)도 모르게 선녀들을 시켜 금

호강물을 심야에 퍼 올렸다. 어느 날 선녀가 금호강의 별빛의 황홀함(琴湖星流極惚)에 취해 두레박(함지박 혹은 물바가지) 끈을 놓치는 바람에 물바가지는 땅에 떨어져 뒤집혀 엎어졌다. 그렇게 된 산이 바로 함지산(函之山, 函芝山)이었다. 지역 주민들은 모난 두레박(물바가지)을 방통이 혹은 방동이(方桶伊) 그리고 방티(方地)라고 한 데서 방티산(方桶伊山, 方地山)이라고 했다.54 이런 사연을 들었던 고산자 김정호(古山子 金正浩, 1804~1866)는 금호강물을 퍼 올리다가 두레박(well bucket) 줄을 놓쳤던 선녀가 속죄(贖罪)로 팔공산이란 8형제를 낳았지만 늙어서 금호강물 섶에 쪼그리고 앉아 옛날 일을 그리워하는 '홀어머니 산(獨母山)'이라고 생각했다. 그래서 1861년도 제작한 「대동여지도(大東輿地圖)」 목판본에다가 독모산(獨母山)이라고 새겼다. 또한 앞산(大德山)은 물론이고, 비슬산(琵瑟山) 대견봉(大見峰, 1,084m/SL)도 해발 1,000m에 있는 대견사(大見寺)에서부터 흘러내린 너덜겅 혹은 암괴류(stone rive)가 폭 5m, 길이 1.4km(휴양림과 하천 개수 공사까지 2km)나 이어지

고 있음은 융기했다는 단서다. 1960년대 항공 사진(혹은 위성사진)을 통해서 볼 때 1,000m 정도 융기(隆起)했음을 짐작할 수 있다.

오늘날 비슬산(琵瑟山)이라고 하며, 고려 때 경산(慶山, 獐山) 출생 일연(一然, 1206~1286, 속명 金見明) 스님이 쓴 『삼국유사(三國遺事)』에서 "신라 시대 관기 (觀機)와 도성(道成)이라는 두 분의 신성한 스님이 아무도 알 수 없는 포산(包 山 혹은 苞山)에 숨어서 수도하고 계셨는데, 관기성사(觀機聖師)는 남쪽 고개에 도성성사(道成聖師)는 북쪽 동굴에서 지냈다."라는 기록에서 당시 시골 사람 들은 소슬산(所瑟山)이라고 했는데, 이는 산스크리트 어(Sanskrit語)로 '감싸 안다(包)'라는 뜻이라고 포산(包山, 혹은 苞山)이라고도 했다.[55] 포산(包山)은 중 국식 발음으로 '빠오산(包山, Bāo shān)'은 중국 한자로 '불산(佛山, Fúshān)'이 다. 한편으로 신라어 소슬(所瑟, soseul)의 어근을 오늘날에 살려보면, i) 소슬 바람과 같은 '소슬(蕭瑟)하다' 혹은 ii) 소슬(솟을) 대문에 같이 '솟아오르다(兀 騰)'로 양분된다. 조선 시대부터 '비슬산(琵瑟山)'이라고 했는데 신라 때 '소슬 산(所瑟山)'의 의미에서 벗어나지 않고, 오직 중국 악기인 '비파(琵琶)'를 강조한 중국 사대 사상을 엿볼 수 있다. 그러나 불교에서는 우리말 어근 '비슬거리다' 라는 의미가 아닌 인도의 '비슈누 여신(Goddess Vishnu)'의 비슈누(Vishnu, 毗 瑟怒天) 소리와 '비슬(琵瑟, Visheul)'이라는 의미를 동시에 표시했다. 한자로 표 기할 때는 '비슬산(毗瑟山)', '비슬산(琵瑟山)', '비슬산(枇瑟山)' 혹은 소슬산(所 瑟山) 등으로 사용해 왔다.

여말삼은(麗末三隱) 가운데 성주 출신 이숭인(李崇仁, 1347~1392, 號陶隱) 선생은 젊었을 때 과거 혹은 학문 도야를 위해 비슬산(毗瑟山) 산사에서 젊 은 스님들과 불경에 대해 갑론을박을 많이 했다. 당시 이야기를 『도은집(陶 隱集)』의 「인흥사 시제를 의뢰받아(寄題仁興社)」에서 "인흥사는 포산 기슭에 자리 잡고 있다네, 지난날 총각 스님과 노닥거리고 있을 땐 반딧불과도 친 구 했었지. 신도님들(檀越, dnānpati)이 때때로 찾아와서 예불을 드렸지. 총 각 스님들(闍梨, Acarya)과 대낮에도 불경을 논하는 자리까지 마련했었다지. 그 뜰엔 불탑 하나가 하얗고 우뚝하게 솟아 섰었지. 길섶 큰 소나무들은 모두가 짙푸른 빛깔 일색이었지. 가장 잊지 못하는 건 천정에 쓴 황금색 글씨인데, 마치 지금도 휘황한 빛남은 화려한 별빛처럼 쏟아졌다네."[56]라고 적고 있다. 또한 「비슬산 승사를 제목으로(題毗瑟山僧舍)」라는 시에선 "속세 나그네가 말을 몰아 동쪽 길로 가니, 노승(老僧)은 작은 정자에 누워 있네. 구름은 해를 쫓아 온종일 희기만 한데. 산은 예전이나 다름없이 늘 푸르기만 하네. 솔방울 벗을 삼아 지난 일 까마득했네. 말 몰아 구경하니 산신령님께 뵐 낯이 없어라. 바라는 게 있다면 비슬산 골짝이 물이나 길어다가. 이곳 산삼과 복령일랑 한 움큼 집어넣어 푹~ 달여 마셔나 볼까(愍勒汲澗水,一匊煮蔘苓)?"[57]라고 적었다. 도은 선생의 글로는 『동문선(東文選)』에 나오는 「명호도(鳴呼島)」[58], 즉 고조(漢高祖)에게 신하 됨을 거부하고 500인의 빈객과 같이 자결했던 전횡(田橫)의 고사를 소재로 쓴 시문이다. 기억나는 구절의 마지막은 이러하다. "그대는 보지 못했는가? 옛날이나 지금도 수많은 경박한 소인배들이 아침엔 친구였다가 저녁엔 원수가 되는 걸(君不見, 古今多少輕薄兒, 朝爲同袍暮仇敵)."[59]

6.
노원에서 화랑도의
요수호연(樂水浩然) 도야

화랑도 수련시설(臥龍櫓院)이 노원동(魯院洞)에 있었다고요?

대구시 서구 원대동(院垈洞)의 동명 유래에서는 "신라 시대에 화랑도들이 심신단련을 위하여 전국 명소를 찾아다닐 때, 이들에게 숙식을 제공하기 위하여 만든 곳을 원(院) 또는 노원(魯院)이라고 하였는데, 조선 시대 때 이곳에 대로원(大櫓院)이 있었다고 하여 그 터(垈地)를 원대(院垈)라고 하였고, 오늘날 이 지역에 원대동(院垈洞)이라는 명칭이 부여되었다.["60] 그런데 대구 많은 향토 사학자들은 조선 시대 역원제도의 하나였던 대로원(大櫓院)으로만 인식한다. 특히, 서거정(徐居正, 1420~1488)의 달성십영(達城十詠) 가운데 '노원송객(魯院送客)'을 모른다면 대구 사람이 아니기 때문이다. 따라서 노원은 조선 역원 가운데 하나로 알고 있다.

그런데 의외로 많은 향토사 전문가들이 노원(魯院)의 위치를 i) 현재 북구 행정동 노원동(魯院洞)과 노원송객(魯院送客)의 노원(魯院)이란 한자가 맞아 떨어지고 있다. ii) 1975년 북구청 신설에 따른 행정동 분할작업 할 때도 노원이 있었던 곳이기에 노원동(魯院洞)으로 작명했다고 믿고 있다. iii) 조선시대 팔달 나루터(현 노곡동 부엉덤이)에서 바로 건너편 뱃길이 최단거리인 현 여성회관에 노원이 있었다고 노원의 터(院垈) 위치를 근거도 없이 단지 도상거리(圖上距離)만으로 비정했다.[61]

이같이 단순하게 '옛 명칭 노원(魯院)=현재 행정동명 노원(魯院)' 같다고 비정(比定) 하는 것으로 많은 오류가 발생했다. 첫째로 현재 지도상(지형상) 대노원(大櫓院)의 옛 원위치를 족집게처럼 집어내기는 사실 어렵다. 왜냐하면, 금호 강물의 흐름을 최근 기록상으로도 몇 차례 변경되었다. 1930년대 현재 노원동 지역은 일본 헌병대의 경마장으로 쓰였던 늪지대(沼澤地)였다. 또한, 1959년도 사라(Sarah)호 태풍으로 인해 칠곡읍 금호동 농지가 현재 서구 쪽으로 깊숙이 물길이 밀고 들어왔다. 이와 같은 사실은 일제강점기 지적도로 쉽게 확인된다. 1959년 이전만 해도 경진(京津, 서울나들이)나루는 구(舊) 범양식품(서구 비산4동, Coca Cola 공장)에 위치했다. 현재 대구시 북부(달서천) 하수처리장(염색공단로 130, 비산동)까지도 칠곡군 금호동(琴湖洞) 농지였다. 2000년경 설치된 오늘날 여성회관은 1930년대는 금호강물 속 일부였다. 1975년 북구청 신설(원대동과 노곡동 사이)과 1980년대 제3공단 설립으로 신천동로 건설과 방제공사로 상습 수몰지에서 벗어났다. 1959년 태풍 사라호 이후 1981년 대구시 편입 이전엔 칠곡군(읍) 금호동이 대구시 행정구역에 포함되지 않아서 농지세(농지 소득세)고지서가 나오면 금호강 물길을 넘어 대구에 속했던 땅에는 고지서를 전달할 수 없었다. 비상 수단으로 해당 지번 농지에 가서 싸리 꼬챙이 끝에다가 고지서를 끼어 논둑에다가 꽂아놓았다. 나중에 땅 주인(地主)이나 소작농(小作農)이 논물, 논매기 등 작업을 할 때 세금 고지서를 챙겨 들고 칠곡읍(혹은 칠곡군)에 납부했다. 이런 불합리성을 제거하고자 결국 태풍으로 포락(浦落)된 지역을 1981년 행정구역 개편(칠곡읍을 대구시 편입)을 통해 칠곡읍(금호동)을 대구직할시 서구가 관할하게 되었다.

둘째로는 현재 행정동 노원동(魯院洞)은 노원(魯院) 혹은 대로원과 아무런 관련이 없다. 1975년 서구(청)와 중구(청)를 할애하여 북구(청)를 신설했다. 즉 서구(청) 관할 노곡동(魯谷洞)과 원대동(院垈洞) 사이에 위치했기에 노곡동의 노(魯)자와 원대동의 원(院)자를 합쳐 노원동(魯院洞)이 태어났다. 그뿐만 아니라, 1760년대『달성 서씨 학유공파 세보(達城徐氏學諭公派世譜)』[62]에 그려져(畵圖) 있는 달성도(達城圖)에서도 와룡산 기슭에다가 노원(臥龍山 魯院)을 적고 기와집까지 그려놓았다. 물론 옛날 그림지도(畵圖)는 현대식 축척이 있는 지도가 아니기에 스케일을 측정할 수 없었다. 그러나 1530년 간행된『신증동국여지승람(新增東國輿地勝覽)』기록엔 "대로원(大櫓院)은 대구부(관아)에서 서쪽으로 6리에 있음(大櫓院在府西六里)."[63]이라고 기록했다. 이 기록으로 거리를 명확하게 확정하고 있다. 따라서 지금 당장이라도 과거 경상감영(慶尙監營)이었던 오늘날 경상감영공원(慶尙監營公園)에서 서쪽으로 2.8km~3.4km[64] 범위를 누구든지 찾을 수 있다.

'별도로', '비밀로'에 해당하는 신라어 '따로(大魯)'에서 대로원(大魯院)이!

서울 사람들에게 대구 하면 누구나 한마디씩 하는 말이 '대구 따로국밥'이다. 여기서 '대구 따로국밥'이라는 것은 2006년 5월에 관광도시 대구를 위해 관련 업계와 전문가들이 선정한 '대구 대표 음식 10가지(大邱十味)'에 관련된 '따로국밥'을 의미하는 것은 아니다. 다름 아닌 '고담 대구(Gotham Daegu)'의 별칭으로 따로 국밥을 사용해 왔다. 대구 10미(大邱十味, Ten Tastes of Daegu)를 지정할 당시에도 신토불이 전주 10미(全州十味)와 달성 관향 시인 서거정(徐居正, 1420~1488)의 달성 10경에 착안해 10미를 정했다.[65] 위에서 말한 대구 따로 국밥이란 '말 따로 행동 따로(different words, different actions)'라는 의미에선 대중가수 나훈아(1947년생, 최홍기의 藝名)의 노래「따로따로(各各)」의 가사에서 "살고 보니 몽땅 거짓말. 마음 따로 말 따로 입 따로 몸 따로, 속 따로 겉 따로(When I lived, it was all lies. Separate mind, separate speech, separate mouth, separate body, inside separately, outside separately) ….."라는 뜻으로 받아들이고 있다.

이 '따로'란 말이 신라어에선 '대로(大櫓, talo)'이고, 백제어에 '담로(談魯, 擔魯 혹은 簷魯)', 고구려어로는 다물(多勿, 오늘날 다름)로 『삼국사기(三國史記)』 「동명성왕편(東明聖王篇)」에 기록되어 있다. 모두가 같은 의미로 '특별히, 별도로, 비밀리'라는 뜻으로 신라 삼한일통의 극비 화랑 수련시설 '대로원(大櫓院)', 백제는 해외특별 관할구역인 22 '담로(簷魯)'[66]와 고구려는 옛 땅을 되찾기 위한 비밀강역확장(秘密疆域擴張)을 '다물(多勿)'[67] 프로젝트로 동명성왕 때 수립하여 광개토왕(廣開土王) 및 장수왕(長壽王)까지 강역확장(疆域擴張)을 위한 우물정자(井) 공정(Sharp Project)으로 추진했던 전략명칭(戰略名稱)이었다.

사실, 고구려가 가장 왕성하게 추진한 사례는 광개토왕비에 "북부여는 하늘의 옥황상제의 자식으로 어머니의 하백(北夫餘天帝母之子母河伯女郎)."이라는 구절에서 '하늘(天帝之子) + 물(母河伯女郎)'이란 의미를 합하여 우물정(井, 오늘 #)자를 상징으로 정했다. 국왕에서부터 온 백성들까지 고구려 물건에는 우물 정 자(井 혹은 Sharp #) 표시를 새겼다. 이른바 온 나라가 옛 땅을 찾기에 와신상담(臥薪嘗膽)했다. 심지어 신라 사람으로서 고구려 국왕 행사에 참여해 기념품으로 받아온 광개토왕호우(廣開土王壺杆)가 1946년 호우총에서 발견되었는데, 그릇에 명문으로 "(井) 을묘년 국광상광개토지호태왕 호우 10(井, 乙卯年國崗上廣開土地好太王壺杆十)"이라고 적혀 있었다. 그뿐만 아니라 백제에서도 발견된 당시 다물 프로젝트와 관련된 물건에는 하나같이 우물 정 자(#) 마크가 새겨져 있었다.

신라 '꽃사내(花郞)'의 집단 이름이 화랑(花郞)으로 결정된 것은 540년부터 681년까지의 화랑도의 활약상을 그린 김대문(金大問)의 『화랑세기(花郞世紀)』에 따르면 제1대 위화랑(魏花郞)의 이름을 따서 화랑도라고 했다.[68] 화랑도의 심신 수련을 통한 국가 차원 삼한일통의 '신라천년대계(新羅千年大計, Grand Unification Plan)'는 632년 선덕여왕이 수립했다. 이에 따라 김유신(金庾信)과 김춘추(金春秋)를 국가동량(國家棟樑)으로 발탁하고 동시에 화랑도를 도야시켜 중용·발탁하기로 했다.

당시 삼한일통대계(三韓一統大計)를 비밀리, 특별히, 별도로 추진한다고 해서 속된 표현으로 '따로 대계(大魯大計, Secret Grand Plan)'라고 했다. 국왕의 생각이 따로, 대신들의 생각이 따로따로 놀고 있다는 비아냥거림이 늘어났다. 그럼에도 큰 흐름 속에선 화랑도 심신 수련만은 초지일관(初志一貫)이었다. 600년경 원광법사(圓光法師, 541~639년)로부터 사량부(沙梁部) 귀산(貴山)과 추항(箒項)이란 화랑도가 화랑오계(花郞五戒)를 전수받았다. 원광법사의 수제자 의현(義玄)은 630년부터 중악 선본사(禪本寺)에서 삼한일통(三韓一統)을 기원하는 관암대석불(冠巖大石佛, 오늘날 갓 바위 돌부처. 관봉석조여래좌상)을 8년간 망치 작업을 하여 638년에 완성했다.

명산대천을 찾아다니면서 『논어(論語)』의 "어진 사람은 산을 좋아하고, 지혜로운 사람은 물을 좋아한다(仁者樂山, 知者樂水)."69라는 수련을 통해 맹자가 말했던 "동산에 오르면 노나라가 작아 보이고, 태산에 오르면 천하가 작게 보인다(登東山而小魯, 登泰山而小天下)."70라는 호연지기를 함양시켰다. 신라 땅에서 가운데에 있고, 가장 영산신력(靈山神力)이 넘쳐흐르는 중악(공산)에서 요산요수지기(樂山樂水之氣)를 선덕여왕 재위 기간(632~647) 중에 집중적으로 도야시켰다.

물론, 631년경 선덕여왕이 될 덕만공주(德曼公主)는 중악 부인사에서 삼한일통의 대계를 위해서 고민하던 중에 고구려의 '다물대계(多勿大計)'를 벤치마킹해 '신라천년대계(新羅千年大計)'를 착안할 수 있었다. 이렇게 중악에 대한 영험을 몸소 경험했기에 중악과 금호에 화랑 수련시설을 마련했다. 금호 섶에 와룡산록에다가 화랑도 숙소((臥龍山麓大櫓院))를 640년 전후로 설치했다. 분명히 행정구역상으로는 달구벌현(達句火縣)에 속했지만, 군사 시설인 관계로 642년 김유신(金庾信) 장군이 압량주 초대 군주(押梁州軍主)로 임명되고부터 실세로 역할을 다하기 위해 화랑도 출신자답게 대로원에 대해서 애착을 갖고 관할하게 되자 '행정구역 따로, 관할권 따로'라는 불만에서 '따로원(大魯院)'이라고 불렸다. 비밀리 추진하는 '따로(大魯)'에서 시시각각이란 '따로(大魯)'로 의미가 변천했다. 경주에 있는 대로원(大櫓院)은『신증동국여지승람』(1530년)에서는 "경주도호부에서 6리에 있으며 신라 명필가 김생(金生, 711~생몰 미상)의 필치로 대로원이라고 크게 3자를 썼다(大櫓院在府南六里有新羅金生大櫓院大三字)."라고 기록하고 있다.

노원(魯院)과 화랑(花郞)의 관계를 찾고자 동서고금을 찾아봤으나 결과는 하나도 없었다. 그런데 향토사에 조예가 깊으신 지인께서 "서울 노원구에 화랑대역(花郞臺驛)이 있는데, 노원과 화랑이란 관련이 깊다."고 귀띔을 해주었기에 화랑대역, 화랑대 전시관(박물관), 화랑대 네거리 및 화랑대공원(花郞臺公園)이 서울특별시 노원구(蘆原區)에 있다는 사실을 확인했다. 노원구(蘆原區, Nowon-gu)는 1988년 도봉구(道峰區)에서 분구 신설되었으며, 화랑대(육군사관학교)역은 1991년 태릉역을 화랑대역으로 개칭했다. 이렇게 화랑대역이 신설됨에 따라 네거리, 공원, 전시관(박물관) 등이 생겨났다. 그런데 화랑대(花郞臺)란 태릉에 1948년에 설립된 육군사관학교를 일반대학교와 구별되게 해운대(海雲臺), 계룡대(鷄龍臺)처럼 큰 대(大) 자 아닌 뜰 대(臺)로 지었다고 노원구청 홈페이지가 설명하고 있다.

그렇다면 경진년(庚辰年)에 태어났다고 유사한 한자를 찾아서 유신(金庾信)이라고 지었던 김유신 장군[71]의 출생지 진천군(鎭川郡)에서도 화랑도 수련도량(修練道場)이 많았기에 노원(魯院)이란 지명 검색결과 1914년 일제강점기에 진천군 이월면 노곡리(老谷里)와 서원리(書院里)를 합쳐서 노원리(老院里) 혹은 노은곡(老隱谷)로, 화랑과는 무관했다. 오늘날도 "살기론 진천이 제일 좋다(生居鎭川)."라는 말과 1971년부터 김유신 장군 출생지라는 상징성으로 '생거진천 문화축제(生居鎭川文化祭り)'가 시작되었다.[72]

7.
중생대 백악기 경상호수(금호)
주인공, 공룡 이야기

땅속 불이 땅거죽을 뒤집어,
직경 150km 경상호수(慶尙湖水)가 만들어졌다

　　가장 먼저, 신화와 종교에서 말하는 물에 대해서 살펴본다면, 창세기(Genesis 1:6~7)에선 "신이 명하여 '물 가운데 궁창(穹蒼, vault)을 만들어 물과 물로 나뉘라' 하시고, 신이 궁창을 만들어 궁창 아래(water under the vault) 물과 궁창 위(water above)의 물로 나눴다."[73]라는 구절이 있다. 오늘날 우리가 두 눈으로 보고 있는 강이나 호수는 '분명히 궁창 아래 물(water under the vault)이다. 그러나 성경학자들은 '궁창 위의 물(water above the vault)'에 대해서는 하늘에 떠 있는 구름 혹은 미세먼지에 포함된 수증기까지를 옛날에 세밀하게 기술했다는 차원을 넘어서 '수증기 캐노피 모델(water vapor canopy model)' 학설을 주장하였다.[74] 지구촌을 덮었던 물로는 노아 홍수 때까지 지속되었던 구름 혹은 화산 폭발이나 가스 폭발에 동반한 대기 중 수증기(vapor)를 '궁창 위 물(water above the firmament)'로 표현했다. 이런 지구촌의 '물 덮개(water canopy)'의 역할을 굳이 밝힌다면 i) 강렬한 태양광 등의 우주 방사선이 지구를 내리쬐는 것을 어느 정도 차단하고, ii) 지표면의 산소 대기압을 높여주었을 것이며, iii) 지구의 기후(기온)를 비교적 안정적으로 유지시켰을 것이다. iv) 노아 홍수 때는 지구에 강수 제공 원인이 되었다.

한편 그리스 신화(Greek Myth)에 의하면, 우주(cosmos)가 창조되기 이전에는 i) 신화적 공허 상태(mythological void state), ii) 하늘과 땅이 분리되어 생긴 틈(separation of heaven and earth), iii) 심연, iv) 무한한 어둠(abyss), 혹은 v) 광대한 공허함(大方廣, be wide open)을 카오스(kháos, χάος)라고 표현했다. 이와 같이 복합적인 혼돈을 구분할 형태가 없다는 점에서 기원전 500년대 시로스(Syros) 섬의 신화 작가이며 원시 철학자였던 페레키데스(Phere-cydes, 550~생몰 미상)는 『우주 창조설(Heptamychos)』이라는 저서에서 카오스(chaos)를 물(water)로 번역했다.[75] 그는 우리가 잘 알고 있는 '영혼 윤회설(metempsychosis)'을 최초로 주장했던 철학자였다.[76]

오늘날 우리나라의 지구학(地球科學, Earth Science)에서는 지구를 구성하고 있는 시스템으로 i) 지질학의 연구 대상인 지권(地圈, geo-sphere), ii) 해양학의 수권(水圈, hydro-sphere), iii) 대기 과학의 기권(氣圈, aero-sphere)을 연구하는 학문을 총칭한다. 물론 연구에 있어선 물리학, 화학, 생물학 등의 인접과학이 모두 동원된 학제간연구학문(interlocking science)이 되고 있다. 이런 점에서 오늘 금호(강), 이전에 달구벌 호수, 이 보다 앞선 경상 호수(화산학의 경상호, 지질학의 경상분지)를 규명하기 위해선 먼저 화산학(火山學, volcanology) 그리고 지질학(지질학, geology)의 연구부터 살펴봄이 필요하다.

먼저 금호(琴湖)가 생성되기 이전에 경상호수(慶尙湖水, Gyeongsang Lake) 혹은 경상분지(慶尙盆地, Gyeongsang Basin)가 생성되는 중생대 쥐라기 말(Late Jurassic of the Mesozoic Era Cretaceous)에 한반도에선 대보조산운동(大寶造山運動) 혹은 대보충동(大寶衝動)이란 활달한 화산 활동이 일어

났다. 이에 이어 백악기(Mesozoic Cretaceous)에 들어와서는 경상분지를 비롯하여 여러 곳에 작은 퇴적분지가 형성되었다. 오늘날도 거대한 본진(本震) 이후에 여진(餘震)이 따르듯이 그곳에 잦은 화산 활동을 수반했으며 두꺼운 육성퇴적층(陸性堆積層, continental sedimentary layer)을 형성하였다.[77]

이때 "화산 암류가 경상분지의 남동부에서 남해안으로 연장되는 활 모양의 화산대를 백악기 동안 거대한 유라시아대륙 동변부의 화산호 체인(chain of volcanic arcs in the eastern rim of the huge Eurasian continent)의 일부로 보고, 이 체인 안에 존재하는 한국호(韓國弧, Korea Arcs) 가운데 경상호(慶尙弧, Gyeongsang Arc)라고 한다."[78] 이어 "경상호(Gyeongsang Arc)는 대구~부산 사이에 폭 150km로서 가장 넓으며, 길이가 서남서 방향으로 약 250km 정도 연장되고, 북북동 방향으로는 약 200km 정도로 연장되며, 일본의 남서부와 연결된다. 남동부의 외측부(外側部, outer side)는 해수에 잠기며, 북서쪽 내측부(內側部, inner side)는 경상분지 퇴적층을 덮거나 그 하부에서 퇴적층이 협재(狹在)되어 있다."[79]

경상호수(금호)의 제1세대 주인공 공룡들이 출현

이렇게 대륙판의 충돌에 의한 섭입지대(攝入地帶, subduction zone)나 화산 활동에 의해서 화산호 체인(chain of volcanic arcs)은 육지에서는 습곡산맥(褶曲山脈) 혹은 해구(海丘)가 형성되기에 자연스럽게 분지가 형성된다. 따라서 경상호(慶尙弧)는 경상분지(慶尙盆地, Gyeongsang Basin)를 형성하는 데 조산활동 혹은 화산활동이 있었다는 사실을 말하고 있다. 중생대 백악기 후기로 대략 1억1,800만 년 전으로 당시 경상호(慶尙弧)를 지배했던 공룡 시대였다. 이후 신생대 고제3기(古第3期) 에오세(Eocene, 始新世) 시기인 5,000만 년 전을 즈음하여 형성된 거대한 분지였다. 규모 면에선 한반도 남동부 경상도 지역에 분포하는 국내 최대 백악기 퇴적분지로 중생대 백악기 호수에서 형성된 육성퇴적분지(陸性堆積盆地)로써 두께는 9~10km에 달하는 퇴적층 경상누층군 및 여기에 관입되었던 불국사 화강암 등으로 구성되어 있다. 중생대 경상분지는 퇴적 호수로써 공룡의 최대 서식지로, 영남지역과 호남 지방의 일부를 포함했다. 경남 고성 덕명리(慶南 固城 德明里), 울산 천전리(蔚山 川前里) 공룡 발자국 등이 발견되고 있다.[80]

많은 행정기관에서는 화산학에서 경상호(慶尙弧), 혹은 지질학에서 경상분지(慶尙盆地)를 경상호(慶尙湖)로 인식하고 있어 공룡 발자국 화석에 관련해서 경상호수(慶尙湖水)라는 행정 홍보물을 쏟아내고 있었다.[81] 이에 신천 공룡 발자국 확인과정에서 신천 바닥 지질구조가 적색이암(red mudstone) 및 세일(shale) 등으로 형성되어 있어 경상누층군(慶尙累層群)엔 3개의 거대한 호수가 있었음을 확인할 수 있었다. 또한, 옥스퍼드대학교 앤드류 코헨(Andrew S Cohen)이 쓴 논문「호수기반에서 지질학 진화적 호의 접근 (The Geological Evolution of Lake Basins Get access Arrow)」에서 "지구 표면에 호수가 생성될 수 있는 2가지 요건이 필요하다. 첫째는 땅과 물에 있어서 지구의 대륙지각에 지형학적인 함몰부가 어떻게 형성되는지, 땅거죽에 종종 구멍이 초기에 형성되어야 한다. 구멍 자체로 그것을 채우는 호수와 부분적으로 상호작용에 의한다는 게 더 중요하다."[82] 했다.

오늘날 금호강은 금호에 모여든 물이 낙동강(洛東江)과 연결된 것이며, 금호(琴湖)는 달구벌 호수가 수성 퇴적암층이 15m 정도로 쌓이면서 줄어든 것이고, 달구벌 호수의 원형이었던 경상호수(慶尙湖水)는 화산 활동에 의해서 생성된 경상호(慶尙弧) 혹은 경상분지(慶尙盆地)를 기반으로 만들어졌다. 달구벌 호수의 규모를 백두산 천지연(天地淵)의 13배 정도라고 주장했지만, 사실은 이보다 더 거대했을 것이다. 천지연은 칼데라 호수로서 가장 높은 곳에 있고, 면적 9,165k㎡(둘레 14.4km, 최대 수심 384m, 평균 수심 213.4m)의 수량 19억5,500만㎥(톤)이다. 천지연 직경은 4.586km(14.4km/3.14) 내외로 환산되며, 이에 달구벌 호수는 반경 30km 내외 정도 13배를 초과한다. 경상호수는 150km에서 250km까지로 경상호(분지)를 그대로 본다면, 기원전 4,000년 전에 인도 대륙과 아시아 대륙의 충돌로 생성된 오늘날 캄

보디아(Cambodia)의 톤네사프 호수(Tonle Sap Lake)가 길이 160km, 너비 15km로 아시아에서 15위 호수보다도 더 컸다.

금호(琴湖, 혹은 달구벌 호수)는 경상누층군으로 형성된 경상호수(분지)에서 '계란의 노른자위 부분(yolk part of an egg)'을 차지하고 있었다. 여기에 분지의 특성상 날씨는 비교적 온후했기에 여기에다가 수성퇴적암(水性堆積巖, watery sedimentary rock), 즉 기름진 토사가 모여들었기에 일명 '비옥한 경상호 초승달(fertile Gyeongsang-Arc crescent)'로써 중생대 식물에게 아주 적합했다. 그래서 이곳에 나무고사리와 같은 양치류(ferns), 소철류(cycads), 은행나무(ginkgophytes), 베네티탈리안(bennettitaleans) 및 햇순이 연한 송백(침엽)수림과 활엽수림이 번창했다.[83] 이에 따라 한반도는 물론이고 동아사이의 공룡과 다양한 동물들이 적자생존(適者生存)을 위하여 이곳을 찾았다. 공룡이 경상호수(달구벌 호수)에 서식했던 시기를 추정하면 2억2,800만년 전에서 시작하여 6,500만 년 전 중생대 백악기 말(late Cretaceous)까지로 본다.

대략 7,000만 년 전부터 화산 폭발이 이곳에 생겨났고, 6,500만 년 전에 화산 폭발 혹은 얇은 지층을 뚫고 나온 마그마가 서서히 식어 팔공산, 비슬산, 앞산 등이 생성되었다.[84] 이렇게 잦은 화산 폭발로 거대한 경상호수(금호)를 지배하고 있는 주인공 공룡들은 금호 혹은 달구벌 낙원(Keumho or Dalgubeol Paradise)을 떠나야 했다. 경상호수 안에서도 강가의 범람원 지역으로 발길을 옮기기도 했다. 끝내는 지질학적으로 유천층군(楡川層群)에 속했던 경상북도 북동부, 남부, 경남 동부, 전라남도 남해와 서해안에 연속된 전라북도 군산 가까이 이동하게 되었다. "방귀 잦으면 똥 싼다(If you fart often, you poop)."라는 속담처럼 결국은 경기도 화성 개울에서 최후를 맞이하게 되었다. 이곳에 살았던 공룡들은 새끼는 2m, 어미는 30m 정도의 마라사우루스(Marasaur), 브라키오사우루스(Brachiosaurus), 티타노사우루스(Titanosaurus), 유헬로푸스(Euhelopus) 등으로 대부분이 용각류(龍脚類, sauropod)였다.[85]

8.
금호(신천)에 뛰어놀았던
공룡들을 찾아서

그렇게 희귀한 공룡 발자국이 경상분지에선 쏟아져

먼저, 오늘날 우리가 사는 지구는 약 2억 5,000만 년 전 고생대 페름기 때는 하나의 초(超)대륙 판게아(Pangaea)였다. 이후 공룡이 주인공으로 활약했던 1억5,000만 년 전 중생대 쥐라기 시대를 거치면서 대륙이 점차 분리되어 오늘날 대륙과 같이 5대양 6대주로 분리되었다. 더욱 자세히 살펴보면 판게아(Pagaea)는 고생대 페름기와 중생대 트라이스기(Paleozoic Permian and Mesozoic Triassic)에 존속했다는 초대륙

학설(超大陸學說, Pangaea)로 1915년 독일 지구물리학자 알프레트 베게너(Alfred Wegener, 1880~1930)가 제안한 거대한 하나의 초대륙(超大陸)이다. 3억 년 전에 대륙이 뭉쳐 판게아 대륙이 만들어지면서 애팔래치아 산맥, 아틀라스 산맥, 우랄 산맥 등이 생겨났고, 판게아 대륙을 둘러싸고 있던 드넓은 바다를 판탈라사 해(Panthalassa Sea)라고 했다.

1억8,000년 전인 중생대 쥐라기 때 판게아는 남쪽의 곤드와나와 북쪽의 로러시아(Gondwana in the south and Rorussia in the north)로 나눠졌다. 판게아는 오랜 시간이 흐름에 따라 점차 분리되어 오늘날 같은 6개의 대륙으로 나눠지게 되었다. 이에 1968년에 캐나다 지질물리학자 존 윌슨(John Tuzo Wilson, 1908~1993)은 '판구조론(theory of plate tectonics)'을 주장했다. 즉 지구 판 이동을 윌슨 주기설(Wilson Cycle)은 6단계로 설명하고 있는데, i) 대륙의 분리 - 대륙 균열(separation of a continent - continental rift), ii) 해저에서 젊은 바다의 형성(formation of a young ocean at the seafloor), iii) 대륙 이동하는 동안 해저 형성(formation of ocean basins during conti-nental drift), iv) 섭입 시작(initiation of subduction), v) 해저 폐쇄로 인한 해저 폐쇄로 암석권 섭입(closure of ocean basins due to oceanic lithospheric subduction), vi) 마지막으로 두 대륙의 충돌 및 해저 폐쇄(collision of two continents and closure of the ocean basins)로 이어진다.[86] 처음 3단계(배아, 영아, 성숙)는 바다의 확장을 설명하고, 마지막 3단계(쇠퇴, 종말, 유물 흉터 / 자리봉함)는 바다의 폐쇄와 히말라야와 같은 산맥의 생성을 설명했다.

몽고 초원을 지나 고비사막으로 들어와서 붉은 모래 언덕의 바양작(Bayanzag)에 도착한다면, 우리나라에서도 공룡 뼈나 발자국이 화석으로 발견되기는 하나, 여기서는 공룡 뼈와 공룡 알을 쉽게 두 눈으로 볼 수 있다. 또한, 지난 8월 31일자에도 미 버지니아공대 지구과학부 조사단(Virginia Tech. Department of Earth Sciences Research Team)과 짐바브웨 자연사박물관(Natural History Museum of Zimbabwe)으로 구성한 국제공동연구팀(international joint research team)이, 신장 1m 이상, 체중 30kg가량의 작은 머리와 긴 목, 톱니 모양의 치아를 가진 용각류(龍脚類)로 보이는 음비레사우루스 라티(Mbiresaurus raathi)의 발견을 과학 전문지 '네이처(Nature)'에 발표했다. 화석을 근거로 아프리카 최고(最古) 공룡으로, 약 2억3,000만년 전, 트라이아스기 후기(Late Triassic (Carnian stage, ~ 235 million years ago)에 판게아(Triassic Pangaea)의 일부였던 짐바브웨 지역은 현재보다 더

남쪽에 있었다.[87] 대부분의 공룡은 건조한 사막을 피해 판게아 남부의 온대에 살았기 때문이다. 공룡 서식지 사막 지역에서 많은 공룡 시체(뼈)가 발견되는 것은 기후로 부패하지 않고 곧바로 건조되었기 때문이다.

우리나라에서 공룡 화석(뼈, 발자국 및 알) 발견과 아프리카 등에 발견되는 공룡 뼈 등에서 생존 연대를 보면, 외국에선 중생대 트라이아스기(2억4,500만 년 전)와 쥐라기(2억800만 년 전)에 생존했다면 우리나라는 대부분이 백악기(1억4,400만 년 전에서 6,600만 년 전)에 생존했던 것으로 추정되고 있다. 이를 뒤집어보면 전 세계 공룡이 마지막 생존을 위해서 한반도(경상호수)에 몰렸다고 볼 여지가 된다(Dinosaurs from all over the world flocked to the Korean Peninsula (Gyeongsang Lake) for their final survival).

지구촌 모든 공룡은, 한반도(경상호수)로 집결하라!

이제까지 한반도에서 살았던 공룡들을 발자국 혹은 뼈 등의 화석으로 재구성해 학명까지 부여한 공룡으로는 대표적으로 1999년 경남 하동 앞바다 돌섬에서 발견된 2017년 '부경고사우스 밀레니엄(Pukyongosaurus millenniumi)' 공룡은 백악기 때에 초식공룡으로, 머리에서 꼬리까지 길이가 20m나 되는 거대공룡이었다. 학명 등록을 마친 우리나라의 공룡은 i) 2003년 해남이크누스(翼龍), ii) 우항리엔시스(Haenamichnus uhangriensis), iii) 2010년 코리아노사우루스 보성엔시스(Koreanosaurus boseongensis), iv) 2011년 코리아케라톱스(도마뱀) 화성엔시스(Koreaceratops hwaseongensis)과 v) 2017년 부경고사우루스밀레니엄(Pukyongosaurus millenniumi)으로 5종이 있다.

한편, 사막과 같은 건조 지역에선 발견되지 않는 공룡 발자국은 중생대 백악기 때 공룡 서식지였고, 현재도 지질상 이암(mudstone), 셰일(shale) 등으로 화석으로 굳어진 육성 퇴적층(continental sedimentary layer) 지역이었던 한반도의 남쪽 경상 분지에 공룡 화석 혹은 맘모스 등의 당시 육상동물의 화석이 집중 발견되고 있다. 이에 반해 일본 등 해성 퇴적층(海性堆積層, seaside sedimentary layer) 지역에선 바다 생명체의 암모나이트(ammonite), 푸줄리나(fusulina), 유공충 화석인 화폐석(nummulite) 등이 발견되고 있다. 그런데 2008년에 화성시(華城市) 공무원이 전곡항(前谷港) 방조제 청소 작업 중 공룡(恐龍)의 엉덩이뼈, 꼬리뼈, 양쪽 아래 다리뼈와 발뼈 등 하반신의 모든 뼈가 제자리에 있는 완전한 형태를 발견하고, 서울대학 이융남 교수의 학술연구 발표를 통해 국제적으로 알려졌다. 우리나라에서 최초 발견한 각용류(角龍類, Ceratosaurus)로 1억2,000만 년 전, 이족보행 몸길이는 2.3m 정도로 8살에 죽은 것으로 보이는 '코리아카라톱스 화성엔시스(Koreaceratops hwaseongensis)'라는 학명으로 등록했다. 2022년 10월 7일자로 우리나라 문화재청에 천연기념물로 지정까지 마쳤다.[88]

우리나라에서 화석(化石, fossil) 발견은 1970년 4월 27일 함안 용산리(咸安龍山里) 백악기 시대의 새 발자국 화석 산지가 문화재정에 천연기념물(天然記念物, natural monument)로 등록했다. 이어 1993년 6월 1일에 의성 제오리(義城 提梧里) 공룡 발자국 화석 산지, 1997년 12월 30일에 진주 유수리(晋州 柳樹里) 백악기 하성퇴적층(河性堆積巖, fluvial sedimentary rock)이 등록되었다. 연이어 1998년 2건, 1999년 1건, 2000년 2건, 2003년 1건. 2006년 1건, 2007년 2건, 2008년 1건, 2011년 1건, 2012년 1건, 2014년 1건, 2021년 1건, 최근 2022년 10월 7일 화성시의 뿔 공룡(角龍) 골격 화석이 등록되어 현재 시점에 19건이 국가천연기념물로 등록되었다.

이에 따라 시도 자치단체에서도 자체적으로 천연기념물 등록 작업을 한 건, 1983년에 고성군(固城郡)이 덕명리(德明里) 공룡 발자국 화석 등록을 신호탄으로, 같은 해 함안 외암리(咸安 外岩里) 공룡 발자국 화석, 1990년 창원 고현리(昌原 古縣里) 공룡 발자국 화석, 1997년 창원 호계리(昌原 互溪里) 공룡 발자국 화석, 2001년 여수 화정면(麗水 華井面) 공룡 발자국 화석지 및 퇴적층, 2003년 안산 대부광산(安山 大阜鑛山) 퇴적암층, 2004년 안동 위리(安東 渭里)의 나무 화석, 2005년 남하 가인리(南海加仁里) 공룡 발자국, 2019년엔 보령 학성리(保寧 鶴城里) 공룡 발자국을 등록함으로써 총 10건이 시도 천연기념물로 등록되었다.

금호(신천)에 발견된 공룡 발자국 등을 살펴보면

대구 사람들이 공룡 이야기를 하면 1993년에 개봉한 「쥐라기 공원(Jurassic Park)」이 미국에 있다면 대구에선 2017년 조성된 환경 생태 테마 '고산골 공룡 공원(Gosangol Dinosaur Park)'이 있다고 자랑한다. 사실 이보다 앞선 사례는 2004년 8월 12일에 개관한 경남 고성군(固城郡) 공룡박물관, 상족암(海蝕崖) 공룡 공원(놀이터)를 조성해서 생태 환경관광을 시작했다. 공룡 발자국에 있어서도 천연기념물 제304호에 지정된 5개 섬에 3,800개의 화석을 유네스코(UNESCO)에 잠정적으로 등록했다. 한곳에 집중적으로 발견된 곳은 경남 해남 우암리 443개나 있다. 이런 점에서 대구시가 자랑할 수 있는 측면은 '지구촌의 마지막으로 한반도에 몰렸던 시기에 경상호수의 중심지 달성호수 혹은 금호라는 공룡 서식지 천국이었다는 사실(The fact that Dalseong Lake or Kumho, the center of Gyeongsang Lake, was a dinosaur habitat paradise at the time when the global village was the last to flock to the Korean Peninsula)'을 자랑할 수 있다.

왜냐하면, 우리가 잘 알고 있는 신천(동신교~수성교) 화석 발자국의 발견은 1972년 고성군 공룡 발자국 화석 발견 이후 22년이 지난 1994년 9월 26일 동구 주민 한상근이 수성교(壽城橋)에서 도청교(道廳橋)로 걷는 도중에 수성교(壽城橋)에서 300미터 정도 동신교(東新橋) 쪽으로 걷다가 공룡 발자국을 발견했다고 저녁 뉴스로 나왔다. 다음날 경북대학교 지구과학과(한국화석학회 회장) 양승영(梁承榮) 현재 명예교수[89]가 현장에 나가 백악기 공룡 발자국임을 육안으로 확인했다. 2003년 현장실사를 해서, i) 화석을 덮고 있던 퇴적물을 걷어내고, ii) 폭 3m, 길이 25m의 지층면에서 57개의 공룡 발자국을, iii) 1억 년 중생대 백악기 경상분지(호수)의 저지대임을 확인했다.

화산학 측면에선 7,000만 년 전부터 화산 폭발이 빈발했으며, 지질학에 의거하면 당시에 오늘의 대덕산(앞산)이 조성되었으며. 6,500만 년 전 얕은 지표를 뚫고 올라와 모습을 드러낸 마그마가 서서히 굳어짐으로써 팔공산이 생겨났다.

이어 2001년 성명여중학교(聖明女子中學校) 지리과(지질학 전공) 박두사광 교사가 거랑 바닥 퇴적암에서 공룡 발자국을 발견했다. 초식공룡(조각류) 2마리가 보행함으로 남긴 것으로 보였으며, 퇴적암의 2개의 지층면에 각각 1개의 공룡 발자국 보행렬(步行列)이 있었고, 두 지층면의 높이 차이 12cm나 되었다. 현재 욱수동(욱수거렁) 공룡 발자국 산지(수성구 욱수동 694)는 길이 25m, 폭 19m의 면적에 중생대 백악기, 경상누층군(慶尙累層郡) 하양층군(河陽層群) 반야월층(半夜月層) 퇴적층으로 암회색(暗灰色) 혹은 중회색(重灰色)의 셰일(shale)과 사암(砂巖)으로 구성되어 있는 곳에 14개가 보존되어 있었다. 2002년 5월 북구 노곡동 부엉덤이 경부고속도로 공사 절개지에서 공룡 발자국 화석 10개를 발견했는데, 현장조사에 참여했던 경북대학교 지구과학교육과 임성규(林成圭) 현 명예교수의 설명에 따르면, "길이 35m 폭 30m의 경부고속도로 절개지에서 이족보행 조각류(鳥脚類) 초식공룡 이구아노돈((Iguanodon)의 발자국으로 보였으며, 경상누층군 함안층(咸安層) 최하부 지층에서 공룡 화석이 발견되는 건 드문 사실이다."라고 했다.[90] 2006년 남구 고산골에서 대략 1억 년 전 중생대 백악기 공룡 발자국 화석이 약 25m의 퇴적암 지층면에 11개가 발견되었다. 조각류(鳥脚類)의 발자국이 4개, 용각류(龍脚類)의 앞뒤 발자국이 7개이며, 세 발가락을 가진 조각류(鳥脚類)는 길이 30cm이고 역(逆)사다리꼴 모양이었다. 용각류의 뒤 발자국의 길이는 50cm 정도였다. 발견 지역의 특이점은 얕은 호수 섶(湖邊)에 형성되는 물결무늬(漣痕, ripple)와 말라 건조한 환경에서 생긴 건열(乾裂, sun cracks)도 동시에 나타나고 있었기에 당시 환경을 추정하는 단서를 제공하고 있었다.

다른 한편, 동구청 홈페이지, 디지털동구문화대전(daegudonggu.grandculture.net) 배너에서 동구 내의 공룡 발자국 화석에 대해 총정리해 안내하고 있다. 그를 인용하면, 1994년 대구광역시 수성교(壽城橋)부터 동신교(東新橋)의 중간 지점 강바닥에서 발견된 57개의 공룡 발자국 화석은 대구광역시에서 가장 뚜렷하게 나타나는 공룡 화석(恐龍化石)이지만 현재 물에 잠겨있다. 2002년 7월 대구광역시 동구 지묘동(智妙洞) 도로 공사 현장에서 발견한 공룡 발자국 화석 17기는 1억 년 전 중생대 전기 백악기 시대의 것으로 확인되었으나 매몰되었다. 2017년 6월 대구혁신도시 내 중앙교육연수원(신서동 1180) 옆 세골 공원 인근에서 확인된 30여 개가량의 공룡 발자국은 중생대 백악기로 추정된다.

이어 2021년 5월 14일 수성구 제242회 제2차 본회의에서 김희섭 의원이 김대권 구청장에게 질의한 내용 가운데 2013년 매호천(梅湖川) 공룡 발자국에 관련해 "매호천은 1억 년 전 중생대 백악기 경상누층군 거대한 퇴적층 경상분지(호수)에 속하며, 2013년 12월 현장조사 때 매호천에서 용각류 1개체 보행렬(walking track)과 다수의 공룡 발자국이 발견되었으나 2021년 3월 19일 현지조사 땐 일부가 훼손된 것으로 추정되며, 2013년 발견 이후 2차례 매호천변 정비공사(梅湖川邊整備工事) 과정에 연구자도 참관시키지 않고 진행했기에 현재는 정확한 위치 파악이이 불가능한 상태라서, 3월 27일 구청 문화예술과 요청으로 진주교육대학교(晋州大學校) 김경수[91] 교수, 청구고등학교(靑丘高等學校) 교사 김태완[92] 박사가 시지 제1교와 시지 제2교 사이를 모니터링, 1억 년 전 중생대 백악기 건천리층(乾川里層) 공룡 발자국을 확인해 16개 지점에 26개 공룡 발자국과 특이하게도 남해안 일대에 발견되는 발자국도 있었다…."

이제까지 대구에서 발견된 공룡 발자국을 종합하면 신천 바닥 공룡 발자국을 중심(求心點)으로 반경 12km의 영역 범위 혹은 생활권역(territory, 나와 바리)을 그릴 수 있어서 과거 1909년 대구부청사(大邱府廳舍)를 오늘의 대구시청 자리에다가 건립할 때 '왕초 공룡 알 터(King dinosaur egg nest)'라는 이야기가 1980년까지 구전되어 왔던 스토리텔링(storytelling)이 기억난다. 이

를 관광 자원화하기 위해서 경남 고성군처럼 관광 자원화 시설 확충도 중요하지만, 이에 앞서 i) 현재까지 공룡 발자국 지점과 종류 등을 기반으로 공룡 지도(Daegu Dinosaur Map)를 작성하고, ii) 대구 시청이 '왕초 공룡의 알 터(キング恐龍の卵の巢)'라는 일제의 스토리텔링처럼 새로운 차원의 스토리텔링도 필요하고, iv) 관광 명소, 공룡 홍보 사이트, 관광 기념품, 공룡 빵(dinosaur bread), 관광 음식(공룡 정식, 공룡 따로 국밥 등)은 물론이고 지속적인 연구개발이 더욱 필요하다.

Ⅱ.

거문고 선율에 선학(仙鶴)이
춤추는 금호

1.
금호강이란 대자연의
거문고를 연주하면서

금호강(琴湖江)이란 대자연의 거문고(玄琴)

고싸움 (고풀기)

지구 상에 수많은 악기가 있었는데도 하필이면 어떤 연유로 '비파(琵琶, pipa) 소리 나는 호수(風蘆琵聲, 湖心淸靜)'라고 해서 금호강(琴湖江)이라고 했다는『경북지명유래총람(慶北地名由來總攬)』의 설명에 이해가 가지 않는다. 첫째 '작은 나라로 대국을 섬기겠다는 생각(以小事大)'에서 "중국 전통 악기로 알았던 '비파(琵琶, pipa)'는 사실상 전한(前漢, B.C. 202 ~ A.D.) 때 인도를 통해 도입된 페르시아(Persia)의 고대 악기였다.[93] 인도의 법화경 방편품(法華經 方便品)에 '비파뇨동발(琵琶鐃銅鈸)'"이라는 구절이 있다.[94] 둘째로 중국 악기 칠현금(七絃琴)을 개량해 우리 악기로 만들었다. 즉 '매듬(고, 髻)'이라는 순수한 우리말의 '거문고(玄鶴琴)'와 '가얏고(伽倻琴)'가 그것이다. 이들을 버리고 중국 악기를 택했다(棄我擇他).

무엇보다도 금호에 바람이 호숫물 위를 스치면 물결이 인다. 이때 햇살은 방끗거리고, 물비늘은 대낮에도 사이키 조명(psychedelic light)처럼 반짝인다. 이때다! 스치는 바람결에 갈대는 거문고 줄이 되어 서로들 몸을 맞대어 비비면서 탄금성(彈琴聲)을 낸다. 갈댓잎마저도 가만히 있을 수 없다고 태평소(太平簫)가 되어 닐리리야다. 이렇게 갑작스레 금호강에선 노래 한마당이 펼쳐진다.[95] 이런 대자연의 거대한 금호강 거문고를 우리는 몰랐단 말이다.

이와 같은 대자연의 예술성을 기원전 1세기경에 로마인 시인이고 철학자였던 루크레티우스(Titus Lucretius Carus, B.C. 99 ~ B.C. 55)는 『사물의 본성에 대하여(De rerum natura, 6권)』이라는[96] 저서에서 "예술 형식은 모두가 대자연에서 유래했다. 자연이 바로 예술의 모델(模範)을 인간에게 제공했다. 왜냐하면, 인간은 새들이 지저귀는 울음소리를 본떠 노래와 시를 창작했다. 갈대까지 울리는 바람을 보고서 피리를 만들었다(poetry that everything in nature can be explained by natural laws)."[97]. 금호 강변의 갈대는 바람에 떨었던 몸짓으로 태평소(太平簫) 혹은 향피리(鄕觱篥)의 떨판(reed)이 되었다. 그들은 지금도 떨리는 가슴으로 노래하고 있다. 금호강은 거대한 대자연의 거문고로 소리 없는 탄금성(彈琴聲)으로 달구벌의 연연세세(年年歲歲) 평화복락(平和福樂)을 기원하고 있다.

금호 강변에 살았던 선인들은 대자연의 거문고를 인식하고 삶의 풍요를 위한 터전으로 마련하고자 노력했다. 그 흔적을 더듬어 보면 i) 첨해왕 15(261)년 2월에 달구벌 초대 달성성주(達城城主)로 나마극종(奈麻克宗)을 임명했다. 나마(奈麻)는 신라 관등 계급(11등급)이고, 극종(克宗)은 '거문고 명인(玄琴名人)'을 칭하는 직업 명칭이고 또한 사람 이름(人名)이었다. 『삼국사기』에 '거문고'를 설명하기를 '탄금성에 학들이 춤을 추었다는 데서 현학금(玄鶴來舞, 遂名玄鶴琴)'[98]이라고 불렸다. ii) 신라 선인들의 거문고 예술의 꿈(玄鶴琴之夢)은 현군 세종은 거문고 예향에 맞게 옥보고(玉寶高, 신라 경덕왕 때 악성)의 거문고 명문가 후손인 1408(태종9)년에 옥고(玉沽, 1382~1436)와 1425(세종7)년에 성씨마저 거문고 금씨(奉化琴氏)인 금유(琴柔, 생년 미상~1446)를 대구군지군사(大丘郡知郡事)에 임명했다. 금유(琴柔)는 1444(세종 26)년에 금학루(琴鶴樓)를 세워 지역 선비들이 선학금호(仙鶴琴湖)라는 풍류(행복) 속으로 빠져들게 했다.

현대인의 시각에선 달구벌 달성성주(達城城主), 대구현감(大丘縣監) 혹은 대구군지군사(大丘郡知郡事)는 오늘날 대구 시장에 해당한다. 즉 초대 시장에 거문고 명인 극종(克宗市長)을, 거문고 명문가 출생 옥고(玉沽) 시장과 성씨마저 거문고 금씨(琴氏)인 금유시장(琴柔市長)을 임명했다는 것이다. 그 결과물은 오늘날 오페라하우스에 해당하는 금학루(琴鶴樓, Opera House Geumhakru)를 세웠다는 사실을 봐서도 1,760년 전부터 대구예향(大邱藝鄕, Art City Daegu)을 이미 기획했다.

'고(皷)'를 지우고 푸는 한민족의 대동놀이(大同戱)에서

우리의 고유 전통악기인 가얏고(伽倻琴)나 거문고(玄鶴琴)을 언급하기에 앞서 중국 『삼국지연의(三國志演義)』에 나오는 주유(周瑜, 175~210)와 제갈공명(諸葛孔明, 181~234)이 적벽대전을 두고 서로 팽팽한 긴장감을 주고받는 모습 그대로 연주했던 '유량탄금(瑜亮彈琴)' 혹은 '제갈·주유 금슬화명(諸葛周瑜琴瑟和鳴)'이란 고사를 통해 "한때 주유와 제갈공명은 둘 다 영웅으로 같은 전략을 내다보고 있었다(一時瑜亮, 英雄所見略同)."를 알 수 있었다. 다른 한편으로는 "이미 주유(周瑜)를 세상에 내셨거늘 어찌 또 공명을 내리셨나이까(旣生瑜何生亮)?"라는 원망도 있었다. 결국은 "주유와 제갈공명이 서로 경쟁하게 되었다(瑜亮之爭)."라는 '원탁의 검투사(Gladiator of Round Table)' 숙명이었다. 그래서 적벽대전에서 '손유연맹(孫劉聯盟)'으로 한바탕 결전을 위해 손을 잡아 조조(曹操)를 같이 몰아붙였다. 그러나 주유는 제갈공명을 질투한 나머지 군사(軍師) 제갈공명을 없애버릴 생각까지 했다.[99] 이래서 선인들의 탄금(彈琴)이란 표현엔 악기연주로 탄식(以琴歎聲)을 쏟아낸다는 의미까지를 담았다.

그러함에도 우리나라의 판소리에서 「적벽가 화용도(赤壁歌 華容道)」에선 "그대여, 공명 선생, 주유(周瑜) 전(前) 허시는 말씀. 바람은 천공지조화(天公之調和)인데. 인력(人力)으로 어찌하오리까? 성사는 재천이요 모사는 재인이라(成事在天謀事在人). 나 할 일 다 한 연후에 천의(天意)야 어찌하리. 오백 장졸만 명하여 주옵시면 노숙(魯肅)과 남병산(南屏山)에 올라가 동남풍을 비오리다. 그때야, 공명 선생, 학창의(鶴氅衣)[100]를 거둠거둠 흥중에다가 딱 붙이고, 군사를 불러 영을 내린 후, 남병산을 퉁퉁퉁~ 올라가 동남풍을 빌어 볼 제, 머리 풀고 발 벗은 차 학창의(鶴氅衣) 거둠거둠 …."이라고 세상 고통의 고풀이(解結世苦)를 하고 있다.

우리가 자주 사용하는 부부금슬(夫婦琴瑟)에서 중국 악기 금슬(琴瑟, qínsè)은 우리 고유 전통악기 '거문고(琴)'[101] 혹은 '가얏고(瑟)'로 보고 있다. 그러나 원초적으로는 다르다. 우리 말 '고(髻)'란 '옷고름이나 노끈 따위의 매듭이 풀리지 않도록 한 가닥을 고리(고름)처럼 맨 것' 혹은 '상투를 틀 때 머리털을 고리(고름)처럼 되도록 감아 넘긴 것 등'을 말했다. 즉 줄을 단단히 묶고자 고(結, tie)를 지(틀어)어 만든 악기를 '~고'라고 했다. 물론 오늘날 악기 종류로는 현악기다. 1527년 최세진(崔世珍, 1468~1542)이 저술한『훈몽자회(訓蒙字會)』에선 '琴: 고 금'으로 풀이했다. 오늘날까지도 '고 싸움'은 정월 대보름 민속놀이로 광주칠석(光州漆石)에서 하고 있다. 그곳 국가무형문화제 제33호는 고싸움놀이 전수자다. 그 놀이에선 짚을 여러 갈래로 꼬아 거대한 매듭(고)을 만든다. 또 다른 안동에서도 견훤·왕건(甄萱·王建) 사이 '원한의 고(怨恨之髻)'를 '차전놀이(車戰戲)'라는 '고풀기놀이(解結戲, knot-untying play)'를 하고 있다. 고싸움(고풀기), 차전놀이(고 부딪쳐 풀기), 줄다리기(풀린 고 잡아당기기) 혹은 윷놀이(풀린 고 비녀 던지기) 등은 대동사회(大同社會)를 바랐던 한민족의 3,000년 이상 전통을 가진 대동놀이(大同戲)였다.

금호탄금에 선학은 두둥실 춤추고

거문고를 순수한 신라어로 '거문(검은, 玄)'과 '고(go, 髻)'가 합쳐진 말이다. 한자로는 현금(玄琴) 혹은 현학금(玄鶴琴)이라고도 했다. 북쪽 고구려(高句麗) 왕산악(王山岳, 생몰 미상, 4세기 인물)이 당나라의 북두칠성을 의미하는 칠현금(七絃琴)을, 동국통감(東國通鑑)[102]에서는 원양왕 8(552)년에 전통악기 거문고로 개량해 신라에서 전달했는데, "왕산악의 연주에 검은 학이 춤을 추면서 내려왔다(以王彈琴, 玄鶴來舞)."는 고사를 들어서 『삼국사기(三國史記)』에서는 현금(玄琴) 혹은 현학금(玄鶴琴)이라고 기록했다. 신라는 거문고를 고유의 '풍류도(風流道)'와 결합하여 '금도(琴道)'를 법고창신(法古創新)했다. 이는 다시 고려에선 불법(佛法)과 조선 시대엔 유행육례(儒行六藝: 禮樂射御書數)[103]와도 연결되어 심덕도야(心德陶冶)에 크게 기여했다.[104]

사실, 대자연의 새소리, 물소리, 비·바람 소리, 천둥소리 등을 담아서 깊은 심연에 빠져들게 하여 마음속 깊숙이 똬리를 틀고 있는 사악함을 씻어낸다. 따라서 심덕도야(心德陶冶) 혹은 세심수행(洗心修行)에 필수 소품이었다. 그렇게 함으로써 새로운 '거문고의 길(琴道)'을 열었다. 풍류도(風流道), 원화도(源花道), 화랑도(花郎徒), 금도(琴道)가 상호보완적 맥락을 이어왔다. 이를 두고 신라 최치원(崔致遠, 856~909)은 "나라에 현묘한 도가 있었으니 풍류라고 할 수 있어(國有玄妙之道曰風流) … 유불선(儒佛仙)을 모두 싸잡고 있어서 모두의 삶 속으로 파고들고 있다. 공자님의 가르침과도 같고, 석가모니의 뜻과도 같다." 즉 풍악(風樂)이란 풍류(風流)를 형성했다고 봤다.[105]

한민족의 선인(先人)들은 유람(遊覽), 관풍(觀風), 산행(山行), 선유(船遊) 혹은 와유(臥遊) 등을 통해 대자연의 풍류(風流) 혹은 풍악(風樂)으로 속마음까지 깨끗이 씻어버리고, 어떤 이득과 유혹 앞에서도 올곧음(大義)을 먼저 생각할 수 있었다. 이런 무위자연섭리(無爲自然攝理)를 체득함으로써 화랑오계(花郎五戒), 삼강오륜(三綱五倫), 대의명분(大義名分)을 삶 속으로 스며들게 하였다. 이를 위해 나라가 위험할 때는 목숨까지도 내놓을 수 있었다(見危授命). 뜻을 세웠다고 하면, 똑 부러질지라도 절대로 뜻을 굽히지 않았다(寧折不屈). 구구하게 기와로 온전하기보다 깨끗한 옥으로 부서질 줄 알았다(寧瓦全而玉碎).

2.
대자연 금호가 거문고와
가얏고를 탄생시키다

신라삼현(新羅三絃)에 제일은 거문고, 다음이 가얏고

삼국사기(三國史記)』 악지(樂誌)에선 "신라 궁중음악에서는 3현(三絃, 현악기 3종)과 3관(三管, 관악기 3종)을 기반으로 박판, 큰북(大鼓) 그리고 가무(歌舞)로 이뤄졌다. 춤은 두 사람이 춘다. 악공들은 뿔난 모자를 쓰고, 자주색 큰

소매 옷을 입으며, 붉은 황금이 입힌 허리띠를 차고, 새까만 가죽신을 신었다." 한마디로 다채로운 한 폭의 그림이 되었다. 보다 자세하게 파고들어 가보면, "현악기 3종으로는 첫째로 거문고(玄琴)이고, 둘째가 가얏고(伽倻琴)이며, 마지막은 비파(琵琶)였다. 거문고는 중국 칠현금(七絃琴)을 모방하여 만들었다고 하나, 동한(東漢)의 채옹(蔡邕, 132 혹은 133~192)이 저술한『금조(琴操)』[106] 근거에 의하면 동이족(東夷族)이었던 삼황오제 가운데 복희씨가 금(琴)이라는 현악기를 만들었다. '사악함을 물리치고, 음탕한 마음을 막아낸다. 즉 수신과 수양을 통해서 이성을 찾고, 하늘이 내려준 천성을 회복하도록 하고자 함(所以禦邪僻, 防心淫, 以脩身理性, 反其天眞也)'이 악기를 만

든 취지였다." 천지 조화의 이치와 우주 생성의 비밀을 녹여내어 거문고를 제작하였다. 즉 이런 이치를 담고자 "길이를 3자 6치 6푼으로 366일을 뜻하고, 넓이가 6치인 게 육합(六合: 天地東西南北)이며, 오동나무 판 위에 움푹 파인 연못(池) 모양은 물처럼 공평함을 의미한다."

또한, "울림 밑 판자(共鳴桶)를 빈(濱)이라고 하는 데 섭리의 순행을 축도(祝禱)였다. 앞머리가 넓고 뒤쪽이 좁은 건(前廣後狹) 세상에 존비(尊卑)가 상존함을, 위가 둥글고 아래에 모난 건(上圓下方) 당시 우주관이었던 하늘이 둥글고 땅이 모남(天圓地方)을 본떴다. 5줄은 오행(五行)이며, 큰 줄은 군왕, 나머지는 신하, 백성 등을 의미했다." 칠현금이 7줄인 건 칠성(七星, 북두칠성)을 본뜬 것이다. 후한의 응소(應劭, 140~206)가 지은 『풍속통의(風俗通義)』에서 이같이 설명하고 있다. 칠현금은 처음 동진(東晉, 316~419)[107]에서 고구려에 보냈는데 음률과도 맞지 않았고, 연주법도 몰랐다. 이를 왕산악(王山岳, 高句麗 第二相)이 고유 음색과 음률을 개량해 100여 곡을 작곡하고 보니, 검은 학이 날아와서 춤을 출 정도라서 '검은 학 고(玄鶴琴)' 혹은 줄여 '거문고(玄琴)'라고 했다. 이는 곧 신라에 전파되었다.

중원(中原)을 통일했던 진시황제(秦始皇帝)의 나라 진(秦, B.C. 900 ~ B.C. 206)이 망하고, 전한(前漢, B.C. 202 ~ A.D. 8)도 망했으며, 또한 신나라(新 A.D. 9 ~ A.D. 23)까지 망하자, 망국의 유랑민들이 한반도로 들어오면서 전한(前漢)에서 고구려에 가장 먼저 도입되었다. 전한(前漢) 때 사산왕조 페르시아(Sassanian Persia, 226~261)에서 비파(pipa, 琵琶)의 장인들이 대거 유입되었다. 특히 농경의 풍요를 상징하던 '별나라 별동네(辰國辰韓)'였던, 한반도의 배꼽에 해당하는 달구벌로 몰려들었다. 달구벌에서는 200년경에 이미 거문고 제작(玄琴製作)은 물론 연주하는 명인들이 많았다. 거문고 명인(玄琴至極)에 도달했던 전문가(宗家)를 극종(克宗, Master of Geomungo)이라 불렸다. 첨해왕 15(261)년 2월에는 달구벌 달성성주에 나마극종(奈麻克宗)이란 거문고의 명인을 임명했다. 그들은 고구려를 통해서 혹은 전한에서 바로 달구벌에 유입되었는지는 기록이 남지 않았다. 그러나 오늘날 이름으로는 극종은 '거문고(玄琴) 달인(達人)'이다.

고고학적으로 357년 축조된 안악(安岳) 제3호 고분벽화와 집안(集安)현 무용총 벽화에서도 거문고 연주 그림이 발굴되었다. 이는 중국 진나라 칠현 금이 350년 이전에 동진(東晉, 317~419)으로부터 도입되었다. 신라 땅 달구벌에선 이미 261년에 거문고 명인 극종(克宗)을 성주(城主)로 임명했다는 기록은 부정할 수는 없다. 『삼국사기(三國史記)』에 거문고 명인으로 극종(克宗)이란 명칭이 재등장한 때는 혜공왕(惠恭王, 재위 742~765) 때다. 거문고 명인 '귀금(貴金)'으로부터 비곡(祕曲), 표풍(飄風) 등 3곡을 안장(安長)이 이어받았다. 그는 곧 둘째 아들 극종(克宗)에게 그대로 전수했다. 극종(克宗)은 새로운 거문고 7곡을 지었다. "이후에 거문고를 업으로 하는 사람이 많았고, 업종으로 극종(克宗, Master of Geomungo)이 생겨났다(克宗以後, 以琴自業者非一二)."라고 『삼국사기』에선 기록하고 있다. 고구려 시대 삼국사기 저자 김부식(金富軾, 1075~1151)은 거문고 명인의 직종명인 극종(克宗,

Master of Geomungo)을 일반 이름 속에 감추었다. 이는 바로 당시는 예술 직종의 신분을 천시했다.

사실 경덕왕(景德王, 재위 739년 5월 ~ 742년 5월) 때 육두품(六頭品)에 속했던 사찬(沙湌) 공영(恭永)의 아들 옥보고(玉寶高, 생몰 연도 미상)가 지리산 운상원(雲上院 혹은 雲上仙院)에 들어가서 50년간 거문고에 빠졌다. 그는 30곡의 거문고 곡조를 지어 속명득(續命得)에게 전했다. 애장왕(哀莊王, 재위 800~808) 당시에 거문고 명인을 많이 활용했다. 금도(琴道)는 이어져 속명득(續命得)에서 귀금(貴金)으로 이어졌다. 귀금 선생은 헌강왕(憲康王, 재위 857~861) 때 활약하다가 지리산으로 숨었고, 세상에 나오지 않았다. 경문왕(景文王, 재위 861~875)은 '금도(琴道)'가 없어질까 염려(羅王恐琴道斷絶)하였다. 그는 이찬 윤흥(允興, 출생 미상~866)을 남원경 사신(南原京仕臣, 南原公事)에 임명했다. 그리고 그에게 금도(琴道)를 배워오게 했다. 그는 총명한 소년 두 명(安長·淸長)을 선발해 지리산(智異山)에 은둔 중인 귀금(貴金) 선생에게 배움을 받도록 했다. 그런데 미묘한 비법만은 3년이 지나도 가르쳐 주지 않았다. 윤흥이 극진한 예의를 갖춰 대우해드리니, 귀금 선생은 표풍(飄風) 등 비곡(祕曲) 3곡까지 전수했다. 수제자였던 안장(安長)은 자신의 둘째 아들 극종(克宗)에게 전수했다. 극종 이후에는 거문고 관련 전문가들이 많이 배출되었고(克宗以後, 以琴自業者非一二)[108], 극종(克宗)은 거문고 명인(玄琴名人)이라는 보통명사가 되었다. 그들이 작곡한 거문고 곡명이 187곡이나 되었다.

우륵(于勒)과 신립(申砬)의 탄금대(彈琴臺) 심산대결(心算對決)

신라 첨해왕(沾解王)이 달구벌 달성 초대 성주에 거문고 명인 극종(克宗)을 임명한 이유는 탄금명인(彈琴名人)은 평시에 민심을 조율해 전쟁이란 불상사는 아예 없겠다는 생각이었다. 그가 성주로 있었던 때는 어떤 불상사도 없었다. 『삼국지연의』에서 적벽대전을 앞두고, 주유(周瑜)와 제갈공명(諸葛孔明)이 탄금으로 이심전심했던 사례가 있었다. 제갈공명은 아예 성문을 다 열어놓고 성루에서 탄금공성계(彈琴空城計)를 써서 사마중달(司馬仲達)을 30리나 물러나게 했다. 오늘날 용어로는 심리작전(心理作戰, psychological warfare)이다. 거문고나 가얏고의 명인들은 연주할 때는 줄을 당겨 매지만 연주를 하지 않을 때는 줄을 풀어 놓는다. 이를 긴장과 이완이라고 한다.

긴장의 정도를 오늘날 조율(調律)이라고 하는데 이는 가얏고 혹은 거문고 명인으로부터 조현기법(操絃技法)을 전쟁에다가 이용했다. 오늘날 지구촌 문화용어로는 군사력으로 뭉개버리는 것(hard power)보다도 부드러운 '소프트파워(soft power)'로 물처럼 스며들게 하겠다는 전략이다. 대표적인 실패 사례는 우륵(于勒, 490~몰년 미상, 551년 신라 귀순) 선생이 가얏고를 연주했던 충주 탄금대(彈琴臺)를 배수진으로 왜병과 생사결단(生死決斷)을 하겠다는 삼도도순변사(三道都巡邊使) 신립(申砬, 1546~1592)은 긴장(緊張)만을 알았지 이완(弛緩)을 몰랐다. 신립은 탄금대 배수진(彈琴臺背水陣)에서 몰 살당했고, 자신도 자결했다.

『신라고기(新羅古記)』[109]에 기록된 가얏고(伽倻琴)에 대해 살펴보면, 가얏 고(伽倻琴)는 가야국(伽倻國) 제7대 가실왕(嘉悉王, 재위 421~451)이 당나라 악기(혹은 南齊之箏)[110]를 보고 만든 것인데, 가실왕(嘉悉王)이 스스로 이에 대하여 '모든 나라의 방언(方言)은 각각 그 성음이 다른 것인데 어찌 당나라 의 노래만 부를 수 있으랴?'라고 말했다." 그리고 "악사인 성열현(省熱縣) 사 람 우륵(于勒)에게 명령하여 12곡을 창작하게 하였다. 그 후 국란이 이어지 자 우륵이 악기와 제자 이문(尼文 혹은 泥文)을 데리고, 신라 진흥왕 12(551) 년에 귀순했다. 진흥왕(眞興王, 재위 540~576)이 그를 받아들여 국원성(國 原京, 오늘날 忠州)에다가 안착시켰다. 다음 해 552년 대나마(大奈麻) 주지(注 知), 계고(階古)와 대사(大舍) 만덕(萬德) 등을 보내 그들에게 배움을 받도록 했다.

왕명을 받은 세 사람은 우륵으로부터 11곡을 배우고 나서 서로 말하기를 "이 음악이 번잡하고 음탕하여 우아한 음악이 될 수 없다(此繁且淫, 不可以 爲雅正)."라 하였다. 마침내 그것을 줄여 다섯 곡으로 만들었다. 우륵이 처음 이 말을 듣고 성화를 내었으나 그 다섯 가지 음률을 듣고는 눈물을 흘리며 감탄하여 "즐겁고도 방탕하지 않으며, 애절하면서도 슬프지 않으니 바르다 고 할 만하다(樂而不流, 哀而不悲, 可謂正也). 너희들이 왕의 앞에서 이를 연 주하여라(爾其奏之王前)."라고 말했다. 진흥왕(眞興王)이 그들의 연주곡을 듣고 크게 기뻐했다. 간신배 관료들이 건의하기(奸官獻議)를 "가야에서 나 라를 망친 음악을 취할 것이 없다(伽倻亡國之音, 不足取之)."라고 상신했다. 국왕이 그 말을 듣고 "가야 국왕이 음탕하고 난잡해서 자멸한 게지. 음악에 무슨 죄가 있으랴(伽倻王淫亂自滅, 樂何罪乎)? 대체로 성인이 음악을 제정함 에 있어 사람들의 정서에 따라 이를 조절하도록 한 것이므로, 나라의 태평 과 혼란이 음률 곡조와 관련되는 것은 아니다(蓋聖人制樂, 緣人情以樽節, 國 之理亂不由音調)."라고 대답을 내렸다.

가얏고에는 두 종류의 곡조(曲調)가 있었는데 첫째는 하림조(河臨調)이고, 둘째는 눈죽조(嫩竹調)인데 이들 모두가 185곡이나 되었다.『삼국사기절요(三國史記節要)』111에서 우륵이 지은 12곡은 첫째는 하가라도(下加羅都), 둘째는 상가라도, 셋째는 보기, 넷째는 달기, 다섯째는 사물, 여섯째는 물혜, 일곱째는 하기물, 여덟째는 사자기, 아홉째는 거열, 열째는 사팔혜, 열한째는 이사, 열두째는 상기물이었다. 우륵의 제자 이문(泥文)이 지은 3곡은 첫째는 까마귀, 둘째는 쥐, 셋째는 메추라기였다.112

3.
금호강 거문고가
오늘도 탄금성을 내고 있다

한민족의 국악 '고'의 성지(聖地)에선

거문고(玄琴)의 맥을 이은 운상원(雲
上院)에서는 고구려 거문고 명문이었
던 왕산악(王山岳)의 후손 왕씨(王氏) 혹
은 옥씨(玉氏)가 고구려에서 신라에 유
입되어 아버지 옥공영(玉恭永) 때 육두
품(六頭品) 이찬(伊飡)에 올랐다. 거문고
의 명맥을 유지하고자 경덕왕(재위 742~762) 때 아들 옥보고(玉寶高)는 지리산
남원 땅에 운상원(雲上院)이란 '거문고 성지(玄琴聖地)'를 마련했다. 고구려가
668년 나당 연합군으로 멸망하자, 신라는 망국민 유화정책으로 674년 안승
(安勝)을 고구려왕에 봉했다. 고구려왕과 고구려 유민들은 금마저(金馬渚, 오늘
날, 익산)에 정착했다. 그렇지만 10년째인 684년에 고구려 유민들이 반란을 일
으켰고, 이것이 진압되자 대거 남원 소경(南原小京)으로 강제 이주시켰다.

이렇게 지리산 남원에 입성 후 50년간 신라 민속악 '명인의 탯줄'로 역할을
운상원이 해왔다. 『삼국사기』에 기록된 운상원(雲上院)의 위치는 오늘날 남
원 운봉(雲峯)과 하동(河東) 칠불암(七佛庵)으로 양분되고 있으나 '운성지(雲

城誌, 朝鮮總督府中樞院發刊)'와 『삼국사기』의 운상원(雲上院)이라는 이름을 봐서 운봉(雲峯, 景德王朝雲峯)으로 비정(比定)된다. 옥보고(玉寶高)의 30곡조 가운데 입실상곡(入實相曲)은 전수되어 조선 시대 세종 13(1430)년 실상곡(實想曲)[113]과도 연관성이 있고, 또한 남원시 산내면 입석길 94-129 소재한 실상사(實相寺)와도 연계성을 부인할 수 없다. 신라와 오늘을 통시적으로 볼 때 남원운봉의 위상은 판소리 동편제의 거장을 배출하는 등 민속악 명인의 탯줄이었음을 부인할 수 없다. 남원시 '(사단법인) 악성 옥보고 기념 사업회'는 제19회 '악성 옥보고(樂聖 玉寶高) 거문고' 경연대회를 개최하고 있다.

다른 한편으로 가얏고(伽倻琴)에 대해선, 일전에 고령군 대가야읍 정정골길 55(쾌빈리 185-1)에 있는 '가야고(伽倻琴) 마을(gayatgo.net)'에 농촌 체험 마을을 운영하고 있다. 대가야국 가실왕의 명을 받아 악성 우륵이 가얏고를 이곳에서 제작하였고, 연주하니 그 소리가 정정하게 났으므로 동네 이름을 '정정골(丁丁흘)'이라고 불렸다. 한자로 '정정곡(丁丁谷)'이라고도 표기했다. 가얏고(琴 혹은 禁)와 고을(谷)을 합쳐 '금곡(禁谷)'이라고도 했다. 2007년 행정안전부 주관 '살기 좋은 지역 만들기' 국가 지정 시범사업에 선정되어 '악성 우륵(樂聖于勒) 기념 테마 마을'로 조성해왔다. 옛 대가야국이었던 고령군과 합력하여 '고령 가얏고 음악제', 전국 우륵 가야금 경연대회, 가야금 연주회 및 12가지 소리 축제 등을 개최하고 있다.

참으로 뜻하지 않게도, 우리나라의 '고(그, ko)' 혹은 '고토(コト, koto)'가 일본에 전파되었다. A.D. 79년 후한(後漢)의 반고(班固, 32~92)가 편찬한 경서(經書)인 『백호통의(白虎通義)』에서는 "고(그, 琴)의 발음은 금(그, 禁)이다. 음탕함과 사악함 이 두 가지를 몰아내고, 그 두 가지의 마음을 바로잡아 하나로 만드는 것이다(琴, 禁也. 以禦二止淫邪, 正二人心, 一也.)."라고 적고 있다. 712년경에 저술된 일본 『고사기(古事記, 上卷)』엔 "(대국주가 명하여) 여기서 그 신의 머리카락을 움켜잡고, 신을 기둥에다가 꽁꽁 묶어놓고, 스나하치 대신(すなはちそ大神)의 '생명의 칼(生大刀, life sword)'[114]과 '생명의 활과 화살(生弓矢, life bow and arrow)'[115]과, 그리고 '옥황상제가 연주하던 고도(天詔琴, あめののりご

と, harp of the heaven)'[116]를 훔쳐서 도망쳤다. 그때 하늘에는 거문고 둥치(琴樹)가 발버둥 쳤고, 천지가 진동하며 통곡했다."라고 했다.[117] 720년에 편찬된 『일본서기(日本書紀)』에서는 '유랴쿠덴노(雄略天皇, Yūryakuten'nō, 418~479, 재위 456~479)' 12월 10일자, "하다노사케노키미(秦酒公)가 천왕의 과오를 깨닫게 하려고 고토(琴)를 연주하는 음률 속에서 대화했다."[118]라고 기록했다.

'거문고의 본향' 달구벌에서는

한반도에서 '거문고의 본향'은 350년 동진(東晉)에서 칠현금(七絃琴)을 도입했던 고구려보다 앞서 '거문고의 명인(玄琴名人)'이라는 '극종(克宗)'이라는 직업을 가졌던 6두품 '나마(奈麻)'에 봉직하여 달구벌의 초대 성주를 임명받았던 때가 첨해왕(沾解王) 15(261)년이다. 고구려에 비교해 89년이나 앞섰다. 조선 시대 태종 8(1408)년 옥고(玉沽, 1382~1434)[119]와 세종 7(1425)년에 금유(琴柔, 생년 미상~1446)를 대구군지군사에 임명했다는데 조상들과 '거문고(玄鶴琴)'와는 무관하지 않았다. 『신증동국여지승람』에 나오는 대구의 교활한 관리 배설(裵泄)은 "내가 많은 수령과 기녀 등을 주무르고 살았지만, 오직 금유(琴柔)와 옥고(玉沽) 두 분의 수령님만은 모시고 살았다."라는 말을 사람들에게 했다.[120][121]

동양에 일반 백성(庶民)의 성씨는 i) 국왕의 사성(賜姓)이거나, ii) 사마(司馬, 周 軍政), 동방(東方, 日官) 등은 관직명에서 유래되었다. 신라 시대 때 '거문고(玄琴)' 관련 직업에서 유래된 성씨로 옥(玉)[122]씨와 금(琴)씨는 한자만 봐도 직감할 수 있다. 당시 극종(克宗)이란 '거문고 명인'이 직종 명칭까지 생겨났다. 이와 같은 사실을 『삼국사기(三國史記)』를 저술했던 김부식(金富軾)은 알고 있었으나, 6두품 하급 관리였다는 사실에서 가볍게 넘겼다.

직업에서 나온 성씨는 동양보다 서양에서 비중이 더 크다. 우리나라 김이박(金李朴)씨처럼 미국 성씨에서는 스미스(Smith)가 가장 많다. 직업에서 나온 성씨로 궁수(弓手, Archer), 빵장수(Baker), 양조업자(Brewer), 푸줏간(Butcher), 목수(木

手, Carpenter), 서기(書記, Clerk), 나무통 만드는 사람(Cooper), 요리사(Cook), 염색장이(Dyer), 농부(Farmer), 매 사육사(Faulkner), 어부(Fisher), 축융공(縮絨工, Fuller), 정원사(Gardener), 장갑 제조업(Glover), 사장(Head), 사냥꾼(Hunt or Hunter), 판사(Judge), 석공(Mason), 호출업자(Page), 마방(馬房, Parker), 도공(Potter), 톱 제조업자(Sawyer), 제와업(製瓦業, Slater), 대장간(Smith), 재단사(Taylor), 지붕 이는 사람(Thatcher), 선반공(Turner), 섬유업자(Weaver), 목재상(Woodman) 및 저술업(Writer) 등이 직업에서 나온 성씨다. 대부분의 서양 성씨는 i) 지명(place names), ii) 직업(occupation) iii) 개인별 특성(personal characteristics), iv) 부동산(토지) 이름(estate names), v) 지리적 특징(geographical features), vi) 조상의 이름(ancestral name), vii) 지지 후원(signifying patronage) 등에 유래되었다.

지구촌에서 가장 많은 성씨를 가진 나라는 일본이다. 대부분이 장소에 연유하고 있다. 최대 성씨는 사토(佐藤,さとう)씨이고, 2013년 12월 21일 인구조사 발표에서 193만 명으로 일본 제1위다. 일본 성씨에 대해 니와모토지(丹羽基二)의 『일본성씨대사전(日本姓氏大事典)』에 의하면, 종류가 30~40만 성씨가 있다. 이렇게 많은 건 같은 한자(漢字)의 성씨라도 독법(音讀, 訓讀, 特殊讀 등)에 따라 표기가 늘어났기 때문이다. 이들 성씨의 어원은 지명 관련이 가장 많다. 산 아래 사는 사람들은 야마시타(山下), 밭 한가운데 사는 사람들은 다나카(田中) 등으로 파생되고 유래되었다. 도도부현(道都府縣) 47개 가운데 3개(홋카이도, 에이히메현, 오키나와현)를 제외하고 44개 성씨로 사용되고 있다. 한국에 관련 지명인 가마야마(釜山), 기우라(木浦), 나가야스(長安), 요시바야시(吉林), 가와치(河內), 히토리지마(獨島) 혹은 도쿠시마(獨島)까지 있다. 특히 2020년 인구조사에서 '대구(大丘, だいく)'라는 성씨를 가진 일본인이 70명으로 북해도에 거주하고 있으며, 전국 순위가 36,690위에 속한다.[123]

조선 세종 때 대구군 지군사(大丘郡 知郡事)로 임명받았던 금유(琴柔, 생몰연도 미상, 재직 기간 1396~1446)는 자신의 성씨가 '거문고(琴)'에서 연유했다는 사실을 알았다. 즉 삼황오제의 복희씨(伏羲氏)가 창제했던 '고금(古琴)'에 관련된 직업에 선조들이 종사했다는 피(血孫)를 속이지 못했다. '금호강(琴湖

江)'에 선조의 혈맥이 흐르게끔 '금학루(琴鶴樓)'[124]를 세웠다. 금씨(琴氏)는 위국(衛國)에 연원을 두고, 주나라(周) 경왕(B.C. 544 ~ B.C. 520) 때 『공자가어(孔子家語)』, 『사기 중니제자열전(史記, 仲尼弟子列傳)』 혹은 『맹자(孟子)』에도 나오는 금뢰(琴牢)[125]의 후예로 금응(琴應)이 기자(箕子)와 함께 한반도에 들어왔기에 성씨의 기원이 된 '거문고(玄鶴琴)'에 대해 전혀 무관함은 아니었다. 동이족의 선비라면 적어도 유행(儒行)에선 '예악사어서수(禮樂射御書數)'라는 육예(六藝)에서 관련성이 깊었다. 특히 영남유림의 선비 풍류와 연계되어 선유문화(船遊文化) 혹은 강안문학(江岸文學)을 태동시키는 데 계기가 되었다. 특히 민요(民謠)에서는 "(논을) 메나리(農謠)." 혹은 "어기어차(船遊)."라는 후렴구에 따라 경쾌하고 빠른 곡조인 속칭 현대식으로 말하면 '미·솔·라·도·레' 5음계의 메나리토리 조(農謠調, 혹은 山遊調) 민요를 탄생시켰다.

참으로 공교롭게도 '거문고의 본향(玄琴本鄉)'이라 할 수 있는 달구벌에서는 판소리 명창이 많이 배출되었다. 1920년부터 1930년대까지는 권번(券番, 대구권번, 달성권번 등) 출신들이 판소리계에 주름을 잡았다. 강소춘(姜笑春, 1896~몰년 미상), 김추월(金秋月, 1897~1993), 박소춘(朴素春, 생몰 연도 미상, 1933~1935 활약), 김초향(金楚香, 1900~1983), 박록주(朴綠珠, 1909~1979) 그리고 최근 남원 출신 주운숙(1953년생) 명창이 대구에서 명맥을 유지하고 있어 천운이다.[126]

특히 1936년 최계란(崔桂蘭, 1920~2001) 명창이 불렀던 「대구 아리랑」은 자진모리로 되어있다. 전주-간주-후주를 포함해 8분의 10박자 엇모리장단이 특이하다. 최계란(崔桂蘭)은 오늘날 동구 봉무동 출신으로 1930년 10살 때 달성권번(達城券番, 오늘날 염매시장에 소재)에 들어가 강태홍(姜太弘, 1893~1957)의 지도를 받았다.[127] "관산만리(關山萬里)[128] 구름 속에 저 달이 숨어, 금호강 여물에 눈물지네. 아롱아롱 아롱아롱 아라리야. 아이롱 고개로 넘어가네."라는 구절에 당시 서민들의 애간장을 녹였다. 천만다행으로 유일하게 '제6회 최계란 선생 대구 아리랑 축제'를 2019년 9월 30일 봉무공원(鳳舞公園)에서 개최되었다.[129]

4.
금호강 이름의
시원(始原)을 찾아서

금호(강)의 옛 이름을 찾아서

오늘날 금호강(琴湖江)이라고 명칭을 갖게 된 건 고서지(古書誌)를 검토할 때에 조선조『세종실록지리지(世宗實錄地理志)』가 발간된 1454년 이후다. 『세종실록지리지』에선 "금호(琴湖)의 기원은 영천 자모산(모자산)에서 서쪽으로 흘려내려 대구군(大丘郡) 북을 지나 서쪽 낙동강으로 유입된다(琴湖其源, 出永川母子山. 西流過郡北, 于西入于洛東江)."[130]로 기록되었다. 금호강(琴湖江)은 금학루(琴鶴樓)라는 누각으로 인하여 거문고와 관련되어 해석하게 되었다.[131] 사실, 이전 이곳엔 1408년 옥고(玉沽)와 1425년에 금유(琴柔, 생년 미상~1446)라는 두 분의 명현이 선정을 베풀었다. 1444년에는 금학루(琴鶴樓)는 누각을 세워서 '금도유맥(琴道維脈)'과 '유행풍류(儒行風流)'의 터전으로도 잡아놓았다. 이를 통해서 금호강(琴湖江)으로 이름을 바로 찾았(正名)다. 사실은 1425(세종 7)년 세종대왕은『신찬팔도지리지(新撰八道地理誌)』편찬을 하명하면서 동시에 각도에서도 도지(道誌)를 작성해 춘추관(春秋館)에 올려 그를 저본(底本)으로 작성하도록 했다. 경상도 관찰사 하연(河演, 1376~1453)은 이를 대구군사(大丘郡事) 금유(琴柔)와 인동 현감 김빈(金鑌, 출생 미상~1455, 改名 金銚) 등에게 전달해『경상도지리지(慶尙道地理誌)』를 편찬하도록 했다. 따라서『경상도지리지』(1425)-『세종실록지리지』(1454)-『동국여지승람』(1462) 및『신증동국여지승람』(1481)에서도 금호 강명이 들어가게 되었다. 그래서 1481년에 편찬된『신증동국여지승람(新增東國輿地勝覽)』에서도 "금호는 대구도호부(大丘都護府)에서 십일 리 정도 떨어진 북쪽으로 흘려 들어오는데, 그 원류(源流)는 두 곳이 있는데 한 곳은 영천 보현산(普賢山)이고, 또 다른 하나는 모자산(母子山)이다. 금호는 서쪽으로 흘려 사문진(沙門津)에서 낙동강으로 유입된다."132라고 기술했다. 1899년에 편찬된『대구부읍지(大邱府邑誌)』에선 "금호강은 북쪽으로 십 리 정도에 있으며, 그 원류는 두 군데인데, 하나는 신령(新寧) 보현산에서 흐르고, 다른 하나는 경주(慶州) 모자산에서 흘려내려 영천에서 한 줄기가 되어 이를 금계(琴溪)라고 했다. 이는 서쪽으로 흘려 낙동강에 들어간다."133

물론 금호(琴湖)란 1995년 이전 달성군 하빈면(河濱面)에 소속되었으나, 낙동강 유역에 자리 잡고 있고 금호강과 합류하는 곳이라서 하빈현(河濱縣, 오늘날 河濱 및 多斯) 혹은 사빈(泗濱: 泗水河濱)이라고도 했다. 이때 금호(琴湖)라는 별호도 가졌다. 인근 금천역(琴川驛)이 강변에 있었기에 풍수지리상 비보(裨補)하는 명칭이었다. 1601년 3월 21일 다사(多斯, 돗) 선사사(仙槎寺) 앞에서 23인의 대구·경북 선비들이 '금호선사선유도(琴湖仙槎船遊圖)' 이벤트를 추진했다. 조선 시대 금호(琴湖)라는 지명은 오늘날 하빈면(오늘날 하빈과 다사)과 대구 북구 사수동(泗水洞)을 통칭하던 별칭이었다.134 금호강 수변엔 1784년을 전후해

경산 하양(부호리 114) 금호서원(琴湖書院)이 건립되기도 했다. 정조 4(1790)년에 금호서원(琴湖書院)이란 사액(賜額)이 내려와 서원에 걸었다. 1984년 경상북도 교육연구원 등에서 편찬한『경상북도 지명 유래 총람』에서 금호강의 유래를 "'바람이 불면 강변의 갈대밭에서 비파(琴)소리가 나고 호수처럼 물이 맑고 잔잔하다.' 하여 금호강(琴湖江)이라 하였다."135 설명하고 있다.

신라 개국에 있어 일체 무력 사용 없이 평화적인 방법으로 한마음 한뜻을 집결하고자 영산(靈山) 팔공산과 거대한 천경호(天鏡湖, 일명 琴湖)가 만나는 달구벌에다가 "(박혁거세는) 달구벌(오늘날 대구)에 아침신시(朝旭神市)를 열었다. 율포(栗浦)에다가 바다 저잣거리(海市)를 열어 교역을 마련했다(設朝市於達丘, 開海市於栗浦). … 밖으로 무력을 사용하지 않고 이웃과 평화를 보전하였으며, 뜻을 모아 옛날로 되돌려 다시 세우는 데 전념하였다(外不行干戈, 與諸隣保其平和. 一意復古而專務重建)."[136]라고 『부도지(符都誌)』에 적혀 있다. 이에 연유하여 오늘날의 금호(琴湖)는 신라어 '아사 미르(朝市湖, asa mi mir)' 혹은 '아시 미르(鳳凰湖)'라고 했다. 달구벌을 휘감아 흐르는 금호(琴湖)를 봉황이 서쪽(天穀庫咸池)을 향해 날아오름으로 표현했다.

이와 같은 흔적이 남아 있는 건 금호강변에 신라어 '아시(阿尸, 鳳凰)[137]'에 해당하는 지명이 아직도 남아 있다. 금호 강변(북구 읍내동)의 '아시골(阿尸亳)' 혹은 '아시랑고개(阿尸良峙)'를 비롯하여 뒷산을 '명봉산(鳴鳳山)', 명봉산 기슭에 '봉서재(鳳棲齋)'가 있었다. 그리고 1819년 칠곡도호부가 가산산성에서 평지읍치(平地邑治)를 하면서 관아(제오헌)의 북편누각을 '봉서루(鳳棲樓)'라고 했다. 인근 동명면 봉암동(鳳巖洞)이라는 지명도 있다. 좀 더 확대하면 동화사(桐樺寺)의 봉서루(鳳棲樓, 嶺南緇營衙門) 혹은 봉황문(鳳凰門)까지도 연관할 수 있다. 신라어 '아시(阿尸, 鳳凰)'는 고구려어로는 '안시(安市)'로, 요동(遼東)의 안시성(鳳凰城)이 대표적인 사례다.[138][139] 『삼국사기(三國史記)』에서도 아시랑국(阿尸良國, 함안), 아시랑가야(阿尸良伽倻) 등의 기록이 남아 있다. 아시(asi)는 고려 시대 땐 수사(數詞)로 '첫 번째'라는 의미 변천을 했다. 예를 들면 '아시 빨래(초벌 빨래)', '아시 그루(일모작)' 혹은 '아시 매기(초벌 논매기)' 등이 지금까지도 대구와 경북에선 사용되고 있다.

금학루(琴鶴樓)와 금호범주(琴湖泛舟)가 금호를 확정

1444(세종 26)년에 금학루(琴鶴樓, 오늘날 중구 대안동 50번지)가 건립되었다.

위치는『신증동국여지승람』(1530)에선 대구도호부의 객관(達城館)에서 동북 모퉁이에 있다고 적혀 있다. 이곳에 있던 금유(琴柔)의 시는 "백성을 다스리 는데 몸은 피곤하겠지만, 누각에 오르니 시야가 확 트이니. 금호강에 새로움 만이 가득하게 흐르네. 관청 기풍은 청렴결백(淸廉潔白)이라니. 감히 거문고 소리를 타듯이. 벼슬살이의 영광도 이와 과장됨이 아니리라. 삼 년 동안 조 그마한 공적이라도 없을까만. 붓을 잡았으니 속내만을 읊을 뿐이라네."[140]

경상도 도관찰출섭사(慶尙道都觀察黜陟使) 졸재(拙齋) 김요(金銚, 출생 미상 ~1455, 재임 1446~1447)가 금학루(琴鶴樓)의 기문(記文)을 썼다. "옛사람들은 사물의 이름을 지을 땐 그곳 지명에 따르거나 사람의 이름 따서 짓게 된다.

이제 금씨 제후(琴候, 琴柔)가 읍에 부임했고, 금호(琴湖)의 이름이고 보니, 이 누각의 모양이 학이 춤추는 듯하여 금학루(琴候位政而邑有琴湖之名樓繪鶴 舞之狀登玆樓也)라고 하니. 세속에 먼지 털 한 오리까지 다 털어버리고, 마음 에 거리낄 건 하나도 없는 쾌상(快爽)한 기운과 형상이로다."[141] 하고 적었다. "거문고 소리 은은하게 화합이라도 하듯이. 남풍이 불어 세상 시름을 헤쳐 버리는 즐거움이 있도다. 일금일학(一琴一鶴)이니 그 이름이 금학루라고 함 이 옳도다."라고 금학루(琴鶴樓) 이름을 풀이했다.

한편 서거정(徐居正, 1420~1488)은 「금학루의 밝은 달(鶴樓明月)」시에서 "한 해에도 열두 번이나 달을 보겠지만. 한가위 둥근 달은 더욱 둥글게 보이 네. 한 번 더 긴 바람이 구름을 쓸어 가버리니. 온 정자에 먼지 털 한 오리라 도 붙어 있겠는가?"[142] 강진덕(姜進德)[143]은 1427(세종 9)년 12월 6일에 도사 봉훈랑전농판관(都事奉訓郎典農判官)으로 대구에 왔다가 1428(세종 10)년 12월에 병조정랑(兵曹正郎)으로 승진해 갔던 분이다.[144] 그는 "땅이 넓다 보 니 사람도 많이 살구만. 길손의 눈에 확 띄게 높은 곳이고 보니. 멀리 있는 백학(白鶴)도 능히 분명하게 보이겠는데. 구름도 거문고 소리에 맞춰 오락

가락, 달마저 이에 같이해 밝기만 하다네."[145] 1530년 편찬한『신증동국여지승람(新增東國輿地勝覽)』에선 일본 승려 경양(日僧慶陽)이 지었다는 "단청은 그림을 그린 듯하고. 들보는 날아갈 듯한데. 물 섶에선 여읜 학 그림자가 보이도다. 붉은 난간 굽은 데에선 탄금의 여운이 들리는 듯하네. 청풍명월은 천 년 전이나 그 모양 그대로인데. 흐르는 물 높은 산은 옛 마음을 그대로세."[146][147]라는 시가 게재되어 있었다. 대구부읍지(大邱附邑誌, 1899년 5월)에서는 일본 승려 용장(日本僧龍章)이라는 분이 지었다는 시가 일본 승려 경양이 지은 시와 같다.[148][149] 여기서 용장(龍章)이란 불경의 별칭으로 범어(산스크리트어)로 쓴 불경이 마치 용 그림처럼 꿈틀거리는 형상을 한다고 그렇게 불렸다(經卷之異名也.其梵文之形, 如龍蛇之蟠旋, 故云) 풀이하고 있다.

한편 "강진덕(姜進德)의「일승용장 금유(日僧龍章 琴柔)」[150]이라는 글이 향토사가들 사이 나돌고 있다. 뭔가 분명히 끊어 읽기 혹은 띄어쓰기에 오류가 발생했다. 만일 강진덕의「일승용장 금유」라는 시가 있다면 대구부읍지에서 나오는 일승용장(日僧龍章)의 시는 없어야 한다. 강진덕은 금유의 후임자로 왔던 위정자이기「일승용장 금유(日僧龍章琴柔)」라는 해석은「태양처럼 맘 편안하시게 하시며, 용 그림을 펼치시는 금유(琴柔)」라는 제목이 된다. 여기서 '중 승(僧)' 자는 명사에서 '마음 편할 승(僧, 心平安的)' 자(字), 즉 형용사로 해석해야 한다. 용장(龍章)과 관련해 언급하면, 금호강 섶에 아직도 열 마리의 잠용(潛龍)들이 우글거리고 있었다. 그 가운데 서쪽에 한 마리는 와룡산(臥龍山)이 되어 잠들어 있었다. 나머지 9마리는 동쪽 아양교 다리 건너편에서 납작이 엎드리고 있는 구룡산(九龍山)이 있다.

그 이야기를 이으면, 구룡산 기슭에 화룡점정(畵龍點睛)을 자랑하는 아양루(峨洋樓)가 있었으니, 이곳에서 서거정(徐居正, 1420~1488)은 '금호범주(琴湖泛舟)'를 읊었다. 이를 기념하는 시비가 오늘날 동촌 유원지에 세워져 있다. 당시 서거정(徐居正)이 아양루에서 팔공산을 바라다봤던 감회는 아마도 왕희지(王羲之, 303~361)[151]가 '난정(蘭亭)'에서 유상곡수(流觴曲水)를 한 뒤에 읊었던 "오늘날이로구나. 하늘은 깨끗하고 대기(大氣)마저도 쾌청

하며, 봄바람은 따사하게도 부드럽구나. 세상이 이다지도 넓음을 우러러 살펴보니 만물의 풍성함을 굽어살피겠네. 눈을 돌려 회포가 달아나는 까닭은 보고 들은 즐거움이 충분하기 때문이라니 진실로 즐겁기만 하네요(是日也, 天朗氣淸, 惠風和暢, 仰觀宇宙之大, 俯察品類之盛, 所以游目騁懷, 足以極視聽之娛, 信可樂也)."152 와 같았다. "푸르고, 야트막한 금호에 난초잎 같은 돛단배를 띄우니. 이다지도 고즈넉함에 백구야 놀아보자 가까이 다가서니. 달이 밝아 오니 술 취함도 달아나니 뱃길 돌리라네. 이곳에 풍류라고 오호선유(五湖船遊)만 못하겠는가(琴湖淸淺泛蘭舟, 取此閑行近白鷗, 盡醉月明回棹去, 風流不必五湖遊)?"라고 읊었다. 마치 당나라의 설형(薛瑩)이 읊었던 "가을날 호수 위에서, 해 떨어졌는데 오호선유를 하자니. 물안개 자옥하고, 곳곳이 시름에 짙었구나. 흥하고 망하는 게 먼 옛날 일이구나. 누구와 더불어 동(東)으로 흐르는지 물어나 보겠네(秋日湖上, 落日五湖遊, 煙波處處愁, 浮沈千古事, 誰與問東流)."153 구절이 회상된다. 여기서 오호(五湖)란 중국 강소성(江蘇省) 오현(吳縣)에 있는 태호(太湖)와 그 주변의 4개의 호수를 말했다.

5.
금호풍류를 제대로 즐겼던
영남 유림들

대자연이 만든 거문고 금호(琴湖)

금호강은 오늘날의 과학인 지질학과 화산학으로 말하면 중생대 백악기에 화산 폭발로 형성되었던 150~250km의 거대한 활모양의 경상 화산호(慶尙火山弧, Kyeongsang Arc)에 자연히 물이 고여 경상호수(慶尙湖水)가 형성되었다. 때마침 생사기로(生死岐路)에 처해있던 지구촌 공룡들이 한반도 경상호수로 모여들어 '마지막 백악기 공룡 낙원(The Last Cretaceous Dinosaur Paradise)'이 되었다. 그 뒤에도 잦은 지각변동, 풍화작용 등으로 수성 퇴적층(암)이 형성되었고, 경상호수는 점점 작아져 오늘날 금호(琴湖) 혹은 금호강으로 남게 되었다. 금호 섶에서 살았던 선인들의 거문고 사랑은 물론이고, 금호 섶 갈댓잎은 풀피리가 되었다. 이에 따라 흘러가는 강물조차도 탄금성(彈琴聲)이 되었다. 지나가는 바람 소리 혹은 새들조차도 탄금성에 맞춰 노래했다. 한마디로 모두가 바람 소리에 흘러가는 무위자연풍류(無爲自然風流)였다.

이와 같이 금호를 감싸면서 조화로운 무위자연(無爲自然) 속인 이곳에 살았던 구연우(具然雨, 1843~1914) 선비는 '금호강은 하늘과 땅이 자연스럽게 만든 거문고(天地自然之琴)'[154]이라는 사실을 직감했다. 그의 문집『금우집(琴愚集)』서문에서 "내가 알기론 동방에서 거문고가 가야국에까지 전파되었으며, 최초에 전수자가 많았으나 오늘날은 몇 사람에 지나지 않았다. 오늘에 이르기까지 20년 동안 거문고로 예악을 닦지 않았을 뿐이다. 그래서 거문고가 쇠퇴해지는데 이런 연유를 거문고에서만 찾고 있으니. 세상에 어떤 악기라도 그렇게 완벽할 수 있겠는가? 비바람, 우뢰, 벼락, 강과 배 그리고 산천초목에서 새와 동물에까지 모두가 자연 고유의 소리를 갖고 있는데. 하필 인간이 만든 악기 거문고에서만 모든 걸 얻으려 하니. 사실은 대자연 모두가 거문고인데(何必求之於人器然後爲琴也哉)."[155]

거대한 금호 거문고 속에서 선유(船遊)를

명나라의『태조실록(太祖實錄)』,『대명회전(大明會典)』에선 조선 태조 이성계(李成桂)의 선조를 이인임(李仁任)으로 착오 기록한 '종계변무(宗系辨誣)'라는 사건 조선 건국 1394년부터 1588년(선조 시절)까지 200년 이상 외교적 대립이 있었다. 명나라는 '조선을 꿇어 앉히자는 마음(조꿇마, 讓朝屈心)'을 가졌으나 조선은 '명나라만은 꺾어보자는 마음(중꺾마, 讓明折心)'을 가졌기에 인재 양성에 혈안이었다. 외교 사신 1명을 보내는 데 학문에서만은 절대로 질수 없다는 기세로 대립되었다. 세종은 '중꺾마(讓明折心)'의 이론 무장을 위한 사가독서제(賜暇讀書制)를 고안했다. 우리나라 선비들에게 '선상집현전(船上集賢殿, On-Boat National College)' 혹은 '선상성균관(船上成均館)'이란 선유(船遊)에 불을 붙인 계기는 1426(세종) 12월 권채(權採), 신석권(辛石堅) 및 남수문(南秀文) 등 3명의 젊은 학자들에게 공무와 관계없이 자택에서 죽도록 책을 읽도록 1년에서 10년까지 휴가를 주는 '사가독서제(賜暇讀書制, free time reading system)'를 실시했다.

사가(賜暇)라는 항목으로『조선왕조실록』을 검색하면 330회가 나온다. 성종 이후 사가독서(賜暇讀書)라는 기록도 201건이나 나오고 있다. 통훈(정3품) 이하 관직을 맡으면서 사가독서의 대상자로 선발되어 독서 내용을 자유 토론하며, 다른 한편으로 교학상장(敎學相長)과 학제간연구과제(學際間研究課題)까지 해결하게 되었다. '계유정란(癸酉靖亂)'156 당시에도 사육신(死六臣) 가운데 4명이 사가독서제 출신이었다. 조선 시대 전반에 걸쳐 삼상문형(三相文衡, 3정승과 대재학)의 보증 수표로 역할을 했다. 이들의 선유도인 '독서당계회도(讀書堂契會圖)'는 조선 관리들에게는 물론 선비들에게 환상적인 선비의 요수풍류(樂水風流)로 자리를 잡아갔다. 현재 소장 중인 1531(중종 26)년경에 12명의 사가독서(賜暇讀書)로 죽으라고 책을 읽었던 선비 12명 명단이 있는「독서당계회도(讀書堂契會圖)」가 국가 보물로 지정되었다.

금호강의 풍류를 뱃놀이로 즐겼던 영남 선비의 멋을 시문과 진경산수화 한 폭에 그렸던「금호선사선유도(琴湖仙査船遊圖)」를 소개하면, 임진왜란도 3년이나 지난 1601(辛丑)년 3월 21일 인근 선비 23인이 금호강물에다가 전화에 찌든 마음을 씻고자(琴湖風流,洗戰殃心) 오늘날 대구광역시 달성군 다사읍 이천리 선사(仙槎, 신라고찰 仙槎寺)에서 뱃놀이를 기록한 시문화(詩文畵)이다. 여기서 금호(琴湖)란 당시 하빈현의 별호였고, 선사사(仙槎寺)는 고운 최치원(857~909)이 머물었다는 전설이 있는 신라고찰(仙槎寺)이었다. 그들은 유서 깊은 그곳에서 출발했다. 그들이 지났던 세연지(洗硯池), 무릉교(武陵橋), 난가대(爛伽臺), 마천산(馬川山), 부강정(浮江亭) 등의 옛 풍광을 정선(鄭敾, 1676~1759)의 진경산수화법(眞景山水畵法)으로 세밀하게 그려 넣었다.

이런 선유시회기획(船遊詩會企劃)은 선산(善山)에 살았던 여헌(旅軒) 장현광(張顯光, 1554~1637) 선비가 낙제(樂齋) 서사원(徐思遠, 1550~1615) 선생을 찾아가 선유시회(船遊詩會)를 제안했다. 이렇게 방문한 사연은 서낙재와 임하(林下) 정사철(鄭師哲, 1530~1593)은 임란 당시 의병창의(義兵倡義)로 영남 유림에 양거목(兩巨木)이었다. 1592년 7월 6일 부인사에서 향사들의 향회를 통해 공산의진군(公山義進軍)을 결성하고, 의병장은 창의를 주동했던 임하(林下)을 추천하여 단독 추대되었으나, 질병으로 인하여 역할을 하지 못하자 낙재 서사원이 대신했으며, 1593년 3월 14일 달성군 가창면에서 피신 중 전염병이 덮쳐 향년 64세에 세상을 떠났다.[157]

1601년 그때는 그림의 우측엔 위에서 아래로 "황명만력이십구년신축모춘지념삼일달성금호선유록(皇名萬曆二十九年辛丑暮春之念三日達城琴湖船遊錄)"이란 제목에서 '황명만력(皇名萬曆)'이란 중국 명나라 신종(明國神宗)의 연호, 황명만력 29년은 선조(宣祖) 34년에 해당했다. 모춘지념삼일(暮春之念三日)은 오늘날 용어로는 3월 23일이다. 이런 일상적인 시화문(詩畫文) 하나에서도 '대명사대(大明事大)'가 철저함은 조선 선비답게도 참으로 깍듯했다.

좀 더 시문을 살펴보면, 송나라 주자(朱子)의 '무이어정(武夷漁艇)' 구절, 즉 "나갈 땐 무거운 안개를 오래 실었는데. 들어올 때는 가볍게도 조각달만 싣고 왔네. 수천 개의 바위도 원숭이도 그리고 학마저 친구이고 보니. 뱃노래 한 가락에 근심마저 사라졌다네(出載長烟重, 歸裝片月輕, 千巖猿鶴友, 愁絶棹歌聲)."[158]를 적어놓고, 시문 20운자에 따라 시를 지어갔다. 23인이 참여했던 선비 가운데 마지막까지 7인(선유도에선 8인)이 빠져있다. 아래쪽엔 여대로(呂大老, 1552~1619)의 서문(序文), 서사원(徐思遠)의 배경기술이 있다. "1601년 음력 3월 23일, 가랑비 뒤 갬. 봄날 신라고찰 선사사 앞 금호 섶 서낙재, 장여헌, 여감호 정자들을 지나 … 23인이 모두 모여, 배엔 문방사우(文房四友)와 술통을 가득히 싣고, 금호강변 풍광을 감상하다. 시풍월(詩風月)과 풍류(風流)를 만끽했다. 1박 2일 동안 23명 가운데 20명은 부강정(浮江亭)에서 풍찬노숙(風餐露宿)했다. 3명은 인근 이 진사 댁에 신세를 졌다."로 요약했다.

참여했던 선비들이 시문운자를 뽑았는데, 장유유서(長幼有序)의 원칙에 따라 서사원은 '날 출(出)자', 여대로는 '실을 재(載) 자', 장현광은 '긴 장(長) 자', 이천배는 '연기 연(烟) 자'를 운자로 받았다. 이분들의 시는 많이 인용하고 있어서 여기서는 도성유(都聖兪)[159]와 도여유(都汝兪)[160] 선생을 언급하고자 한다. 도성유는 '원숭이 원(猿) 자'와 도여유는 '벗 우(友) 자'를 뽑았다. 성유 선비는 "해는 져가는데 잡은 고기 없어 배가 가벼우니 노 젓기는 빨라지네 … 바위 위에 꽃들은 붉은 비단을 둘러친 듯하다네. 강둑의 버들 나무들은 청록색 도포라도 일제히 입은 듯이 짙푸르구먼(日暮輕棹疾, 巖花紅綺爛, 汀柳綠袍翻). 한가로운 분위기를 자아내는 백구들이 우릴 희롱하는 듯하다네. 마음만은 외로워서 구름을 바쁘게 쫓아가는 꼴이라네(閒分白鷗戲, 心逐孤雲奔)."[161] 도여유는 일필휘지로 "햇살이고 봄바람도 늦봄에 제격이네. 동남쪽에서 헤어졌던 벗을 만남이구먼. 작은 조각배라 몸 하나가 가득히 실리니. 강 건너 바위 섶 버들에 말을 매어놓았네(光風三月暮, 邂逅東南友. 滿載一葉船, 繫馬巖邊柳). 주거니 받거니 하다 보니 (술이) 한 동이나 밑바닥이 드러났네(自酌一罇酒)."[162]

한편 1833(순조 33)년에 조형규(趙衡達)라는 화백은 금호선사선유시회(琴湖仙槎船遊詩會)라는 기록을 기반으로 「금호선사선유도(琴湖仙査船遊圖)」라는 그림을 그렸다. 왼쪽 여백에 "계사(1833)년 2월 어느 날 후생 난파 조형규(趙衡達)는 삼가 손을 씻고 그림을 그립니다(癸巳仲春之日, 後生蘭坡趙衡達, 盥手謹畫)."라고 마음가짐을 밝혔다. 이 그림을 달성 서씨 문중에서 간직해오고 있었는데 1933년 구암서원(龜巖書院)에서 그림과 해설을 곁들인 책자를 발간함으로 세상에 빛을 보게 되었다. 특히 지역의 향교, 서원, 농협 등 여러 곳에 복사본이 소장 혹은 전시되었다.

왜냐하면, 오늘날 산수회화 기법과 판이한 진경산수화법(眞景山水畫法)이다. 자세히 보면, 선사사(仙槎寺)를 품고 있는 산은 금호강 섶에 풀을 뜯고 있는 형상인 마천산(馬川山)이다. 우측에 보이는 마을이 이천(伊川) 동네다. 옛길에 당나귀를 타고 가는 선비가 그려져 있어 그가 마치 신선처럼 보인다. 선유(船遊)의 뱃길은 부강정을 향해 나가는 모습이다. 아름다운 선사 난가대(仙槎爛枷臺)도 정겹게 묘사되어 있다. 금호강 서쪽 와룡산, 마천산, 궁산 등의 절경은 마치 동양화 절경을 둘려 친 병풍과 같아서 서금호 병풍(西琴湖屛) 혹은 서호병(西湖屛)이었음을 말해 주고 있다.

달구벌 선비들의 요산요수풍류(樂山樂水風流)

한편 서재(鋤齋)에 살았던 서호(西湖) 도석규(都錫珪, 1773~1837)[163] 선비께 서는 「서호병십곡(西湖屛十曲)」을 읊었다. 서호병십곡으로는 제1곡 부강정 (浮江停), 제2곡 이락서당(伊洛書堂, 달서구), 제3곡 선사(仙槎), 제4곡 이강서 원(伊江書院), 제5곡 가지암(可止巖), 제6곡 동산(東山), 제7곡 와룡산(臥龍山), 제8곡 은행정(銀杏亭), 제9곡 관어대(觀魚臺, 북구 금호동) 그리고 제10곡 사수 빈(泗水濱, 사수동과 하빈)이다. 오늘날 행정구역으로는 다사지역은 7곳이나 속한다. 일반적으로 우리나라 서호 10경은 몰라도 중국 항주 '서호십경(西湖 十景)'을 모른다면 조선 선비가 아니었다. 항주의 서호십경은 1) 소제춘효(蘇 堤春曉), 2) 곡원풍하(曲院風荷), 3) 평호추월(平湖秋月), 4) 단교잔설(斷橋殘 雪), 5) 유랑문앵(柳浪聞鶯), 6) 화항관어(花港觀魚), 7) 뇌봉석조(雷峰夕照), 8) 쌍봉삽운(雙峰揷雲), 9) 남병만종(南屛晩鐘), 10) 삼담인월(三潭印月)이다. 할 아버지 휘자는 몰라도 중국 삼황오제 족보에는 막힘이 전혀 없는 사대유생 (事大儒生)이었기 때문이다.

영남 유림이라면 요산요수풍류(樂山樂水風流) 가운데 도산구곡(陶山九 曲)을 빼놓을 수 없다. 도산구곡(陶山九曲)의 명칭이라도 알아보면, 1) 운암 (雲巖), 2) 월천(月川), 3) 별담(鼈潭), 4) 분천(汾川), 5) 탁영(濯纓), 6) 천사(川 沙), 7) 단사(丹沙), 8) 고산(孤山), 9) 청량(淸凉)이다.[164] 이 가운데 선유로는 운암곡 풍월담(風月潭)과 1728(영조 4)년 순흥부사(順興府使) 신필하(申弼 夏)가 '갓끈을 씻은 못(濯纓潭)'이라고 칭한 이후에 탁영담(濯纓潭)이 되었다 는 그곳도 선유로 유명하다.

그러나 달구벌 선비들은 도산구곡만을 노래하지 않았고, 한강 정구 선생 의 제자라면 대자연의 거문고 금호강을 중심으로 요산요수를 노래했다. 바 로 거연칠곡(居然七曲, 嘉昌新川 寒泉~東山, 3.8km), 낙강도가경차무이구곡 (洛江棹歌敬次武夷九曲, 洛江邊 浮來~商山, 13.2km)[165], 농연구곡(聾淵九曲, 琴湖邊 白石~龍門, 2.2km), 문암구곡(門巖九曲, 公山댐 4.4km), 서호병구곡(西

湖屛九曲, 琴湖邊 浮江亭~泗洙濱, 10.3km), 수남구곡(守南九曲, 嘉昌川 寒泉~白鹿, 11.5km), 와룡산구곡(臥龍山九曲, 琴湖邊 泗水~晴川, 5.8km) 등[166]이 있다. 농연구곡(聾淵九曲)은 옻골(오늘날 동구 둔산동)에 사셨던 최동집(崔東㠍, 1586~1664) 선비가 금호강변을 노래했다. 운림구곡(雲林九曲)과 와룡산구곡(臥龍山九曲)은 한강 선생의 강학처였던 사양정사(泗陽精舍, 오늘날 사수동)를 감싸고 있는 산수를 읊었다. 우성규(禹成圭, 1830~1905)의 『경도재집(景陶齋集)』에 실린 「용무의도가운부운임구곡(用武夷棹歌韻賦雲林九曲)」을 읊었던 시가는 1) 용산(龍山), 2) 어대(魚臺), 3) 송정(松亭), 4) 오곡(梧谷), 5) 강정(江亭), 6) 연재(淵齋. 伊洛書堂), 7) 선사(仙槎), 8) 봉암(鳳巖), 9) 사양정사(泗陽精舍)로 이어졌다.[167]

6.
금호강물 굽이치는
사양정사(泗陽精舍) 앞에서

금풍학(琴風學), 금호 풍류가 낳은 영남 선비의 강안 문학

최근 칠곡군청(칠곡문화원 향토
문화연구소) 등에선 임란 이후에
낙동강 중류에 형성되었던 선유
문학을 '낙중학(洛中學)'이라는
이름으로 학술 발표를 했다. 성
주군에서도 한강(寒岡) 정구(鄭
逑) 선생의 무흘구곡(武屹九曲)

을 중심으로 영남 선비문화의 진수만을 엮어 문화창달(文化暢達)을 도모하
고 있다. 이에 반해 대구광역시는 문화 정신보다 토건개발중심 '금호강 르네
상스'를 기획하고 있다. 한강(寒岡) 정구(鄭逑) 선생이 금호 수변에서 만년을
보냈던 2곳인 사수(泗水)와 노곡(蘆谷)168이 낙중학(洛中學)에 흡입되고 있
다. 사수(泗水, 오늘날 대구 북구 사수동)엔 한강공원(寒岡公園)과 사양정사(泗
陽精舍)라는 문화유적까지 있음에도 블랙홀 낙중학에 흡입된다면 넋이 빠
진 몸만 남게 되었다.169 2010년 6월 4일 계명대학교 한국학연구원(원장 이윤
갑) 주관 '낙중학(洛中學)' 연구 발표회를 개최했다. 낙동강을 중심으로 영남

유림의 유학을 세분하여 낙동강 상류는 안동을 중심으로 퇴계학(洛上學), 낙동강 하류인 남명학(洛下學)과 낙동강 중류인 선산, 고령, 성주, 칠곡, 영천, 청도, 합천 및 대구를 낙중학(洛中學)이라고 구분해 논의했다.

낙중학(洛中學)의 특이성을 퇴계학(退溪學) 혹은 남명학(南冥學)에 끌려가거나 두 학파의 절충 지역으로 규정했으며, 직설적으로 말하면 변방유학 혹은 경계유학이었다. 대표적인 유학자로는 영천 포은(圃隱) 정몽주(鄭夢周, 1337~1392)와 선산 야은(冶隱) 길재(吉再, 1353~1419)가 사림의 씨앗을 뿌린 뒤에 숲은 낙상(洛上)과 낙하(洛下) 지역으로 퍼졌다. 포은(圃隱) 순절 후 길재 등 제자 13명이 동화사(桐華寺)에서 모여 '불사이군(不事二君)'을 결의한 뒤 낙중세속(洛中世俗)으로 낙향했다. 낙중(洛中)에서도 선산에 길재의 제자였던 강호산인(江湖山人) 김숙자(金叔滋, 1389~1456)와 그의 아들 점필재(佔畢齋) 김종직(金宗直, 1431~1492), 청도 출신 탁영(濯纓) 김일손(金馹孫, 1464~1498), 달성 출신의 한훤당(寒暄堂) 김굉필(金宏弼, 1454~1504) 등의 걸출한 인물들이 있었다. 특히 김종직은 조의제문(弔義帝文)[170]으로 두 번이나 조선 유학사의 큰 획인 사화계기(士禍契機)가 되었다. 이는 곧 15세기에 '사림의 혼령(士林之魂靈)'을 잉태시켰다. 16세기에 점필재는 '사림 텃밭(士林中心)'을 마련했다.

이렇게 낙동강 중류에서 낙중학(洛中學)을 밋밋하게 흘려보내고 말았다면, 16세기에 금호강을 중심으로 형성되었던 한강(寒岡) 정구(鄭逑, 1543~1620) 선생의 한강학파(寒岡學派)와 인동(仁同) 출신 여헌(旅軒) 장현광(張顯光, 1554~1637)의 여헌학파(旅軒學派)라는 거대한 금호풍류 유학(일명 寒旅學派)이 빛을 잃고 말았을 것이다. 또한, 1601년 이후 대구에 경상감영이 들어오고부터 영남 유림의 본산이 되었음에도 낙중학은 거대한 블랙홀(black hole)에 흡수되었을 것이다. 이와는 반대로 다행히 장현광(張顯光)의 후손 사미헌(四未軒) 장복추(張福樞, 1815~1900)와 한주(寒洲) 이진상(李震相, 1818~1886)으로 명맥이 화려하게 연결되었다.

금호풍류학(琴湖風流學)의 거송(巨松)은 금호변 팔거현 노곡(蘆谷)과 사수정사에서 만년을 보내셨던 한강(寒岡) 정구(鄭逑, 1543~1620) 선생이다. 그는 성주목 사천방 유촌동에서 정사중(鄭思中)의 아들로 태어났다. 향년 76세로 별세하실 때까지 팔거현 노곡(蘆谷)과 문주방 사수리(북구 사수동) 사양정사에서 후학양성에 주력했다. 그의 호는 한강(寒岡) 혹은 회연야인(檜淵野人)이다. 시호는 문목(文穆)이다. 이황(李滉)과 조식(曺植)의 제자였으며, 경학은 물론이고 풍수지리, 천문학, 예학에서도 밝았다. 당대 명문장과 필서(筆書)에서도 대가였다. 유행덕목(儒行德目)은 『주자가례』를 교과서로 생활했다. 왕사부동례설(王死不同禮說) 즉 "왕과 사대부에 대한 예법은 다르게 적용되어야 한다."라는 주장의 창시자였다. 이후 제자들이 왕사부동례설(王死不同禮說)로 기해예송(己亥禮訟)과 갑인예송(甲寅禮訟)에 빌미를 제공했다가 허목(許穆, 1595~1682), 윤휴(尹鑴, 1617~1680), 윤선도(尹善道, 1587~1671, 1660년 甲寅禮訟) 등의 제자들이 피해를 받게 되었다. 그는 한려학파(寒旅學派)의 정치가로 사화에서도 살아남은 경기·영남의 근기남인(近畿南人) 성리학파와 남인실학(南人實學)에 있어 학문적 비조(學問的 鼻祖)가 되었다. 1608년 대사헌으로 임해군 옥사에 용서를 주청하고, 관련자 처벌을 상소하고 낙향했다. 1613년 계축화옥(癸丑禍獄) 때에도 영창대군 구출 상소까지도 실패했다. 다시 사직 낙향했다. 말년에 칠곡 사수리(현재 북구 사수동) 사양정사에서 후학 양성으로 만년을 보냈다. 이언적·이황에 쌍벽을 이루었던 조식-정구-장현광의 영남학파를 접목해 한려학파를 창시했다. 근기남인으로 윤선도(尹善道), 허목(許穆, 1595~1682), 윤휴(尹鑴, 1617~1680), 유형원(柳馨遠, 1622~1673), 이서우(李瑞雨, 1584~1637, 광주 이씨 칠곡파), 이원정(李元禎, 1622~1680), 이하진(李夏鎭, 1628~1682), 이담명(李聃命, 1646~1701), 이잠(李潛, 1660~1706), 이익(李瀷, 1579~1624, 이하진의 아들), 신후담(愼後聃, 1702~1761), 권철신(權哲身, 1736~1806), 권일신(權日身, 1751~1791), 안정복(安鼎福, 1712~1791), 채제공(蔡濟恭, 1720~1799), 이중환(李重煥, 1690~1752), 이가환 (李家煥, 1742~1801) 등 쟁쟁한 인물을 배출했다. 오늘날도 도동서원의 은행나무를 심었던 한강 정구 선생은 사수동에 있는 한강로와 한강근린공원(寒岡近隣公園)에 존함이 남아 있다. 수매산(水埋山, 섬뫼 혹은 蟾山, 34.9m/sl)에 사양정사(泗陽精舍)를 복원해 놓았으니, 사수(泗洙)에 사수정사가 재건된 셈이다. 그래서 '사양정사의 북편산(泗陽北山)'이라고 '사북산(泗北山, 237.3m/sl)'이란 지명까지 남아 있다.

선유풍류(船遊風流)와 동주의식(同舟意識)

한강 정구(鄭逑)의 무흘구곡(武屹九曲)은 1) 봉비암(鳳飛巖), 2) 한강대(寒岡臺), 3) 무학정(舞鶴亭), 4) 입암(立巖), 5) 사인암(舍人巖), 6) 옥류동(玉旒洞), 7) 만월담(滿月潭), 8) 와룡암(臥龍巖), 그리고 9) 용추(龍湫)가 들어간다. 아직도 유생들마저도 무이구곡(武夷九曲)과 무흘구곡(武屹九曲)을 혼동하고 있을 정도로 유명한 영남유림의 선유(강안) 문학이다. 왜냐하면, 팔거현(八莒縣, 오늘날 지천면 창평리)에 녹봉정사(鹿峰精舍)가 1561년에 설립되었다. 녹봉정사(鹿峰精舍)는 350년간 세칭 낙동강 중류 유학(洛中學)의 강학에 중추적 역할을 해왔다. 한강 정구 선생을 비롯하여 낙재(樂齋) 서사원(徐思遠, 1550~1615)에게까지 낙중학이라기보다 정확하게 금호풍류학통(琴湖風流學統)을 이어왔다. 오늘날 다사읍 이천리 이천정사(伊川精舍)와 완락재(琓樂齋)에서 거처했던 서사원(徐思遠), 수성구 황금동에 영모당(永慕堂)에 기거했던 모당(慕堂) 손처눌(孫處訥, 1553~1624), 그리고 선산 여헌(旅軒) 장현광(張顯光)이 요산요수풍류(樂山樂水風流)를 즐겼던 금호선사선유도(琴湖仙査船遊圖)에서처럼 서로 학문적 교류를 통해 한려학파를 형성해 왔다.

영남 선비들이 역동적이고 입체적인 요산요수풍류(樂水風流)를 즐겼다. 이에는 학문적 교류가 기반이 되었다. 금호강과 낙동강이 합류하는 두물머리(兩水里)에서는 누정(樓亭)이 집중되었다. 1899년도 대구부읍지에서 기록된 금호강과 낙동강 수변(琴湖洛東水邊)에 있었던 누각과 정자를 가나다순으로 살펴보면, 금호정(琴湖亭, 府東琴湖上), 농연정(壟淵亭, 府北夫仁同臺), 달성재(達城齋, 在北五里達城下), 사우정(四友亭, 角北南山), 선사재(仙査齋, 河濱

琴湖江上), 성재정(盛才亭, 北三十里解北), 세심정(洗心亭, 琴湖上), 속계재(涑溪齋, 府北東), 아금정(牙琴亭, 鄭師哲/ 1530~1593), 압로정(狎鷺亭), 영벽정(暎碧亭, 府西四十里洛江上), 오암재(梧巖齋, 在北二十里), 와룡정(臥龍亭, 府在南三十里), 용담정(龍潭亭, 在北七里燕巖下), 우모재(寓慕齋, 在東十里東村), 이락정(伊洛亭, 樂齋 徐思遠), 적지정(赤池亭, 府東二十里東村), 전귀당(全歸堂, 府北), 추원정(追遠亭, 府南二十里巴峰), 태고정(太古亭, 府北四十里), 하목정(霞鷲亭, 西洛江邊), 화산정(華山亭, 在南八十里), 화암정(花巖亭, 在府西二十里), 환성정(喚醒亭, 北琴湖) 등이 있었다.

이렇게 많은 누정에서 요산요수풍류(樂山樂水風流)를 통해 금호강을 중심으로 한 한려학파(寒旅學派)의 "(같은 배를 탔으니) 우리가 남이가?" 하는 '동주의식(同舟意識)'을 함양했다. 대표적인 사례로는 앞에서 금호선사선유도를 설명했듯이 낙동강을 선유하는 한강 학파의 동주 의식을 함양하는데, 대표적인 사례로는 '용화선유(龍華船遊)', '봉산욕행(蓬山浴行)' 그리고 '개진선유(開津船遊)'를 빼놓을 수 없다.

용화선유에 대해 박상절(朴尙節, 1700~1774)은 8폭 선유도에다가 5언 절구의 시화병풍을 '용화산 아래에서 다 함께 배 띄우는 그림(龍華山下同泛之圖)'이었다. 5언 절구가 8폭에다가 1) 용화악(龍華嶽), 2) 청송사(靑松寺), 3) 도흥보(道興步), 4) 내내촌(柰內村), 5) 경양대(景釀臺), 6) 시우포(是藕浦), 7) 평사면(平沙面), 8) 창암사(滄巖寺)의 그림과 시문이 36cm와 79cm로 표구되어 있었다. 시대적 배경은 1586년부터 1588년까지 함안군수를 역임하면서『함주지(咸州志)』를 저술했던 한강 정구선생이 1607년 정월 27일에 함안대산(咸安代山) 남지(南池)에서 여헌 장현광과 망우당 곽재우를 창암정(滄巖亭)에 같이 일박을 하면서 구상했다.

사실 한강 선생은 1607년 1월 13일자로 안동부사(安東府使)로 임명되었다. 사직상소를 하느냐 등 마음에 갈피를 잡지 못해서 마음을 비우고자 과거 임지 함안(咸安)을 찾았다. 그곳에 함안(咸安) 13인, 영산(靈山) 10인, 창녕(昌寧) 1인 총 34명이 모여 큰 배를 타고 창녕우포(昌寧牛浦)를 향해 십리

길 뱃놀이를 했다. 여흥을 위해 술과 안주를 배에 싣고 뒤따랐다. 이명호(李明㦤, 1565~1624) 선비가 붓을 들어 기록하고, 곽재우(郭再祐, 1552~1617), 박충후(朴忠後, 1552~1611), 여헌 장현광(張顯光) 순으로 이름을 적고 그다음부터는 연장자순으로 성명을 기록했다. 한강(寒岡)이 '용화산하동범록(龍華山下同泛錄)'이라고 서책제호(書冊題號)를 적었다. 같은 2부를 만들어 1부는 한강 선생, 1부는 안정(安侹, 생몰 연도 미상)이 갖고 갔다. 14년 후에 간송당(澗松堂) 조임도(趙任道, 1585~1664, 趙埴의 아들)이 이를 보고 책을 만들어 두었다. 1621(광해군 13)년에 그 서책을 기반으로 『용화산하동범록(龍華山下同泛錄)』을 만들었다.

그해에 화공에게 의뢰하여 선유도(船遊圖) 8폭 병풍과 두루마리 그림을 제작했다. 140여 년이 지난 1744년 박진영(朴震英) 장군의 증손자 박상절이 간송당((澗松堂) 조임도(趙任道, 1585~1664, 趙埴의 아들)의 현손(玄孫) 조홍엽(趙弘燁)을 찾아가 병풍과 두루마리를 보고 시대적 배경과 산수풍경을 가미해 「용화산하동범지도(龍華山下同泛之圖)」의 8폭 그림과 오언절구(五言絶句) 1수씩 한시(圖說漢詩)를 끼워 넣었다. 오랫동안 영남유림에 인구회자하였기에 1620년 조임도(趙任道)의 『용화산하동범록후서(龍華山下同泛錄後序)』란 글을 통해 영남유림(嶺南儒林)에 새로운 기풍을 조성했다. 1758(영조 34)년 박상절(朴尙節)의 개인적 문집 『기낙편방(沂洛編芳)』을 편찬하는 데 핵심 사례가 되었다.

7.
선유풍류(船遊風流)로
동주의식(同舟意識) 함양

한려학파와 광주 이씨 칠곡(팔거)파 융성

먼저, 속칭 광주 이씨 칠곡파에 대해서 언급하면 이극견(李克堅)은, 첨지중추원사(僉知中樞院使)를 역임하신 이예손(李禮孫, 생년 미상~1459)의 둘째 아들로 한양에서 태어났다. 형은 이극기(李克基, 생년 미상~1489)이며, 처는 남양홍씨(南陽洪氏) 홍석(洪

錫, 1604~1680)의 딸이었다. 과거에 대해선 1469년 1월(成化一年一月) 생원진사시방목(生員進士試榜目)에 이름을 올렸다. 이후 성주목사(星州牧使)를 거쳐 통례원 좌통례(通禮院左通禮)를 역임했다. 1504(연산군 10)년 갑자사화(甲子士禍)가 일어나자 국왕의 시중을 들고 있던 종반(從班) 이숙질(李叔侄) 등이 비참하게 화를 당했다. 이를 계기로 처갓집이 있는 전북 옥구군(玉溝郡, 오늘날 군산시 옥구읍)으로 은거하면서 여생을 보냈다. 그러나 성주목사로 부임할 때에 둘째 아들 이지(李摯)를 책방 도령으로 팔거현(오늘날 칠곡)까지 데리고 왔으며, 이곳에서 최하(崔河)의 딸과 혼인시켰다.

다시 한양에 내직인 통례원좌통례로 발령이 나자 아들 내외는 팔거현(八莒縣)에서 세거하게 되어 곧이어 갑자사화(甲子士禍) 등의 연산혼조(燕山混朝)가 극에 달했음에도, 그들은 팔거(칠곡)에 무사히 피신했다. 이지(李摯)의 현손(玄孫) 이윤우(李潤雨, 1569~1634)는 한강정구(寒岡鄭逑)의 문하로 인조 때 공조참의(工曹參議)를 역임했다. 그의 아들 이도장(李道長, 1603~1644)은 한강과 여헌의 문하생으로 좌찬성(左贊成)에 양관대제학(兩館大提學)에 올랐다. 이도장의 장남 이원정(李元禎, 1622~1680)은 이조판서를 거쳐, 차남 이원록(李元祿, 1629~1688)은 대사헌에 등급했다. 한편, 이원정의 장남 이담명(李聃命, 1646~1701)은 이조참판과 경상감사를 했다. 차남 이한명(李漢命, 1651~몰년 미상)은 홍문관 교리를 역임하여 사대 한림을 거친 명문대가로 광주 이씨 칠곡파를 형성했다. 오늘날 지천, 석전, 매원, 심천 등지에 1,500호의 집성촌을 이루고 있다.

봉산욕행록을 통한 동주의식(同舟意識)

한강 정구 선생이 1617년 신병 치료를 위해 부산 동래 온천욕(蓬山浴行)을 다녀오는데, 제자였던 이윤우(李潤雨)가 제자 동행으로 학문연찬의 계기를 마련했다. 그 과정을 통해 동주의식(同舟意識) 혹은 학문 여행(study tour)을 기록으로 남겼다.『봉산욕행록(蓬山浴行錄)』은 1617년 7월 20일부터 같은 해 9월 4일까지 45일간 일기로 한강 선생의 나이는 75세로 3년 후에 별세했다. 이 기록물은 1912년에 정제기(鄭在夔)가 목판본으로 다시 간행하여 알려지게 되었다. 서지학상(書誌學上) 특징을 살펴보면 목판본 1책, 크기는 20.3cm×29.2cm, 현재 한국학중앙연구원 장서각에 소장 중이다. 수행 문인과 내방 문인으로는 경상감사, 연로한 지방관, 영접을 위해 내방했던 사림(士林), 동래 읍민 등 300여 명의 이름이 등록되었다. 한강 문하생으로 실명 확인은 80여 명이다.

사실 동래온정행(東萊溫井行)의 취지는 온천욕 치료였다. 당시도 다수인원 동시 이동에 가장 선호했던 교통수단은 배편이었다. 선유(船遊)를 통한 학문연찬(學問研鑽, study by tour)이었다. 따라서 동주의식(同舟意識)의 함양이란 부산물이 창출되었다. 45일간 문하생의 규율이 엄격하게 작동되었고, 당일 업무 추진을 위해 실무자를 정했고, 전체 일정을 모두 소화하는 데 일사불란했다. 영남사림(嶺南士林)의 맹주의식(盟主意識)을 천명함과 동시에 후학고제(後學高弟)를 설정함에도 자연스러운 기회가 되었다.

7월 20일 선박편으로 출발 신호탄을 올리면서 칠곡, 하빈, 고령을 지나, 7월 22일과 23일에는 창녕, 영산, 함안, 칠원을, 7월 24일부터 25일은 밀양, 김해, 양산을 거쳐, 7월 26일 정오에 동래온정(東萊溫井)에 도착했다. 8월 26일 온정욕을 마치기까지 한 달을 온정에서 머물면서 동래부사(東萊府使) 황여일(黃汝一)은 사전에 정갈한 가옥을 마련하는 등 일행 맞이할 준비를 다했다. 또한, 지방 관리 혹은 선비들도 극진한 예우를 위해 뒤따랐다.

『봉산욕행록(蓬山浴行錄)』 7월 26일자 기록을 읽어보면 "정오(午時)에 온정의 욕소(浴所)에 도착하였다. 동래 사는 사람들은 이미 지난봄에 선생께서 이곳에 와서 목욕하실 것이라는 말을 들었다. 그래서 2실(室) 1청(廳)의 초옥(草屋)을 별도로 건립하였는데 매우 정결했다. 지금 선생을 따라오는 자들이 많은 것을 알고는 다시 임시 가옥 2칸을 지어 제자들이 거처할 곳으로 정해 주었다. 그 정성을 족히 알 수 있었다." 이어 "온정(溫井)에는 내외에 석감(石龕, 돌 욕조)이 있는데, 세상에 전하기를 신라왕이 만든 것이라 했다. 욕조 하나에 5~6명씩 들어갈 수 있고, 석공(石孔) 위에서 물이 흘러나오는데, 그 물이 매우 뜨거워 손과 발을 함부로 담글 수가 없었다."

한편, 1925년 노상직(盧相稷, 1855~1931)은 8월부터 형 노상익과 지인들이 동래온천에서 목욕했던 여행일기 『봉산온천욕행일기(蓬山溫泉浴行日記)』를 집필해 출판했다. 내용은 5일간 일기로 동래 온천욕을 하면서 경현계(景賢契)를 결성하는 시대상을 기술했다. 노상직은 정구 선생 문하생들의 봉산욕행을 친목과 결속을 도모했던 '영남사림의 아름다운 일(南士美事)'를 부러워했다. 강학당(講學堂) 밖에서 학문연찬을 했던 기록으로는 공자의 주류천하(周流天下), 맹자의 불원천리(不遠千里), 석가의 영축법회(靈鷲法會), 예수의 산상수훈(山上垂訓) 등을 우리는 잘 알고 있다. 그들은 하나같이 대자연을 스승으로 모시거나 혹은 세상이란 대백과사전을 펼치자는 의미를 가졌다. 오늘날에도 노벨상 수상자를 많이 배출하는 유럽의 명문대학 혹은 연구소(원)에서는 대학 쇼핑(college shopping) 혹은 학문 여행(study tour)을 한다. 우리나라에서도 신혼 여행(honeymoon tour) 혹은 태교 여행(baby-moon tour)을 통해 '눈뜨기(開眼)' 혹은 '마음 열기(開心)'를 한다. 기업에선 미래 먹거리를 찾기 위해 과거는 박물관이나 연구소에서 '미래의 씨앗(future seed)'을 탐구했으나, 최근엔 '씨앗 찾기 여행(seed-seeking tour)'을 추진한다.

한강과 여헌을 중심으로 형성되었던 한려학파 서사원(徐思遠)은 완락재(玩樂齋)의 낙성과 유림아회(儒林雅會)를 위한 1601년 금호선사선유(琴湖仙槎船遊)를 기획했다. 한강 선생은 '낙강선유(洛江船遊)'를 통한 사제동행과 춘일서정(師弟同行春日敍情)을 학문이란 그릇에다가 담았다. 1607년 '용화선유(龍華船遊)'를 계기로 한려학파의 확산을, 1617년 '봉산욕행(蓬山浴行)'을 통해서 한강학파의 거점형성을 했다. 그리고 한려학파의 팽창으로 근기남인(近畿南人)의 기약과 합세를 다짐하는 1643년 '개진선유(開津船遊)'는 화룡점정(畵龍點睛)이 되었다.[171]

조선 시대 선비들의 선유 문화를 더듬어 보면

선비들이 요산요수(樂山樂水)의 즐거움을 사람들이 동시에 놀이를 통해 화목과 결속을 다질 수 있는 선유 문화(船遊文化)는 유교 문화의 극치였다. 고려사(高麗史)에선 궁중에서 오락으로 수희(水戲) 혹은 주유(舟遊)라고 표기했다. 조선 시대 삼복 더위에 배를 타고 매운탕 혹은 어죽(魚粥)을 먹어가면서 서민들도 뱃놀이(船遊)를 즐겼다. 주변 풍광을 감상하면서 흥취에 즉흥시도 읊었으며, 윤택한 선비들은 악공이나 기녀(妓女)들의 가무(歌舞)까지 더하여 금상첨화(錦上添花)로 탐닉했다. 1082년 송나라 소동파(蘇東坡, 1037~1101)가 적벽 뱃놀이를 읊었던 「적벽부(赤壁賦)」[172]에서 칠월기망(七月既望, 7월 16일)을 조선 선비들은 이를 벤치마킹했다. 칠월기망, 즉 7월 16일 아예 '뱃놀이 날(船遊日)'로 인기가 대단했다. 대표적으로 평양의 홍양호(洪良浩, 1724~1802)는 중원절(中元節, 7월 15일) 밤에 대동강 선유를 한 「부벽루감고사(浮碧樓感古事)」를 시로 남겼다. 19세기 한양의 김무숙은 칠월기망(7월 16일)에 한강 선유를 「무숙이 타령(일명, 曰者打令)」으로, 안동하회(安東河回) 선비들도 매년 칠월기망에 낙동강 선유를 즐겼으며 강안문학을 남겼다.

안동 선비들의 선유를 살펴보면, 분강(汾江, 오늘날 汾江書院) 위에 있는 애일당(愛日堂)을 거점으로 i) 농암 이현보(聾巖 李賢輔, 1467~1555)와 ii) 퇴계 이황(退溪 李滉, 1501~1570)이 16세기 중반의 선유를, 17세기 초 iii) 안동부사 김륵(金玏, 1540~1616)과 iv) 권기(權紀, 1546~1624) 등 유림이 주도했다. 병오선유(丙午船遊, 1606) 때는 악공을 동반한 안동의 명승지를 유람하고 기록을 남겼다. 1763년 4월 4일 임청각(臨淸閣)에서 강호자연(江湖自然)을 벗하고 학문을 즐겼던 허주 이종악(李宗岳, 1726~1773)이 4월 8일까지 약산(藥山) 반구정(伴鷗亭)까지 뱃놀이했던 선유도(船遊圖)를 『허주부군산수유첩(虛舟府君山水遺帖)』이라는 화첩에 남겼다. 그 화첩에는 i) 동호해람(東湖解纜), ii) 반구관등(伴鷗觀燈), iii) 선어반조(鮮魚返照), iv) 양정과범(羊汀過帆), v) 이호정도(伊湖停棹), vi) 운정풍범(雲亭風帆), vii) 칠탄후선(七灘候船), viii) 망천귀도(輞川歸棹), ix) 사수범주(泗水泛舟), x) 선창계람(船倉繫纜), xi) 낙연모색(落淵莫色), xii) 선사심진(仙寺尋眞) 순서로 편철되었다.

조선 선비들의 선유(뱃놀이)는 i) 방법에 따라 일정한 지점에 머무는 체류선유(滯留船遊)와 유람선유(遊覽船遊)가 있다. ii) 성격에 따라 관료의 접대나 기념행사를 위한 행사선유(行事船遊)와 행락선유(行樂船遊)가 있다. 즉 현재(玄齋) 심사정(沈師正, 1707~1769)의 선유도(船遊圖)처럼 유유자적하는 와유선유(臥遊船遊)와 혜원(蕙園) 신윤복(申潤福, 1758~졸년 미상)의 '주유청강(舟遊淸江)'과 같은 행락선유(行樂船遊)가 있다. iii) 모임에 따라 계회선유

(契會船遊), 동문선유(同門船遊), 동지선유(同志船遊) 혹은 회맹선유(會盟船遊) 등으로 분류할 수 있다. '평양감사향연도(平壤監司饗宴圖)' 혹은 '금호선사선유도(琴湖仙査船遊圖)' 등은 계회선유(契會船遊)다. 허주부군산수유첩은 유람선유에 속하며, 평양감사향연도 가운데 화려한 잔치 풍속을 여실히 그린 '월하선유도(月下船遊圖)'는 행사선유(行事船遊)다. 평양감사향연도 작품집은 3연작으로 '월하선유도(月下船遊圖)', '부벽루연회도(浮碧樓宴會圖)'와 '연광정연회도(練光亭宴會圖)'가 있다. 크기는 196.9cm로 일반적으로 봐선 대작이다. 특히 부벽루연회도(浮碧樓宴會圖) 아래 단원(檀園) 김홍도(金弘道, 1745~1806)의 서명과 낙관이 찍혀있다. 그림에 선유(船遊)란 말만 들어도 "젓대 소리는 늦바람으로 들을 순 없어도. 백구만 물결 좇아 날아든다네 (一笛晩風聽不得, 白鷗飛下浪花前)."라는 시 구절이 머리에 떠오른다.

특히 상주(尙州)를 중심으로 한 낙강범주시회(洛江泛舟詩會)는 고려 때 백운(白雲) 이규보(李奎報, 1168~1241)로부터, 즉 1196년에 시작해 1894년까지 698년간 51회의 상주낙동선유모임(詩會)을 했다. 1607년부터 1778년까지 171년간의 51회의 낙강선유창작(洛江船遊創作) 모임을 기록으로 『임술범월록(壬戌泛月錄)』이라는 시문집을 남겼다.[173] 이 시첩(詩帖)에는 1607(선조 40)년 상주 목사 김정목, 조익, 이준, 전식의 선유시회(船遊詩會), 1622(광해군 14)년 음력 7월 16일부터 2일간 조정, 이전, 이준, 강응철, 김혜, 류진, 전식 등 상주 선비 25명의 범주시회(泛舟詩會), 1778(정조 2)년까지 지역 선비들의 낙강시회(洛江詩會) 때에 읊었던 시가를 모아 편집했다. 이런 전통을 이어받고자 2002년 상주시에는 '낙강시제문학축제'라는 이름으로 문화행사를 기획·추진해 왔다.

8.
와유를 통한 우리 선인들의
대자연 속 소요유

선비란 참다운 소요유(逍遙遊)를 하는 사람

삶이란 절대 자유를 지향하면서 산다는 소요유(逍遙遊)라는 것은 '도와 합치'라는 편견과 구속까지 벗어나는 경지를 말한다. "이름 없는 것은 항상 그러하여 사라지지 않고, 이름이 있는 건 항상 그러할 수가 없으니 곧 사라지고 만다(道可道非常道)."라고 했던 월암(月巖) 이광려(李光呂, 1720~1783)의 풀이가

장자(莊子, B.C. 369~289)의 삶의 본질을 꿰뚫고자 했다. 장자의 『소요유편(逍遙遊編)』은 선인들과 많은 점에서 맥이 닿았다. 『장자(莊子)』라는 책은 10여만 글자(字)로 인생의 정제를 표현하고자 무진 애썼던 철학서였다. 내편 7편, 병무(騈拇), 외편 15편, 경상초(庚桑楚), 잡편 11편으로 모두 33편으로 구성했다. 그 가운데 첫머리의 소요유(逍遙遊)란 훨훨 날아 자유롭게 노닐다 간다는 뜻이다. 오늘날 저서나 신문 기사에서도 가장 중시되는 건 앞에다가 둔다. 편집에 맞춰야 할 때는 뒤에서부터 내용을 읽지 않고 잘라낸다. 그런 의미에서 장자는 가장 핵심을 앞에다가 놓았다. 한마디로 '삶이란 자신의 여하한 틀 속에서 벗어나 절대적인

자유를 누려야 생각의 지향점이 스스로 밝혀진다.' 다음 제물론(齊物論)에서 초월하는 방법론을 비밀히 언급했는데 즉 조삼모사(朝三暮四)[174]에 속지 말고, 만물제동(萬物齊同) 혹은 물아일체(物我一體)라는 사실을 귀띔해 주었다.

한반도에 살았던 선비들이 이런 '소요유(逍遙遊)'와 '제물론(齊物論)'에 입각하는 풍류를 즐겼던 문화유산이 바로 아미산(峨眉山), 수미산(須彌山) 혹은 천산(天山)이라는 이름으로 작은 인공조산(人功造山)에다가 누정을 지어놓고, 그 안에서 요산(樂水)을, 더욱 경치 좋고 물 좋은 곳엔 누정을 마련하고, 대자연을 품 안으로 감싸는 요산요수의 미학(行樂)을 챙겼다. 여기서 끝나지 않고, 젊었을 때는 대자연의 체험을 통해 호연지기(浩然之氣)를 도야했다면, 늙어서는 누워서라도 소요유(逍遙遊)를 즐기는 와유(臥遊)를 챙겼다. 바로 와유산수 문화(臥遊山水文化)에 빠졌다. 와유산수화(臥遊山水畵)와 와유화첩(臥遊畵帖)을 통해서도 산수유람(山水遊覽)을 했다.[175] 그래서 겸재(謙齋) 정선(鄭敾)은 100폭의 금강산도를 마련하여 『와유금강산화첩(臥遊金剛山畵帖)』을 제작했다. 오늘날 용어로 표현하면 '세계 테마기행은 텔레비전을 통해 집안에서 누워서 다 구경한다.'가 된다.

사실, 조선 선비들은 학문연찬에는 온 힘을 쏟았으나, 생산적인 활동에 참여만은 지극히도 기피했다. 그런 기질적인 유림의 관행에서도 와유문화(臥遊文化)가 안착했다. 앞에서도 와유선유(臥遊船遊)를 언급했지만 금호강 수변에 누정을 마련해 시회(詩會)를 개최하는 건. 그 자체가 와유 문화의 하나였다. 요산요수의 풍류를 맛보고자 서원, 재실, 서당, 향교 혹은 누정들을 마련했다. 영남유림의 본산이라는 대구 금호강과 낙동강 수변을 중심으로 선비의 선유(船遊) 혹은 와유문화(臥遊文化)가 자리 잡았다. 대구에 지인들 가운데 정년퇴임 후 해외여행을 같이 가자고 말하면, "쓸 데도 없이 돈 들여가면서 해외여행을 하다니? 첫째 나라 안도 다 못 갔는데. 둘째 텔레비전 혹은 유튜브 등으로 현지보다 더 자세하고 편하게 여행을 할 수 있는데 왜 가야 하나?"라고 따지고 든다. 대구 선비답게 와유문화(臥遊文化)가 지병이 된 모양이다.

선인들의 와유 문화가 오늘날 '지구촌 K-컬쳐'를

와유(臥遊, lying tour)라는 말은 송나라 역사책『송사(宋史)』종병전(宗炳傳)에 종병(宗炳, 375~443)은 젊었을 때는 천하 명산을 유람했는데 노약해지자, 고향 강릉(江陵)에조차 갈 수 없었다. 그래서 고향 산천 산수를 그림으로 그려서 지난 유람

을 회상하는 방법을 창안해 내었다.[176] 이를 후세 선비들이 징회관도(澄懷觀道) 혹은 와이유지(臥以遊之)라고 했다. 아예 와유산수(臥遊山水) 혹은 와유강산(臥遊江山)이라고 말까지 생겨났다. 우리나라엔 대표적으로 국보 제217호「금강전도(金剛全圖)」100폭짜리 겸재의 와유산수화가 있다. 금강산의 봉우리는 i) 한눈에 들어오게 부감법(俯瞰法)을 사용해 구도를 잡았고, ii) 뾰족한 바위봉우리를 수직준법(垂直皴法)으로 처리했으며, iii) 나무숲이 우거진 흙산은 미법(彌法)으로 표현했다. 그림 오른쪽 여백에다가 "발로 밟아서 두루두루 다녀본다 하더라도, 어찌 베갯머리에서 이 그림을 마음껏 보는 것과 같겠는가(從今脚踏須今遍, 爭似枕邊看不慳)?"라고 적어놓았다는 건 와유금강산도(臥遊金剛山圖)라는 의미다. 송나라 화가 종병(宗炳)은 '화산수서(畵山水序)'에서 "산수화는 자연 풍광을 그리는 게 아니라. 대자연이 가진 장중한 정신을 드러내는 것이다. 또한, 자연미를 반영하는 산수화는 창신(暢神), 즉 곧바로 정신을 펼쳐내는 것이다. 산수화보다 사람의 정신을 유쾌하게 만들 수 있겠는가(山水以形媚道, 而仁者樂, 不亦几乎)?"라고 기술했다.[177]

한편 '함순임안지(咸淳臨安志)'의『임포전(林逋傳)』에 의하면 송나라 절강성 항주(杭州) 화가이며, 시인이었던 임포(林逋, 967~1028)는 와유매화도(臥遊梅花圖)를, 배 뒤편에 탁자가 놓여 있고, 탁자엔 책이 놓여 있으며, 그 옆 백자(白磁)에 고목 홍매화가 꽂혀 있다. 홍매화 위에 학이 앉아 있는 그림을 그렸다. 그림을 통해서 풍류를 즐겼는데 이를 두고 '매화를 아내로 학을

자식(梅妻鶴子)'이라고 했다. 이를 바탕으로 심괄(沈括)은 『몽계필담(夢溪筆談)』에서 "임포 집에 풀어놓은 학이 구름 위를 날다가 다시 돌아오는데 혹시 손님이 오면 학이 날아들어서 향상 작은 배를 타고 서호(西湖)를 노닐었다…"[178]라고 적고 있다. 중국어 사전 『사해(辭海)』에서 "매화를 심고 학을 기르며 스스로 즐겼는데 사람들은 그를 보고 매화로 아내 삼고, 학으로 자식 삼았다."[179]라고 적었다.

그만 중국 이야기를 접어두고, 조선 선비 이야기로 화제를 돌리면. 성호 이익(星湖 李瀷, 1681~1763)의 『성호전집(星湖全集)』에선 '와유첩발(臥遊帖跋)'이란 글이 올라와 있다. "와유란 말은 누웠으나 정신이 노니는 것이다. 정신은 마음의 영(靈)이고, 영은 이르지 못할 곳이 없다. 이 때문에 불빛처럼 세상을 비춰 순식간에 만 리를 갈 수 있기에 사물에 기대지 않아도 되지 않을까 생각한다(臥遊者 身臥而神遊也. 神者心之靈 靈無不遠. 故光燭九垓, 瞬息萬里, 疑若不待於物)."라고 적어놓았다.

와유문화의 르네상스 한류(Korea Wave)

한반도 선인들이 특이하게 대자연 풍류를 즐겼던 와유문화(臥遊文化)가 오늘날 뉴미디어를 이용해 한류(韓流, Korea Wave)로 법고창신(法古昌新) 하고 있다. 육체 노동을 기피했던 조선 선비들이 대자연을 축소시킨 가산(假山), 누정(樓亭) 혹은 선유(船遊) 등을 통해서 와유(臥遊)를 했다면 오늘날을 텔레비전, 유튜브, SNS 등의 뉴미디어(New Media)를 통해서 '지구촌 안방(home of global village)'에서 와유(臥遊)할 수 있도록 한류를 재창출하고 있다. 특히 2020년부터 코로나19 팬데믹(pandemic)이란 대질환(大疾患)이 지구촌을 덮자 한류의 급상장을 보여주고 있다. 앞으로 '저출산 고령화'의 파고는 반드시 와유형한류(臥遊形韓流)를 지구촌 풍류(global wave)로 정착시키고 말 것이다.

지난해 한국국제교류재단(Korea Foundation)에서 2022년 2월 말 현재로 '2021 지구촌 한류 현황'이란 한류 팬(Korea-Wave Fan)을 조사해 보았다. 116개국 1억5,660만 명을 돌파했다. 10년 사이에 17배가 증가했다. 가장 높은 성장률을 보이는 지역은 미국, 캐나다, 아르헨티나 등 미주지역(美洲地域)이다. 전년도 1,459만 명에 102% 증가한 2,888만 명으로, 남미(南美)에서도 아르헨티나, 페루 등에서 K-pop 등의 인기가 급격하게 상승하고 있다. 아시아 지역은 1억1,575만 명으로 전년도 9,566만 명보다 21%가 증가했다. 이집트, 사우디아라비아, 요르단 등 아프리카와 중동 지역은 전년도 112만 명보다 92% 증가한 233만 명이다. "전 세계로 퍼진 코로나 위기에서 더욱 활성화된 글로벌 영상 콘텐츠 플랫폼의 활약은 한류 콘텐츠에 경쟁력을 더해 주었다."[180]

끝으로 고서지학(古書誌學)상 금호(琴湖)란 통일된 강 이름을 갖게 된 기록은 세종실록지리지에서 최초이다. 이전 신라 시대와 고려 시대는 곳곳에서 다양하게 표시했기에 통일된 금호강 이름은 없었다. 오늘날 다사(하빈) 지역에서는 금호를 신라 땐 '돗미르(datmir, 多斯美流)' 혹은 '돗미르(dotmir, 都斯美流)'라고 했다.[181] 경덕왕 16(757)년에 한자 명칭으로 변천해 '하빈현(河濱縣)'이 되었으나 속명 '다사(多斯)'였다[182]. 조선 시대에선 '금호(琴湖)' 혹은 '서호(西湖)'라는 별칭까지 가졌다. 또 다른 지역 칠곡(八居里縣)에선 신라어로 '아시미르(阿尸彌流, asi mir)'라고 했다. 한자로 '봉황호(鳳凰湖)'다. 신라 경주 왕실에서도 '아시미르(鳳凰湖)'에 걸맞은 거문고 명인 '극종(克宗)'이란 인물을 초대 달성성주로 261년에 임명했다. 당시 속내는 삼한열국(三韓列國)이란 춘추전국 시대를 맞아 간과전쟁(干戈戰爭)을 '거문고 화음(玄琴和音)'으로 대처했다. 즉 거문고처럼 사전 조율을 통한 평화체제, 즉 손자병법의 상병벌모(上兵伐謀)[183]를 기획했다. 그런 취지에서 거문고 명인 나마극종(奈麻克宗)이 최고 적임자라는 중론에 따라 임명되었다.

금호는 세월 속에서도 갈댓잎 풀피리, 갈대 태평소를 만들어 태평성대의 물길 따라 유유히 흘렀다. 비로소 조선 시대 태종 때에는 옥보고(玉寶高)의 후손 옥고(玉沽)를 현감으로, 그의 뒤를 이어 세종 때는 성씨마저 거문고 금

(琴) 금유(琴柔)가 대구군지군사(大丘郡知郡事)로 읍치(邑治)까지 했다. 여기에다가 1444년에는 '금학루(琴鶴樓)'까지 세워 금호풍류(琴湖風流)를 만들었으니 1454년 발간하는 세종실록지리지에서는 아예 금호(琴湖) 혹은 금호강(琴湖江)이라고 못을 박았다. 조선 유학에서 있어 한려학파(寒旅學派, Hanrueo School)는 영남유림의 본산을 형성했다. 끝내 1643년에는 개진선유(開津船遊)를 계기로 근기남인(近畿南人)이라는 대동단결(大同團結) 속에 확대되었다.

금호강 섶에 수많은 누정(樓亭)을 지었고, 누정와유(樓亭臥遊)와 선유(船遊)로 요산요수(樂山樂水)를 즐겼던 금호풍류(琴湖風流)는 오늘날 한류의 본향이 되었다. 그런 역사를 가졌음에도 오늘날 대구는 '평온하게 잠만 자는 공주님(Daegu princess who sleeps peacefully)'이 되고 있다. 앞으로 '지구촌의 고령화'에 추세에 대비하여 새로운 와유풍류(臥遊風流)를 만들어 가야 할 때가 되었다. 선유가(船遊歌)의 후렴구가 말한다. "물들어 온다. 배 띄워라~."

Ⅲ.

금호와 신천이 생성하여
삼태극 형국

1.
샛걸(新川)의
명칭과 생성은?

신천(新川)이란 명칭을 찾아서

신천(新川)[184]은 대구광역시 달성군 가창면 비슬산 최정산(最頂山)에서 발원, 가창면 용계리 대천(大川)에서 합류해 대구광역시 남쪽에서 북쪽으로 가로질러 북구 침산동에서 금호강으로 흘려 들어간다. 우리나라엔 '동고서저(東高西低)와 북고남저현상(北高南低現象)'으로 대다수 물길은 동(東) → 서(西) 혹은 북(北) → 남(南)으로 흘러내린다. 그런데 신천(新川)은 남(南) → 북(北) 방향으로 흐르기에 한반도의 일반현상에 거슬리는 역수현상(逆水現狀, reverse-stream situation)이다. 이에 반해 육로(陸路)는 오늘날 신천변에 신천동로(新川東路)와 신천서로(新川西路)가 설치되어 있어 대구시 육상교통에서 대동맥(大動脈) 역할을 하고 있다. 그 물길의 명칭은 '새로움을 가져다주는 하천(符新之川)'이라는 뜻에서 신천(新川)이라고 했으나, 대구읍성(大丘邑城) 입장에서는 '물난리를 가져다주는 하천(賻亂之川)'이었다.

생김새로 봐서는 전형적인 사행천(蛇行川, meander stream)이었던, 신천의 물길은 용두산 기슭, 봉덕동(오늘날 효성타운), 수도산 동측(건들바위), 반월당, 동산동(옛 龜巖書院), 서문 치안센터, 달성 토성, 달서천에 합류해서 금호강(琴湖江)에 유입되었다. 이에 대해 1977년 출판된 『달구벌(達句伐)』에서나, 1995년도 『대구시사(大邱市史)』에서도, 2009년 『대구지명유래총람(大邱地名由來總覽)』 등 대구(광역)시 공식 기록에 신천의 물길이 위와 같이 기록되어 있었다.[185] 이에 대해 이정웅[186] 님이나 전영권 교수[187]는 고지도(古地圖)를 기반으로 과거 물길, 즉 유로(流路)가 오늘날과 같다는 결과를 확인했다. 즉 1778(정조 2)년 이서(李漵) 판관(判官)이 제방을 쌓아 새로운 물줄기를 만들었다는 건 공적 미화(과오)였다. 그 근거로는 i) 16세기 후반에 제작된 조선팔도여지지도(朝鮮八道輿地之圖) 및 1698년부터 1703년에 제작된 광여도(廣輿圖)[188], 18세기 중엽 해동지도(海東地圖)의 대구부지도(大邱府地圖), 18세기 중기 좌해분도(佐海分圖), 18세기 중기 동국지도(東國地圖) 등을 대조 확인한 결과 현재 신천 물길과 같았기 때문이다.

당시 고서지(古書誌)를 통해 대구 신천에 대한 기록을 살펴보면, 1454년 『세종실록지리지(世宗實錄地理志)』와 1530년 『신증동국여지승람(新增東國輿地勝覽)』에서는 "신천은 대구부에서 동쪽으로 4리에 있으며, 팔조령에서 흘러내려 금호강으로 유입된다(新川在府東四里出八助嶺入琴湖)."[189][190]라고 적혀 있었다. 1757년에서 1765년경에 출판된 『여지도서(輿地圖書)』, 1767년과 1770년 사이에 출판된 『대구읍지(大丘邑誌)』, 1861년 김정호(金正浩)의 『대동지지(大東地誌)』와 1895년 『영남읍지(嶺南邑誌)』에서도 "신천은 대구부에서 동쪽 4리에 있고, 한쪽 원류는 팔조령(八助嶺)에서 다른 한 곳은 최정산에서 흘러내려 사방산 앞에서 합류해 (대구도호)부의 북쪽 금호강에 흘러들어 간다(新川在府東四里. 源出八助嶺, 一出最頂山. 合流于府南四方山前, 入于府北琴湖)."[191][192][193]라고 기록되어 있었다. 또한 대동지지(大東地誌)에서는 "비슬산과 팔조령을 원류로 한다(源出毗瑟山及八助嶺)"라고 적었다.[194] 1908년 대구읍지(大丘邑志)에서는 "신천은 동쪽 5리에 있으며, 그 원류는 남쪽

협곡에서 내려와서 수성들과 달구벌을 거쳐 북으로 흘러 금호에 유입되는데, 도호부의 서쪽엔 매년 물이 범람하는 수해가 생겨서 이서(李溆) 판관이 둑을 쌓았다. 신천 원류는 우록(友鹿)의 좁은 골짜기를 흘려내려 한천(寒泉, 冷泉)과 매계(梅溪, 亭垈)를 흐르면서 명승지를 만들고 있다."195

한편 이서(李溆) 판관이 1778(영조 2)년에 신천에 쌓았던 방제(防堤)와 천변에 심었던 방제림(川邊林藪)에 대해『대구부읍지(大邱附邑誌, 1899)』에서는 "동쪽 5리 하수서면과 동상면에 신천 둑 길이가 10여 리나 되는데, 영조 2년, 즉 무술(戊戌, 1778)년에 판관 이서(李溆)가 읍내기반에 수해 방지를 위해 제방을 쌓았고 나무를 심어 숲을 조성했다. 고종 무진(戊辰, 1868)년에 읍내 사람(邑人)들이 공덕비(功德碑)를 세웠고, (중국 항주에 소동파의 공덕비 소공제196를 벤치마킹해) 이공제(李公堤)라고 했다."197 이에 대해서『대구읍지』(1908)에서는 "대구 도호부의 남쪽 10리에 신천 방천둑(新川堰)이 있는데, 정조 무술년 향교 터와 읍내기반에 물이 범람하는 재앙이 발생하였다. 이에 대해 판관은 신천 일대 방천을 높이 2척 정도, 대략 10리가량 높였다. 또한, 제방 위에 언홍정(堰虹亭)이라는 정자를 세웠다. 신축년(1781)에 바람을 만나 정자는 쓰려져 버렸다. 무진년(1868)에 읍내 사람들은 판관의 공적에 대한 비석을 세웠고 이를 이공제비(李公堤碑)라고 불렀다."198

신라 시대부터 신천이 이미 있었다는 사실에 대해『일본성씨어원사전(日本姓氏語源辭典)』에서 "신천(新川, シンカワ)이라는 일본인 성씨의 기원에서 (신라에서 온 사람들이) 신라(新羅)라는 국명의 신자(新字)를 따왔거나 혹은 고국의 하천 명칭였던 '신천(新川)'을 성명(姓名)에다가 사용했다."199라고 적고 있다. 이를 뒤집어 해석하면 신라 시대 이미 신천이었고, 일본으로 건너갔던 신라 사람들이 신천 강명을 자기들의 성씨로 삼았다.

다시 조선 시대로 시각을 돌리면, 1778년 이전에 발행되었던, 즉 1425년

간행된『경상도지리지(慶尙道地理志)』, 1454년『세종실록지리지(世宗實錄地理志)』, 1531년도『신증동국여지승람(新增東國輿地勝覽)』에서 대구(大丘) 편에서는 이미 신천(新川)이라는 명칭이 기록되어 있다. 최신 기록에 해당하는『신증동국여지승람』에서는 "대구도호부(大丘都護府)의 동쪽 4리에 신천이 있는데 팔조령에서 흘려내려 금호로 유입된다(新川在府東四里出八助嶺入琴湖)."라고 적혀 있다.『조선왕조실록(朝鮮王朝實錄)』의 기록을 살펴보면, 1481(성종 12)년 정유년 1월 22일자 "대구부사 최호원(崔灝元)이 풍수지리를[200] 믿고 하천 원류를 막고자 백성들의 농경지에다가 수로를 만들어 그곳으로 물이 흐르게 해[201], 200여 가구의 백성들이 원망하고 한탄했다. 이명숭(李命崇) 암행어사는 이런 사실을 국왕에게 보내 그를 파직시켰다."라는 기록이 있었다.[202] 당시 국왕 성종(成宗)은 최호원의 풍수지리를 놓고 경연(經筵)을 개최해서 갑론을박을 거친 다음 결론을 내렸다. 최호원의 풍수지리(風水地理)에 관한 확신은 "(산수음양론에서) 남쪽에 산이 양이(陽)고, 북쪽물길이 양(陽)에 해당한다(山南曰陽, 水北曰陽)."[203]라기에 음양조화를 도모하고자 했다.

더욱 자세하게 언급하면, 1481(성종 12)년 1월 23일자 기록에서는 "최호원(崔灝元)을 호출하라는 명령(命召)을 내리고, 전교하기를 '사람들이 모두 지리의 학설은 허탄하고, 망령되어 믿기 어렵다고 하는데, 그대도 유자(儒者)이니, 모두 말해 보아라.'라는 국왕의 물음에 최호원이 대답하기를 '지리의 학설을 허탄하고 망령된다고 하는 이들은 모두 말과 행동이 어긋납니다. 옛글에 이르기를, 그 음양(陰陽)의 산세(山勢)를 보며, 동시에 그 유천(流泉)을 관찰해야 합니다.'라고 대답했다(必觀風水, 以此而可知矣. 言甚不經, 人皆鄙之)."[204] 같은 해(1481년, 성종 12년) 2월 2일자에도 "시경(詩經)에 이르기를 음양(陰陽)을 살피며 그 유천(流泉)을 본다 하였는데, 그것을 해석하는 사람이 말하기를 산 남쪽을 양(陽)이라 하고, 산 북쪽을 음(陰)이라 하며, 유천(流泉)은 샘물로 관개(灌漑)하는 이(利)를 말한다고 하였는데, 최호원(崔灝元)이 이 두 구절에만 마음이 꽂혀서 풍수지리설을 입증하려고 하였으니, 이는 성경

(聖經)·현전(賢傳)을 끌어 묵적(墨翟)에게 들어가는 꼴입니다. 성상(聖上)께서 경전(經傳)에 널리 정통하셨으니, 최호원의 말에 뭔가 꾀임이 있다는 사실을 훤히 들여다보실 것입니다(聖上, 博通經傳, 洞然知灝元之言, 爲誣也).”[205]라고 한 것이 국왕과 경연의 결론이었다.

신천(新川)이란 용어는 동서양에 공동으로 존재한다. 미국에도 515km의 뉴강(New River)이 있고, 일본에서도 신천(新川,しんかわ)이란 지명은 100여 곳을 넘게 사용하고 있다. 지명뿐만 아니라 회사명, 인명은 물론이고 성씨까지 있다.[206] 우리나라에서도 황해도 신천, 서울시 오늘날 신천 일명 송파강이라고도 하며, 경기도에서는 시흥시, 가평군 및 양주시에서 신천이 하나씩 다 있다. 물론 대구에도 신천이 있다.

대부분의 신천은 '새롭게 형성된 실개울(新生絲溪)'이라는 뜻을 가지지만 기존 물길 사이에 새로운 물길이라는 사잇물길(中澗) 혹은 샛강(間川)의 뜻까지 같이 지닌다. 대립적 지형지물(산, 물길, 경작지, 경계선 등)과 행정구역(시·도·국 경계선)의 가운데(틈새)를 따고 들어온 물길이라는 간천(間川) 혹은 샛강(間溪)이라는 개념도 된다. 따라서 신라 시대(新羅時代) 대구현은 수창군(壽昌郡)의 속현(屬縣)으로 있었다가, 대구군(大丘郡)에 수창(성)현이 영속되는 행정구역 개편 역사가 있었다. 즉 행정구역 변천에서 대립적인 개념이 형성되지 못했다. 그래서 사잇개울(샛강, 샛걸) 혹은 간천(間川)이라는 명칭을 사용할 필요성도 당위성도 있지 않았다. 만약 같은 시기에 대구군과 수창(성)군으로 행정구역이 대립했다면 반드시 '사잇개울(間川)', '사잇천(間溪)', '새천(中川)' 등으로 호칭되었을 것이다.

물론, 이런 경우도 배제할 수 없다. 즉 757(경덕왕 16)년 달구벌현(達句伐縣)을 대구현(大丘縣)이라고 한자명으로 개편함에 따라 '사잇걸(間川)'을 '신천(新川)'으로 고쳤을 경우도 있다. 유사한 사례로는 오늘날 문경 새재(間嶺)는 이화령(梨花嶺, 배꽃재)과 하늘재(天嶺) 사이에 있던 '사잇고개(間嶺, 새재)'를 한자로 '조령(鳥嶺, 새재)'으로 불렀다.[207] 심지어 1946년에 상영된 미국영화 「정부(情夫, postman)는 항상 벨을 두 번 울린다(The Postman Always Rings

Twice)」가 우리나라에서도 「우체부는 벨을 두 번 울린다」라는 제목으로 상영했다. 당연히 당시 체신청(우체부들)의 항의가 빗발처럼 몰아쳤다. 여기서도 정부(情夫, postman)에 해당하는 샛사내(間夫), 샛서방(曰者, 왈짜) 혹은 기둥서방(postman)을 조선 시대부터 '신랑(新郎)'이라는 순화용어를 썼다.

샛강(新川)의 생성에 대하여

먼저, 지질학적으로 신천(新川) 생성에 대해서 간략하게 살펴보면, 지난 1994년 대구시민 한상근 님에 의해 동신교에서 300m가량 수성교 쪽에 57개(2003년도 경북대학교 양승영 교수 조사) 공룡 발자국이 발견되었다. 그곳 신천 수중보(新川水中洑)의 하상(河床)은 북동 60도 방향으로 반야월층(半夜月層)이 생성되었다. 공룡 발자국은 이암(泥巖)이 분포되어 약 10m 두께(層厚) 안에 1개 층준(層準, stratigraphic horizon)에서 생겨났다. 신천의 주요 물길(主流)은 12.5km이고, 유로 전체(流路全體)는 27km 정도 되며, 유역 면적은 165.3k㎡ 정도나 되었다.

지질퇴적구조(地質堆積構造, geological accumulation structure)에 있어 건열(乾裂, sun crack)이 2개 층준(層準, stratigraphic horizon)에서 나타나고 있다. 암질을 기준으로는 하부에서 적색이암(赤色泥巖), 회색이암(灰色泥巖), 암회색(暗灰色) 셰일(shale) 순서로 쌓여있다. 신천 하상의 기반암(基盤巖)은 경상루층군(하양층군) 반야월층으로 암회색 셰일(dark gray shale), 회색이암(gray mudstone) 그리고 적색이암(reddish mudstone)으로 형성되었다. 층향(層向) 혹은 주향(走向, strike)과 경사(傾斜, dip)는 북동 60도에서 남동 10도다. 오랫동안 하천 침식작용과 하각작용(下刻作用, down-cutting)으로 공룡 발자국 화석 보존 상태가 양호하지 않았다. 하상에 드러난 대략 10m 두께에서 하부로부터 250m가량 층준에서 만들어졌다.

그곳의 인근 중요 지질구조는 퇴적암의 층리(層理)를 제외하곤 대부분 취성변형작용(脆性變形作用, brittle deformation)[208]으로 단열절리(斷裂節理)가 형성되었다. 여기서 절리(節理, joint)란 가장 중요한 지질 요소로 모든 퇴적암이 잘 드러나고 있으며, 특히 셰일과 이암이 충분히 드러났다. 많은 절리가 다양한 방향으로 불규칙하게도 보인다. 공룡 발자국 층에 나란한 방향이 가장 잘 드러나고 있다. 절리는 모든 퇴적암에서 층리면에서 수직 방향으로, 여러 방향으로 불규칙해 보이나, 한두 개 주요 방향절리(方向節理, systematic joint)가 많다. 두 방향 이상의 규칙절리(規則節理, regular joint)들은 일정한 두께의 층리면(層理面, bedding plane)과 암반을 블록화하고 있다. 규칙절리(regular joint)들은 조사 지점마다 약간의 차이는 있다. 층리 방향(層理方向, bedding direction)과 평행 방향(平行方向, parallel direction)으로 만들어진 아수평적절리(亞水平的節理, subhorizontal joint)가 잘 생성되어 있다. 이렇게 건열퇴적구조(乾裂堆積構造, dry-cracked accumulation structure)가 만들어져 있는 것으로 천호퇴적환경(淺湖堆積環境)으로 추정할 수 있다.[209]

이곳에 살았던 선인들을 달구벌이란 사주산맥(四周山脈)으로 둘러싼 백리 벌판을 하나의 지단(鷄蛋)처럼 생각했다. 금호강과 낙동강을 백리 벌판 달구벌 난핵(卵核)을 둘려 싸고 있는 양강포란형(兩江抱卵形) 혹은 음양태극형국(陰陽太極形局)으로 봤다. 그래서 난핵 혹은 태극에 해당하는 달구벌을 음양으로 양분하는 것을 샛강(間川) 혹은 간천(間川)으로 봤다. 그래서 신천을 음양단수(陰陽斷水), 요대수(腰帶水) 혹은 가장 흔히 명당수(明堂水)라고 했다. 이런 믿음이 달구벌 위정자들에게 치산치수(治山治水)의 방향을 제시했다. 앞에서 언급했던 최호원(崔灝元, 1421~1502) 부사의 발상도 여기에서 시작되었다. 그러나 이서(李溆, 생몰 연도 미상, 대구판관 재임 기간 1775년 5월~1778년) 판관의 풍수지리에 대한 요체는 "대구부(大丘府)의 진산(鎭山)인 연구산(連龜山) 사이로 흘러내려 가는 샛강으로 인해 읍내를 관통해서 지기(地氣)를 단절시키기에 물길을 막아야겠다(府鎭連龜山, 以其間流水, 把邑地氣流, 防川防氣了)."는 발상이었다.

단지, 위 두 분 위정자들의 방법론에서 차이가 결과를 상이하게 했다. 최호원 부사는 "(음양의 조화를 이간질하는 간천을 막고자) 농번기에 군사를 동원해 제방을 만들었다(以軍防川)." 하필이면 농번기에 농민 200여 호의 세대원을 동원했기에 민폐를 극대화했다. 이를 빌미로 지역유림과 마찰을 야기하여 탄핵까지 몰고 갔다. 그러나 1778(정조 2, 戊戌)년에 이서(李漵) 판관은 신천의 흐름에서 용머리 해당하는 용두산성 아래에다가 물 머리를 막아서(龍頭防川) '대구부 중심지기를 훑어내는 물길(奪府中氣水)'을 돌리고 제방에 숲을 조성해서(높이 10척, 길이 10여 리 제방)[210] 홍수 피해 최소화와 몽리면적(蒙利面積)을 최대화하는 '새로운 면모를 갖춘 개천(新樣之川)'으로 거듭나게 했다. 따라서 이에 감읍(感泣)한 백성들은 무진(戊辰, 1868)년에 중국 항주의 소공제(蘇公堤)를 모델로 이공제(李公堤)라는 명칭과 이서제비(李漵堤碑)까지를 세웠다.[211]

2.
간천(間川)이냐? 신천(新川)이냐?
해묵은 논쟁

간천(間川)이냐 신천(新川)이냐? '찻잔 속 태풍(storm in a teacup)'

우리가 그다지 중요하지도 않은 문제(사물)에 대해 격렬하게 논쟁하는 걸 영국에선 '찻잔 속 태풍(storm in a teacup)'이라고 하며, 미국에서는 '차포트 속에 격노(tempest in a teapot)'라고 표현한다[212]. 최근 대구 지역 사학자들 간에 가장 '찻잔 속 태풍(マグカップの嵐)'으로 대두된 문제는 바로 신천(新川)을 놓고 '샛걸(間川)'이냐 혹은 '새 걸(新川)'이냐는 논쟁이다. 단어 하나에도 신중성을 다하는 일본 사람들에게 그런 논쟁이 있을 법하여 '신천과 간천에 관한 논쟁(新川と間川に關した論爭)'을 검색하고자 재팬야후 사이트(Japan Yahoo Site)를 찾아봤으나 아무것도 없었다. 이 점에서 대구 사람들의 이론 무장과 주장에 대한 '부러질지언정 굽히지 않음(寧折不屈)' 현상이 대단했다. 2000년 이후 대구시에서 '간천(間川)과 신천(新川)'을 언급하신 분은 i) 대구가톨릭대학교 지리교육학과 전영권 교수는 2004년 『한국지역지리학회지』에 「대구 신천 유로에 관한 새로운 해석」[213]이란 논문을 발표했

으며, 2014년 향토사학자 이정웅(李貞雄) 선생은 『나무와 함께, 떠나는 대구 인물』이란 저서에서 취급했다. 2016년 김선왕 전(前) 경북과학대학교 교수 께서는 "일부 오류(샛강을 새로운 하천으)로 이름이 붙여지긴 했으나 뜻도 좋고 부르기도 좋은 데다 몇백 년 정착된 이름이라 아무도 바꾸자는 사람이 없다."[214]라고 결론을 내렸다.

그러나 옛 선인들이 '사잇개울(間川)' 혹은 '샛강(間江)'을 한자로 옮기는 과정에서 '신천(新川)'으로 오류를 범했다고 오늘날 우리는 생각한다. 그렇지만 사실을 우리가 생각하지도 못했던 고차원의 고민을 선인들께서도 해왔다. 바른 현상을 정확하게 표현하자는 취지에서는 i) 과거 물길(舊川)을 그대로 두고 새로운 물길이 생겼다면 '신천(新川, new river)'이 맞고, 두 개 이상의 대립적인 지형지물 혹은 인위적 구획(행정구획, 국경 등의 경계선 등)의 사이를 흐른다는 점에선 '간천(間川, middle river)'이 적합하다. 그러나 반드시 선인들의 고민(대의명분과 설득 논리)과 기원(의미 부여, 상징성 및 철학)을 알아야 앞으로 우리가 후손에게 '솔직하게 까밝혀 놓았다가 손해 보는 꼴불견(솔까꼴, losing benefit by revealing it honestly)'을 당하지 않을 수 있다.

신라어로 물(水)에 해당하는 말은 '미르(水, mir)'다. 아직도 경상도와 강원도 일부 지역에선 '미르'라는 지명이 남아 있다. 전국적 '두물머리(兩水里)'에 해당하는 신라어는 '미르머리(水頭)'가 지명에 많이 남아 있다. 그런데 1527년 최세진(崔世珍)의 『훈몽자회(訓蒙字會)』에서 '龍: 미르 용'이란 해석을 달았다. 그로부터 이후 '미르머리(龍頭)'를 한자음 '용두(龍頭)'로 표기한 지명만이 100여 개소가 넘는 '용두리(龍頭里)'가 생겨났다. 오늘날에는 '미르(mir)'란 신라어 그대로 경북에서도 '미르나무(水邊木)', '미르터(高水敷地)' 혹은 미터(물섶, 둔치)' 또는 '미리내(은하수)' 등이 남아있다. 또한, 변형되어 대부분이 '미' 접두어로 미나리, 미꾸라지, 미더덕 등이 오늘날에도 사용되고 있다. 일본에선 신라어 '미르(mir)'가 '미즈(miz)'로 거의 변형에 가까이 사용되고 있다. 신라인들은 '미르(水)'가 꿈틀거리는 모습을 살아있는 용(龍)으로 봤다. 물로 인해서 생겨난 선상지(扇狀地) 혹은 삼각주(三角洲) 등 속칭 '비옥한 초승달

(肥沃新月, fertile crescent)'이 생겨나는 걸 용이 알을 낳는다고 봤다.

　서양에는 강물(river)이란 명사(名詞)는 홍수의 범람으로 인간에게 재앙을 안겨준다는 점에 착안하여 영어 단어 '리브(rive)'는 '찢다. 잡아 뜯어 버리다. 쪼개다.'라는 동사(動詞)에서 생겨났다. 따라서 '강(江, river)'은 '찢어 버리는 것(물)', '이간질하는 것(물)' 혹은 '잡아 뜯어 먹는 것(물)'215이라는 본성을 알고 이름을 지었다. 이와 같은 속성은 한문 강(江)이란 글자의 생성에 대해서도 나타나고 있다. 즉 후한 허신(許慎, 30~124)의『설문해자(說文解字)』에서 "촉나라 전저요(湔底徼)의 외민산(外崏山)에서 흘러나와 바다로 들어가는 강물(江水)이 '꿍~꿍~(工工)' 소리가 났기에 강(江)"216으로 만들었다고 설명하고 있으나 속뜻은 '물의 장인(水之匠人)'이다. 즉 한마디로 살아 움직이는 창조체(創造體, creator)로 봤다. 물길은 대장간의 대장장이처럼 '새로운 초승달(新月芽)'을 만든다는 의미를 담았다. 이를 연장하면 인류 4대 문명발상지 모두가 하나같이 큰 강을 끼고 생겨났던 것이 바로 강물의 창신력(創新力)이었다. 강물의 창신력을 '법고창신(法古刱新)'이란 무위자연의 본질로 봤다.

　이와 같은 강물의 법고창신력(法古刱新力)을 확신했던 선인들은 노자(老子)의『도덕경(道德經)』에서 "가장 좋은 상태는 물과 같다(上善若水). 물은 만물을 이롭게 하는데 뛰어나지만 다투지 않고, 모든 사람이 싫어하는 낮은 곳에서 머문다. 그러므로 도(道)에 가깝다(上善若水 水善利萬物而不爭 處衆人之所惡 故幾於道)."라고 생각했다.217 이렇게 잘 다루면 인간에게 새로움을 창조했다. 서양에서 강물의 파괴력을 인식하고 조심스럽게 다루었듯이 동양에서도 '아기 다루듯이(like caring a baby)' 절대로 나쁜 의미의 말을 하지 않고자 했다. '말에는 혼령이 있다(言靈觀念).'라는 속내를 감추고 강 이름(江名)을 지었다. '이무기'를 잠룡(潛龍)이라고 했고, '지렁이'에게도 토룡(土龍)이라고까지 불렀다. 강 이름만 아니라 산 이름(山名)까지도 좋은 이름을 붙여서 이름값을 하도록(好名好實,名不虛傳) 했다.

신천엔 덕업일신(德業日新)과 법고창신(法古刱新)의 혼령을 담아

'사잇강(천)' 혹은 '샛천(강)'의 뜻을 몰라서 신천(新川)이라고 오류를 범한 것이 아니다. 간천(間川)이라고 지었다면, 『손자병법(孫子兵法)』 등에서 언급했던 간자(間者), 이간(離間) 혹은 용간(用間)의 역할을 강(江)이 한다면 예측불허의 자연재해를 누가 감당하겠나 하는 깊은 고민에서 기원을 담아서 '신천(新川)'이라고 했다. "매일 새로운 덕업을 창조하여 이를 세계만방에 펼쳐나가자(德業日新, 網羅四方)."를 국명으로 출발했던 '신라(新羅: To Develop Newness)'였다. 지구촌에 이렇게 참신한 국명(國名)이 '새롭게 펼치자(新羅)'라는 전대미문(前代未聞)이다. 바로 여기에 신라 선인(新羅先人)들이 신천이라고 불렀던 속내는 '새로운 신(新)자는 덕업으로 매일 새로워짐(新者德業日新)'[218] 이란 기원을 강 이름(新川)에 담았다.[219] 이에는 중국 은나라 탕왕(湯王)이 목욕탕(혹은 세숫대야)에다가 "진실로 나날이 새로워지고, 하루하루 새로워지도록 하고, 날로 새롭게 하자(苟日新, 日日新, 又日新)."[220]는 각오를 하면서 삶을 살아가는 창신혼령(刱新魂靈, 물길)이 달구벌에 흐르게 했다.

이와 같은 창신(刱新)의 논쟁은 1787년과 1792년에 과거 시험지나 상소문에도 박지원 등의 문사들이 사용했던 속칭 '패관소품체(稗官小品體)'라는 문체를 사용해서 문서 작업을 했다. 이에 대해 정조는 그런 문체를 사용하는 신하들을 처벌(파직)했다. 이를 두고 문체반정사건(文體反正事件)으로 정조의 개혁정치 전체를 문체반정으로 격하시켰다. 당시 영남유림(嶺南儒林)에서도 문체반정(文體反正)의 풍조는 비켜 가지 않았고, 엉뚱하게도 신천(新川) 강명에 불똥이 떨어져 갑론을박을 시작했다. 그대 쟁점으로 인해 i) 신라의 '덕업일신(德業日新)'을 다시 되짚어 봤고, ii) 박지원의 '법고창신(法古刱新)'의 철학을 강명에다가 의미 부여를 추가했다.

위의 신천논쟁(新川論爭)을 잠재운 자장가는 바로 법고창신(法古刱新)이었다. 여기서 연암(燕巖) 박지원(朴趾源, 1737~1805)의 『초정집서(楚亭集序)』에서 언급한 "옛 걸 본받는 건(法古), 옛 자취에 빠져 헤매는 병(病泥跡)이 될 수 있다. 새 걸을 창조한다는 게(創新) 법도에 어긋날 우려(患不經)가 있다. 진실로 능히, 옛 걸 본받으면서도 변화를 알고(法古而知變), 새 걸 창조하면서도 법도에 맞을 수 있다면(創新而能典) 지금의 문화 또한 옛글과 같을 것이다."221222라고 재고케 했다.

잠자던 신천간천논쟁(新川間川論爭)의 불씨가 되살아나기는 창씨개명 때였다. 일제강점기(日帝强占期)에 1912년 타이쇼(大正, たいしょう) 천황(재위, 1912~1926)이 즉위하자, 그해 매일신보(每日申報) 9월 12일자에 '일본과 조선의 동일화(日朝の同化)'를 조선인의 이름을 일본인과 같이해야 한다는 주장이었다. 이를 명분과 실체가 있는 행동으로 옮긴 건 1936년 8월 5일 제7대 조선총독부 총독으로 미나미 지로(南次郎, 재위 1936. 8. 5. ~ 1942. 5. 29.)가 부임함을 계기로 '일조동조동근론(日朝同祖同根論)' 혹은 '황국신민론(皇國臣民論)'을 정책으로 옮겼다.223 즉 1937년부터 1941년까지 5개년계획으로 조선인의 일본 국민화 정책이었다. 조선총독부의 기관지였던 경성신문(京城新聞) 1940년 1월 30일자에 "창씨성제(創氏姓制) 곧 실시, 신생활의 기쁨을 전선(全鮮)에 골고루."란 제명의 조선인의 글을 신호탄으로 조선총독부에서는 '조선민사령 개정 중 창씨창성(創氏創姓)에 관한 개정안'224225을 의결해 발표했다. 당시 조선인에게 민족 작가로 존경을 받았던 춘원(春園) 이광수(李光洙, 가야마 미쓰로, 香山光郎)는 "2,600년 전 신무천황(神武天皇)께서 즉위하신 곳이 구원(軀原)인데 이곳에 있는 산이 향구산(香久山)226입니다. 뜻깊은 이 산 이름을 성씨로 삼아 '향산(香山)'으로 한 것인데 …"227라고 창씨개명에 찬양의 글을 올렸다.

그런데 이때 대구는 창씨개명(創氏改名)에 '신천(新川, しんかわ)'과 '간천(間川, まがわ)'228이라는 강명이 이광수의 향산(香山)처럼 조선 지식층의 창씨대상산천(創氏對象山川)으로 언급되었다. 일본(황국)민의 성씨 가운데 '마가와(間川)' 또한 '신가와(新川)'는 있었기에 강명을 고쳐야 한다는 것이었다.229 앞으로 조선신민(朝鮮臣民)도 창씨개명하여 일본 황국민으로 동화(昇格)하는데 i) 신민국의 강명 신천(新川)을 당돌하게 부르는 건 황국민의 존명을 훼손

한다는 점이고, ii) 조선 시대 영조 때에 영남유림이 대구(大丘)라는 지명에 대유공자(大儒孔子)의 함자(孔丘) 언덕 구(丘) 자를 피하자고 상소했던 '피휘사상(避諱思想)'에서도 위배된다는 점(避諱思想)이다. iii) 황국신민의 입장에서 '황국신민의 서(皇國臣民の誓)'를 직접적으로 거스르는 언행이라는 개명논리(改名論理)를 통한 '당당한 친일애국(堂々とした親日愛國)' 캠페인 차원에서 지역 유지들이 거론했다.

이렇게 드러내 놓고 추진했던 캠페인이 물밑으로 조용히 흘려들어 갔던 것에는 i) 황국지존(皇國至尊)을 훼손하지 않게 아예 다르게 강 이름을 다시 짓자(別作江名), ii) 황국신민의 인식을 확연하게 '신민천(臣民川)'으로 개명하자(名臣民川), iii) 조선총독부의 의견을 물어서 신천(新川), 중천(中川)과 간천(間川) 가운데(擇新間川)에서 선택하자는 방안(問選間新) 등이 있었다. 그러나 요란스러운 갑론을박만 있었지 서민들은 "이 또한 지나가리(Et hoc transibit)!"라는 바람으로 조용하게 아무런 반응조차 하지 않았다. 해방 후 6·25 전쟁과 민생고(民生苦)에 시달리다가 '행복한 고민(幸せな悩み)'을 못 했다. 2000년 이후 지역 사학자들 사이에 신간논쟁(新間論爭)이 '심심풀이 땅콩으로' 혹은 '찻잔의 폭풍(マグカップの嵐)'으로 화제가 되어왔다.

3.
선인의 기원과
확신이 흐렸던 신천

'하늘의 뜻이 이 땅에 펼쳐지길(天意地展)'

지구촌에 인류가 출현하고 수십만 년을 살다가 아프리카를 떠나올 때, 하늘의 동방별(Eastern Star)을 등대로 삼아 살기 좋은 곳 '천국(天國, Kingdom of Heaven)' 혹은 '낙원(樂園, Paradise)'을 찾아 극동아시아 한반도로, 그 가운데에서도 달구벌에 도착했다. 북반구에서는 언제나 변함없이 제자리를 지키는 북극성(北極星, polaris)을 보고, 메소포타미아 사람들은 '천사들이 하늘에 들락날락하는 하늘 사다리(Sky ladder through which angels go in and out of the sky)'가 그곳에 걸쳐있다고 믿었다. 야곱(Jacob, B.C. 1791 ~ B.C. 1644)[230]은 그것을 처음 봤고 '야곱의 사다리(Jacob's Ladder)'[231]라고 했다. 극동아시아에서 살았던 선인들도 그곳(北斗)에는 하늘을 다스리는 천황(玉皇上帝)이 아름다운 정원(紫微垣)에서 풍족하게 살면서 지상의 인간을 다스린다고 믿었다.[232]

당시 하늘에 있는 천신(Tengri, 天神)[233] 혹은 천황(玉皇)이 지상의 만물을 다스리는데 기본적인 통치 원칙은 i) 하늘의 뜻을 땅 위에 펼침(天意地羅, Unfolding the will of heaven on earth), ii) 살아있는 생명체 = 죽은 물체(生死一如, The living and the dead are the same)를 판단의 기준으로 삼았다. 이것은 이런 하늘의 뜻을 헤아려 보고자 북극성 혹은 이와 연관된 별들을 관찰하는 천문학(天文學)을 발전시켰다. 때로는 역발상으로 지상에 펼쳐지는 삼라만상과 천재지변을 통해 하늘의 뜻을 해석하고자 했다. 이것이 바로 종교(宗敎)이고 철학(哲學)이었다.[234]

'하늘의 뜻' 혹은 '하느님의 뜻'을 언급하고 있는 성경 구절은 "뜻이 하늘에서 이룬 것 같이 땅에서도 이루어지이다."[235], "계획은 인간이 세워도 결정은 하늘이 하신다."[236], "우리가 알거니와 사랑하는 자 곧 그 뜻대로 부르심을 입은 자들에게는 모든 것이 합심해 선의를 이루느니라."[237]를 확신했다. 독일 벤자민 슈몰크(Benjamin Schmolck, 1672~1737)[238] 목사(저술가, 찬송가 작가)는 '30년간 종교전쟁' 후 여러 교회에 목회를 맡았다. 하루는 아내와 심방(尋訪)을 갔다가 귀가해보니 집에 불이 나서 잿더미로 변해 있었다. 그 잿더미 속에 사랑했던 두 아들이 타죽어 있었다. 그는 조용히 하늘을 쳐다보면서 "당신의 뜻대로 하소서(Mein Jesu, wie du willt)."라고 기도했다. 오늘날 우리들은「내 주여 뜻대로(My Jesus, as Thou wilt)」[239]라는 송가로 절박함을 노래하고 있다

동양에서는 속된 말로 "하늘은 스스로 먹고살 수 없는 인간을 만들지 않는다. 땅은 이름이 없는 풀을 키우지 않는다(天不作無祿之人, 地不長無名之草)."[240] 이를 뒤집어 보면 "일을 도모하는 건 사람이지만, 결정하는 건 하늘에 달렸다. 인간이 억지로 할 수는 없구나(謀事在人, 成事在天, 不可强也)!"[241]라는 한계성을 우리나라 위정자들은 삼국지 구절을 통해서 익혀왔다. 좀 더 자세하게도 말하면, 전한(前漢) 때 사마천(司馬遷, B.C. 145 ~ B.C. 86)이『사기(史記)』에다가 '하늘의 별을 관리하는 매뉴얼(天官書)'를 공개했다. 이에 동진(東晉)의 간보(干寶, 출생 미상~336)[242]는 '신들이 하시는 것을 찾아서 기록(搜神記)'했는데, "남두육성(延壽司)은 생명체(生存)를 키우고자 물을 주고,

북두칠성(七星續命燈)은 죽음(死亡)을 키우고자 물을 주고 있다(南斗注生, 北斗注死)."[243]라고 적었다.

여기선 복잡한 내용은 접어두고 남두육성과 북두칠성의 이름만을 알아보면, 남두육성은 도교 경전『상천경(上淸經)』에서 i) 천부궁(天府宮, 수명 담당), ii) 천상궁(天相宮, 복록 담당), iii) 천량궁(天梁宮, 수명 연장 담당), iv) 천동궁(天同宮, 손익 회계 담당), v) 천추궁(天樞宮, 행운 형량 담당), vi) 천기궁(天機宮, 웰빙 담당)으로, 여기서 남두(南斗)란 남쪽 주변을 둘러싸고 있는 별을 총칭(南邊坐人, 是南斗)[244]한다. 이어 북두칠성(北斗七星)의 7개의 별 이름을 언급하면, 말(斗) 혹은 똥바가지(糞匏) 입구에서 자루(杓)까지 순서로, i) 천추(天樞, 도교명 貪狼, Dubhe), ii) 천선(天璇, 巨門, Merak), iii) 천기(天璣, 祿存, Phecda), iv) 천권(天權, 文曲, Megrez), v) 옥형(玉衡, 廉貞, Alioth), vi) 개양(開陽, 武曲, Mizar), vii) 요광(瑤光, 破軍, Alkaid)을 말했다.

이어 전국시대(戰國時代, B.C. 5세기 ~ B.C. 221)의 작가 미상 저서『갈자(鶡子)』혹은『갈관자(鶡冠子)』[245]에서는 "북두칠성의 자루 부분(杓部)이 동쪽을 향하면 천하(계절)는 모두 봄이고, 남쪽을 향하면 천하는 여름, 서쪽을 향하면 천하가 가을, 북을 향해 천하가 겨울이 되었다(斗柄東指, 天下皆春 / 斗柄南指, 天下皆夏 / 斗柄西指, 天下皆秋 / 斗柄北指, 天下皆冬)."라고 선인들을 물론 오늘날 몽골 유목민들도 그렇게 알고 있다. 같은 내용을 사마천(司馬遷)에 의해 B.C. 91년경에 편찬된 사기(史記)『천관서(天官書)』, 이후 반고(班固, A.D. 32~92)가 편찬한 한서(漢書)『천문지(天文志)』에서도 "북두칠성의 자루가 지향하는 방향에 따라 계절이 드러난다(直斗杓所指, 以建時節)."라고 적었다. 우리나라 사람이 신봉하는『주역(周易)』에서도 "계절은 동쪽에서 시작한다. 만물의 소생이 동쪽 나라에서 시작하기 때문이다. 진방(震方)이란 바로 동쪽 나라다(帝出乎震 … 万物出乎震. 震東方也)."[246]라고 기록하고 있다.

이승(南)에서 저승(北)으로 흐르는 물길, 신천

과거 우리나라의 풍수지리 대가들이 남에서 북으로 흐르는 신천을 보고 가장 먼저 우려(憂慮)를 표시했다. 즉 그들의 지리적 일반상식에서 보면, 남쪽에서 북쪽으로 흐르는 역수형상(逆水形狀) 때문이다. 초등학교에서 배웠던 한반도의 특징인 동고서저(東高西低)와 북고남저(北高南低)로 인해 강물이 동(東)에서 서(西)로 혹은 북(北)에서 남(南)으로 흐른다는 상식에서 그렇게 판단했다. 물론 이런 역수현상으로 달구벌 평온을 파괴한 적도 있다.

첫째로는 구불구불한 뱀 모양(曲蛇之樣)의 사행천(蛇行川)으로 대구읍성(도심)을 관통함으로써 i) 우수기에는 많은 농경지 범람(犯濫農耕), ii) 생활 주거지에 침수 피해를 크게 발생시켰으며(氾濫生居), iii) 각종 수인성 전염병과 질환 등의 재앙(水因疾患)을 풍수지리(風水地理)를 빌려서 예언했다. 이를 막고자 1481(丁酉)년 최호원(崔灝元) 부사가 이군방천(以軍防川)으로 파직되었던 사례가 있었다. 이에 방법을 달리해, 1778(戊戌)년 이서(李漵) 판관은 샛강 물 머리를 막아서(龍頭防川) 물길을 돌리는 공사를 함으로써 재앙 최소화 방안을 강구했다.

둘째로 임진왜란(壬辰倭亂, 文祿慶長の役) 때 고니시 유키나가(小西行長, こにし ゆきなが, 1555~1600) 휘하의 제1군이 기장(機張)-양산(梁山)-밀양(密陽)-청도(淸道)-대구(大丘)-인동(仁同)-상주(尙州)를 진격로(進擊路)로 삼았고, 대구 진입은 1592년 4월 21일 청도(淸道)-팔조령(八助嶺)-가창(嘉昌)-파잠(巴岑, 오늘날 巴洞)-용두(龍頭)-연구산(連龜山)-읍성으로(新川方向) 들어왔다. 그때는 마침 대구도호부 부사 윤현(尹睍, 1536~1597)이 울산 전투에 참전하고자 비운 틈에 무주공성(無主空城)은 함락되었다. 읍민은 도륙(邑民屠戮)되었고, 읍성은 소탕(邑城掃蕩)되었다.

셋째로는 1946년 5월에 부산(釜山)-밀양(密陽)-청도(淸道)-가창(嘉昌)-신천 물길(新川水路)을 타고 수인성 전염병(水因性傳染病) 콜레라가 들어왔다. 마침 콜레라 침입과 6월 장마철 폭우 피해가 덮쳐 설상가상(雪上加霜)으로 대구 경북에는 2,500여 명 환자가 발생했고, 1,700여 명의 사망자를 내었다. 그 질환은 사회적 불안을 불러왔고, 끝내는 식량 부족으로 인한 기아(飢餓)를 불러왔다. 당시는 일제 해방 이후 맥아더(Douglas MacArthur, 1880~1964) 태평양 사령관이 '미육군 태평양사령부 포고령 1호(U.S. Army Pacific Command Proclamation No.1, 1945. 9. 9.)'를 선포함에 따라 오끼나와에 주둔했던 미 육군 제24군단 하지(John Reed Hodge, 1893~1963) 중장이 사령관으로 남한에다가 미군정(美軍政, 1945. 8. 15. ~ 1948. 8. 15.)을 실시했다. 그는 "한국 사람들은 일본놈들과 마찬가지로 고양이와 같은 교활한 종자다(The Koreans are the same breed of cats as the Japs)."[247]라는 말로 첫인상을 대변했다. 미군정(美軍政, US Military Government)은 당시 전염병(콜레라) 확산을 방역하고자 군사 작전처럼 지역 봉쇄(local lock-down for quarantine)를 단행했다. 이렇게 복잡다기한 갈등은 결국 상상을 초월하는 10월 1일 대구 사건(일명 大邱暴動)이란 종지부를 찍었다.

선사 시대(先史時代, prehistoric age)로 화제를 돌리면, 구석기 시대(舊石器時代)에 한반도에 건너왔던 선인들이 달구벌 신천(물) 섶에 정착함에는 i) 옴폭한 분지로 먹거리도 풍부했다. ii) 기후마저도 비교적 온난해서 깊은 동굴이 아니더라도 살 만했다. ii) 물을 찾는 산짐승들과 물고기만으로 수렵어로(狩獵漁撈)가 용이했다. iii) 신석기에 들어와서는 농경에 필요한 물이 풍부했다. iv) 금상첨화로 신천(新川)은 북극성을 향해 남(南生界)에서 북(北冥界)으로 흘렀다.

선사 시대의 핵심 신앙은 "태양(해) 혹은 별나라에서 살았던 사람들이 지구로 소풍(여행)을 왔다가 '영원한 삶(永生)'을 위해 고향 별나라를 향해 되돌아간다."를 믿었다. 오늘날도 이런 신앙을 표현하는 용어가 바로 '생일생신(生日生辰)'이라는 용어다. 즉 어린아이가 해맑은 웃음을 띠는 건 태양(해)에

서 내려왔음을 의미한다면(兒之日笑, 得生日意), 50세 넘어서 자신이 되돌아
가야 할 곳이 별나라(生辰)라는 사실을 아는 걸(知天命得, 覺回生辰) 논어(論
語)에서는 '지천명(知天命)'이라고 했다. 따라서 선인은 자신들이 살았던 신
천수변이야 말로 '하늘의 뜻을 이 땅
에 펼친 곳(天意地展)'으로 확신했다.
이런 믿음으로 청동기 시대까지 신천
변에 3,000여 기의 고인돌이 모였고,
줄지어 늘어섰었다.

　신라 909년 때 최치원(崔致遠,
857~909)이 작성한 『신라수창군호국성팔각등루기(新羅壽昌郡護國城八角
燈樓記)』에서는 오늘날 서문시장에 있었던 천왕지(天王池), 달성토성(達城土
城)과 그 주변의 신비경을 낱낱이 기록하고 있다. 특히 천왕지(天王池)엔 북
두칠성이 어리고, 옥황상제가 계시는 자미원(紫微垣)의 하늘 닭(天鷄)이 울
어야 비로소 달구벌에 동이 튼다고 믿었다. 당시 사람들은 금호 물길을 신
라어로 '미르내(mirnae)' 혹은 '미리내(mirinae)'라고 했다. 오늘날도 은하수
(銀河水, Milky Way)를 미리내(mirine)라고 한다. 신천은 금호강으로 유입되
어 북쪽 팔거천으로 이어짐을 밤하늘의 별에다가 비유해서, 오늘날 천문학
용어를 빌리면 천왕성(天王星), 해왕성(海王星) 그리고 저승의 염라대왕(閻
羅大王) 계시는 명왕성(冥王星)에까지 연장(延長)하는 상상을 했다.

　이런 신천 기반의 생각에다가 풍수지리의 옷을 입혀 조선 초기에는 진산
(鎮山) 아미산(峨眉山)의 지맥을 잇고, 남산(火形山)의 화기진압(火氣鎮壓)을
위해 돌거북을 안치한 뒤에 연구산(連龜山)으로 불렸다. 1795(정조 19)년 경
상감사 이태영(李泰永, 1744. 10. 9. ~ 1803. 1. 24.)은 꿈속(現夢)에서 하늘의
북두칠성이 읍성 공진문(拱辰門) 밖에 떨어져 다음날 가보니 북두칠성 모
양을 한 바위 돌이 7개 있었다. 그 7개 고인돌(바위 돌)에다가 아들 7명의 이
름을 새겨서 치성(致誠)을 들였고, 대구읍성 북문 밖에 안치했다. 이후 시민
공회당(市民會館) 등으로 몇 차례 이동되었다. 1988년 대구직할시에선 문

화재위원회 의결을 거쳐 오늘날 대구역(大邱驛) 뒤뜰에다가 최석정(崔錫鼎, 1646~1715)의 구수략(九數略)의 지수구문도(地數龜文圖)를 기반으로 배치해 놓았다. '7개 돌' 배치 모양이 오늘날 고분자학 전공자의 눈에는 '벤젠 구조식(benzene structural formula)'과 같고, 고미술학 전공자에겐 바로 '거북 등껍질의 무늬(龜甲文)'다. 서양 천문학에서는 '1심 6각성(一心六角星, One Heart Hexagonal Star)'이다. 1975년 북구를 신설하고 신설 동명을 작명함에 칠성바위에 연유하여 칠성동(七星洞, 칠성1~2동)이라고 불렸다.

4.
신천이 가르치는
인정승천(人定勝天)

역천(逆川)이 아닌 인정승천(人定勝天)!

1960년대 시골 서당에서 『명심
보감(明心寶鑑)』을 배울 때 "맹자가
말씀하시길 자연 섭리를 따르면 생
존하나, 거슬리면 멸망하게 된다(順
天者存, 逆天者亡)."[248]라는 구절을
1970년에서 1980년대 자연보호운

동을 하면서 많이 들었다. 대구에서 생활하면서 신천 물길이 남북으로 역류
(逆流)함은 자연현상을 거슬리는 역천(逆天)이라는 이야기도 몇 차례 들었
다. 맹자가 복잡다기한 대자연의 섭리를 그렇게 단순하게 설명할 수 있을까
하는 생각을 하다가 원전(原典)을 찾아봤다. 『맹자(孟子)』이루장상(離婁章
上)에서 "맹자가 말씀하시길, 나라(天下)에 기강(道)이 서 있다면, 덕이 적은
사람이 많은 사람을 따르게(부름을 받게) 되고, 덜 어진 사람이 크게 어진 사
람의 부름을 받게 된다. 기강이 서지 않았다면, 반대현상이 생긴다. 이 두 가
지 양상을 사회적 섭리(天)라고 한다. 섭리를 따르는 자(順天者)는 생존하고,
거슬리는 자(逆天者)는 망하게 된다.[249]"라고 풀이했다.

이에 한 발 더 나간 '순자(荀子)'는 "하늘(대자연)은 언제나 섭리에 따라 운행되고 있다. 요행이란 존재하지 않는다. 걸출하거나 망하게도 하지 않는다. 크게 대자연의 법칙을 (단순하게 생각하지 말고, 복잡다기한 연관성을 고려해서) 생각한 뒤에 따라야 한다. 먼저 만물을 생육시키고 다스림을 해야 하며(治山治水), 섭리를 잊지 말고 순응해야 한다. 어떻게 천명을 다스리고, 뭘 사용할지를 생각해야 한다(天行有常, 不爲堯存, 不爲桀亡 … 大天而思之, 孰與物畜而制之? 從天而頌之, 孰與制天命而用之)."250라고 천기누설을 했다. 즉 한마디로 "인간이 결정한 걸 하늘도 뒤집지 못한다(人定勝天)." 혹은 "인간이 강력하게 추진하는 건 하늘도 막지 못한다(人强勝天)."를 넌지시 말했다.

서양에서도 하늘의 뜻 혹은 대자연의 섭리로 세상이 운행되지 않음을 생생하게 표현한 B.C. 612년경 하박국(Habakkuk)은 하소연(불평)을 늘어놓았다. "도움을 부르짖어도 듣지 아니하시니, 언제나 강도가 범행을 저지르는 데 도움을 요청해도 구원하지 않으십니까?"라는 등 "악행을 저지르는 사람이 잘 되고, 왜 착한 사람이 안 되는 것입니까?"251라는 게 불평의 요지였다. 오늘날 용어로는 "유전무죄 무전유죄(有錢無罪 無錢有罪)"와 같은 사회현상이었다. 결국은 누군가 우회적인 표현으로 유체이탈같이 실토했다. 즉 "천국은 그대 마음에 있다(the kingdom of God is in your mind)."252라고. 직설하면 "인간이 마음먹은 건 하늘을 이긴다(人定勝天)." 이런 우회적 실토를 바로 순자(荀子)가 했다.

이런 인정승천(人定勝天)을 달구벌에 살았던 선인들과 신천강물이 서로가 똑같이 물들고 말았다. "(천리를 핑계로 하지 않을 것이 아니라) 인간으로 할 수 있는 모든 가능성을 찾아서 최선을 다하는 것이 인간의 도리다(誠之者, 人之道也)."253라고 알려주었다. 이렇게 인간의 도리를 다함으로써 창신할 수 있다는 것을 달구벌에 살았던 사람들이 신천으로부터 익혀 배운 자연순화(自然淳化)였다. 옛날 신라 때 '꽃 사내(花郞)'들이 공산금호수련(公山琴湖修練)에 가장 배우고자 했던 것이 '신천의 사나이(新川之夫)'였다. 즉 '사나이 부(夫)는 하늘이 내린 천명까지도 의지와 행동으로 극복하는 성실함(夫者以誠勝己天)'이었다. 바로 신천의 물흐름을 닮았다(新川之流). 이는 영남 선비들에게 이어져 '올곧음을 지키다 죽을지언정 올곧음을 굽히고 살지 말라(人寧直道以死, 不可枉道以生).'254, 또한 "(더럽고 비루하게) 기와로 온전하기보다 차라리 깨끗한 옥으로 부서지겠다(寧須玉碎, 不宜瓦全).'255라는 '신천의 혼령(新川之靈)'을 만들었다.

이런 올곧음(大義名分)이 이어져 근대 대구 역사에서 1907년 국채보상운동(國債報償運動)에 촉매제가 되었고, 1960년 2·28 민주화(학생)운동에 원동력이 되었다. 그 당시 시대적 주류사고(時代的思考, main thoughts stream of the time)에다가 맞부딪치는 역류(逆流)였다. 즉 국가 통치에 분명히 역행(逆行)이었다. 그럼에도 달구벌의 선인들은 신천의 넋이 녹아내린 인간의 도리(人之道)에 따르겠다는 결정을 했고, 그리고 신천지부(新川之夫)답게 행동했다. 결과는 인정승천(人定勝天)의 사례를 만들었다.

이를 악용한 사례로는 1944년 일본 제국은 조선인에게 황국신민의 도리로 '황국패전의 책임을 전담하는 집단자결(集團自決)'로 '옥쇄(玉碎, ぎょくさい)'를 강요했다.256 미 제2해병사단과 제4해병사단, 그리고 육군 제27보병사단이 사수하고 있는 사이판(Saipan)에 1944년 7월 7일 일본군은 옥쇄 공격(玉碎攻擊, gyokusai attack)과 반자이 돌격(萬歲突擊, banzai charge)'을 하달했다. 격전 끝에 일본군 29,000명 전사자와 921명 포로병이 생겼다.257 1942년에 선사시대에 사용했던 죽창으로 주부죽창부대(主婦竹槍部隊)를 창설했으며, 1945년 5월 1일에는 신풍특별공격대(神風特別攻擊隊, かみかぜとくべつこうげきたい)까지 횡행하여 광분을 삼키지 못했다.

화기 진압과 산맥지기(山脈地氣)를 잇는 돌거북산(連龜山)

오늘날에 우리가 사용하는 대구의 지명, 산명, 하천명 등을 확정하고, 이를 국가 기록에 왜곡 없이 직접 반영한 위정자는 대구지군사 금유(琴柔)다. 물론 『대구부읍지(大丘府邑誌)』에서도 명현(明賢)으로 손꼽고 있고, 당대 문장가이며, 성균관 박사에서 대구지군사(大丘知郡事)로 탁용된 금유(琴柔) 선생의 학문의 덕이다. 즉 금호강(琴湖江), 신천(新川), 연구산(連龜山) 등의 명칭을 가감 없이 『세종실록지리』, 『동국여지승람』, 『신증동국여지승람』 등에 올려서 국가기록물에 통일적으로 확정했다. 『세종실록(世宗實錄)』에 의하면, 1424(세종 6)년 11월 15일에 세종(世宗)은 민생현안과 현지 실정을 반영한 통계 기반에서 통치할 수 있도록 데이터베이스(database)를 마련하도록 지시했다. 그것이 바로 연혁, 인구, 경작지, 특산물 등을 묶은 『신찬팔도지리지(新撰八道地理志)』와 농작물 재배에 필요한 각종 지식과 제때 해야 할 일의 작업 목록인 『농가월령(農家月令)』을 편찬해 보급하도록 지시했다. 이를 위해 먼저 대제학(大提學) 변계량(卞季良)을 불러 의논했다. 춘추관(春秋館)에서는 인력이 모자란다니 예조(禮曹)가 앞장서 각도 관찰사에게 하명(下命)해 『각도지리지(各道地理志)』를 먼저 편찬하여 춘추관(春秋館)에 올리도록 해서 그를 기반으로 재편집하도록 했다.

한편, 조정으로부터 교지를 받은 경상도관찰사 하연(河演, 1376~1453)은 당대 명현이고 문장가였던 대구지군사 금유(琴柔, 출생 미상~1446)와 인근 인동현감 김빈(金鑌, 출생 미상~1455)에게 일임시켜 주관토록 했다. 즉 『경상도지리지(慶尙道地理志)』를 6개월만에 편찬하도록 재지시했다. 이때 금유(琴柔)는 대구의 지명, 산명, 하천명, 인명, 연혁, 인구, 경작면적, 특산물, 성씨 등까지 수합 정리하고 지리지를 저술했다. 얼마나 신속 정확했는지 가장 먼저 춘추관에 제출했다.[258] 작업에 관여했던 경력(經歷) 남시지(南施智), 경주부윤(慶州府尹) 오공식(吳公湜), 판관(判官) 정시개보(鄭施介保) 등이 1부를 추가로 만들어 보관하자고 했다.[259] 다행히도 임진왜란에 왕실 소장본은 소실되었으나 추가로 만들었던 보관본이 오늘까지 보존되고 있다. 1425년 경상도지리지(慶尙道地理志)를 기준으로 그해(1425년) 『신찬팔도지리지(新撰八道地理志)』, 1454년 『세종실록지리지(世宗實錄地理志)』 및 1530년 『신증동국여지승람(新增東國輿地勝覽)』 등 국가기록사업의 기반을 다졌다. 오늘날 우리가 사용하고 있는 대구의 지명, 산명, 하천명 등을 국가적으로 통일된 명칭을 확정한 국가기록은 대구의 명현지군사 금유(琴柔)가 편찬한 『경상도지리지(慶尙道地理志)』가 저본(底本, base date)이 되었다.

금유(琴柔)에 대해 『조선왕조실록』을 검색하면, 총 56회(국역본 28회, 한문본

28회)가 나오며, 정종 1회, 태종 7회 및 세종 20회나 기록되어 있다. 최초 기록은 1400(정종 2)년 9월 19일자 "삼군부의 도사 현맹인과 무공들이 국학 생원들을 구타하였으나, 헌사에서도 탄핵하지 않다."260로 시작해서 마지막은 1443(세종 25)년 4월 27일자 "전 겸사성(兼司成) 금유(琴柔)는 성품이 강명(剛明)하고 학술이 정순(精純)하며, 덕행(德行)이 겸전(兼全)하여 명망이 더욱 무거우니, 진실로 많은 선비의 모범이 되는 사람이었습니다(前兼司成琴柔性稟剛明, 學術精研, 德行俱全, 聞望益重, 誠多士之所取則者也) … 바삐 윤음(綸音)을 내리시어 성균관의 직임을 환임(還任)시키소서(伏望煥發綸紓之音, 還任均之職)."261라는 상소문이 기록되어 있다.

신천(新川)이란 하천명칭, 연구산(連龜山)이란 기록도 경상도지리지를 기반으로 살펴봐야 한다. 1425년 경상감사 하연(河演)의 지시로 편찬된 『경상도지리지』 대구군편(大丘郡篇)을 살펴보면, "연구산, 속설로 전해오

는 돌거북은 머리는 남쪽(신천)으로 꼬리는 북쪽(팔공산)으로 산등성이에 묻어 산맥을 잇도록 놓았다고 해서 이름을 연구산(連龜山)이라고 했다(南頭北尾, 藏於山脊, 以連山脈, 故名之)262."라고 기술하고 있다. 오늘날 일부 풍수지리가는 비슬산(毗瑟山)의 산맥지기(山脈地氣)를 잇고자 했다고 해석하고 있다.

1530년에 저술된 『신증동국여지승람(新增東國輿地勝覽)』 대구도호부(大丘都護府)에 "(대구도호)부 남쪽 3리 진산이 있는데, 이곳에 세속에 전해오는 말이 '이곳에 읍이 처음 설립될 당시에 돌거북을 만들어 산등성이에다가 머리는 남으로, 꼬리는 북을 향해 묻어 지맥을 통하게 했다고 해서 연구(連龜)라고 했다.'"263라고 자세히 언급하고 있다. 또한 『신증동국여지승람(新增東國輿地勝覽)』에서는 서거정(徐居正, 1420~1488)의 달성 10영(達城十詠)이라는 시문까지 게재하고 있어, 연구산 돌거북을 읊었던 제3영 구수춘운(龜岫春雲)에선 "거북 산봉우리라고 하더니 자라 모양을 닮았구면. 구름은 무심하게도 또한

관심이 있는 모양일세. 대지에 살아있는 영물들이 시방 바라고 있는 게 가능하시다면 묻지도 따지지도 마시고 단비나 내리게 하소서(龜岑隱隱似鼇岑, 雲出無心亦有心, 大地生靈方有望, 可能無意作甘霖)."264라는 기우민심(祈雨民心)을 적었다. 덧붙여 1767(영조 43)년 혹은 1768(영조 44)년에 간행된『대구읍지(大丘邑誌)』에선『신증동국여지승람』의 구절을 그대로 옮겨놓았다.265 뒤이어 1861년 고산자(孤山子) 김정호(金正浩, 1804~1866 추)의「대동여지도(大東輿地圖)」에서도 '연구산(連龜山)'을 표기하고 있다.

한편, 2003년 대구 하계 유니버시아드가 있었던 영광의 한 해였으나 호사다마(好事多魔)라는 말처럼 2003년 2월 18일에 192명 사망자를 낸 '대구 지하철 참사'가 발생했다. 그 참사는 세계 제2위라는 기록으로, 국내외 '고담 대구'라는 오명을 받게 되었다. 일부 언론에서는 '연구산 돌거북을 제자리에 놓지 않은 재앙'이라는 유언비어가 난무했다. 그해 9월 4일, '달구벌 얼 찾는 모임(회장 이정웅)'에서 '민심 달래기(按撫民心)' 차원에서 화기진압(火氣鎭壓)과 지맥순통(地脈順通)을 위한 '연구산 돌거북 바로 놓기(連龜山石龜正座)' 사업을 추진했다.

대구제일여자중학교 교정(중구 봉산동 230-1번지)에 있는 돌거북에 대한 서지학적 고찰과 현장실사를 해보니, i) 1481(성종 12년)년 최호원(崔灝元) 부사 당시에서도 연구산 돌거북에 관련 민심동요(民心動搖)가 있었고266, ii) 현장실사를 나가니 첫눈에 학교 교정 서측 구석에 놓여있었음을 봐서 여러 차례 옮겼음이 확연했다. iii) 돌거북은 경사암(輕砂巖)에 15% 정도의 이암 성분으로 붉은색, 길이 1.77m, 폭 1.27m와 높이 0.6m, 무게 2.349톤(1.77m×1.27m×0.6m×비중 2.6×67%)으로 실측되었다. iv) 당시 돌거북의 머리는 동남동(ESE)이고, 꼬리는 서북서(WSW) 방향으로 놓여 있었다. v) 돌거북의 형상으로 등껍질(龜甲)에는 9개의 단선귀갑문(單線龜甲文)이 음각되었으며, 목(龜頭) 부분에 2개의 음각선이 있었다. 꼬리 부분에는 북두칠성의 상징인 듯한 성혈(cup-mark, 星穴)이 9개가 관찰되었다. 사업의 핵심은 머리는 남(頭南)으로 꼬리는 북(尾北)으로 제자리에 놓아, 신천 물로 기어들게 하여 앞산의 화기를 누름(向元入新川水, 以置頭南尾北, 而壓前山火氣)이란 상징성 작업이 있었다.

5.
신천은 태극의
음양구획선으로 작용

태극(太極)의 음양구획선(陰陽區劃線), 신천(新川)

한반도 특히 달구벌에 살았던 선인들은 매일 같이 먹고 있었던 콩(太種)과 같은 씨앗이나 새들의 알(鳥卵)에서도 새로운 생명체가 탄생하고 있다는 사실을 알았다. 이들은 단순한 지구촌의 생명체에서 벗어나 우주세계

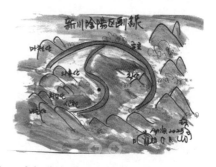

(宇宙世界) 별들의 생성원리(極星原理)에도 적용했다. 우주 만물의 생성 원리를 한마디로 태극조화(太極調和)에 있다고 믿었다. 아주 작게는 오늘날 세포생물학(細胞生物學, cell biology)에선 생명체의 난할(卵割, cleavage, らんかつ)처럼 세포 분열(각종 작용)을 통해서 새로운 생명체를 탄생시키는 법고창신(法古刱新) 혹은 일일신(日日新)이라고 생각했다. 삶의 터전이 되는 땅에다가 적용하여 지각변동(地殼變動), 침식작용(浸蝕作用) 등에다가도 심지어 '사람들이 모여 사는 곳(都邑)'의 생성과 변천 과정에다가도 원용했다.

그래서 달구벌에 살았던 선인들은 달구벌 도읍 생성을 이해하는데도 태극 원리를 이용했다. 즉 팔공산, 비슬산은 외곽을 둘려 싸고(四周山抱), 여기에다

가 금호강물이 더욱 선명하게 동그라미(天元, 혹은 天圓)를 만들었다. 이를 금호강 혹은 신천 강물이 2개 혹은 3개로 분할하는 것으로 봤다. 마치 콩알이 땅에 떨어져 싹이 트고 둘로 갈라져 떡잎으로 생장(生長)하듯이 "태극이 있으니 이것이 둘(혹은 3개)로 갈라진다(有太極, 是生兩儀)."267라고 주역(周易)에서 적고 있다. 이같이 천원(天圓)을 음양(陰陽)으로 양분(혹은 삼분)했던 신천의 물길을 '하늘이 그어놓은 음양구획선(天劃陰陽線)'으로 생각했다. 오늘날까지 신천수로(新川水路)는 자연력 혹은 인력으로 인해 몇 차례 조금씩 변천했다. 고인돌이 배치된 신천수변(新川水邊) 석묘군집(石墓群集)을 기준으로 할 땐 청동기 시대의 수로는 오늘날 태극기의 태극(太極)을 많이 닮았다. 이를 달리 말하면 신천은 음양을 양분하는 구획선 역할을 하는 간천(間川, 샛강)이었다.

옛날 선인들은 동적인 변화(陽)와 정적인 변화(陰)로 양분해서 생각했던 것이 바로 음양조화(陰陽調和)였다. 본래(태초)엔 양극으로 갈라지는 아무런 변혁은 없었으나(無極而太極也. 不雜乎陰陽而爲言耳)268 흙과 물, 불(화산 혹은 지진) 등의 무생명체(無生命體)와 식물, 동물 및 사람의 생명체(生命體) 등으로 작은 동적인 변화를 통해 큰 변혁이 온다고 믿었다(此陽變陰合而生水火木金土也). 이렇게 동적 변화의 연결고리는 서로 연쇄작용을 통해서 무한하게 계절(季節), 지형(地形), 민심(民心), 생명체의 생존까지도 변동시켰다(如環無端, 五氣布四時行也). 하늘의 역할(天道)은 남성(男性), 땅의 역할(地道)을 여성(女性)으로 역할분담(役割分擔)을 생각했다. 남녀가 하나로 되는 것을 태극(太極)으로 봤다. 이것이 바로 남송(南宋) 때 장식(張拭, 1133~1180)269이 주희(朱敦伊, 1017~1073)의 태극을 그림으로 해설한 『태극해의(太極解義)』의 요지다.

이와 같은 우주생성(宇宙生成)의 원리를 청동기 시대부터 국가 건설에 적용되었으며, 제정일치 시대(祭政一致時代) 때는 각종 제사에 사용했던 '세 발 향로(三足香爐)' 혹은 완강하게 서로 버티고 있는 '삼국정립(三國

鼎立)'을 보고, 3개의 분권조화(分權調和)처럼 통치체계(三權分立)로 완벽성에서 삼태극(三太極)을 구상했다. 마치 우리나라의 태극선의 태극문양처럼 우주 생성의 삼재인 천지인(天地人)을 핵심으로 봤다. 달구벌의 중심을 천원(天元)에 놓고 금호강(琴湖江), 신천(新川)이 삼태극(三太極)을 그리면서 흘러가고 있는 모습을 처음 보는 사람마다 모두 감탄했다. 영남유림의 낙중학파(洛中學派) 혹은 한려학파(寒旅學派)의 태두이신 여헌(旅軒) 장현광(張顯光, 1554~1637)'의 문집『여헌선생전서(旅軒先生全書)』에서 "오늘 달구벌의 삼태극(宇宙)이 생성되기 이전에도 이미 무한히 지난 과거에도 이렇게 생성되었을 것이고(設令此宇宙之前, 績有已過之宇宙), 이후에도 또다시 무궁하게 우주가 지속적으로 생성된다는 것이다(此理之爲太極, 則其亦一而已矣)."[270][271] 이어서 그는 "대체로 변화란 즉 삼라만상은 수없이 변화하고 생성되는 만사와 만물을 총칭한다(夫易, 卽天地也. 天地焉而萬變萬化萬事萬物)."[272]라고 개념을 정리했다.

신천창신(新川刱新)의 태극문양이 지구촌으로

한민족 혹은 동이족의 우주관이었던 삼태극은 한반도에 국한된 것이다고 생각해서는 큰 과오를 범한다. 고대 로마 용병 집단 가운데 켈트족 병정들(Celtic-tribe soldiers)이 들고 있었던 삼태극 문양을 새긴 갑주(甲冑), 마갑(馬甲), 방패 혹은 깃발을 사용했다. 그들은 바로 멸망한 고조선의 삼태극으로 한민족의 넋과 혼령을 이어받았다는 후예임을 말했다. 로마 시대 건축물에서도 삼태극 문양이 사용되었고, 최근에 연구되고 있는 스와스티카(Swastika 卍)와 트리스켈리온(Triskelion)을 비롯하여 일본의 류큐(오키나와)의 미즈도모에(三つ巴) 문양이 삼태극에 연유하고 있다.

일본에서는 소용돌이 문양, 삼태극 문양, 혹은 토모에(トモエ, grand order)의 일종으로 가몬(家紋, かもん)에도 자주 이용되었다. 시계 방향(clockwise)으로 회전하는 히다리미츠도모에(左三つ巴)와 시계 반대 방향

(countercloackwise)으로 회전하는 미기미츠도모에(右三つ巴)가 있다. 청동기 시대의 신천삼태극에서 유래되었다고 볼 수 있는 출토물로는 618년 백제 무왕의 유적에서 태극문양, 682년 신문왕(神文王) 때 감은사(感恩寺)에서 태극문양, 미추왕릉의 계림도검(鷄林刀劍) 등에도 삼태극 문양은 물론이고, 광주시 광산구 신창동에서 마한의 기원전 1세기경의 바람개비(風車, pinwheel) 문양들이 단서가 되고 있다.

최근 호주 부럽반도(Burrup Peninsula)에 지정된 무루주가 국립공원(Murujuga National Park)에 있는 어브리진(Aborigin) 원주민 지역 무루주가(Murujuga) 마을의 암각벽화(stone-engraving picture)에서 고조선 시대의 태극(회오리) 문양의 벽화와 항아리에 불교 만자(卍字)의 부조들이 나오고 있고, 동심원(無極 혹은 皇極) 문양까지 있었다.[273] 역사학계에서는 고조선 망국의 유랑민들이 해안을 타고 인도네시아를 거쳐 이곳에 1,000여 명 이상이 정착했다는 단서로 항아리에 새겨진 태극문양을 보고 있다.[274] 남미 지역에선 2022년 쿠바(Cuba) 디아스 카넬(Miguel Mario Díaz-Canel)[275] 대통령이 2020년 한국의 백신(vaccine) 지원에 감사 표시로 지폐에 태극문양을 도안했다. 브라질 상파울루 주(Estado de São Paulo)에서 태극을 주기(洲旗)에 넣었다. 심지어 아프리카 보츠와나(Botswana) 특수부대의 군기에도 태극마크가 들어갔다.

달구벌은 지형 자체로 금호강과 신천(新川)은 삼태극(三太極)을 밑그림으로 하고 수많은 변경을 거듭해왔다. 이와 같은 음양 태극의 변천을 수식으로 표기하고자 많은 사람들이 고민했다. 1987년 설립 인가가 나왔고, 1988년에 개교했던 수성구 황금동에 소재했던 대구과학고등학교 장난꾸러기 학생들이 신천의 물길로 그어지는 음양 태극의 모양을 방정식으로 표시하고자 모임을 가졌다. '신천 태극문양의 수리해(數理解)'는 $X^2+Y^2=(2R)^2$, $Y=root\{R^2-(Y-R)^2\}$, $Y=-root\{R^2-(X+R)^2\}$, 원 반쪽은 x를 경계로 쪼개서 x 축 방향으로 ±R만큼 병행이동시킨 외접원의 점 $y=-2/3x$를 지나고, 방정식 2개가 $tan-1(-2/3)$만큼 회전시키면 그려진다고 봤다. 수리해(數理解)를 말하는

김에 오늘날 우리나라 태극기의 태극마크를 방정식으로 표시하면 2x+3y=
root[-{3x-3y}{3x-2y-2root(13)R}], 2x+3y=-root[-{3x-2y}{3x-2y+2root(13)R}]
로 수식을 표시할 수 있다. 이런 태극문양의 원형은 신천수변 혹은 금호강
물섶에 운집했던 고인돌(支石墓)에다가 선인들이 표시했던 동심원(同心圓,
concentric circle), 혹은 별자리 동그라미(星座) 혹은 움푹 파놓은 홈(性穴,
cup-mark) 등에서 기원을 찾을 수 있다. 청동기 당시에는 선인들은 풍요 혹
은 무병장수를 기원했다. 그러나 나말여초(羅末麗初) 10세기 이전엔 고천문
학(古天文學)에 의해 의미를 해석했고, 10세기 이후는 풍수지리(風水地理)
에 의해 각종 의미를 부여하며 해석해 왔다. 현재까지 남아있는 것으로 화
원 천내리(川內里) 화장사(華藏寺) 후원의 칠성바위, 진천동(辰泉洞) 선사공
원(先史公園)의 3개의 암각화 동심원들은 무극(無極) 혹은 황극(皇極)으로
볼 수 있다.

이와 같은 형상을 보고 기록을 남겼던 분은 909년 최치원이다. 그는『신
라수창군호국성팔각등루기(新羅壽昌郡護國城八角燈樓記)』에서 달성(達城
土城)을 '태극의 중심(天元)'으로 보고 "말하자면 이곳이 바로 성지다(曰是
處是聖地也)."라는 은유적 표현을 했다. 임진왜란으로 명나라 이여송(李如
松, 1549~1598) 사령관으로 참전했던 진린(陳璘, 1543~1607)의 처남(妻男)이
며, 오늘날 측지장교(測地將校)에 해당하는 수륙지획주사(水陸地劃主事)라
는 장령(將領) 두사충(杜師忠)은 망해가는 명나라의 국운을 내다보고 조선
에 귀화했다. 귀화 후 경상도도병마사(慶尙道都兵馬使) 진영에서 거처하면
서 신천(新川)의 물길이 태극 모양을 하고 있음을 직감했다. 그래서 S자 모양
(S-shaped)의 태극음양구획선(太極陰陽區劃線)을 기준으로 음의 중심에 해
당하는 곳(明堂)에다가 터전(陽宅)을 잡았다. 이와 같은 천기(天機)를 "하루
에 천 냥의 부가 쏟아지는 길지(日益千富之處)."[276]라고 아들(杜山)에게 귀띔
을 했다. 그곳에다가 선화당(宣化堂)을 짓고 거처하다가 1601년에 경상감영
(慶尙監營)이 안동에서 이주해 들어서자 그 명당을 관아로 선뜻 내주었다.
그가 그곳을 명당으로 본 사연은 그곳을 노자의 도덕경(道德經)에 현빈(玄

牝, 오늘날 black hole)으로 봤다. 고천문학(古天文學)에서 말하는 북두성에 사는 하늘 닭의 알 구멍(天鷄之後)으로 봤다.[277]

임진왜란 당시 1593년 1월에 이여송(李如松, 1549~1598)이 이끄는 명나라 지원군은 고니시 유키나가(小西行長)가 장악하고 있던 평양성을 보급선의 차단으로 격파해 탈환했다. 대승하자 패주하는 일본군을 얕잡아보고 승리를 서두르다가 벽제관(碧蹄館, 오늘날 경기도 일산) 전투에서 대패했다. 설상가상으로 패전장군 이여송은 말에서 떨어져 많이 다쳤다(落馬傷). 그 화풀이를 수륙지획주사(水陸地劃主事) 장령(將領) 두사충(杜師忠, 출몰 연도 미상)에게 '군진을 잘못 선택한 죄(軍陣誤選之罪)'를 뒤집어씌워 참수형 군령이 떨어졌다. 당시 우의정이며 명군 접반사(接伴使)였던 약포 정탁(鄭琢, 1526~1605)이 "죽이려고 한다면 차라리 네게 넘겨주겠나?"라고 이여송을 설득해 구명했다. 이때를 생각해서 나중에 두사충은 보은 차원에서 "제가 정해드린 양택(連珠佩玉穴, 오늘날 聞慶市 加恩邑)에 사시면 대감 같은 정승이 세 분이 나올 것입니다. 돌아가신 후에 유택(後生之處)이 될 곳도 잡아놓았습니다."라고『감여요람(堪輿要覽)』이란 비기(祕記)를 첩책(帖冊)에다가 적어 드렸다.

그러나 결국 그 명당 하나 아무도 찾지 못했다. 오늘날까지 감여가(堪輿家, 풍수지리가)들이 그 명당을 찾고자 모여들고 있다. 오늘날까지 감여가(堪輿家, 풍수지리가)들이 필독서로 읽고 있는 게 바로『모명선생유결(慕明先生遺訣)』이란 책이다. 그 책 속에선 "지사(地士, 風水家)가 욕심이 없어야 눈이 열리고(地師無慾然後開眼), 눈이 열려야 산천의 정기를 볼 수 있다(開眼然後, 看山川精.) 그래서 옛 신선(神仙)들은 욕심 없는 지사가 풍수에도 신선이라고 했다(無慾者地仙也)."라고 핵심을 요약하고 있다.[278]

사실, 두사충이 점지해준 연주패옥혈(連珠佩玉穴)이라는 양택명당(陽宅明堂, 집터)도 음택명당(陰宅明堂, 묘터)도 정탁(혹은 후손들)은 찾지 못했다. 그러나 '연주패옥(連珠佩玉, 3대 정승)' 예언을 확인하고자 상신(相臣) 정탁(鄭琢)에 대해서『조선왕조실록』을 검색했다. 정탁 선생은『조선왕조실록』에선 총 466회(국역본 232회, 한문본 234회) 206년 동안이나 실록에 등장하는 역사적 인물이었다. 최초 기록은 1566(명종 21)년 10월 4일자에 "정탁(鄭琢)을 사간원 정언에 제수하다(鄭琢....爲司諫院正言)."로 시작했다.[279] 마지막 1772(영조 48)년 1월 17일자 "고(故) 상신(相臣) 정탁(鄭琢)은 몇백 년 후에 그 자손들이 등과(登科)하여 하대부(下大夫, 당하관)가 되었으니, 기이한 일이라. 고승지 정옥(鄭玉)의 아들을 해당 부서에다가 이름을 물러서 현주녹용(懸註錄用)하게 하라. … 손자를 물어보고 일체로 조용(調用)하게 하라(故相鄭琢, 幾百年後其孫登科, 爲下大夫....在於何處, 亦令銓曹, 問其子若孫, 一體調用).'[280]라는 왕명으로 봐서 결국은 '삼대상신(三代相臣)'은 아니더라도 '삼대대부(三代大夫)'가 되었다. 이런 현상을 당시 국왕 영조까지도 참으로 기이하게 생각했다.

오늘날 까놓고 말하면, 두사충(杜師忠) 선생이 골라준 명당에다가 집터도(陽宅) 뫼터(陰宅)도 쓰지 못했으나 삼대대부(三代大夫) 집안이 되었다. 이에 반해서 명당에다가 조상을 모시거나 저택(집)을 지어도 '삼대적선적덕(三代積善積德)' 혹은 '발복칠덕(發福七德)'을 쌓아야 비로소 받는다는 게 '명당발복(明堂發福)'이었다. 정탁 선생의 후손들처럼 돈 한 푼 들이지 않고 마음보만 잘 써도 받는다는 '명심발복(明心發福)'이 합리적이다. 절대로 권장하고 싶지는 않으나, 오늘날 우리들은 성급하게도 로또복권 1등 당첨, 집권여당 무투표 당선 혹은 비트코인 투기 등으로 금(즉)시발복(今時發福)을 가장 선호한다.

6.
별에서 온 그대들,
삿갓바위와 칠성바위

「별에서 온 그대(來自星星的你)」, 삿갓바위(笠巖)

지난 2013년 12월 18일부터 2014년 2월 27일까지 SBS 텔레비전에서 방영했던 「별에서 온 그대(You Who Came From the Stars, 來自星星的你, 星から來たあなた)」 드라마로 한류의 추진력을 과시했던 적이 있다. 지구촌에 인류가 생겨나고 모두가 '하늘의 자손(天孫)'을 자랑하기 위해 하늘로부터 인정받는 증표를 갖기를 원했다. 작은 나라의 국왕(國王)은 물론 제국의 천자(天子)들은 하나같이 하늘로부터 인정표시인 '운석검(隕石劍, meteorite sword)'을 갖고자 했기에 밤낮을 가리지 않고 하늘에 별들의 움직임을 관찰했다. 그래서 대구에서도 신천변(혹은 가운데)에 별똥별(隕石)이 떨어져서 바위가 되었는데 그 모양이 '도롱이 입고 삿갓을 쓴 노인(簑笠翁)' 같다고 삿갓바위(笠巖)라고 했다. 삿갓바위(笠巖)는 바다 혹은 강섶에 있는 바위(切巖)나 단애(斷崖)를 갉아먹는 모양이 버섯(mushroom), 삿갓(umbrella) 혹은 남근(男根)과 유사하다고 해서 붙어진 이름이다.

이런 신비스러운 연유를 가진 삿갓 바위에 대해 '정겨운 한 폭 동양화'를 서거정(徐居正, 1420~1488)은 「입암에서 고기 낚시(笠巖釣魚)」라는 제목의 시로 "연기처럼 보슬비가 촉촉이 내리는 가을 늦 섶에서, 혼자 자리를 잡고 낚싯줄 드리우니 별놈의 생각이 다 든다네. 물비늘(윤슬)인지 물고기 비늘인지 반짝이지만 미끼(줄)로 잔챙이고 준치를 모르겠는가. 황금 자라는 잡지 못하겠지만 낚싯줄 드리움은 멈추지 못하겠네(煙雨涳濛澤國秋, 垂綸 獨坐思悠悠, 纖鱗餌下知多少, 不釣金鼇釣不休)."라고 묘사했다. 낚시꾼도 없는 밤하늘에 별을 보고 신천(新川)의 물고기들은 하늘에서 쏟아지는 별들을 먹이로 생각하고 물 위를 날아서 '별 따먹기' 놀이를 했다. 천만다행으로 '하늘은 별을 미끼로 신천 물고기 낚시(Fish Fishing with Sky Star Bait in Shincheon)'를 하지 않았다.

삿갓 바위에 대한 고서지(古書誌)를 통해서 살펴보면, 1757년 『여지도서 (輿地圖書)』엔 "삿갓바위는 신천 물가(新川邊)에 있는데, 그 모양이 사립옹 (簑笠翁)과 같았다. 전해오는 이야기는 하늘에 별똥별이 떨어져 삿갓바위가 되었다고 한다. 아마도 조족산(法伊山, 수성못 옆 법이산)에서 떠내려온 것으로 보인다."[281] 1767년 및 1908년 『대구읍지(大丘邑誌)』와 1895년 『영남읍지 (嶺南邑誌)』에서도 같은 내용을 게재했다[282][283][284]. 이와는 달리 "신천의 가운데 있으며(新川中), 모양이 사립옹(簑笠翁)을 닮았다(在川中形如笠)."[285]라는 1861년 『대동지지(大東地誌)』의 기록도 있다. 여기서 '새 발 모양의 산(鳥足山)'은 강수 혹은 해수의 침식 작용으로 단애들이 '새 발(鳥足)' 혹은 '코끼리' 모양으로 깎인 산들을 말했다. 1831년 『대구부읍지(大邱府邑誌)』에서 "운석이 삿갓바위가 되었다는 세간에 전설이 있으나, 조족산에서 왔다(世傳星隕 爲石自鳥足山來)."[286]라고 기록하고 동시에 "조족산(鳥足山)은 도호부(都護府) 동쪽으로 이십 리에 있으며, 일명 법이산(法伊山)이라고 한다. 이곳에 봉수대(烽燧臺)와 기우제(祈雨祭)를 지내던 제단(祈雨祭壇)이 있고, 산맥은 팔조령(八助嶺)에서 내려왔다."[287]

삿갓 바위가 기록상 '신천 가운데(川中)'에 있었느냐 혹은 '신천 물가(川邊)'

에 있었느냐를 향토 사학자들은 실상도 없는 허상을 놓고 따지고 있을 뿐이다. 이어 "별똥별이 떨어졌다면 고가의 귀금속이 있을 법이니, 운석을 찾아야 한다."에만 집착하고 있다. 또한 조족산(鳥足山)에서 신천에 내려왔다면 행정구역이 달랐기에 "물길을 막아서 피해를 보니 갖고 가라." 혹은 "낚시 명승지로 유명세를 누리고 있으니 반납하라." 등의 많은 언쟁이 있었다. 후세 대구 사람들은 아무런 생각 없이 개발이란 미명으로 폭약을 써 폭파해 속 시원하게 제거해 버렸다. 이에 반해서 과거 단양의 '도담삼봉(島潭三峯)'이 정선(旌善)에서 내려왔다는 전설에 대한 문제를 정도전(鄭道傳)이 해결했다[288]는 스토리텔링으로 중국 관광객까지 끌어들였다. 이와 같은 제갈공명의 지혜를 우리도 이용할 필요가 있다.

또 다른 별똥별 이야기로는, 선조 21년 윤 6월 24일 "온성(穩城, 함경북도 온성군) 미전진(美錢鎭)에서 올라온 장계에 의하면, '이번 달 2일 이경(二更)에 하나의 불덩이가 나타났는데, 그 형체가 마치 사람이 원방석(圓方席)에 앉은 것 같기도 하고, 활과 화살을 갖고 있는 것 같기도 했다. 공중을 날아 북쪽으로 향했다. 뒤이어 천둥이 쳤고, 얼음이 쪼개지는 듯한 소리가 나고 뜨거운 바람이 사람의 낯을 데웠다.'라고 하였으니, 그 변괴가 비상하다(空中浮飛向北, 隨有震雷, 如氷坼之聲, 風氣燻于人面)."[289]라고 『선조실록』에 기록되어 있다. 이를 스토리텔링한 SBS 드라마 「별에서도 온 그대」는 별똥별이 운석(隕石)이냐보다 '아름다운 미녀를 만나려' 떨어진 사연을 소재로 남녀의 사랑을 그려서 아시아인의 혼을 뺐다. 대구도 이제는 삿갓 바위가 운석(隕石, 별똥별)으로 하필이면 이곳에 떨어졌느냐? 신천의 아름다움에 반해서 이곳에 떨어졌다고 언급해야 할 때다.

또 하나의 '별에서온 그대' 칠성바위(七星巖)

지난해 2020년 12월 14일, 한국지질자원연구원에서 보도자료를 낸 합천군 초계면(陜川郡 草溪面)에 있는 하나의 운석구(隕石口, crater)에 대해 5만

년 전 한반도 합천에 추락했던 운석(隕石)은 현재 운석구 직경 4km로 가정할 때 지름이 약 200m 정도의 별똥별이었다. 당시 한반도는 구석기 말기에서 신석기 초기로 과도기적인 선사시대로 추정된다. 이 보도를 타고 전국에선 운석(별똥별) 찾기 바람이 불었다. 대구에서도 이전에 SNS를 중심으로 와룡산운석구(臥龍山隕石口)가 있다니 일제 당

시에 조사해 분지(盆地) 모양의 대형 운석구(大形隕石口, grand crater)를 찾았다 등이 난무했다. 2017년 5월 25일 대구시청(두드리소) 민원창구에 와룡산 매립장(분지)에 선사 시대 운석구(隕石口)를 개발하자는 제안이 들어왔다. 개인적으로 팩트 체크(fact check)를 해보고 난 뒤에 알았던 건, 사천시(泗川市) 와룡산(臥龍山, 799m)의 기사를 와룡산(臥龍山)이라는 산(지)명만 보고 착오로 와전했다.

이런 오해가 있을 만큼 별에 대한 사람들의 꿈은 다양하고 컸다. 대구에 운석이 떨어진 기록은 1070(문종 24)년 1월 8일자 『고려사(高麗史)』 세가조(世家條)에 "별똥별이 대구에 떨어져 돌로 변했다(庚子星隕子, 大丘縣化爲石)."[290]라고 간략하게 적혀 있다. 조선 시대에선 "그 모양이 사립옹과 같았으며, 세상에 전해오는 이야기론 별똥별이 떨어져서 바위가 되었다(其形如笠, 故名之世傳星隕爲石)."라고 기록했다.

하늘에 북두칠성으로 있다가 대구에 떨어진 별이 칠성바위가 되었다는 전설도 있다. 『대구부읍지』(1831)에서는 "칠성바위가 대구도호부의 북쪽 성 밖에 있었다. 정조 때 병진(丙辰, 1796)년에 이태영(李泰永) 관찰사가 일곱 개의 바위가 '북두성들이 서로 껴안고 있는 것(拱北)'처럼 놓여있는 기이함을 보고 주변에 돌로 둘러 쌓고 꽃나무를 심었다."[291][292]라고 적혀 있다. 여기서 북두성의 공진(拱辰)은 유교 경전 『논어』 위정편(論語爲政篇)에서 "덕으로 하는 정치는 북두칠성에 비유하는데 북두칠성을 중심으로 뭇별들이 서로 받

들어줌(爲政以德. 譬如北辰, 居其所而, 衆星共(拱)之)"293을 덕(德)으로 서로가 감싸주면서 공존하는 이치로 봤다. 이를 맹자에서는 "비파나무가 오동나무 혹은 가래나무와도 같이 서로 껴안고 받듦(拱杷之桐梓)"294을 갈파했다.

한편 대구광역시(택민국학연구원)가 2009년에 발간한 『대구지명유래총람』 (p. 420~422)에서 "조선 정조 19년에서 21년까지 3년간 경상감사를 역임했던 이태영(李泰永, 1744~졸년 미상)이 재직 중에 아들 7형제가 있어, 어느 날 밤 꿈에(現夢) 하늘에서 북두칠성이 광채를 내면서 북문 밖에 떨어졌다. 다음날 새벽 일찍이 그곳에 가보니 7개의 커다란 바위가 기이한 모양(拱辰圖樣)을 하고 있어 필시 좋은 징조로 여겨 7개 바위마다 7형제의 이름을 새겨 축복했다." 둘째 아들 이희두(李羲斗)의 후손이 경상감사가 되어 칠성바위의 가운데 '의북정(依北亭)'을 지었고, 옆에 노송(老松)을 키웠다.

속설에선 칠성바위 모양에 따라 후손들이 문관 혹은 무관이 되었다. 칠성바위는 몇 차례 옮겨졌다. 기록상으로 일제강점기 공개처형장으로 사용했던 시민공회당을 1973년 시민회관으로 공개함에 따라 칠성바위를 발굴조사하고 서측 구석에 놓았다. 1998년 4월 4일 대구역 '만남의 광장(Meeting Point)'으로 다시 이전할 때에 대구시 문화재 위원회의 의결에 따라 오늘날 자리에 세칭 '6각형 벤젠 분자구조식(hexagonal benzene molecular structure formula)' 모양의 공진도(拱辰圖) 혹은 최석정(崔錫鼎, 1646~1715) 귀갑문 구수략(龜甲文九數略)의 기준으로 배치했다.

물론 당시 경상감사가 7형제의 이름을 돌에다가 새겨 축복했던 의식은 세칭 '탁명의식(托名儀式)'이었다. 당시는 일반 백성들에게는 "큰 나무나 바위에다가 자식들의 이름을 걸고(義巖母儀式) 큰사람이 되게 해달라고 빌었다. 양반이나 관리들은 바위나 산에다가 석수장이를 동반해 자신 혹은 자식의 이름을 새겨서 대자연의 호연지기(浩然之氣)를 축도(祝禱)했다. 대표적으로 오늘날 금강산(金剛山)이나 양산(梁山) 통도사(通度寺) 등 명산대천의 주변을 보면 온통 새겨놓은 양반들의 이름뿐이다. 칠성바위를 현장에 실측한 결과는 i) 바위(암질)는 청동기 시대(3,000~4,000년 전 추정)의 고인돌로 보이는 다양한 색채를 띤 사암(변성사암 혹은 경사암)으로 봐서 여러 곳에서 모아왔고, ii) 크기(무게)에 있어 1973년도 실측과 다소 차이가 있으나, 가장 큰 붉은 사암 6.49톤(길이 2.08m×폭 1.43m×높이 1.4m×60%×2.6) 정도, 가장 작은 건 1.724톤(길이 1.8m×폭 1.5m×높이 0.5m×67%×2.6)이었다.[295] iii) 이름을 새김(啄名)에 있어 크기에 따라 맏아들에서 막내(7번째)까지 성명삼자(姓名三字)를 쇠정(鐵釘)과 망치로 타격해서 명각(銘刻)했다. iv) 한산 이씨 권지공파세보(韓山李氏權知公派世譜)를 찾아서 이태영(李泰永)의 계보(후손)를 기준으로 아들 7형제의 이름은 대조하니 본처소생(本妻所生) 아들만 명각했다.

7.

신천 물길 따라
법고창신(法古刱新)이 흘렀다

임란 때 신천 섶에서 살았던 사람들

　임진(壬辰, 1592)년 4월 13일, 고니시 유키나가(小西行長, 출생 미상~1600) 휘하의 선발 부대는 동래성을 함락한 뒤 제1진 10,000여 명의 병력으로 기장(機張)→양산(梁山)→밀양(密陽)→청도(靑道)→대구(大丘)→인동(仁同)→선산(善山)→상주(尙州)를 거침없이 단숨에 돌파했다. 4월 21일에 고니시 유키나가(小西行長)에게 이미 점령당했던 대구성(大丘城)은 가토 기요마사(加籐淸正, 1562~1611)의 제2진에게도 한 번 더 유린당했다. 뒤이어 구로다 나가마사(黑田長政) 제3진도 속속히 대구(요충지)를 거쳐 북상했다. 이렇게 연속적인 무혈입성이란 치욕을 당함에도 대구도호부(성주) 윤현 부사는 왜군의 예봉을 피하고자(空城計) 군민 2,000여 명으로 공산성(公山城)으로 물러나 방어 진영을 구축했다. 끝내 대구부읍성을 함락한 모리 테루모투(毛利輝元)의 제7진은 향교에다가 1,600여 명의 후미방어대(後尾防禦隊)를 주둔시켰다. 그로 인해 공산성 관군은 8~9월까지 아무런 대응조차도 못 했다. 그때 창의병(倡義兵) 의병장 서사원(徐思遠, 1550~1615)의 『낙재일기(樂齋日記)』 1592년 4월 21일자 글에서는 "말을 타고 (대구부 읍성) 서문 밖으로 달려가니 문은 활짝 열려 있고 … 한 사람도 성(城)에 남아있는 사람이 없었다(騎向西門, 大門大開 … 城裡一人也未留)"라는 기록은 성주도 백성도 모두가 도주(피난)하고 누구도 없었다. 그의 4월 22일자 기록은 "아침에 응봉(凝峰, 456m 지묘동)에 올라 멀리 바라보니 (청도 팔조령을 넘으면 가장 먼저 드려 닥치는 동네였던) 파잠(巴岑)과 상동(上洞)에서는 불꽃이 이어지기 시작하였다. … 이윽고 수성현 안에서 불꽃이 매우 치열하더니 얼마 후 읍내에서도 일어났다(不久之後, 壽城煙火猛. 不一會, 邑內也發炎火)."[296]라고 적고 있다.

오늘날 우리가 생각하기로는 청도(靑道)→남성현(南省峴)→경산(慶山)→대구로 왜군이 진입했을 것 같았으나 당시 영남대로(嶺南大路)였던 청도(靑道)→팔조령(八助嶺)→가창(嘉昌)→파동(巴洞, 巴岑)→수성(泛魚)→대구(신천 물길 따라)로 산책하듯이(조선군의 저항이 하나도 없어서) 소서행장(小西行長)의 제1진 10,000여 명이 슬슬 걸어서 들어왔다. 당시 전시 연락수단이었던 봉수망(烽燧網)은 낮에는 연기(燧, 가축 분뇨를 태워 연기 피움)로 밤에는 홰(炬, 싸리나무와 관솔로 불꽃)로 밤낮없이 청도남봉대(靑道南烽臺)→팔조령 북봉대(八助嶺北烽臺, 이서면 팔조리 산76-1)→법이산 봉대(法伊山烽臺)로 연결했음에도, 대구부읍성(大丘府邑城)의 성주(城主)는 읍성을 비우고 없는 바람에 왜군은 무혈입성(無血入城)했다. 남아있던 백성들에게 약탈은 기본이고 도륙당한 백성들의 핏물과 시신 토막은 신천변에 쌓였고 물길 따라 흘러 떠내려갔다. 7월 6일에 비로소 팔공산 부인사에 의병창의(公山義陣軍)가 있었으나 빈손으로는 아무도 대적할 수 없었다. 뒷날 파동협곡(巴岑峽谷)에서 복병전(伏兵戰)을 전개했던 전계신(全繼信, 1562~1614)[297]의 활약이 있기 전에는 점령군 왜군들의 세상(別有天地)이었다.

임진왜란을 시점으로 신천(新川) 섶에서 살았던 사람들을 생각하면, 팔조령을 넘어오면 우미산(牛尾山) 아랫마을인 우록리(友鹿里)엔 왜장 사야가(沙也可, さやか)[298]를 향배하는 녹동서원(鹿洞書院)이 오늘날 있지만, 당시 그는 국왕 선조(宣祖)로부터 받은 모하당(慕夏堂) 김충선(金忠善, 1571~1642)이란 이름을 하사받았다. 이어 더 내려오면 파잠(巴岑)에는 옥산 전씨(玉山全氏)의 집성촌에선 전경창(全慶昌, 1532~1585)이 계동정사(溪東精舍)에 터전을 잡았고, 전계신(全繼信, 1562~1614)의 후손은 무동재(武洞齋)를 세웠다. 상동

(上洞)에 일직 손씨(一直孫氏)의 모당(慕堂) 손처눌(孫處訥, 1553~1634)은 강학당 영모당(永慕堂)에서 그리고 손린(孫遴, 1566~1628)은 후손들이 세운 봉산서원(鳳山書院)의 봉암사(鳳巖祠)에서 배향되고 있다. 가창(嘉昌)의 최정산(最頂山) 기슭에서 만년을 보낸 두사충(杜師忠, 明軍將領 水陸地劃主事)은 후손이 만촌동에 마련한 모명재(慕明齋)에서 배향을 받고 있다.

왜군 장수 김충선(金忠善)과 명군장령 두사충(杜師忠)을 제외한 향토선비들을 평생 붓만 잡고 살았던 문약한 선비들로만 봤다가는 큰코다친다. 손린(孫遴)의 문집인『문탄선생문집(聞灘先生文集)』에서 "왜적들은 흰 칼날을 겨누면서 둘러서서 나를 노려봤다. 낯빛 하나 변하지 않고 태연히 독서를 계속했다. 6~7명 왜적들이 그만 보다가 갔다(倭虜六七荷鋒刃鍊至, 相與熟視立去)."299는 기록이 나온다. 왜적들의 입장에선 얼마나 문약했는지 한심함을 직감했을 것이다.

그러나 이렇게 문약함 속에서도 조용히 흐려가면서 덕업일신(德業日新)하는 신천처럼 신천변의 선비들은 붓을 던지고 끝내 칼을 잡았다. 1597년 7월 6일 의병 창의를 해 공산의진군(公山義陣軍) 수성 대장을 맡았던 손처눌(孫處訥)은 1597년 9월에 파잠협곡(巴岑峽谷)에서 복병전(伏兵戰)을 전개했다. 고향산천을 지키고자 귀향한 전계신(全繼信)도 파동의 골짜기를 이용해 치고빠지는(hit and run) 유격전(遊擊戰, Guerilla warfare)을 펼쳤다. 그때부터는 왜병들에겐 안심하고 산책처럼 신천변을 진입할 수 없었다. 그때쯤 손린(孫遴, 字季進 號聞灘 1566~1628)도 벼슬살이를 접고 정묘호란(丁卯胡亂) 땐 의병장으로 칼잡이를 자처하면서 "고향을 지키겠노라." 하며 위험을 보고선 목숨을 내놓았다(見危授命).

중류지주(中流砥柱)처럼 세상의버팀목으로

대일본제국을 건설하기 위한 강역(疆域) 확장 사업으로 추진했던 일본국 입장에선 분로쿠·게이죠노에끼(文祿·慶長の役, ぶんろくけいちょうのえき)라

는 국가 프로젝트였다. 그러나 우리나라 입장에선 왜적의 침입인 임진정유
재란(壬辰丁酉再亂)이었다. 이로 인해 침입로였던 신천변의 선비들은 확연
히 변혁했다. 선비정신의 근본이었
던 올곧음은 더욱 굳어졌고, 철학
적 이상(理想)은 더 높아졌다. 구체
적인 사례를 든다면 당시를 살았
던 손린(孫遴, 1566~1628) 선비의
'문탄십경(聞灘十景)'이란 시(詩) 가
운데 '버드나무 연못 가의 선돌(柳淵立石)'에서 "연보 당년에 여왜씨의 손길
을 벗어난 것을(鍊補當年脫女媧), 하늘이 지주를 시켜 무너지는 물결을 진정
시켰네(天敎砥柱鎭頹波)."[300]라고 노래했다. 여기서 '중류지주(中流砥柱)'를
설명하겠다고 같은 시제(柳淵立石)로 읊었던 손처눌(孫處訥)의 "뉘 설명하겠
나? 험준한 저 바위 여왜(女媧) 손 거쳤다고(誰道巉巖歷女媧). 하늘이 기둥
을 만들어 사나운 물결을 잠자게 했다고(自天成柱截橫波). 굳건히 부동한
마음가짐이 너 같은 것 없으리라(凝然不動無如汝), 피식 웃고 싶구나. 물결에
봄꽃들이 춤추며 흘러간다네(堪笑春花逐浪多)."[301]

풀이하면, 누구도 꺾을 수 없는 선비의 뜻을 중국 황허 삼문협(三門峽)의
물길을 바로잡고 있는 돌기둥에 비유하여 '중류지주(中流砥柱)', 지주비(砥柱
碑) 혹은 용문(龍門)이라고 표현했다. 영남 선비들 가운데도 1587(선조 20)년
인동 현감 류운용(柳雲龍, 1539~1601)은 길재의 충절을 기리기 위해 선산 오
태동에 '지주중류(砥柱中流)'라는 비석을 세웠다. 이런 지주(砥柱)라는 표현
은 『조선왕조실록』을 뒤집어 보면 수없이 많다. 대표적으로 인조 23년 3월
22일 우승지(右承旨) 상소문에서 "김상헌(金尙憲, 1570~1652)의 우뚝한 충성
과 큰 절조는 마치 거센 파도에 지주(砥柱)와 같으니…"[302]라는 표현이 나오
고 있다. 가장 많이 나온 때는 송시열(宋時烈, 1607~1689)이 별세하자 문하생
들에 상소문 혹은 제문으로 숙종 13년부터 15년까지 20여 차례 국왕에게
올려 거론을 시작했다. 숙종 13년 4월 14일자에 송시열을 비유해서 '지주

(砥柱)' 혹은 '일성(一星)'이라는 표현과 '옥쇄(玉碎)'라는 표현까지 나왔다.[303] 숙종 15년 6월 3일자 기록에선 김창협(金昌協)은 "꿋꿋한 지주(砥柱)는 홍수 속에 우뚝하고, 늠름한 푸른 솔은 한겨울에 빼어났다."[304]라고 송부자(松夫子)[305]를 칭송했다.

우리나라에서 이렇게 야단법석을 떠는데 정작 지주(砥柱)가 있는 중국에서 춘추시대 제(齊)나라 안영(晏嬰, 출생 미상 ~ B.C. 500)이 저술한『안자춘추(晏子春秋)』에서 "한번은 내가 왕과 함께 강을 건널 때 거북이가 마차 왼쪽에 있는 말의 발을 물고 그것을 지주산 기슭의 흐르는 물속으로 끌고 갔다(吾嘗從君濟于河, 黿銜左驂, 以入砥柱之中流)"라는 구절에서 시작되었다. 1941년 5월 25일 마오저뚱(毛澤東, 1893~1976)이「극동 뮌헨의 새로운 음모 침입에 대해(關于揭破遠東慕尼黑新陰謀)」라는 통지문에서 "공산당의 영도적 무력과 인민의 항일전쟁이 중류지주가 되고 있다(共産党領導的武力和民衆已成了抗日戰爭中的中流砥柱)."라고 표현했을 정도다.

이런 신천변 선비들의 지주 역할(砥柱役割)을 되돌아볼 수 있게 봉산서원(鳳山書院, 수성구 상동340-1)의 정문은 지행문(砥行門)이고 강당은 지행당(砥行堂)이라고 했다. 손린(孫遴)의 장남 손처각(孫處恪, 1601~1677)이 "아버지께서 일찍이 손수 '숫돌처럼 이름값 하는 행실을 하라(砥礪名行).'라는 4자를 앉는 자리 우측에 써 붙였다."라고『문탄집(聞灘集)』유사편(遺事篇)에 기록하고 있다. 그가 남긴 글로는『호조참의 손공 묘갈명병서(戶曹參議孫公墓碣銘幷序)』가 남아있다. 임란종전 뒤 북인 집권으로 성균관 문묘종사(文廟從祀)에서 이언적과 이황을 제외하고 조식(曹植)을 제향하자고 함에[306] 그가 극구 반대하는 바람에 벼슬길이 막혔고, 심지어 '10년간 유안(儒案)에서 이름을 없애는(削名三字儒案十載)' 불명예를 당했다. 조선 시대 향촌사회(鄕村社會) 지배층의 자치기구였던 유향소(留鄕所 혹은 향교)에서 사족의 명부를 작성했는데 이를 향안(鄕案) 혹은 유안(儒案)이라고 했다. 향촌사회에 살고 있는 재지사족(在地士族)들 가운데 등록된 향원(鄕員)의 명단을 유향소에서 관리하고 있었다. 이를 두고 향안록(鄕案錄), 향적(鄕籍), 향중좌목(鄕

中座目) 등 십여 가지 명칭이 있었다. 고려 시대 사심관(事審官) 기능을 계승했던 조선 초기 경재소(京在所) 혹은 유향소(留鄕所)에서 기록 관리했던 '유향좌목(留鄕座目)'에서 유래되었다.

8.
신천(新川)에 상산(商山)처럼
은둔했던 선비들(22)

영남 선비들의 상산사호도(商山四皓圖)

신천을 따라 신라 초기엔 위화군(喟火郡, 上村昌郡)이란 이름으로 읍성(邑城)을 이루고 살았다. 경덕왕 16(757)년 수창군(壽昌郡)으로 대구현을 그 아래 속현으로 두었다. 신라 시대는 신천(新川)은 이름값을 제대로 했던 신라의 하천(新羅之川)'이었고, 덕업일신(德業日新)의 물길이었다. 고려 초기부터 수성군(壽城郡)으로 개명되어 조선 초 태조 3(1394)년에 비로소 대구부에 속했으며, 태종 14(1414)년이 되어 비로소 대구에 합속되었다. 세종원(1419)

년 대구군으로 승격됨에 따라 수성현사(壽城縣司)가 대구임내(大丘任內)에 들어갔다. 이렇게 행정구역상 조선 태종 14(1419)년 이전에는 신천 시대였다. 927년 왕건(王建)과 견훤(甄萱)이 각축했던 금호강변 동화천(桐華川, 箭灘)에서 동수대전(桐藪大戰)이란 사생결단(死生決斷)을 하고부터 인식하기 시작했다. 세종 원년(1419)에 대구군으로 수성현을 흡수함으로써 금호강 시대를 개막했다.

신천(新川)의 선비 손린(孫遴, 1566~1628)은 1608년 3월 16일 선조가 승하 (昇遐)하자, 영남의 많은 선비들은 손에 일이 잡히지 않았다. 4월에는 집안에 전승해오던 「상산사호도(商山四皓圖)」를 병풍으로 만들어 눈앞에 두고 선비로서 은둔의 삶을 살았다. 신천파잠(新川巴岑)을 중국 요나라 때 소부 (巢父)와 허유(許由)가 국왕의 자리를 이어받으라는 왕명을 받고 은거했다는 '기산영수(箕山潁水)'로 삼았다. 그래서 그런지 '상산사호(商山四皓)'의 선비들처럼 파잠을 중심으로 은둔하는 선비들이 늘었다. 일당백(一當百)의 파잠필 봉(巴岑筆鋒)을 휘둘렀던 계동(溪東) 전경창(全慶昌, 1532~1585)의 넋이 살아남아 임진왜란 때 파잠복병전(巴岑伏兵戰)을 했던 손처눌(孫處訥), 정유재란 땐 전계신(全繼信)이 있었고, 정묘호란 때에는 손린(孫遴)이 의병장으로 필봉(筆鋒) 대신 인봉(刃鋒)을 잡았다.

한편, 중원(中元)을 통일한 대제국 진나라가 분서갱유(焚書坑儒)를 한다고 야단법석을 떨자, 도원공, 기리계, 하황공 그리고 녹리선생(東園公, 綺里季, 夏黃公, 甪里先生) 등 네 분의 선비(四皓)들이 상산(商山)으로 숨어들었다. 그곳에 숨어 살았던 은사들 「붉은 지초의 노래(紫芝歌)」 시를 읊었다.307 그들은 두문불출(杜門不出)하며 은거했던 인물풍경화를 상산사호도(商山四皓圖)라고 했다. 「붉은 지초의 노래(紫芝歌)」를 쉽게 풀이해보면 "정말 큰 산과 강, 깊은 계곡의 산길로 얽혀 있다네. 이렇게도 아리따운 보라색 신령스러운 지초(靈芝, 불로초 혹은 불사약)를 봤나. 나를 위해 한 입이라도 먹어 두어야지. 옛사람들의 노랫가락이 멀어졌으니 어디로 갈까? 멋진 4마리 마차에 앉아있는 저 사람, 온갖 걱정이 너무도 크구나. 부귀를 누릴 때는 사람 만나는 게 두려웠지만, 빈곤하고 나니 여전히 야망만은 크다네."308

그렇다면 상산(商山)은 지금은 어디에 있을까? 지명상으로는 협서성 상산 (陝西商山)과 안휘성 상산(安徽商山)이 있는데 진시황의 분서갱유(焚書坑儒)로 4명의 선비가 찾아들었던 곳으로는 상락팔경(商洛八景) 가운데 제1경으로 '상산설제(商山雪霽)'라는 것으로 봐서 상안제일명승(商顔第一名勝)인 협서상산(陝西商山)으로 보인다. 이렇게 '상산사호(商山四皓)'는 선비들의 은일

문화(隱逸文化)의 상징이 되었다. "나라에 도가 있으면 나아가서 벼슬을 하고, 나라에 도가 없으면 숨어버린다(邦有道則仕, 邦无道則隱)"라는 출세관이 확립되었다. 상산(商山)이 중국에서만 있던 게 아닌, 1617년 상주 출신 부제학(副提學)을 역임한 이준(李埈)은『상산지(商山誌)』를 발간했다. 이는 오늘날 말로는『상주읍지(尙州邑誌)』에 해당하는 저술을 개인적으로 썼다. 물론 상주(尙州)로 물러나서 살 곳이라는 의미로 상산(商山)이라고 했다.

다른 한편, 오늘날 고산서원(孤山書院)에서 배향되고 있는 정경세(鄭經世, 1563~1633)는 1607년에 대구부사에 나갔다. 그는 광해군이 교서로 자문을 구하자, '만언소(萬言疏)'로 i) 사치풍습 경계, ii) 공정한 인사전형과 iii) 학문의 면려를 강조했다. 1609년에 동지사(冬至使)로 명나라에 갔다. 1610년 4월에 성균관 대사성(大司成)에, 10월에 나주목사, 12월에 전라감사에 임명되었다. 1611년 8월에 정인홍(鄭仁弘, 1535~1623) 일당이 사간원(司諫院)에

탄핵하여 그는 해직되었다. 그 뒤 낙향하여 선비로 신천산록에서 은둔생활을 했다. '달성십영(達城十詠)'을 노래했던 서거정(徐居正, 1429~1488) 선생께서 사호도(四皓圖)에 대해 "세상도 입신양명을 홀라당 벗어던지고,

한가한 바둑판에 대국을 놓겠다고 바둑을 던지네. 이 바둑알 던지는 묘수를 누가 알겠는가? 마지막 던진 한수로 유방을 막았다는 수였다지."[309]라고 했던 시구를 그는 기억하고 있었다.

마침 그때 정경세(鄭經世)는 손린 선생의 사호도(四皓圖)를 보자「사호도 발문에 부쳐(附四皓圖跋)」라는 글을 쓰게 되었다. "어째서 세상을 피해 영원토록 은둔생활을 하는 걸 깊이 흠모해 이렇게 간절하게 말하겠는가? 생각해보면, 선인께서 남겨 주신 뜻이라 반드시 오래도록 지켜 잃어버리지 않음이 옳을 것이다. 이게 바로 효심이다. 더군다나 남겨 주신 큰 뜻이라고 … 혹

벼슬길에 나아갔다면 물러날 줄도 알아야 하거니와. 끝내 성명(性命)을 버리고 부귀를 탐하는 데에 이른다. 이게 또한 그림 속의 선인들을 욕보이는 게 된다. 선인들께서 말씀하시는 큰 뜻에 대해 해됨이 심하다 할 것이다. 이런 점을 염려해야 할 것이다."[310]

문탄십경(聞灘十景)을 노래했던 신천 선비의 풍류

문탄(聞灘) 선생은 고향 신천이 또다시 정유재란(丁酉再亂, 1597년) 전화에 휩싸이자 필봉(筆鋒)으로 살았던 선비 생활을 청산하고 인봉(刃鋒)을 꼬나잡고 '절대로 왜놈들이 신천을 타고 북상을 못 하게 하리라.'라는 결의로 파잠복병전을 구사했다. 그로 인해 의병장으로 평화를 찾은 후에 산천 승경을 소재로 문탄십경을 읊었다. 현존하는『문탄선생문집(聞灘先生文集)』에 161수의 시가 나오는데 신천 물길 따라 곳곳의 아름다운 경치를 묘사했다. 문탄십경은 i) 제1경 팔조령의 아침 구름(天嶺朝雲), ii) 제2경 병풍바위에서 불어오는 저녁 바람(屛巖暮風), iii) 제3경 법이산에 뜬 초승달(法伊新月), iv) 제4경 파잠협곡 들머리에 드리운 그림자(峽口渡影), v) 제5경 청사초 등성이에서 목동을 만남(靑莎牧逢), vi) 제6경 문전옥답(門前沃畓)에서 농부들의 콧노래(沃野農歌), vii) 파잠(巴쪽)에서 본 마을의 밥 짓는 연기(巴村炊烟), viii) 수양버들 우거진 연못가에 지주석(柳淵立石), ix) 파잠협곡을 돌아보니 우거진 숲(省谷長林) 그리고 x) 문필봉에 드리운 저녁노을(筆峯落照)이다.

천령(天嶺)이란 표현은 인산(麟山) 김일훈(1909~1992) 선생 어록(金一勳先生語錄),『천령태수편(天嶺太守篇)』에 의하면, 신라 최치원(崔致遠)이 함양태수로 갔음을 두고 천령태수(天嶺太守)라고 한 데서 유래되었다. 여기서 천령

(天嶺)이란 신천에 원류인 팔조령(八助嶺)을 표현했다. 병암(屛巖)이란 정자(亭子)나 강학당(講學堂)을 둘러싸고 있었던 산은 병산(屛山)이었고, 암벽은 병암(屛巖)이다. 법이산(法伊山)은 오늘날 수성 못 옆의 산 이름으로 새 발(鳥足) 모양이라고 해서 신라 이후 조족산(鳥足山)이라고 했으나 조선 시대에 들어와 법이산(法伊山)이라고 했다. 오늘날 파동 주변의 고갯마루(巴岑)와 협곡(巴峽)을 파잠협곡(巴岑峽谷)이라고 했다. 임진왜란과 정유재란 때 의병들은 지형지물을 이용해서 복병전을 전개했던 곳이었다. 협구(峽口)란 협곡의 들머리를, 성곡(省谷)이란 협곡을 뒤돌아본 모양을 표현하고 있다. 파잠 주변의 마을은 파촌(巴村)이라고 했다. 강학당에서 붓끝처럼 뾰족하게 보이는 산을 문필봉(文筆峰) 혹은 필봉(筆峰)이라고 했다.

1592(壬辰)년 4월 21일경 임진왜란 때 팔조령을 넘어서면 파동이 가장 먼저 만났던 대구 사람으로 손린(孫遴, 1566~1628)을 만났는데 독서삼매경(讀書三昧境)에 빠져있는 모습을 보고 갔던 당시에 『바위처럼 굳어있었던 왜적들의 얼굴(巖面)』이라는 문탄집의 첫머리 시를 소개함에 정만진 소설가의 해석이 의외로 참신해[311] 그대로 옮기면 "흰 칼을 들고 둘러서서 서로 노려보았는데, 적들은 선비를 해치지 못하고 돌아섰네. 후한 무장 손견(孫堅, 156~192)과 오기(吳起, B.C. 440 ~ B.C. 381)의 병법 못 배운 것이 한스러웠네. 나라 위해 더러운 먼지를 쓸어버릴 수 있을 텐데."[312] 임진왜란과 정유재란도 지나고 신천변에 찾아온 평화로움을 노래했던 모습을 찾아보면 다음으로 문탄십경 가운데 제6경 옥야농가(沃野農歌)에서 "언덕과 습지를 개간하니 작은 골짜기 평야가 되고, 군역(軍役) 쉬고 귀농하니 백성들 기뻐하네. 누런 구름이 가고 뉘엿뉘엿 해가 지는데, 바람은 남쪽 향기 타고 농부의 노래 실어오네."[313]

뒤이어 손처눌(孫處訥)께서 느낌을 같은 소재로 적었으니 '감옥야농가(感沃野農家)'라고 제목을 붙이고 소개하면, "기쁘게 보노라. 땅이 다시 평온해진 것을. 일찍이 백만의 군사가 지나며 들을 덮었지. 눈에 가득한 전답은 백성들의 즐거움이니. 완연히 옛 시절 노랫소리가 들리는 듯하네."[314] 또 하나의 목가

적(牧歌的) 표현으로 제7경 '파촌취연(巴村吹烟)'에서 "점점이 다닥다닥 붙어 있는 집들은, 바람 따라 물들어 핀 흰 구름 같아라. 고운 빛은 어디쯤서 어지러운 자태 감추려나, 꽃다운 땅에 으스름 드니 실버들과 어울리네."[315]

IV.

금호강물 따라 흘렸던
선비들의 음풍농월

1.
금호 음풍농월에
세상 먼지가 날아가 버렸다니!

금호 바람결에 금호정(琴湖亭) 탄금성이 가세했다지?

금호강변 정자로는 1425(세종 7)년
대구지군사(大丘知郡事) 금유(琴柔)
가 건립한 금학루(琴鶴樓)를 신호탄
으로 요산요수풍류(樂山樂水風流) 속
에서 학문에 온 힘을 쏟던 영남 유림
들에게 새로운 강안문학(江岸文學)
혹은 와유문화(臥遊文化)를 정착하
는 계기가 되었다. 대구부읍지 등에서 기록된 누정(樓亭)이 많으나 지금까
지 명맥을 유지하고 있는 금호강 섶의 정자로는 전응창(全應昌, 1529~1586)
의 세심정(洗心亭), 채응린(蔡應麟, 1529~1584)의 소유정(小有亭)과 압로
정(狎鷺亭), 박충후(朴忠後, 1552~1611)의 태고정(太古亭), 윤대승(尹大承,
1553~몰년 미상)의 부강정(浮江亭), 정광천(鄭光天, 1553~1594)의 아금정(牙
琴亭), 이주(李輈, 1556~1604)의 환성정(喚星亭), 이종문(李宗文, 1566~1638)
의 하목정(霞鶩亭), 최동집(崔東㠌, 1586~1664)의 농연정(聾淵亭) 및 서유민
(徐有敏, 1795~졸년 미상)[316]의 가학정(稼學亭)이 있다.

1864(甲子)년 금호강 동 섶에 권성윤(權聖允, 1835~1921)[317]이 금호정(琴湖亭)을 세웠다. 금호정기(琴湖亭記)엔 갑자년(甲子年) 단양일(端陽日, 음력 5월 5일 端午日)에 지었다는 회당(晦堂) 장석영(張錫英, 1851~1926)의 '지우학(志于學)' 단 3자의 글자에서도 파리 장서(독립청원서)에 서명한 유생의 기백을 짐작할 수 있었다. 금호강의 이름이 금학루에 기원을 두고 있었듯이, 금호강의 금(琴) 자를 따서 금호정(琴湖亭)을 세웠다. 정자 난간에 걸려 있었던 눌암(訥巖) 이기수(李冀洙, 1855~1931)[318]의 시(詩), "세상만사가 유유히 흘러감을 알겠다네. 금호강 물 위에다가 정자를 세웠다니 뭘 어떻게 하겠다는 건가? 젊어서 배울 기회를 놓치고 보면 많은 여한이 돌아오는 법이지. 흰 머리카락이 날리고부터 삶을 계획하겠다니 어찌 그리 많은 세월인가? 외로운 돛단배 순풍에 맡겼더니 달과 함께 찾아드니, 멋진 친구야 술잔이나 같이 나눠가면서 시나 한 수 지어볼까(孤舟風與月相招, 好友酒兼詩試看). 유교 경전에 남아있는 글자가 몇이나 될까? 어린아이들 그때가 가히 다시 돌아나 오겠는가?"[319] 이어서 "금호정 위로 바람이 불어오니 나 혼자만이 알겠는데. 세상 삼라만상이 또다시 다시 볼 수 있겠는가? 물고기가 듣고 새들이 몹시 졸고 있는 낮이라. 술잔 주고받으면서 거문고 노랫가락을 즐겨야 할 이때라지(亭上風流獨自知, 世間何事更求爲看, 魚聽鳥閑多日, 對酒橫琴樂有時)…."[320]를 읊었다고 전해진다.

사실 금호정(琴湖亭, 1864 갑자년)이 세워지기 이전 임하(林下) 정사철(鄭師哲, 1530~1593)이 은거했던 아금암(牙琴巖). 아들 낙애(洛涯) 정광천(鄭光天, 1553~1594)이 다사 죽곡 아금암(牙琴巖)에다가 1586(선조 19)년 '아금정(牙琴亭)'을 세웠다. 임하(林下) 선생은 이곳을 후학 양성을 위한 강학당으로 썼다. 아금암(牙琴巖) 혹은 아금정(牙琴亭)이라는 이름은 '백아의 거문고(伯牙之琴)'를 줄였던 말로 '백아(伯牙, B.C. 387 ~ B.C. 299)[321]가 거문고를 뜯고 그의 풍류우(風流友) 종자기(鍾子期)가 감상하던 바위'가 바로 아금암(牙琴巖)이었다. 그러나 '아금정(牙琴亭)'은 "백아는 풍유우 종자기가 별세하자 탄금을 중단했다(伯牙絶絃)."라는 각오처럼 임하 선생은 후생가외의 강학을 하겠다는 결의를 담았다. 그러나 부자지간에도 생각 차이는 이렇게 달랐다. 낙애 선생이 아금정에서 '푸른 솔(靑松)'이라는 시제(詩題)로도 그의 심지를 짐작할 수 있다. 즉 "아금 바위 위에 혼자서 누웠으니, 멀고 먼 어릴 때 생각이 나는데. 솔밭에서 불어오는 바람에 낮 졸음까지도 달아나버렸네. 이런 게 바로 백아의 거문고 소리가 아닌가?"[322]라고.

또한 임하(林下) 선생이 아금정에서 쓴 「금암초당에서 즉흥시(琴巖卽事)」를 빼놓을 수 없다. 여기서 옮기면 "송단(松壇)에 소객(詩人墨客)들이 돌아가고 해는 장차 기울어지는데. 갈대 띠 집에서 홀로 등잔불 켜놓자 밤은 깊어만 가는데. 조용히 서책을 대하니 인적은 끊어지고 적적하기까지 하다네. 달빛 비치는 강물의 차가운 기운에 놀란 기러기들이 소리를 지르네."[323] 이를 받아서 서사원(徐思遠, 1550~1615)이 아금정(牙琴亭)을 방문하고 남긴 시 "덕망이 크다 보니 높은 풍모가 부자(父子) 같구먼. 난새(봉황)가 머물고, 고니가 머물던 언덕이라 맑은 강물까지 비치네. 스승님(杖履)으로 받들며 같이 몇 번이고 감사하였던가? 오늘 나 홀로 읊으니 이 늙은이 목까지도 다 메이네."[324]

풍류는 소유所有)가 아닌 소요유(逍遙游)로

'소유(所有, belonging, wealth)'란 생존을 위해 필요한 걸 가짐(가짐)이고, 이는 가질 수 있는 권리(所有權)와 이를 마련하기 위한 모든 활동은 생활(生活)이다. 물론『성경』(聖經, 시편 37:16)에서 "악인의 풍부한 소유를 부러워하지 말고 차라리 선인의 적은 소유가 더 귀하다."[325] 소식(蘇軾)의 『적벽부(赤壁賦)』에서도 "세상엔 모든 물건에 각기 임자가 있는 법이나 내 것이 아니면 비록 털끝만큼이라도 취하지 말라(天地

之間物各有主, 苟非吾之所有. 雖一毫而莫取).”326라고 했다. 우리나라의 고전에서 '소유(所有)'라는 글로는 1614년 이수광(李晬光)의 『지봉유설(芝峯類說)』의 제국부(帝國賦)에서 “나라(奈良)의 도읍에서부터 동북쪽으로 후지에다(駿河州)까지 천릿길인데 산이 있는바 후지산(富士山)이라고 한다.”327라는 개인소유라는 사실에 경탄하는 기록이 있다. 2010년 『무소유(無所有)』의 저자 '법정(法頂)' 스님이 열반에 들었을 때 책 한 권도 남기지 않겠다고 했다.

본질에서 벗어난 '무소유(無所有)'를 권장했던 사례로는 1939년 조선총독부 출판 『수신서(修身書)』에서 “건강한 사람이 가장 많은 이득을 얻고, 만족하는 사람이 가장 큰 부자가 된다. 믿고 의지할 친구가 있다는 게 최고의 행복이고, 진흙탕 같은 이 세상에서 살았다는 게 가장 즐거움이 아니겠는가(無病最利, 知足最富. 厚爲最友, 泥洹最樂)?”328라는 불경 구절을 인용하여 황국신민의 도리로 '건강이 가장 귀중하고, 만족함이 가장 부자(無病最貴知足最富)'임을 강요했다.

안빈낙도(安貧樂道) 혹은 청빈소요(淸貧逍遙)를 철학으로 삼았던 조선의 선비들은 '가지지 않고도 대자연을 껴안아서 만끽함으로써 최대의 행복을 얻음(無所得逍遙遊)'을 추구했다. 세속적인 표현으로 “나물 먹고 물 마시며, 팔베개를 베고 잔들(飯疏食飮水, 曲肱而枕之), 즐거움이야 그 가운데 있도다. 의롭지 못하게 부유하고 고관대작을 한들 뜬구름과 같도다(不義而富且貴, 於我如浮雲).”329라는 청빈한 삶을 추구했다. 이때 금호강 섶에서 '청빈소요유(淸貧逍遙遊)'를 즐겼던 누각으로는 1561(명종 16)년 때 송담(松潭) 채응린(蔡應麟, 1529~1584)이 검단동 왕옥산(王屋山)330 구릉지에 압로정(狎鷺亭)과 남쪽에 '소유정(小有亭)'331이 대표적이다.

여기서 '작게 가짐(小有)'이란 '우공이산(愚公移山)'의 고사가 있는 오늘날 중국 하남성(河南省) 제원시(濟源市)에 있는 강 이름으로 사아오허(小有河)가 지금도 흐르고 있다. 억지로 설명한다면, '작고 청아한 이상적인 세계(小有淸虛之天)'332를 소유(小有)라고 했다. 이와 같은 의미로 채응린(蔡應麟)이 '소유정(小有亭)'을 건립하고 그 감회를 적은 “산기슭에 푸른 솔이 있고, 절벽 아래 강물이 흐르니. 강 너머 푸른 들판까지 있다네. 강물 위에 민가들이 있다네. 물을 논하고 산을 논하고자 세상에 들어오지 않았으니 다만 평생을 원하는 게 옛사람들을 만나고자 할 뿐이라네."333 도교의 그곳 산을 왕옥산(王屋山), 천단산(天壇山) 혹은 천하제일동천(天下第一洞天)이라고 했다.

소유정(小有亭)에서 음풍농월했던 선비들의 시구를 모아 묶은『소유정제영록(小有亭題詠錄)』에서 용계(龍溪) 김지남(金止男, 1559~1631)334의 '소유정차운(小有亭次韻)'을 뽑아 보면, "강섶 언덕 위 십여 가옥들이 있는데. 한 가닥 오솔길 따라 몇 사람 안 되게 찾아들었네. 이곳에 올라 속된 세상의 험악함이야 갑자기 알게 되겠다네. 바라다보니 이제야 시야가 틈을 알게 되겠네. 아리따운 화초들 모두 숨죽이고 있는데, 가깝고도 먼 산들이 끝도 없이 펼쳐져 있네. 저물어가도 자연의 정취야 다할 수 있겠는가. 빈 배 독촉해 띄워보려 강변 백사장에 내려가네."335

이에 선유(仙遊)를 하면서 순찰사 용계(龍溪) 선생은 '배를 타고 지음(船中作)'에 이어(次韻), 가장 늦게 도착한 지역 선비 우옹(迂翁) 이문우(李文雨, 생몰 연도 미상)는 벌주삼배(罰酒三盃)하고 곧바로 '순찰사 선중작에 공경히 운을 이어(敬次巡相船中作)', "… 늦게 도착하고 보니 경치가 겨우 눈에 들어오네. 해 저무는데 어부의 민가에 저녁 안개가 가로질려 있는데(小子後來餘物色, 夕陽漁戶晩烟橫) …." 이어서(次韻) 창원부사(昌原府使) 관은(灌隱) 박홍미(朴弘美, 1571~1642)가 "금호 강변에 소재하는 처사 댁을 찾아드니, 숨겨진 곳이라서 마차도 말도 다녔음이 적어 보이네(來訪琴壇處士家, 地幽車馬少經過). 강섶 언덕배기 마당에 작은 집터 마련했으니, 허공에 치솟은 마루 달빛에 빠져들었네. 산골짝은 소유동(小有洞)의 소굴인 듯하구나. 백성들의 풍속은 옛날 신라 때와 같은 듯하네(階庭壓水開基小, 軒攬浚虛得月多, 洞府還疑眞小有, 民風猶是舊新羅) …."

이어(次韻) 찰방(察訪) 임련(林堜)의 풍월시가 이어졌는데 "산뜻하게 차려 입은 바위 언덕 그 위에 집이 있다네. 차가운 물 흐르는 강은 난간 앞으로 흘러가네. 산봉우리들이 희미하게도 저 멀리 하늘에 닿아 있다네. 넓은 들판은 아득하게 눈에 들어오는구먼(瀟瀘巖臺上家, 一溪寒水檻前過. 群峰隱隱連天遠, 大野茫茫入眼多.) …. 비 그친 금호강 물결은 푸른 비단처럼 일렁거리네. 애석하도다, 역마차처럼 달려가는 금호물을 멈출 수 없어서. 억지로 속이고자 백구가 날고 있는 백사장으로 고개를 들어나 보네(雨歇湖天漲碧羅, 怊悵郵驛停不得, 謾勞回首白鷗沙)."

2.
구룡산정 아양루에서
금호풍류의 멋을!

아양루 시선(詩仙)이 하늘에 올랐을 법도

금호 물 섶 아홉 마리 용들이 승천하러 하늘을 우려보고 있는 참에 가장 먼저 아양루의 시선들이 먼저 하늘에 오르자, 금호 구룡들은 그만 구룡산이 되었다. 구룡설화로 인해 하늘과 직통하는 명당으로 일제가 달성공원 이외에 비장신사(秘藏神社)를 이곳에다가 세웠다는데 자취도 없이 사라졌다. 오늘날 그 자리엔 구룡산통천사(九龍山通天社)가 설립되어 있다. 한마디로 금호강물이라는 대자연의 거문고(琴湖)로 '고산유수(高山流水)'가 있는 「아양곡(峨洋曲)」을 탄금하고 있는 정자(亭子)가 바로 아양루(峨洋樓)다. 『열자(列子)』탕문편(湯問篇)에서 "높고도 높은 그대의 뜻은 저 높은 산에 있도다. 넓고도 넓은 그대의 의지는 저렇게도 흘러가는 물에까지 있도다(峨峨乎志在高山, 洋洋乎志在流水)."[336]라는 「아양곡(峨洋曲)」의 혼맥이 서린 누정(樓亭)이 바로 아양루(峨洋樓)다. 『여씨춘추(呂氏春秋)』에선 지음지교(知音之交)했던 종자기(鍾子期)가 세상을 떠나자 백아선생(伯牙先生)은 거문고 줄을 끊고 탄금(彈琴)을 그만두었다.337338 오늘날 아양루 아래에선 거문고 금호는 여전하게 흐르는데, 정자에서 탄금과 함께 음풍농월했던 시선(詩仙)들은 모두가 구룡산통천사의 옆문으로 기룡상천(騎龍上天)하셨는지 한 분도 없다.

지금까지 남아 있는 아양루(峨洋樓, Ayangru Pavilion)는 해방(1945년) 직후 건립된 것으로 추정되며, 영남유림(嶺南儒林)의 얼(魂)을 지키고자 했던 뜻을 같이한 '아양음사(峨洋吟社)'339에서 1956년 아양루를 다시 수선하여 음풍농월의 맥을 이어왔다. 1984년 (사)담수회(淡水會)에서 관리하다가 2001년 아양루를 대구시에 기부했다. 대구시에선 2003년 중수해 현재까지 유지하고 있다. 시설 규모는 정면 3칸, 측면 2칸 겹처마, 팔작지붕의 누각(정)이다. 예술작품으로는 편액과 주련 등 31개 시판(詩板)이 걸려 있다. 이를 통해서 근대화 시기에서 현대로 넘어오는 때 대구 유림 아양음사의 시간적 변모를 짐작할 수 있다. 시판(詩板)의 시문을 통해 작품 속의 배경과 내용은 물론 글씨를 통해서도 당시 시대사조(時代思潮)를 더듬을 수 있다.

마치 『송서(宋書)』 도연명전(陶淵明傳)에서 "도잠 선생은 소리를 내지는 않았지만 항상 줄 없는 거문고 한 대를 옆에 두고 술이 거나할 할 땐 그 거문고를 타서 자기 마음을 실어 보내는 음풍농월을 했다(潛不解音聲,而畜無絃琴一張. 每酒適, 撫弄以寄其意)."340 고려 말 이규보(李奎報, 1168~1241) 선생께서 『도연명의 시를 읽고(讀陶潛詩)』 "… 늘상 줄 없는 거문고를 끼고 사셨다니(常撫無絃琴) … 지극한 음률은 원래부터 소리가 없는 법이지(至音本無聲). 어째서 수고스럽게 거문고 줄에다가 손까지 대실까? 평온한 조화는 대자연에서 나오는 거고. 오래 씹을수록 더욱 담백한 맛이 나는 법이지(何勞絃上指.平和出天然,久嚼知醇味)."341

이를 본 화담(花潭) 서경덕(徐敬德, 1489~1546) 선생은 아예 '줄 없는 거문고의 새김(無絃琴銘)'을 적었으니, "거문고에 줄이 없는 건, 본질은 그대로 두고 형성만 잡아뺀 것이지. 진정 형성을 뺀 게 아니라, 고요함에다가 역동성을 집어넣은 것이지. 음을 통해서 천상의 소리를 들어도 소리 없이 듣는 건만 못하다네(靜基含動, 聽之聲上). 그놈의 묘함이란 갖고 있는 게 이외를 얻고, 없음에서도 알맹이를 얻어 챙긴다니(乃得其妙, 外得於有, 內得於無). 귀로 듣는 게 아니라 마음으로 듣는다네(音非聽之以耳. 聽之以心)."342 조선 세종 때 광주목사(廣州牧使)와 병조정랑(兵曹正郞)을 역임하신 팽창 이씨 이영서(李永瑞, 출생 미상~1450) 선생의 「줄 없는 거문고(無絃琴)」란 시는 "도연명이 하나 갖고 있는 거문고에다가 줄을 매지 않았다는 건 뜻이 더욱 심오했다네. 진실한 취향을 어찌 거문고 소리로서 얻을 건가? 천기란 반드시 정적 속에서 찾을 수 있지(淵明自有一張琴, 不被朱絃思轉深, 眞趣豈能聲上得, 天機須向靜中尋) …"343라고 노자(老子)의 '무성대성(無聲大聲)'을 설파하고 있다.

이런 우리의 선인들의 풍유를 벤치마킹이라도 했는지? 영국의 낭만파 시인 3인 가운데 한 사람인 존 키츠(John Keats, 1795~1821)는 자신의 시 「그리스 항아리(瓷器)에서 부치는 노래(Ode on a Grecian Urn)」에서 "귀에 들리는 노래는 아름다우나, 들리지 않는 곡조 더욱 감미롭다. 그대 부드러운 곡조의 피리를 계속 불어라. 육신의 귀에다가 아니라 더욱 다정스럽게 영혼을 향해 선율 없는 노래를 불러나 다오(Not to the sensual ear, but, more endear'd, Pipe to the spirit ditties of no tone)."344라는 한 꼭지를 남겼다.

전해오는 설화로는, 아양루(峨洋樓)에서는 서거정(徐居正)이 「금호범주(琴湖泛舟)」를 낭낭하게 읊었을 때 정자(아양루) 뒤 구룡산이 꿈틀거렸고. 천둥치고 벼락도 쳤다. 그 순간에 시선들이 용을 타고 기룡상천(騎龍上天)했다. 그 뒤, 이곳에서 음풍농월했던 시선(詩仙)들 모두가 하늘에 문성(文星)이란 별로 환생했다. 천상문성(天上文星)들은 아양루의 추억을 잊지 못해 밤마다 하강해 무현금풍류(無絃琴風流)를 즐기신다. 즉 시삼백주삼백(詩三百酒三百)이란 시선 이태백도 동참하셨고, '줄 없는 거문고로 소리 없는 아양곡을 연주한다(彈無絃琴, 演無聲曲).'라는데, 그래서 그런지 오늘 밤하늘에 뭇 별들이 금호강물에 뛰어든다. 마지막 토크쇼(tlakshow) '별이 빛나는 밤'엔 별과 꽃들의 소리 없는 소곤거림이 시작된다. 끝내 혼줄을 놓았던 가로등이 그만 금호 강물에 무(無)~첨~벙~무(無)~첨~벙 빠지고 만다. 그러자 강섶 꽃들도 넋을 잃고 고요한 평온 속으로 빠져들고 있다.

구룡이 핥아 아양루를 목욕시키니,[345] 아양루가 해·달을 토해 내네

통천사 일주문의 사천왕 앞 주련엔 "달빛 비취는 온 세상은 고요하기만 한데, 마음이 고요하게 지더니 온갖 인연들이 홀가분하다네. 홀로 다소곳이 앉아 향불을 사르자니, 황금으로 새겨진 법문을 암송하면서 그리(설법대로) 살렵니다(月照諸品靜, 心持萬緣輕. 知機心自閒, 獨坐一爐香, 金文誦兩行)." 라는 법문이 적혀 있다. 이런 주련은 전북 순창군 광덕산 강천사 심우당(全北淳昌廣德山剛泉寺尋牛堂)에서도, 밀양군 재약산 표충사 심우당(密陽載藥山表忠寺萬日樓) 주련에서도 같은 글귀가 적혀 있었다. 본당 앞 석명법문(石銘法文)엔 "삼십 년 동안 이왕에 공들여 왔다면, 그리 수많은 말과 행동거지가 부끄러울 뿐이라네. 꿈이고 현실이고 일신 상을 말하나, 삼라만상의 모든 게 본데는 옛 수신 도량이었다네(三十年來枉用功, 許多言動盡慙愧. 卽色空句身一轉, 物物元是古道場)."[346]라는 글 새김이 있다.

대구 지역에서 서울로 옮겨간 서예가 동일(東逸) 엄태두(嚴泰斗, 출생 미상~1983년 이후 별세)[347] 선생이 쓴『서예교본(書藝敎本)』에서는 '아양팔경(峨洋八景)'으로, i) 금호에 비친 밝은 달(琴湖明月), ii) 비슬산 굴에서 찾아온 구름(琵岊歸雲), iii) 구룡산 나무꾼의 풀피리 소리(九龍樵笛), iv) 팔공산 중턱에 짙은 안개(八公宿霧), v) 동촌을 물들이는 저녁노을(東村夕照), vi) 서녘 사찰에서 들려오는 새벽 종소리(西寺晨鍾),[348] vii) 아양교와 철교 두 다리에 걸친 오색 무지개(雙橋彩虹), viii) 푸른 절벽 아래 고깃배(蒼壁漁舟)를 손꼽았다. 일제강점기 때 이름 없는 평범한 지역 선비(地域處士) 이창세(李彰世)[349] 선생이 남긴『송운유고(松雲遺稿)』에서도 아양팔경(峨洋八景)을 소개하고 있다.[350]

동일선생(東逸先生)은 아양팔경(峨洋八景) 가운데 아홉 마리의 용이 똬리를 틀고 있는 구룡산 머리 위 여의주(如意珠)로 조종하는 아양루였다고 봤다. 이곳에서 내려다보이는 깊은 골짜기에 땔감을 마련하던 나무꾼의 풀피리(樵笛)가 은은히 들리는 듯, 판소리「초한가(楚漢歌)」의 "장대(將臺)에 높이

앉아 천병만마(千兵萬馬) 호령할 제, 오강(烏江)은 일천 리이요. 팽성(彭城)은 오백 리라. 거리거리 복병이요. 두루두루 매복이라. 간계(奸計) 많은 이좌거(李左車)는 패왕(霸王)을 유인하고, 산(算) 잘 놓는 장자방(張子房)은 계명산(雞鳴山) 추야월(秋夜月)에 옥통소(玉箸)를 슬피 불어 팔천제자해산(八千弟解散) 할 제 …."와 비유한 아양루를 회생했다.

이에 아양팔경이 언급되었으니, 제1경 '금호명월(琴湖明月)' 정도는 대구시민으로 누구나 알아야 한다기에, "중국 동정호(洞庭湖)에다가 우리나라 금호(琴湖)가 뒤질 리 있겠는가? 금호에 빠진 별이고 달이고(하늘이) 한 폭의 그

림으로 그려졌구먼. 그 천상월궁(天上月宮) 속 항아(姮娥) 선녀 옥 거울을 보고 화장하듯이, 거울 속에 그녀의 그림자가 술 항아리 속에까지 빠져들고 있다네."351

이름 없는 시인의「대답으로 읊음(偶吟)」에서 "답답한 심정을 억지라도 달래려고. 아이 불러 혼자서 술을 마셔도 즐겁지는 않네(鬱鬱胸懷强自寬, 呼兒獨酌不成歡). 성근 울타리 초라한 가옥은 도성 서쪽 기슭에 있었네. 어린 종이 고삐 잡고 말라빠진 말을 타는 실록편수관(實錄編修官)이라네. 세월은 술을 따르듯 곧장 쏟아져 내리네. 세상일은 바둑판처럼 좋아라. 두고만 보겠다네(似酒年光從直瀉, 如某世事好傍觀). (아양곡) 끊긴 지 오래된 녹슨 거문고를 잡고서야. (행로란) 한 곡조나 어루만지나 볼까(塵琴久輟峨洋操, 一曲試彈行路難)?"352

여기서, 이태백(李太白)이 쓴「세상살이 어려워라(行路難)」에선 "황금 술단지에 좋은 술이 수천 잔이나 가득하네. 옥 소반에 만 냥짜리 귀한 안주가 수북하다는데, 술잔이며 젓가락을 놓아두고 집어먹기가 어렵다네. 날 선 칼을 빼 들고 사방을 살펴봐도 막막한 맘뿐이네. 황금색 은하수를 건너자니 얼음물이 막아서네. 태항산(太行山)에 올라가자니 온 산천에 눈이 다 덮었

다네. 한가로이 벽계수(碧溪水)에 낚시나 드리고자. 혼연하게 배를 타고 태양을 도는 꿈이라도 꿔 볼까 보냐? 인생살이 길이 어렵다니 인생살이가 어려워라. 이 길 저 길 많은 길 가운데 지금 내가 걷는 이 길이 어디인가? 거센 바람 타고 파고를 넘을 때야 올지 모르니, 구름 같은 돛을 달고서야 푸른 바다를 헤쳐 나아가리라."353

맹자(孟子)에서 공자는 선비를 4가지로 나눠 i) 지나침이 없이 공정한 선비(中行之士, 中道), ii) 진취적이고 뜻은 크나 행동이 부실한 선비(狂放之士, 狂者). iii) 세속에 물들지 않고 소극적인 무위하는 선비(狷介之士, 狷介), 그리고 iv) 겉으로는 잘 어울리나 좋지 못하게 아첨하는 선비(好好之士, 鄉原)로 분류했다.354 을사늑약을 계기로 모두가 하나같이 '당당한 친일 애국자(堂々とした親日愛國者)' 선비와는 달리 자신을 견개지사(狷介之士)라고 칭하면서 두문불출했던 일화(一和) 최현달(崔鉉達, 1867~1942) 선생은 1908년 서거정의 달성십영을 차운(次韻)해 「금호강에 배 띄우기(琴湖泛舟)」를 노래했으니 "금호강 봄물 흐르는데. 난초 잎 놀이 배를 띄우자. 피리 소리 북소리 삐삐 둥둥 백구가 놀라네. 어찌, 가을 달이 밝은 밤에 한가득한가? 고깃배라도 백구와 함께 홀가분하게 놀아나 보세(何似滿江秋月夜, 漁舟閒與白鷗遊)."355

3.
압로정의 회화(홰)나무
그늘 아래 모였던 선비들

압로정 회화나무 그림자 아래!

『설문해자(說文解字)』에서 홰(회화)나무(槐檽) '괴(槐, huái)'에 대해 "나뭇잎이 크고 색이 검은 건 회(檽)라고 한다. 그렇지 않으면 괴(槐)라고 한다. 나무를 좀 더 설명에 있어 수궁괴(守宮槐)라는 잎이 낮에는 붙었다가 밤엔 벌어진다고 해서 소곤거릴 섭(聶) 자와 말려들 항(炕) 자로 섭항괴(聶炕槐)라는 표현도 있다."356 『주례(周禮)』의 추관외조(秋官外朝)에 "회화나무 세 그루를 마주하고 삼공을 그 자리에 배치하게 했다(面三槐三公位焉)"라는 표현이 있는데, 여기서는 '회화나무 괴(槐)'는 '이르다(至)'로 해석하며, "멀리서 오신(至) 세 분이 대면하고자(面三槐), 삼공을 배석시켰다(三公位言)."라는 기록도 있다. 이외 서한(西漢, B.C. 221 ~ A.D. 9) 때 작성된 사전(事典)인 『이아(爾雅)』의 석목편(釋木篇)의 풀이를 보면, 괴(槐)는 돌아간다(返)는 뜻도 있다. 이런 뜻은 회화나무 아래에서 i) 송사를 듣고자 자리를 잡는 것(至·座), ii) 그 사정에 따라 각각 실상으로 돌아가게 함(返·復·正)과 iii) 고대 천문학에선 28수(별자리) 가운데 11번째의 북방 허성(虛宿) 별자리의 정화(精華)를 의미하고, 무성하게 잘 자람(盛·茂)을 뜻한다.357358

오늘날 용어 '숙의정치(熟議政治, discussion politics)'를 뜻하는 '삼괴구극

(三槐九棘)'이란 고사는 중국 고대 주나라(周) 때 조정의 뜰에다가 회화나무 3그루와 멧대추나무(가시나무) 아홉 그루를 심었다는 고사에서 시작되었다. 이는 삼공구경(三公九卿)들이 다 함께 배석해서 공론정치를 했음을 뜻한다. 『주례추관조사(周禮秋官朝士)』에서 자세하게 자리매김(陪席)을 설명하고 있다.359 이를 축약하면 회화나무 아래에서 갑론을박(甲論乙駁)하는 '나무 그림자 아래 학문(cademy under tree's shadow)'이다. 우리나라 조선 중종(中宗) 때 성균관 대사성(大司成)이던 윤탁(尹倬, 1472~1534)이 심었다는 은행나무에 유래한 '은행나무 아래 아카데미(杏壇)'라고 명명했던 표현을 빌리면 '회화나무 아래 아카데미(槐壇, Pagoda Tree Church)'다.

회화나무의 쓰임새에 대해서 고전 의학서인 본초강목(本草綱目) 혹은 동의보감(東醫寶鑑) 등을 살펴보기보다 먼저 오늘날 우리가 이용하는 걸 보면, i) 꽃(槐花, 槐米)과 열매(槐角)는 달려서 황색 염료로, ii) 약제로는 어린 꽃을 풍치(風齒)에, 열매는 은행(銀杏)처럼 살충제, 지혈제 및 항습진에 사용해왔다. iii) 나무 전체가 류틴(rutin)과 베툴린(Betulin)이라는 파이토 케미컬(phy-to-chemical)이 있어 지혈(止血), 고혈압, 뇌일혈(腦溢血) 치료에 추출물이 사용된다. iv) 조선 선비의 처첩(妻妾)들이 그렇게 젊었던 이유는? 아마도 최근 회화나무 콩과식물에 나오는 이소플라본(isoflavone)의 일종인 '소포리코 사이드(sophoricoside)' 성분이 발견되었는데, 여성 갱년기를 치료한다는 사실로 봐서 회화나무 그늘에 잦은 출입으로 갱년기 치유에 큰 영향을 끼쳤다.

이미 우리 선인들은 회화나무를 i) 정갈하게 정화(精華)해야 할 우물, 사당, 재실, 정자, 향교 등에다가 정화목(精華木)으로 심었다. ii) 그뿐만 아니라 꽃봉오리를 괴화(槐花) 혹은 괴미(槐米)라고 해서 노동을 경시했던 조선 양반들에게 흔했던 풍병(風病: 중풍, 동맥경화 혹은 고혈압) 예방과 치료에 사용했다. iii) 선비나무(儒生樹)라고 하는 데는 괴화(槐花)를 이용해 문집 혹은 서책의 표지에다가 황색 물들이기에 이용했다. 특히 오늘날도 흰색 종이보다 아이보리(ivory color) 혹은 미색(米色) 종이를 선호하듯이 괴화염색지(槐花染色紙)인 괴황지(槐黃紙)를 당시 선비들은 선호했다. 오늘날 형광등 혹은

LED 등불 아래에서 고광도의 가시광선 반사를 하지 않고 흡수하는 효과로 눈을 보호하기 때문에 선진국에서도 백색 종이를 회피하고 있다. 괴황지(槐黃紙)의 뜻을 "좋은 귀신(善鬼)이 붙은 나무(槐)로 온갖 잡스러운 귀신들(雜鬼)을 꾹 눌러(壓黃) 죽여서 땅으로 보낸다(地之)."라는 의미에서 벽사용(辟邪用) 부적, 서책 및 소지(燒紙)로 많이 사용했다.

서지학적(書誌學的)으로 우리나라 고서의 특징은 i) 종이 지질(부패방지제)에서 괴황표지(槐黃表紙)에다가 부풀어 오르지 않게 내지(內紙)에까지 들기름을 먹였다. 일본이나 중국에서는 커피, 녹차, 꽃(허브)을 염료로 사용한다. ii) 서책 편철에 있어 우리나라는 5개 구멍(음양오행)으로 오공철(五孔綴)을 하였으나, 일본은 사공철(四孔綴), 중국은 사공철(四孔綴) 내지 십공철(十孔綴)까지 짝수(偶數)로 구멍을 뚫어 우수편철(偶數編綴)을 한다. iii) 가장 큰 특징은 접는 부분에 책명, 권수, 면수를 적고 여기에다가 '물고기 꼬리(魚尾, fish tail)'360 모양 비밀마크를 넣는다. 단순한 어미(魚尾)가 아니라 단엽연화어미(單葉蓮花魚尾), 쌍엽연화어미(雙葉蓮花魚尾) 등으로 학맥과 문중을 표시했다.

현재 대구에서 대표적인 선비나무(儒木, schola tree)로는 둔산동 경주 최씨 옻골(慶州崔氏集姓村)에 대암 최동집(崔東集, 1586~1664) 선생이 1600년대 심었던 옻골 동네 수호목(守護木) 2그루 회화나무(수고 12m, 수흉 2.9m)와 과거 달성 서씨 세거지(達城徐氏世居地)였던 달성공원(達城公園)에 구계(龜溪) 서침(徐忱, 생몰 연도 미상, 고려 말~세종 초) 선생이 1433년 이후 심었던 회화나무가 있다. 그뿐만 아니라 북구 검단동에 압로정(狎鷺亭)을 세웠던 채응린(蔡應麟, 1529~1584)이 1561년에 심었던 회화나무 또한 학자수(學者樹, scholar tree)로 지금까지 400~500년 동안 선비의 위엄스러운 풍채(威風)를 고스란히 간직하고 있다.

노계(蘆溪)의 '소유정가(小有亭歌)' 발견됨으로써

1980년 4월 영천시 민가전승(民家傳乘) 고서(古書)가 중고상을 통해 계명대학교 도서관에 매입되어 소장 중인 박인로(朴仁老, 1561~1642, 82세)의『소유정가(小有亭歌)』가 있다. 서지학적 측면에서는 i) 육폭 양면 습책본(六幅兩面褶冊本)으로, 크기 31.7cm×24.6cm에 가사가 필사되어 있다. ii) 전문 4폭에 '소유정가(小有亭歌)'가 쓰였고, 나머지 2면에는 표지와 뒷장이다. iii) 뒷

면 3폭은 당시 소유정의 편액 글자를 1폭에 1자씩 베껴 썼다. iv) 나머지 2폭에는 모사(摸寫)하게 된 경위인 "소유정에 걸려 있는 편액을 베낀 글자에 대한 설명(摸小有亭揭號額字說)"을 하고 있다. v) 이어 채응린(蔡應麟, 1529~1584) 선생의 한문시(漢文詩)를 써 놓았다. 지질(紙質)은 흑갈색(黑褐色)으로 햇빛에 바래졌으며, 앞표지에는 아무런 책 제목(冊題)도 없다.

이어「소유정가(小有亭歌)」의 작품 내용에 대해 i) 사용한 문자는 한글과 한문을 혼용(國漢混用)했으며, ii) 위에서 아래로 띄어쓰기를 하지 않고 적어 내려간 필사(縱排連寫式記寫法)로 적혀 있었다. iii) 한자는 달필(達筆)에다가 흘림체(草書)로 갈겨놓았기에 읽기가 쉽지 않다. iv) 첫째 폭 12줄, 둘째 폭 16줄, 셋째 17줄, 넷째 20줄 등 총 66줄의 가사였다. 각 줄은 21자 내외로 율조(律調)를 맞췄다. v) 첫 폭 첫머리에(冒頭) '소유정가(小有亭歌)'라는 노래 제목(歌題)이 적혀 있고, 아래에 "박만호인노작 영천인(朴萬戶仁老作 永川人)"이라고 필자를 표시했다. 뒷면 세 번째 폭에서 '소유정(小有亭)'이란 편액(扁額)을 쓴 필자를 '작은 소(小)' 글자의 오른쪽 위에다 "선종조 승지 배대유(裵大維)가 쓴 글씨다. 한 나라에서 제일 가는 명필이고 창녕 사람이다(宣宗朝承旨裵大維筆也一國名筆靈山人也)."라고 소개했다.

노계(蘆溪) 박인로(朴仁老, 1561~1642) 선생의 가사「소유정가(小有亭歌)」가 이렇게 발견된 게「압로정을 읊었던 노래들(鴨亭題詠)」이다. 이 문건(文件)엔 이원정(李元禎)의『압로정기(狎鷺亭記)』를 비롯하여 이석번(李碩蕃), 민점(閔点), 한수원(韓壽遠), 최준상(崔俊尚), 이민구(李敏求) 등의『소유정판상

차운시(小有亭板上次韻詩)』가 게재되어 있고, 이어 채응린(蔡應麟) 관련 시문과 각종 기록문이 필사되어 있다. 압로정 현장을 찾아 시판(詩板)을 살펴보면 아들 선길(子 先吉), 선현(子 先見), 선근(子 先謹)의 글이 눈에 들어온다. 당시 7남 2녀로 맏딸은 서득용(徐得龍)에게 둘째 딸은 이윤우(李潤雨, 1569~1634)에게 출가했다. 따라서 『압로정기(狎鷺亭記)』를 쓴 이원정(李元禎)은 채응린의 외증손(外曾孫)이 된다.

　송담(松潭) 채응린(蔡應麟, 1529~1584) 선생은 28세 사마시(司馬試)에 합격했음에도 추풍낙엽처럼 죽어 나가는 선비들의 사화를 목격하고선 곧 사환(仕宦)의 뜻을 버렸고, 금호강 섶에다가 압로정과 소유정을 1561(명종 16)년에 세웠으며, 그곳을 강학도량으로 삼았다. 1597년 정유재란에 그 누정들이 소실되었고, 첫째 아들 이선길(李先吉)이 1609(광해군 1)년에 소유정을 중건하고, 1655(효종 6)년에 압로정도 중건했다. 1673(현종 14)년에 촌사람(村漢)의 방화로 다시 소실, 1797(정조 20)년에 송담의 8세손 이필훈(李必勳)에 의해 압로정만 재중건되었다. 현재는 초서 「소유정(小有亭)」 편액, 송담의 「소유정원운(小有亭原韻)」, 차운시(次韻詩) 및 「압로정중수기(狎鷺亭重修記)」 등 편액이 윗도리에 걸려 있다.

4.
노계의 「소유정가(小有亭歌)」를
더듬어 보면

면앙정가는 알아야 하고, 소유정가는 몰라도 돼!

2022년도 '메가스타디(Mega Study)'에서 대입 수능시험 특히 국어 고전 분야에서 송순(宋純, 1493~1582)의 「면앙정가」는 출제 순위도에서 40위이고 출제 확률로는 39%라고 발표했다. 다시 말하면 인문계 학생들에겐 필수적으로 알아야 하는 항목이다. 그런데 2015년 10월 대구는 '대한민국 교육수도'를 선포하였고, 교육도시를 자랑하는 대구 시민이 '소유정(小有亭)'을 소

재로 하는 노계(蘆溪) 박인로(朴仁老, 1561~1642) 선생이 읊었다는 「소유정가(小有亭歌)」라는 가사(歌辭)가 있다는 사실도 모른다는 게 문화 도시 대구 시민의 현주소다. 금호강의 선유문학(船遊文學) 혹은 강안문학(江岸文學)이라고 하면서 중국 고대한시(古代漢詩)까지 달통하신 전문가조차도 「소유정가(小有亭歌)」는 초면이다. 왜냐고? 시험에 나오지 않았으니 '몰라도 돼!'이다.

먼저 송순(宋純)의 「면앙정가(俛仰亭歌)」라는 가사는 송순의 『면앙집(俛仰

集) 잡가(雜歌)』에 게재된 한글(國文) 가사로 전해졌다. 2음보 1구론 145구(句), 음수율(音數律)은 3·4조, 4·4조, 3·3조, 4·2조, 3·5조 등이다. 「면앙정가(俛仰亭歌)」를 속칭 '무등곡(無等曲)'이라고도 했다. "인간을 떠나와도 내 몸이 (한가로울) 겨를 업(없)다. 이것도 보려 하고 저것도 들으려 하고, 바람도 쐬려 하고, 달도 맞으려 하고, 밤은 언제 줍고 고기는 언제 낚고 사립문은 뉘 닫으며 떨어진 꽃은 뉘 쓸려뇨. 아침에 낫부거니 저녁이라 싫겠느냐. 오늘이 부족(不足)하니 내일이라 유여(有餘)하랴."라는 구절을 주절주절 다 외웠다.

그러나 대구 문화 시민이라면 외우지는 못할망정 적어도 「소유정가(小有亭歌)」, 즉 노계 가사의 특징만은 알아야 체면이 선다. 특징으로는 i) 유식한 영남 유생답게 고사성어(故事成語)가 많이 쓰였다. 용안묘수(龍眼妙手), 운영천광(雲影川光), 어인어약(於刃魚躍), 천장지비(天藏地秘), 장한강동거(張翰江東去), 풍호영이귀(風乎詠而歸), 정치추풍(正値秋風), 자린은순(紫燐銀漘), 수유우화(須臾羽化), 격양가(擊壤歌), 낙하재비(落霞齊飛), 부춘형승(富春形勝) 등 사자성어(四子成語)가 많다. 당시도 선비가 아니고선 이해가 어려울 정도였다. 노계 선생의 가사 밑바닥에 흐름(maun stream)은 안빈낙도(安貧樂道), 강호한정(江湖閑情) 및 충효(忠孝) 등의 유교적 핵심사상이다. 그런데 파격적 외마디 감탄사(感歎隻辭)가 많은 것도 소유정가만이 가지는 특유한 감탄 표현(特有歎辭)이다.361

ii) 일반적으로 알려진 「노계가(蘆溪歌)」 및 「누항사(陋巷詞)」를 입체적으로 비교해보면 동일구절이나 유사한 구절이 빈번하다. "천간지비ㅎ야 나롤 주랴 남과덧쨔(蘆溪歌)" 혹은 "이시면 죽이요 업스면 굴물만졍(陋巷詞)"이라는 구절이 16회나 나오고 있다. 의미 구조가 유사한 것도 11번이나 반복된다. 이런 점을 보면 노계 선생은 노심초사해 지었다. 창작 장소와 시점을 중심으로는 서상작가(書床作歌)이고, 즉석창가(卽席唱歌)다. 왜냐하면, 외형률이나 내재율이 매끄럽게 다듬지 않은 흔적이 많다. 오히려 투박하고 숨김 없는 예술성에서는 돋보이고 있다.

iii) 창작 연대는 1617(광해군 9)년으로, 한강(寒岡) 정구(鄭逑, 1543~1620)

선생은 73세가 되는 해 1615년에 중풍을 얻어 1616년, 1617년 그리고 1621년에 걸쳐 3차례나 온천욕행(溫泉浴行)을 다녀왔다. 2차 욕행 때는 제자 이윤우(李潤雨, 1569~1634)가 여행기『봉산욕행록(蓬山浴行錄)』을 적어 남겼다. 1617년 7월 20일부터 9월 4일까지 45일간을 일기 형태로 남겼다. 마지막 9월 4일 소유정에 도착해 점심을 먹고 사상(泗上, 안강읍 청령리)362으로 떠났다. 노계의 동네 도천(道川: 당시 영양 도천리, 오늘날 영천군 북안면 도천동)으로 가서 임하(林下) 정담(鄭湛, 생년 미상~1592) 고택에서 유숙했다. 이때 노계(蘆溪)가 정구(鄭逑) 선생을 알현해 드렸으며, 사상(泗上)에 배웅까지 했다. 한강 선생을 사상(泗上)으로 모시는 도중에, 노계(蘆溪) 선생은 자신의 출생 연도와 같은 해에 세워진 '소유정(小有亭)'을 동갑지우(同甲芝宇)라고 생각했다. 늘 머릿속에 간직했던 가락을 즉흥가창(卽興歌唱)으로 풀어내었다.363 일설에서는 노계 선생이 소유정을 방문하였을 때 송담 채응린의 아들 채선길(蔡先吉)이 요청하여 읊었다고도 한다.

iv) 노계(蘆溪) 선생의 다른 작품과 비교해 사실적 표현(事實文)이나 문장의 무게감(重厚感) 및 유려함(流麗)이란 문장구성에서 특이점이 많다. 소유정의 빼어난 풍광(勝景)과 요산요수와 안빈낙도의 선비들의 삶(儒生之生)을 소재로 읊었다는 점, 5단락 구성으로 제1단락(서사 15행) 소유정의 풍경과 내력으로 앞머리를 풀이하는 모양이며, 제2단락(42행)은 요산요수 풍류(樂山樂水之癖)와 낚시의 즐거움(釣魚之樂)을, 제3단락(38행) 봄날의 흥치(春興)와 제4단(18행) 가을 풍경과 흥거움(秋興)364 그리고 제5단 태평성대(太平聖代)와 성군만세(聖君萬歲)를 희구함으로 끝을 낸다. 즉흥가사로 볼 수 있는 점은 문장은 질박한 맛깔과 왕양대해(汪洋大海)의 호연지기(浩然之氣)를 드러내고 있으나, 유사한 내용의 중복과 구상이 치밀하지 못한 점을 드러낼 수밖에 없다.

v) 외형으로 볼 때 구절, 줄 수 및 음률 수 등에 대해선, 239구, 116행으로 파격적인 구문 19개나 있다. 감탄척사(感歎隻辭)로는 "하물며(ㅎ물려) 팔공산(八公山) 건너보니 높을락(노프락) 낮을락(ᄂᆞ즈락)"이 중간 부분에 들어가는

5음보 가사의 특징을 보인다. "앞서락(아뼈락) 뒤서락(뒤뼈락) 오오(五五) 삼삼(三三)이 이백과 두보 시를(李杜詩를) 섞어 읊고(섯거읇고)"는 2음고 기저율격(基底律格)으로 하는 6음보 1행이 7회나 나온다. 이같이 매끄럽지 못함은 즉 흥창가(卽興唱歌)였다는 사실을 여실히 보여주고 있다.

소유정 앞에다 '영남 유생의 위풍당당'한 그루를

당시 국한문 혼용의 가사를 읽기는 어려워도 현대어로 번역한 글은 대구시민의 자긍심을 스스로 살린다는 의미에서 한 번 정도를 읽어 봄 직하여 소개한다면,365 서사 부분으로 "금호강 흐른 물이 십 리밖에 구비 되어, 구뿔거리며  을자(乙字)로 모래밭에 비껴 흘러, 천 길 절벽 아래 뭇 물고기 모이듯이, 비슬산 한 줄기 동쪽으로 뻗어 있어, 가던 용이 머무는 듯 강나루에 둘려거늘, 소유정(小有亭) 두세 칸을 바위 기대어 열어 내니, 봉래산 선각(仙閣)을 새로 옮겨 내어온 듯, 용면366의 솜씨인들(龍眠妙手) 이같이 그럴런가. 악양루(岳陽樓)를 비친 달과 같은 빛으로 밝았으니, 뉘 형인지 뉘 아우인지 모르노라. 등자경(藤子京)이 살았던들 필연 한번 다투었으리. 엊그제 이 경치를 남의 손에 빼앗기더니. 천운이 다시 바뀌어 옛 주인에 돌아오니. 산하는 옛 그대로이고, 경치는 새로웠다. 물 위를 날아가는 갈매기와 해오라기, 계세봉(繼世逢, 이어져 세상에 만남)이 되었구나."

"아침 꽃과 저녁달에 시 읊기를 일을 삼아. 눈 가득 호산(好山)의 경치를 살펴보니. 천만 가지 모습이야 아마도 많다마는 범희문(范希文, 岳陽樓記) 없는데 뉘라서 다 쓸 것인가. 쓸 사람도 없으니 혼자 볼 뿐이로다. 낮술에서 막 깨어나서 낚싯대를 둘러메고, 마음대로 거닐면서 낚시터로 건너오니 산비는 잠깐 개어 햇볕을 내리쬐는데 강바람이 더디오니 수면(水面)이 더욱 맑다. 낙수 이천인들 이같이 맑을런가. 깊은 돌이 다 보이니 고기 수를 알리로다. 고기도 낯이 익어 나를 보고 반기는가. 놀랠 줄을 모르거든 차마 어이 낚을 손가. 낚시 마치고 물가 앉아 물고기와 벗이 되어 구름 그림자 하늘빛이 어리어 떨어지니 물고기 뛰어오르고 솔개가 날아감(鳶飛魚躍)을 구름 속에서 보는구나.”

달구벌이란 ‘하늘이 비밀리 감춰두었던 땅(天藏地秘)’이라는 사실을 알고자, “하늘이 아끼고 땅이 감추어 나를 주려 남겼도다. 다툴 이 없으니 다만 나만 두고 즐기도다. 어질면 산이 좋고 지혜로우면 물 좋다 하니, 어찌 이른 말씀인가. 볼품없는 이 몸이 어짊을 알랴마는, 산수에 벽이 있으니 늙을수록 더해간다. 저 귀한 삼정승과 이 강산을 바꿀 소냐. 이렇게 미친 마음 웃을 이 많다마는 아무리 웃어도 나는 좋게 여기노라. 이러 저리 옮겨 사니 가진 것이 얼마이리. 시골 늙은이 남은 생애 많다야 할까마는 조상 그리며 제사를 정성껏 지낸 후에 있으면 죽이요, 없으면 굶을망정 그 밖에 남은 일은 조금이나 바랄 소냐.”

마치 금호강심(琴湖江心)의 꽃 섬에 들어온 황홀경 속에서 옛 선비들의 선유를 상상하면, “이끼 낀 넓은 돌을 높이 베고 누웠으니, 복희씨(伏羲氏)의 세상을 오늘 다시 보는구나. 어느덧 잠이 들어 뱃노래에 깨어나니 가을 달이 강에 내려앉아 밤빛을 잃었거늘 반쯤 취해 시 읊으며 배 위로 건너오니. 물결 위에 배를 타고 달 아래 앉았으니, 문득 의심하기를 월궁(月宮)으로 올라간 듯 세상 밖 기이한 풍경 참람(僭濫)하게 보이누나. 정경을 다툰다면 내 분수로 두랴마는, 임자 없어 금하지 않아 나만 둔 가 여기노라. 놀기를 욕심내어 돌아갈 줄 잊었도다. 아이야, 닻 들어라, 만조에 띄어 가자. 푸른 줄풀잎 위로 강바람이 짐짓 일어 ….”

모두가 희구(希求)하는바, “이 강산은 뉘 땅인가, 성주(聖主)의 땅이로세. 성주의 신하 됨을 씀직도 하다마는, 이 몸이 어리석어도 직설이 되리런가. 태평성대(太平聖代) 가르침에 모두 버린 사람 되어 가을 달 봄바람에 시비

없이 누었구나. 아마도 이 몸이 성은도 망극할사. 백번을 죽어도 갚을 일이 어려워라. 부귀함이 길이 달라 못 모시고 물려서도 성주(聖主) 향함 작은 정성 갈수록 새롭구나. 평생에 품은 뜻을 비나이다. 하느님께. 북해수(北海水) 마르도록 우리 성주(聖主) 만세 누리소서. 요임금의 하늘과 순임금의 해를 매번 보게 해주소서. 모든 백성이 격양가(擊壤歌)를 부르게 하소서. 이 몸은 강가의 정자에서 풍월 읊으며 늙을 줄을 모르리라."

5.
금호잠용의 심장,
꽃섬(花洲)에선 무슨 일들이?

금호 꽃섬(琴湖花洲), 꽃의 왕국 아닌 '요정의 나라'

'금호 꽃섬(琴湖花洲)'을 노곡 주민들은 '섬들(島野)' 혹은 '무섬(물섬)'이라고 했다. 일제 행정용어로는 하중도(河中島)였다. 졸졸거리는 물소리에 갈대까지 노래하는 금호(琴湖)에 어울리지 않는 삭막한 표현이었다. 일제의 하중도라는 이름에서 벗어나고자 지난 2021년 9월 시민 공모를 통해 '금호 꽃섬(琴湖花洲, Geumho Flowery Island)'이라는 예쁜 이름을 찾아 달았다. 봄 유채꽃, 초가을 코스모스가 만개하면 지상에 모든 꽃 요정(花精)들이 모여드는 곳이라 자연스러울 뿐이다.367 꽃 요정(flower elf)이 살고 있다는 증거로는 첫째는 새로 만든 신천서로에서 꽃섬으로 연결하는 고가보행교(over-pass) 모양이 「뜨거운 것이 좋아(Some Like It Hot)」라는 영화 속 주인공 '마릴린 먼로(Marilyn Monroe, 1926~1962)'가 벗어 던졌던 브래지어(brassiere)와 같다. 그녀를 감쌌던 보자기는 금호 섶 온갖 화초와 풀숲까지도 황홀함으로 채색하여 '비 오는 날 수채화(rainy-day watercolor)' 한 장을 만든다.

둘째로는 누구나 찰칵 할 수 있게끔 「로마의 휴일(Roman Holiday)」에 나오는 '오드리 햅번(Audrey Hepburn, 1929~1993), 즉 '앤 공주(Anne Princess)'처럼 깜찍하게 찍을 수 있는 포토존(photo zone)이 곳곳에 있다. 셋째, 손바닥만 한 곳이 아니라 반나절을 바삐 걸어야 다 구경할 수 있을 정도인 7만 평(22만2,000㎡)이나 되는 '요정의 나라(Fairy Land)'다. 이곳에도 「겨울왕국 (Frozen)」이 시작될 때는 '엘사 공주(Elsa, The Snow Queen)'의 "잊어야지(Let it go)!"라는 가사를 모두가 자신도 몰래 흥얼거리게 된다. 넷째로는 꽃섬을 돌아 흐르는 금호강물도 졸~졸~, 벌들이 잉~잉~, 온갖 새들은 째~액~ 째~ 액, 재잘~재잘~, 하늘의 구름도 멍하니 넋을 놓고 만다. 팔공산 할머니마저 도 먼눈으로 졸다가도 두 눈을 비비시고, 뭔가 신비스럽다는 듯이 눈웃음 까지 치신다. 마지막, 백마기사(白馬騎士)가 말을 멈추고, '제우스 태양 마차 (Zeus' sun chariot)'도 잠시 쉬면서 꽃섬 관람에 넋을 놓아도 될 만큼이나 넓 은 주차장이 마련되었다.

달포 전 수첩과 볼펜만을 들고 아내와 금호 꽃섬을 찾았다. 평소에 풍경 을 스케치하는 습관으로 몇 곳을 스케치했다. 그런데 그림은 어디에 갔는지 메모 쪽지만 남아있어 말하기를 "봄 유채화, 여름 해바라기, 가을 메밀꽃, 겨 울 눈꽃이 피느냐고요? 아니요, 언제나 웃음, 사랑, 행복, 그리고 인정이 꽃 피는 곳(Canola flowers in spring, sunflowers in summer, buckwheat flowers in autumn, and snowflakes in winter? No, this place where laughter, love, happi- ness, and compassion bloom all year round)."이라고 '금호 꽃섬'에 추억들이 적혀 있었다. 지금도 한 마디로 꽃섬을 표현하라면 "신이 이곳의 아름다움 을 봤다면 몰래 훔쳐갔을 것이다. 절대로 불가능했다면 그렇게 아끼던 왕비 와 공주까지 몽땅 주고도 바꾸었을 것이다."

미국 '거울 강'과 캐나다 '눈먼 호수'보다도 더 아름다워

금호강을 볼 땐 미국 미시간 주(Michigan State)의 중부와 로어 반도(Lower Peninsula)로 흐르는 '거울 강(Looking Glass River, 길이 121km)'이 있다. 주변 에 산과 숲들이 강물에 어리기에 마치 거울과 같아서 붙여진 이름이다. 금 호강도 본래는 그보다 더 맑았기에 신라에서 고려 때까지 '푸른 비단 호수

(靑羅綢湖, Blue Silk Lake)'을 라고 했다가 조선 시대에선 '거문고(금호강) 물소리에 갈대가 풀피리 되어 노래하는 호수(葦箸琴湖)'로 변천하더니 『세종실록지리지(世宗實錄地理志)』에서 금호로 공식적인 강명이 되었다. 로버트 스티븐슨(Robert Louis Stevenson, 1850~1894)이 지은 '거울 강(Looking Glass River)'를 서투른 솜씨로 번역하

면 "순조롭게 미끄러지듯 나아가네, 여기는 잔물결, 저기는 빛나네. 아~ 깨끗한 자갈이고, 아~ 부드러운 시냇물까지도. 돛단배는 꽃, 은빛은 물고기, 공기(空氣)처럼 맑게 단장한 물 덤벙이야! 어린아이의 소원이 저 아래에서 살겠다는 게다(Smooth it glides upon its travel, Here a wimple, there a gleam / O the clean gravel, O the smooth stream; Sailing blossoms, silver fishes, Paven pools as clear as air / How a child wishes, To live down there). 우리는 색색의 얼굴을 볼 수 있어요. 흔들린 수영장에 떠 있어요. 시원한 곳에서 아래로, 어둡고 매우 시원하답니다. 바람이나 물에 주름이 잡힐 때까지 담비, 통통한 송어, 반짝반짝 퍼지고 모두 지워진다. 수많은 재잘거리는 울림들(rings)이 서로를 쫓는 것을 보라. 아래는 모두 밤처럼 검어진다. 마치 어머니가 빛을 꺼버린 것처럼…. 시냇물과 그 안에 있는 모든 것이 차차 맑아질 것이다."368

캐나다의 여성 시인 엠마 미아오(Emma Miao)369가 쓴 「그대의 눈을 멀게 하는 호수(The Lake Is Enough To Blind You)」라는 시 구절을 되뇌어 보면 "그건 오랜 이야기인데. 강둑에 앉아 달빛이 비치는 자갈 위에 가면을 벗은 소녀들이. 그들은 낄낄거리며, 코에 묻은 흰 반점을 털어내고 있었지. 신화는 그녀들에게 손가락을 호숫물에다가 적시게 하고. 잔물결을 핥았지. 낡은 다리에서 더러운 물을 튕기면서요(It is an old story. Girls, perched on banks, shedding masks onto the moonlit pebbles. They are giggling, brushing white flecks off their noses. The myth tells them to drag fingers into the lake, lick the ripple, splash dirty off their mis-haven legs). 어머니는 늑대가 발로 코를 비비는 것에 대해 주의하라고 했지. 그래도 물은 그들을 순종하도록 만들었지. 잠자리와 얼룩진 갈대가 결단코 일어나지 않을 일을 속삭인다고 합시다. 출렁이는 파도가 손바닥을 반쯤 펴고, 호숫가에서 잊게 하세요. 그들은 검은색 갈기가 그들의 몸 뒤에서 빛날 것이니. 얕은 곳이라고 걸어 들어가지요. 안개가 가라앉고 갈기가 있는 반사가 모자이크 모양으로 흘러갑니다(A mist settles; their crested reflections blur into mosaics). 허리를 누르는 손을 기억하세요. 입술 위에서 춤추는 한숨을 기억하세요. 안개가 걷히면 소녀들은 사라지지요(Remember hands pressing into waists. Remember sighs dancing on lips. When the fog lifts, the girls are gone)."[370]

꽃섬(花洲)은 금호잠용의 심장(琴湖潛龍心臟)

함지산에서 동화천(桐華川), 신천(新川), 팔거천(八莒川), 달서천(達西川)이란 4개 지천을 사지(四肢)로 생각하면, 금호(琴湖)라는 거대한 잠룡(潛龍)이 그려진다. 옛 선인들은 그런 모습을 금호잠용(琴湖潛龍)이라고 했다. 이에 연유하여 칠곡(漆谷)이나 지천(枝川)에서 보면 금호강섶에서 햇살을 받아서 졸고 있는 금호잠용에다가 와룡산(臥龍山)이라고 불렸다. 오늘날 아양루(峨洋樓)와 통천사(通天寺)가 있는 금호수변 서벽산(西壁山)을 9마리 용이 우글거리는 형상에 구룡산(九龍山)이라 했다. 그렇다면 과거 하중도(河中島) 혹은 섬들(扇狀地)은 강심(江心)에 있기에 '금호의 심장(琴湖之心)'이었다. 바로 '거대한 금호잠용의 심장 (Great Submerging Geumho Dragon's Heart)'이었다. 그래서 그런지

그곳에 무지개가 뜨지 않아도 모두의 가슴을 콩닥거리게 한다.

하중도(河中島)란 사방이 강물로 둘러싸여 있어 혼자 힘으로 벗어날 수 없는 내륙고도(內陸孤島)였다. 그래서 『조선왕조실록(太宗實錄)』에선 국왕 태종이 처남 민무질(閔無疾, 생년 미상~1410)에게 1407년 11월 21일에 대구현(大丘縣)에다가 안치(귀양)를 명령하였다(命置無疾于大丘). 죄질로 봐서는 꽃섬(하중도)에 절도안치(絶島安置) 혹은 위리안치(圍籬安置)를 시켜야 합당했으나,[371][372] 워낙 국왕의 처남이라는 권세로 귀양살이(州郡安置)[373]는 고사하고 정계에다가 연줄 대기 붕비(朋比: 붕당해 자기 편들기)가 흥청망청(興淸亡淸)이라 배후세력이 하늘을 찔렀다. 결국은 태종 8년 11월 19일, 사간원(司諫院)에서 민무질(閔無疾)과 거래하는 대구 현령 옥고(玉沽, 1382~1434)에게 처벌을 요청하는 상소문이 올라왔다. 태종은 대구 현령을 처벌하기는커녕 자기 처남의 처소만을 옮겨 주어라 지시했다. 다음날 11월 20일 처남 민무질을 삼척진(三陟鎭)으로 안치처소(安置處所)를 옮겼다.[374][375] 사간원 상소문에서는 i) 민무질은 죄를 뉘우쳐 악행을 고치지 않고, ii) 외부 잡인들과 서로 교류결탁을 하였으며, iii) 지역 백성 조득시(曹得時)의 딸에게 장가드는 불법을 자행했다는(不悛其惡, 交結雜人, 又娶土人曹得時之女, 恣行不法) 등. 이에 대해선 대구현령 옥고(玉沽)에게 심문조사조차 하지 않는다는 내용이었다.[376] 이와 같은 내용으로 봐서는 꽃섬에 절도안치(絶島安置) 혹은 위리안치(圍籬安置)는 못 했을 것이고, 겨우 주군안치(州郡安置) 정도 했다고 봄이 합리적이다.

그러나 오늘날 꽃섬(河中島)은 과거 위리안치(圍籬安置)를 했던 인절고도(人絶孤島)가 아니다. 새해 아침 해맞이를 함지산 자락 망일봉(望日峰)에서 하면서 금호 꽃섬을 올해도 내려봤다. 머릿속에 떠오르는 생각은 "달구벌의 맥박은 꽃섬에서 뛴다. 금호 꽃섬이 바로 금호잠용의 심장이기 때문이다. 심장이 뛰어야 생명체에 봄이 오고, 꿈을 꿀 수 있는 의미를 주며, 미래를 그리게 하는 팔레트에다가 색채를 제공한다. 밤하늘에 별들이 금호에 쏟아졌다는 옛 전설이 아니더라도, 한반도의 아침 동이 이곳 금호에서 동이 튼다(Dalgubeol's pulse beats on This Flower Island. Is because This Kumho Flower Island, Is the very heart of Kumho Jamyong. When the heart beats, spring comes to living things, gives meaning to dreams, and provides the colors of the palette to draw the future. Even if it is not an old legend that the stars in the night sky poured down on This Lake Kumho, The Morning of the Korean Peninsula rises here in this Kumho Lake)."를 영어와 원경을 스케치한 그림과 같이 외국인 지인들에게도 보냈다.

6.
대구 시민의 연못,
금호는 삶의 미학을?

대구 시민의 월든 연못(Walden's Pond), 금호(琴湖)

세계적 명문대학(Harvard, MIT 및 Oxford University 등)과 대자연의 조화 속에서 인간다움을 추구하고 있는 '인문학 도시(Humanities City)' 보스턴(Boston)에는 모든 시민이 월든 연못(Walden's Pond)에서 마음을 깨끗이 씻고(洗心淨), 그리고 미래 무지개를 그린다(劃來虹). 보스턴시 콩코드의 월든 연못은 보호구역(Walden Pond State Reservation)으로 지정되어 있다. 그 면적이 136ha이고, 1845년 여름부터 2년 2개월 2일간이란 짧은 기간 월든 연못 섶 북쪽 대자연 속은 초월론 철학자 헨리 데이비드 소로(Henry David Thoreau, 1817~1862)가 거주했던 곳이다. 1854년에 그는 『월든 연못 또한 숲속의 삶(Walden or Life in the Woods)』이라는 책까지 집필했다. 이로 인하여 월든 연못이 세상에 알려졌고, 1962년에는 국립 역사 랜드마크(National Historic Landmark)란 자연보호구역으로 지정했다. 오늘날 보스턴 시민에게 '삶의 미학(aesthetics of life)'을 낳는 보금자리가 되고 있다.

동서양을 가리지 않고 대학생들이 누구나 읽게 되는 『월든(Walden)』이란 책을 "대자연에 대한 예찬과 문명사회에 대한 통렬한 비판이 담긴 불멸의 고전"이라는 광고문이 어떤 면에서는 핵심을 찔렀다. 그러나 초월론자 헨리 데이비드 소로(H. D. Thoreau)의 생각은 '삶은 고통과 기쁨의 미분학(the differential calculus of pain and pleasure)'이었고, '단순함을 추구하는 삶의 소명(the pursuit of simplicity is the calling of life)'으로까지 파고들었다. 그의 저서 일부분을 인용하면 "우리에게 주어진 시간은 영원하지 않다. 시간의 잔고(殘高)에는 늙음과 젊음이 따로 없다. 한번 지나간 시간은 다시 되돌릴 수 없다. 순간순간을 헛되게 보내지 말라. 하루하루를 충만한 삶이 되도록 노력해야 한다. 스스로 자기 삶을 다져야 한다. 어디에도 매이지 말고 자유롭게 살라. 그렇게 하고자 나는 오늘 저녁 월든 호수로 떠난다."377

　금호강이 오늘날 대구 시민에 제공하는 건 보스턴의 '월든 연못(Walden's Pond)' 그 이상이다. 시민에게 뚝~ 던져주는 '삶의 미학'만으로도 복잡한 현대사회라는 세속에 근심·걱정에 찌들었던 마음을 깨끗이 씻어주는 건, 바로 오늘날 초등학생 용어로 '골때리기'를 '멍때리기'로 바꾸는 것이다. 사실은 i) 눈을 닦고 보아도 보이지 않는다면 눈을 씻는다(洗眼). ii) 못 들어야 할 것을 들었다면 그것이 마음에 남아있다면 귀를 씻어야 한다(洗耳). iii) 그렇게 해도 마음에 앙금이 붙어 있다면 마음을 씻어야 한다(洗心). iv) 하지 말아야 할 짓거리를 하거나 만들지 않도록 손 씻기(洗手)를 해야 한다. 종교적인 정화의식으로 손 씻기가 코로나 팬데믹(corona pandemic) 때 방역 방법으로 이용되었다. v) 습관적 행동을 하지 않기 위해서 발 씻기(feet washing, 洗足)가 선비들의 피서법으로. 맑은 물에 발을 담그면서 음풍농월했던 탁족시회(濯足詩會)도 소요유문화(逍遙遊文化)의 하나가 되었다.

　옛날 어릴 때 들었던 이야기인데, 후한 말에 황보밀(皇甫謐, 215~282)이 쓴 『고사전(高士傳)』에 나오는 고사로 "기산영수(箕山潁水)에 은둔해 살았던 소부(巢父)와 허유(許由)라는 선비가 있었는데, 소부(巢父)의 능력을 인정하고 요(堯) 임금이 천하를 맡아달라는 말을 듣고 더러운 말을 들었다고 곧바로 귀를 씻었다. 마침 소를 몰고 가던 허유(許由)가 귀를 씻는 모습을 보고 물었다. 천하를 다스려달라는 말을 들었고 귀를 씻었다고 하자, 그 더러운 물을 소에게 먹일 수 없다고 하면서 소를 끌고 상류에 가서 먹였다."[378] 여기서 '귀 씻기(洗耳)'가 생겨났고? 오늘날 우리도 새로운 세상을 보고자 눈을 몇 번이고 닦고 씻어본다(洗眼). 오랜 습관이나 못 된 버르장머리를 고친다는 의미로 손 씻기 혹은 발 씻기(feet washing, 洗足)를 하는 것은 '신의 숨겨둔 진리(the hidden truth of God)'로 단순한 신비의 차원을 넘는다. 예수는 십자가 처형 전야(the night before his Crucifixion)에 자신의 열두 명의 제자들의 발을 몸소 씻겨주었던 '마지막 만찬(Last Supper)'을 통해 마음속 앙금까지 다 씻을 수 있었다.[379]

세심정(琴湖洗心亭)에서 마음 씻기(mind washing, 洗心)를

동화천 섶 동변동 유니버시아드 선수촌 아파트에서 가람봉 들머리에는 '마을을 씻어주는 정자(洗心亭)'가 자리 잡았던 옛터가 있다. 세심(洗心) 전응창(全應昌) 선생이 세운 정자라 그의 호를 따서 세심정(洗心亭)이라고 했다. 세심 선생의 형, 계동(溪東) 전경창(全慶昌)은 대구 최초 서원인 연경 서원 건립을 주도했던 농암 이현보 선생의 아들 이숙량(李叔樑)과 영남 유림의 쌍두마차였다. 연경 서원을 들락거렸던 영남 유림들은 금호강 선유[380]와 세심정 풍류를 즐겼다. 세심(洗心)을 통해 요산요수지락(樂山樂水至樂)을 담을 마음의 그릇을 마련하고 담겨있던 걸 몽땅 비웠다. 그래서 그런지, 인근 '꽃소(花潭)', '꽃 그림 벽(畵壁)' 그리고 학봉(鶴峯, 가람봉)의 풍광에도 조그마한 흔들림이 전혀 없었다.

이태백(李太白)이 지었던 「인생 살기 어렵다(行路難)」에서 "귀 있다고 (더러운 걸 다 듣고) 영천 물로 귀를 씻지 말라요. 입 있다고 수양산 고사리 뜯어 먹지 말 것이지. 빛을 숨기고 세상과 뒤섞여 무명(無名)을 귀히 여길지라. 어찌해 고고함을 구름과 달에 비교하는가?"[381]라며 마음을 비우고 밑바닥까지 싹 씻어버린다. 선인들이 즐겨 사용했던 세심기법(洗心技法)을 모아보면, i) 선비들이 사용했던 방법으로는 관수세심(觀水洗心), 관어세심(觀魚洗心), 청풍세심(淸風洗心), 관인세심(觀人洗心), 관풍세심(觀風洗心), 주마간산(走馬看山), 시송세심(詩誦洗心), 음풍농월(吟風弄月), 범주세심(泛舟洗心), 집필세심(執筆洗心) 등이 있다. 고찰 스님들에겐 관음선좌(觀音禪坐), 독경세심(讀經洗心), 회두청산(回頭靑山), 사경세심(寫經洗心), 염불세심(念佛洗心) 등이 있었다.

오늘날 술꾼이라면 '세심(洗心, Senshin)'이란 일본 아사이주조(朝日酒造)의 술 이름이라는 정도는 다 알고 있다. 일제 병참기지였던 대구에 일본인들이 남겨두고 간 '마음 씻기(洗心)' 술 문화를 살펴보면, 세심주(洗心酒) 한 잔술에 "한가롭게 앉아 있으니 솔바람까지 들리네(閑坐聽松風).", 두 잔 술에 "하루하루가 좋은 날이니(日日是好日, にちにちこれこうにち)" 석 잔엔 "세상 여의주가 손바닥에 주어졌는데도(明珠在掌, あけじゅさん).", 넉 잔은 "평상심을 찾는 게 도리니(平常心是道, びょうじょうしんこれどう).", 다섯 잔을 마시고부터 "신발을 신기 위해 발밑을 봐야 한다(脚下照顧, きゃっかしょうこ)." 그러고 보니 이것이 일본인들 '평상심을 찾음(尋常)'이니라. 아서라! 일본인 전용 심상소학교(尋常小學校)라는 명칭이 여기에 연유했다니. 비틀거리면서 집으로 돌아오는 길에 "바람이 꽃들 치마 속을 헤집고 나왔기에 향기가 내게 날아 드는구나(風從花裏過來香)."라는 일본 친구 녀석이 던졌던 하이쿠(俳句)가 기억난다.

한편, 중국 친구 녀석의 세심(洗心)은 당나라 시인 사마퇴지(司馬退之)[382]가 읊었던 풍월을 소개하면 "명리(名利)는 먼저 밟아보지 않아도, 땅과 먼지는 밟기도 전 낌새로 뭔가 느끼게 되지. 쌀밥과 기장밥은 먹지 않아도, 정신을 맑게 함을 느끼게 된다네. 비단 자락이 물 위에 떠내려가는 데, 해와 달의 밝기는 순간이 아니네, 산이 날씬하고 소나무 또한 가볍게 흐려가네. 학은 늙어도 나는데 사뿐히 날아오르네. 세상 천하를 다 가슴에 넣은 그대에게 비취색이 오래 가겠네(逍遙此中客, 翠發皆長生). 초목은 옛 빛깔 그대로라. 닭과 개도 새로운 짖는 소리가 아니라네. 그대는 세속에 뜻을 갖고 태어나겠지만, 영웅호걸의 명예를 탐하지 말게나. 오만한 모습의 관대를 풀어 벗어 던지고, 인간의 본정(本情)을 다시 나눠 가지세. 세상 떠남은 붉은 저녁놀의 길목에 있으니, 새벽을 향해 여명이 뜬다고 하겠지."383에 이어 "저녁 북소리와 새벽 종소리는 기러기를 빨리 날아가게 하고, 날아가는 비구름과 노을에 물든 바다는 참선에 마음을 씻어주네(暮鼓晨鐘催雁陣, 飛云幻海洗禪心). 세상 속 먼지는 한 자락의 꿈이란 나그네가 되었네. 달빛 아래 맑은 바람은 소박한 거문고를 타게 한다네."384라는 시구가 회상된다.

황도주(黃道周, 1585~1646)의 「세심시(洗心詩)」를 적어보면 "우(虞)나라 하(夏)나라도 세상엔 한 톨의 먼지였고, 만경창파는 두루마기 옷깃 펄럭거림이겠지. 꽃잎 떠내려오는 개울물을 대숲이 덮으니, 절굿공이로 사립 문짝 버티게 하네. 이미 하늘에는 꿈같은 게 없다고 믿고 있기에, 눈만이라도 내릴 것이라고 보이지 않네. 눈 닦고 넓고 넓은 세상을 보니, 세상은 다 같이 그리 호락호락하지는 않는가 보네."385

일전에 세심정(洗心亭) 옛터에 앉아 생각을 했다. 금호강이 대구 시민에게 던져주는 미학이 뭘까? i) 도원결의처럼 의기투합하여 세상 뒤집기도 가능한 '우리가 남이가?'라는 기백이 세심정의 탄금성에서 일어났고, ii) "떠날 때는 미련 없이 모든 걸 털어버려라." 혹은 "줄 바에는 홀~라~당" 했던 어느 주모의 말씀처럼, iii) 의리의 돌쇠들이 모였다는 이곳에는 '똘똘말이 손 털기'로 왜곡되었다. 막장엔 '화원 교도소 담장 타기'로 변질된 게 큰 아쉬움이다. iv) 적어도 세속에 찌든 마음을 깨끗이 씻고자 한다면 '잠시 멍~때리기'라도 하고 가야지. v) 금호강물에 어리는 산 그림자와 같이 미래 그림이라도 겹쳐보고자 하네.

7.
금호 거북이가
팔공산이 그리워 기어오르는데!

팔공산을 등진 금호 거북이가 되고자

우리나라 풍수 속담에 "산을 등 진 거북이와 바위를 등진 가재(背山 龜背巖蟹)."라는 말이 있다. 금호 강 변 마을을 살펴보면 대부분이 이 속 담에 따라 지형지물의 명칭을 정한 곳이 많다. 크게 보면 생태계 순환고 리(ecosystem cycle)이고, 아주 좁  게 말하면 풍수지리설이다. 금호강 혹은 신천 물길을 명줄로 여겨왔던 옛 선 인들은 우순풍조(雨順風調)로 가뭄과 홍수가 없는 풍년을 기원했다. 용왕 의 왕자 거북이 혹은 물개에 대한 믿음이 대단했다. 금호강 섶을 살펴보면 경산시 진량읍 대리리 거북바위(龜巖), 구연정(龜淵亭) 및 구연(龜淵)이 있고, 조야동 뒷산 함지산 옆 자락에 자라봉(鼈峰), 금호강(팔거천) 거북이가 가산 (팔공산)을 향해 기어올라 가는 모습을 한 구수산(龜首山) 및 구수산도서관 (龜首山圖書館)이 있다. 2010년 대구시는 '신천수상치석계획(新川水上置石計 劃)'에 따라 모산(毛山) 손문보(孫文報) 선생이 사재 4억 2천만 원을 쾌척해

갓다 놓았던 상동교 인근 거북바위, 대봉교 인근 황소 바위, 그리고 경대교 인근 물개 바위가 물길을 순탄하게 조율하는 버팀목 역할로 신천직류(新川直流)의 허결비보풍수(虛缺裨補風水)에 따른 비방(祕方)을 기획했다.[386387]

이와 같은 허결비보풍수(虛缺裨補風水)의 하얀 속살을 그대로 드러내고 있는 곳이 바로 일명 둔산(遯山) 대암봉(臺巖峰) 기슭에 자리 잡은 옻골마을(慶州崔氏集姓村)이다. 임진왜란이 지난 1616년 옻골마을에 보금자리를 틀고자 들어온 대암(臺巖) 최동집(崔東㠍, 1586~1664) 선생이 입향조다. 옻골을 터전으로 잡고자 그는 산천경계(山川境界)를 여러 번 살펴봤다. 대암봉(臺巖峰)에 거대하고 역동적인 '생생한 거북바위(生龜巖)'가 있었다. 그믐밤에도 뿌옇게 보이는 흰 바위(白巖)였기에 당시 소중한 쌀가루(米粉)처럼 보였다. 그래서 '쌀가루 바위(米粉巖)' 혹은 '가루 바위(粉巖)'라고 했다. 이와 같은 '가루 바위(粉巖)'가 전국적으로 많으며, 웅진군 대청면에서도 있다. 최동집 선생은 오늘날 살아있는 거북바위(生龜巖)가 옻골마을을 떠나지 않도록 하고자 i) 알을 놓고 조용히 살도록 '귀먹은 것처럼 고요한 연못(聾淵)'을 파놓았고, ii) 동네 남쪽이 금호강으로부터 수해와 텅 빈 허결(虛缺)을 보완하고자 비보수림(裨補藪林)를 심었다. 하나 더 기획했던 게 바로 오늘날 옻골 선비 마을, 즉 최씨 집성촌이다. 선비들의 문방사우(文房四友)를 마련함에 필수적인 나무였던 관목 옻나무와 교목 회화나무를, 동네 어귀엔 회화나무를 심었고, 대암봉 아래에 산자락에는 옻나무를 심었다. 옻나무는? 왜냐하면 문갑(文匣), 필갑(筆匣) 등의 문방사우(文房四友)는 물론이고, 붓을 놓고 칼을 잡았을 때(見危授命)는 즉 갑주(甲冑)를 만들 때도 옻은 방부제, 접착제, 살충제 등으로 유용하기 때문이다. 회화나무는? 방부제, 살균제에다가 황색 안료(黃色顏料)로 서책을 만드는 데 긴요한 재료였다. 이렇게 빈틈없이 기획 설계했던 경주 최씨의 보금자리 옻골 마을이다. 1644년 농연바위(聾淵巖) 위에다가 농연서당(聾淵書堂, 용수동 665-2)을 설립해[388389], 종중서당(宗中書堂)으로 역할을 다했다. 경주 최씨 대암공파(慶州崔氏臺巖公派) 집성촌으로 오늘날 의젓하며 긍지 높은 옻골(漆谷) 선비 마을이 되었다. 이후 대암 선생의 5세손 백불암(百弗菴) 최흥원(崔興源,

1705~1786)이 복원하였고, 이어 수차례 홍수와 화재로 인한 수리와 중건을 거듭하였다.

먼저 백불암(百弗菴) 최흥원(崔興源) 선생이 사셨던 백불고택(百弗古宅)이 있다. 이곳은 지난 영조 41(1765, 乙酉)년에 중용(中庸)의 한 구절, "온갖 다 알고자 하지도 말고, 온갖 일 다 하겠다고 하지도 말라(百弗知, 百弗能)."390 라는 송나라(宋國) 주자(朱子, 1130~1200)의 말씀 한 구절에서 백불암(百弗 庵)이라는 편액을 만들어 걸었고, 자신의 호를 백불암(百弗庵)이라고도 했다. 백불(百弗)이란 오늘날 젊은이들은 100$(달러)로 알겠지만 '백 가지 다 하겠다고 행동하지 말라(百弗行).'391라는 뜻을 알고부터 '하나라도 똑 부러지게 잘하라.'라는 각오를 하게 한다. 백불암(百弗菴) 선생도 16세 10월 팔공산 산자락 보재사(寶齋寺)에서 사서삼경 가운데 맹자(孟子) 공부를 시작하면서 용솟음치는 미래 꿈을 한 폭 그림처럼 담아 시로 "팔공산 자락 아래 암자 하나 웅장하네. 단청 누각 우뚝하게 창공을 찌르네. 낙엽이 땅에 떨어지니 산봉우리도 여위어졌도다. 폭포물 쏟아지자 골짜기는 모두를 귀머거리 만들었네. 세상 물정 몰라서인지라, 새로운 마음 다짐을 하노라. 세상에 묻은 온갖 때나 씻어버리고자 하노라. 가장 이렇게도 신령스러운 곳에서 끝없는 뜻을. 몇 마디 학 울음이 하늘 끝에 닿겠는데(最是靈區無限意, 數聲鳴鶴九天通)."392 이렇게도 세상 온갖 일을 다 하겠다고 다짐했다.

그의 나이 35세 되는 영조 15(1739, 己未)년 3월, 아무것도 마음대로 되는 일이 없는 심정을 「매화꽃을 노래함(梅花詩)」에 담아 읊었는데 "해마다 해 묵은 매화 가지마다 차가운 빛 매화가 피어났네. 눈에 생생하게 만물의 이치가 이다지도 기이한가. 어찌 단지 이 사람은 이런 섭리를 못 하는가? 외톨이 이슬방울처럼 마음 상해 눈물이 나는구먼(斯人何獨無斯理, 孤露傷心涕自垂)."393 40세에 영조 20(1744, 甲子)년 3월 형제들과 떨어져 살면서 소감을 「붉은 박태기의 노래(紫荊詩)」에다가 "지난밤에 바람이 불지 않았는데도, 붉은 박태기 꽃부리가 응당 아름다우리. 무슨 일인지 뜰 앞에 있는 나무는. 시들어 꽃이 피려고도 하지 않는가? 스스로 부끄럽게 내 마음씨 야박해서 그런 건가? 북돋워 기름에 온갖 정성을 다하지 못했음이구나(自愧心力薄, 培養未以誠)."라고 자신의 박덕함을 술회(述懷)해 보았다.[394]

　45세 영조 25(1749, 己巳)년 8월에 「귀 먼 연못의 노래(聾淵詩)」를 지었으니 "이 몸의 세상살이는 대자연 속 초당에서 살아간다네. 마음속엔 다만 옛 거문고와 서책이 있을 뿐이라네. 언젠가는 이 풍진(風塵) 세상을 벗어나겠는가? 팔공산 대자연 속에 뛰어들어 물과 바위틈에 살아가겠는가(何時出此塵窠外, 走入公山水石居)?"[395]로 소풍 온 아이들처럼 소요유(逍遙遊)를 숨김없이 드러내고 있다.

옻골 비경, 농연구곡(聾淵九曲)을 더듬어

　농연(聾淵), 농연암(聾淵岩), 농연정(聾淵亭, 臺巖先生講學堂), 농연서당(聾淵書堂, 聾淵亭址, 百弗庵 講學堂)은 최씨 문중의 "하늘이 감춘 비경(天藏祕境)"이 아니라 영남유림의 풍류선경(風流仙境)이었다. 농연비경(聾淵秘境)을 모두 읊었던 농연구곡(聾淵九曲)은 대암(臺巖) 선생의 9세손, 백불암(百弗庵)의 3세손(曾孫) 지헌(止軒) 최효술(崔孝述 혹은 崔都正, 1786~1870)[396]에 의해서 창작되었다. '지헌선생 문집(止軒先生文集)'에 게재된'농연구곡(聾淵九曲)'을 제목만이라도 들춰보면: i) 가루 바위(粉巖, 生龜巖), ii) 푸른 연못(俯碧淵), iii) 백길 물 쏟아짐(百尺懸流), iv) 귀먹은 것처럼 고요한 연못(聾淵), v) 거랑 섶 오동과 버들 숲(溪梧柳), vi) 맑은 물 금호(晴川琴湖), vii) 물에 둘러싸인

성벽(繞水城), viii) 물안개에 싸인 옻 골 동네(碧洞天), ix) 용이 승천하는 문(龍門)을 노래했다.

　달구벌 선인들뿐만 아니라 오늘날 우리들의 정서 속에서 고요하게 흐르는 「농연구곡(聾淵九曲)」을 살펴보면, "첫 번째 노

래는, 동네 들머리를 지키고 있는 하얀 쌀가루 바위(粉巖, 今日生龜巖)라. 바람과 물안개가 하늘과 땅을 온통 다 차지했네. 헤매면서 찾았더니 작은 오솔길이 이곳 언덕에 시작되었다. 맑은 물덤벙 섶 자리 잡고 앉아 술독 하나를 비웠다네(一曲粉巖立洞門, 風烟已占別乾坤. 尋眞小路玆邱始, 對坐澄潭擧一樽).", "두 번째 노래는, 작은 언덕 부벽연(俯碧淵)이라네. 눈 앞에 펼쳐진 풍광은 넓고도 끝이 없다데. 가장 즐거운 바람과 봄날임에도 날이 저물어가니, (용왕의) 어린 왕자관을 쓴 물결이 예닐곱 번이나 회오리친다(二曲小邱俯碧淵, 眼前光景浩無邊. 最喜風和春暮日, 童冠六七共洄沿)." 그리고 "세 번째 노래는, 쏟아져 내리는 물이 백 척 깊이는 깊다네. 맑은 하늘에 우레치고 비가 쏟아내리니 그윽하게도 어둠이 짙어 오네. 개울에 다가가니 비취색 돌들은 올라갈 곳을 내어주는데, 삼라만상을 모두 관리 명령할 명분과 오지랖이랑 넓히게 되겠구만(三曲懸流百尺深, 晴空雷雨滌幽陰. 臨溪翠石成臺處, 管領名區萬象森)."[397]

이어 "네 번째 노래는, 귀먹은 것처럼 고요한 연못(聾淵, 不聽無聲得聾淵)이란 잔잔하고도 깊다네. 온 산에 소나무와 계수나무는 백년단심(百年丹心)의 나무라지. 남창을 향해 고요히 앉아 푸른 냇물에 빠진 달을 대하니, 머릿속에는 과거를 향한 묘한 곳으로 찾아드네(四曲聾淵窈且深, 滿山松桂百年心. 南窻靜對淸川月, 試向源頭妙處尋).", "다섯 번째의 노래는 개울을 따라 늘어선 오동나무와 버드나무들이, 사시사철 즐거움 주고 푸름을 줌은 무궁무진이라네. 조화옹(造化翁)은 앉아 있지 못하고 온종일 분주하다네. 갈매기와 왜가리는 저녁 바람에 서로들 희롱하면서 둥지를 날아드네(五曲沿溪梧柳中, 四時佳景樂無窮. 主人竟日忘機坐, 鷗鷺相尋弄晚風.)", "여섯 번째 노래는, 맑은 강물이 스스로 탄금성을 낸다는 금호강, 이 같은 사연에는 깊이 있게 지음지인(知音知人)하는 사람이 적다네. 구름도 개고 안개도 맑아지더니 방금 참모습을 드러내었다네. 뜻을 얻으려는 걸 잊지 말게나 지금 앉아 있는 그 푸른 그늘 자리가 바로 꽃자리(花席)라는 사실을(六曲晴川自作琴, 祇緣深僻少知音. 雲開霧豁方眞面, 得意忘言坐綠陰)!"

마지막으로 이어가자면, "일곱 번째 노래는, 푸른 숲과 바위 그리고 물로 둘러싸인 왕성(王城) 같다네. 정자이고 정자 밖이고 맑고 깨끗함이야 이보다 더 하랴? 일과 싸움을 한다고 깊은 뜻이 생기는지. 인생의 참살이는 공들여 쌓아서야 성공할 수 있는지 누구 알겠소(七曲蒼巖繞水城, 亭亭物外十分淸. 誰知兢業臨深意, 進得工夫這裏成)?", "여덟 번째 노래는, 구름과 연기로 하늘의 구멍을 틀어막고, 뽕나무와 삼밭에 비 내리게 하여 풍년을 점지하여 주소서. 맑고 맑은 아침이 끝나기를 기다리고 섰다가. 뭇 산들이 삐죽삐죽하게도 나란히 천태만상의 조화로세(八曲雲烟闢洞天, 桑麻雨露占豐年, 終朝佇立澄潭上, 簇簇羣巒象萬千)." 그리고 "아홉 번째 노래는, 하늘 문이 열리고 용이 승천하려는 기세로다. 봄바람에 화평한 기운에 아지랑이 피워 감돌고 있네. 흐르는 물 머리에는 물이 살아 움직이고, 청량도 거와 같은지라. 더욱 깊은 조화를 보니 본질을 되찾음을 방금 알겠네(九曲龍門勢欲開, 春風和氣靄然來. 源頭活水淸如許, 深造方知本地恢)."[398]

8.
금호 섶 산기슭엔
동네가 줄줄이 열리고

물고기가 뛰어노는 모습에 그만 넋을 놓았다네(觀魚之樂)

우리나라 조선 시대에는 관어대(觀魚臺)가 여러 곳에 있었다. 경상북도에 현존하는 관어대만 해도 영덕(영해 괴시2리) 상대산 관어대(觀魚臺), 의성 안계면 교촌리 관어대(觀魚臺) 및 예천 보문면 간방리 관어대(觀魚臺)가 있다. 이 외에도 기억나는 곳으로는 강원도 정선 관어대(觀魚臺), 대구 북구 사수동의 관어대(觀魚臺)도 있다. 우리나라에서 가장 유서 깊은 관어대(觀魚臺)로는 영덕 혹은 영해 상대산(上臺山) 관어대(觀魚臺)라고 한다. 왜냐? 여말삼은(麗末三隱) 가운데 한 분이신 목은(牧隱) 이색(李穡, 1328~1396)이 쓰신 「관어대소부(觀魚臺小賦)」는 멀리 중국에까지 알려졌다[399]. 서거정(徐居正, 1420~1488) 선생은 이곳을 찾아서 관어대부(觀魚臺賦)를 작성해 보는 걸 평생 숙원으로 간직했다가 현장에 당도하여 일필휘지로 「후관어대부(後觀魚臺賦)」를 지었다. 또한, 김종직(金宗直, 1431~1492) 선생도 이곳에서 「관어대부(觀魚臺賦)」를 남겼다. 이곳은 조선 초기 성황당산(城隍堂山)이었으나 최근 상대산(上臺山, 186.3m)으로, 그리고 정상 183m에 관어대(觀魚臺)가 설치되었다.

목은 선생이 이곳을 찾아 「관어대소부(觀魚臺小賦)」를 남겼다. 그 내용은 "벼랑 아래에 노는 물고기를 하나둘 셀 수 있어 보이기에 관어대라고 이름을 지었다(石崖下游魚可數, 故以名之). 그곳은 움직이면 태산이 무너지는 듯하다. 고요하면 거울을 닦아 놓은 듯하다. 풍백(風伯)이 풀무질하는 곳이요. 해신이 거처하는 집이다(其動也如山之頹, 其靜也如鏡之磨.風伯之所橐鑰, 海若之所室家). 이것을 관어대 위에서 굽어보면 위에는 하늘, 밑에는 물이다. 대 밑에는 물결이 잔잔하고 뭇 고기들이 모인다. 사람이 만물의 영장으로 내 몸도 잊고 즐거움을 즐기며, 그 즐거움을 즐기다가 편안하게 자연으로 돌아가나니, 외물(外物)과 내가 한마음이다(有臺俯焉, 目中無地.上有一天,下有一水. 茫茫其間, 千里萬里. 惟臺之下, 波伏不起. 俯見群魚, 嗟夫我人, 萬物之靈. 忘吾形以樂其樂, 樂其樂以歿吾寧. 物我一心)."400

서거정(徐居正, 1420~1488)은 고려 목은(牧隱) 이색(李穡)의「관어대소부(觀魚臺小賦)」를 읽고 난 뒤에 현장을 찾아서「후관어대부(後觀魚臺賦)」를 적었으니, "관어대는 붉은 햇살(丹陽) 아래 해안에 있고, 형세가 매우 우뚝한지라. 하늘과 거리는 한 줌이고, 굽은 모양이라 땅이 보이지 않네. 하늘하고 땅만 서로 맞닿아있다. 위아래가 온통 같은 푸른색이네. 아득히 그 몇천만 리인 줄도 알 수가 없는지라. 도무지 끝을 볼 수 있겠는가? 내가 아득하게 선경(仙境)을 넘어, 천지의 원기를 넘어서니 호탕하게 휘파람을 불었다네. 무지개를 한입 뿜어내면서 동해가 술잔처럼 보이는데. 천하가 이미 눈 안에 들어올 만큼 작아져 버렸다네(凌汗漫, 超鴻濛, 發豪嘯, 吐霓虹, 杯視東溟, 而天下已小於目中矣)."401라고 시작했다.

이어 "오직 이런 도(道)는 만고이래(萬古以來) 한결같은 것이라. 아, 나는 하찮은 존재(存在)로 도(道)를 들음은 늦었지만, 그러나 이미 고인의 즐거움을 함께 즐거워했으니, 의당(宜當) 고인과 한 가지로 돌아가리라 하였네. 정자(鄭子)402는 수염이 연미(燕尾)처럼 나눠진 채, 매우 기뻐 어쩔 줄을 모르면서, 잔을 씻어 다시 술을 따라서, 큰 술잔을 나에게 권하는지라, 서로 술잔을 잡고 조용히 노닐면서, 동방에 달이 떠오르는 걸 기다리노라(洗盞更酌, 浮我以白, 相與援北斗而夷猶兮. 待東方之月出)."403로 끝을 맺었다.

오늘날 영덕 상대산 관어대(上臺山觀魚臺) 안내문에 점필재(佔畢齋) 김종직(金宗直)도 영해 관어대를 보고 「관어대부(觀魚臺賦)」를 적어 후학에게 남긴 "마치 진기한 음식에 배가 부른 듯하구나. 마음(肝膽)은 초월(楚越)처럼 서로 그다지도 멀지 않으니. 명성(明誠)하는 군자로 함께 돌아가기를 원하노라(若飽飫於珍旨, 肝膽非楚越之遙兮. 願同歸於明誠之君子)."404라고 선비의 격물치지(格物致知)의 한 방편으로 지어지락(知魚之樂)을 전달했다. 몇 구절을 더 살펴보면 "두려워라! 장년들이 하는 일들과 노후계획이 세월과 함께 헛되이 지나감이라(懼壯事與老謀兮, 泊日月以消磨). … 소금을 굽는 연기가 멀리 일어나고, 신기루(海市)도 쓸어버린 듯이 없어진다. 광경이 갑자기 달라지도다. 길게 휘파람 불며 내려다보니. 뭇 고기들이 발랄하게도 즐거워하누나. 야~ 고기들 끼리끼리 장난치고 헤엄침이여(鹽煙遙起, 海市如掃. 光景欸異. 劃長嘯以俯窺兮. 群魚撥剌以悅志. 蹇族戲而隊游兮). … 만물이 모두 편안한 것을 느끼도다. 솔개 나는 것과 아울러 비유를 취했으니. 그 누가 지극한 이치에 의혹하리오. 이는 태극의 진리가 앞에 나타남이니(感物類之咸寧. 竝鳶飛以取譬兮. 孰聽瑩於至理. 斯太極之參于前兮) …."

관어대(觀魚대)는 선인들의 격물치지하를 실행하는 득도의 도량

중국에선 관어대(觀魚臺)라는 용어가 별도로 없다. 단지 『대명일통지(大明一統志)』에서는 "관어대(觀魚臺)는 어대현(鄂大縣) 북쪽 15리에 있는데 노나라 은공(魯隱公)이 그곳에서 고기를 잡았고, 북쪽에 무당정(武唐亭)이 있는데, 진나라 무장 두예(杜預, 223~284)가 말하기를 은공(隱公)이 융(戎)과 회맹(會盟)을 했던 곳이라."고 적고 있다.405 『춘추좌씨전(春秋左氏傳)』에 "은공 5년 봄에 공은 도읍(서울)을 떠나 멀리 상(裳)까지 나아가 낚시질을 했다."라고 기록하고

있다.406 오늘날 중국 명소 관어대(觀魚臺)는 신장 부르친 관광 지역(Kanas Sce-

nic Spot in Burqin, Xinjiang)에 1987년에 건립했다. 1인당 120위안(元)을 내고서야 입장할 정도로 유명한 지역이다. 형이상학적인 물고기를 낚는다는 의미로는 북경조어대(北京釣魚臺)가 있는데 이는 금나라 때 국왕의 행궁(行宮)이었다.

우리나라 고려 시대 귀족들이 관어오락(觀魚娛樂)을 대단히 즐겼다. 예종은 대동강에 관어선유를 했고, 우왕은 비와 우박이 내리는 날에도 중방지(重房池)에 관어선유(觀魚船遊)를 나갔다가 아예 옷을 홀라당 벗고 물고기를 껴안았다고 고려사에 기록하고 있다.[407] 조선 선비는 대자연 속에서 섭리를 터득하는 강학당으로 관어대(觀魚臺)를 세웠다. 대표적으로 경상북도 예천군 은사(隱士)의 한 분이 수락대(水落臺)를 세워 소요유지락(逍遙遊至樂)을 즐겼던 사물재(四勿齋) 송상천(宋相天, 1766~1804)이 있었다. 경북도 예천군 보문면 간방리에 사물재 선생은 관어대에서 「수락대구곡(水落臺九曲)」을 창작하였으며, 제1곡으로 관어대를 노래했다. 어색한 번역일지는 모르나 "첫 번째 노래는 관어대(觀魚臺)라. 배에 닻을 내리지도 못할 듯하더니. 어느 때나 뱃전을 두드리면서 긴 거랑(개울)을 거슬러 올라가리라. 그곳에 사는 사람들이 물고기를 보는지도 알지 못하네. 물고기가 날 저무는 안개 속에서 뛰놀게 내어다 놓고 마네(一曲臺如不繫船, 何時扣枻泝長川. 居人不識觀魚趣, 一任銀梭擲暮烟)."라고 읊었다.

사실, 공자도 군자가 중시하는 중용(中庸)의 진리도 "시경에서 솔개가 하늘을 날고, 물고기는 연못에서 뛰어논다는 말은 위아래를 잘 살피라는 뜻이다(鳶飛戾天魚躍于淵, 言其上下察也). 아무리 군자의 도라고 해도 마누라에게 끝장나는 게(夫婦之愚), 지극함에 이르러서는 밑바닥까지 다 드러나게 되는 법이다."[408]라고 설명했다. 쉽게 말해서 군자의 격물치지(君子之格物致知)고 개떡이고 잘 살피는 '관(觀)'에 좌우됨을 설파했다. 여기서 관어(觀魚)만이 아니라, 관음(觀音, 知音知人), 관풍(觀風角), 관수(觀山水), 관기(觀天機地象), 관상(觀天象列次), 관조(觀照), 관반산(觀飯床) 등에도 같은 살핌이 필요함을 배우게 했다. 여기서 관(觀)자는 상하좌우 물론이고, 뒤집어 보며, 뒷면(배후 조종)까지도 살피라는 형이상학적 관찰을 의미한다. 오늘날 용어로는 슈퍼 비전(super vision), 배후 읽기(black reading) 혹은 형이상학적 독파(meta reading)에 해당한다.

금호 하빈(河濱)은 조선 초까지는 '사빈(泗濱, 오늘날 사수동과 하빈면)'이었으나, 1640년 칠곡도호부가 설립되고 난 뒤 문주방(文朱方) 사수리(泗水里)로, 1895년 칠곡군 문주면 사수리로, 1982년에 칠곡 2동 사수리에서 2001년 3월 1일부터 행정명 관문동(關門洞) 법정동 사수동(泗水洞)으로 변경되었다. 이곳에 1617(광해군 9)년에 한강(寒岡) 정구(鄭逑, 1543~1620) 선생이 75세 고령에 그해 2월에 '사빈서재(泗濱書齋)' 강학당을 열었다. 1618년 6월까지 1년 4개월간 제자 손처눌(孫處訥, 1553~1634), 이윤우(李潤雨, 1569~1634) 및 곽근(郭赾) 등 85명이 강학소 '사양정사(泗陽精舍)'를 세웠다. 이곳에서 1620년 한강 선생이 세상을 떠날 때까지 후학을 양성하던 곳이다.

사빈(泗濱) 관어대(觀魚臺, 사수동 734번지 일대)는 금호강 섶에 자리 잡고 있었다. 한강 선생이 사양서재(泗陽書齋) 혹은 사양정사(泗陽書院)에서 강학을 개최할 때는 관어대(觀魚臺)를 '격물치지'의 도량으로 활용했다. 이곳은 연경서원(研經書院)과 이강서원(伊江書院)의 중간위치로 강학소(講學所)와 시회(詩會)의 명당(明堂)으로도 이용되었다. 묵헌(默軒) 이만운(李萬運, 1736~1820)의 『유관어대기(遊觀魚臺記)』란 작품에서는 "사빈(泗濱) 섶 남쪽(陽)에 관어대(觀魚臺)라는 곳이 있었다(泗水之陽, 有曰觀魚臺者).", "정구, 장현광 등의 제현들과 한때 같이 걸어가면서도 물고기를 봤기에 이름을 관어대라고 붙였다(鄭文穆先生, 與旅軒樂齋, 一時諸賢杖遊賞, 而命名之)."라고 기술하고 있다. 관어대가 설립된 때는 대략 1614년에서 1620년까지로 짐작된다.

이곳에서 창작한 작품으로는 한시는 대략 20여 수나 된다. 세어본다면 도성유(都聖兪, 1571~1649) 3수, 정유식(鄭惟軾) 1수, 정익동(鄭翊東, 1735~1795) 6수, 우성규(禹成圭, 1830~1905) 1수, 구태서(具泰書) 1수, 배석하(裵錫夏, 1857~1936) 1수, 정지순(鄭之純) 4수, 도석규(都錫珪, 1773~1837) 1수, 채귀해(蔡龜海, 1850~몰년 미상) 1수, 정광재(鄭光材, 1758~1778) 1수, 전이담(全以聃) 1수 등이 있다. 묵헌(默軒)의 『유관어대기(遊觀魚臺記)』에서는

"사수(泗水) 물가에 관어대가 있는데 절벽은 강물에 맞닿아있고, 바위 위의 대(臺)는 깎아지른 절벽 위에 있다. 위에는 하늘이요. 아래로 물 덤벙이 펼쳐져 있어 넓은 들과 먼 산의 경치를 손에 거두면 잡을 듯하다…. 이곳을 지나는 사람들은 그리워하고 사모하여 손가락으로 가리키니. 지금까지 오히려 향기가 남아있는 듯하다."[409] 1936년에 이수각(李秀珏)이 증보한『칠곡지(漆谷志)[410]』에 게재된 정익동(鄭翊東, 1735~1795)[411] 선비의「관어대(觀魚臺)」시를 옮겨보면 "선인들의 업적은 이 물 섶에 자국자국 남아있는데, 자손만대에 전해주실 보배와 같은 금호강이라오. 옆 사람에게 금호강에 대해선 입을 떼지 마세요. 산수 그 자체가 아름답다는 게 대자연의 음악이니까요(千古傳心有寶琴, 傍人莫道瑤絃絶, 山水峨洋是大音.)."[412] 또한 도석규(都錫珪, 1773~1837)의 금호 호수의 푸른 비단 천을 바닥에 깔고, 주변에 병풍을 친 듯이 선경을 그린「서호병십곡(西湖屛十曲)」가운데 제9곡에 사수관어대(泗水觀魚臺)가 있다. 즉 "아홉 굽이, 강에 닿았으나 관어대에는 이르지 못했다. 낚싯대에 봄이 낚이고 강물이 거울처럼 마음을 열었네. 실물 물고기를 보고도 관어치지(觀魚致知)에 득도하지 못하니, (한강) 선생 가신 후에 찾아온 게 이다지도 한스럽기만 하다니까요(九曲臨江不作臺, 一蒿春水鑑如開. 觀魚不達觀魚理, 最恨先生去後來)?"

V.

금호강 섶에
모여 살았던 '성씨의 고향'

한반도에 한민족 성씨가
뿌리를 내리기까지

한민족은 복성(複姓), 중국 단성(單姓)으로 정착화

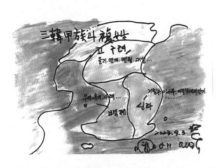

성(姓, xìng)에 대한 '설문해자(說文解字)'의 풀이를 보면, "인간의 삶 자체이다(姓是人所生也). 옛날 신성한 어머니가 하늘의 감응을 받아서 자식을 낳았으니, 그를 칭하여 천자(天子)라고 했으며, 여자의 출산으로부터 태어나서 생(生)이라는 발음을 따서 성(姓)이라고 했다(古之神聖母, 感天而生子, 故稱天子. 從女從生, 生亦聲.)."[413] 『춘추좌전(春秋左傳)』에서도 "천자로 인해서 태어났기에 천자(天子)가 인간에게 성(姓)을 주게 된다(天子因生以賜姓)."[414]라고 적고 있다. 동양에서는 이렇게 하늘로부터 그리고 천자로부터 사성(賜姓)이 시작되었다. 성(姓)과 씨(氏)를 구분하는 데 "성(姓)은 장소를 기준으로 함이 원칙(姓是本原所生)이고, 씨(氏)란 자손들을 구분하는 것이다(氏是子孫下各分)."라고 『춘추잡류(春秋雜類)』에 적혀 있다. 우리나라 용어로는 성씨관향(姓氏貫鄕)과 파보(派譜)를 말한다[415]. 즉 성(姓)은 천자(天子)만 가졌으며, 한마디로 천자는 "공적을 세움에 따라 공신들에게 성

(姓)을 내려주었다(建德因生以賜姓)."

한반도에 성씨가 도입(姓氏導入)된 기록으로는 i) 한자 및 중국 문물과 같이 들어왔고, ii) 나라와 성씨가 동일한 국성(國姓)인 한씨(韓氏)로부터 시작되었다는 삼한갑족설(三韓甲族說)이 정설이다. 우리나라 고대 기록은 한문으로 작성되었기에 한자와 같이 성씨가 도입되었다. 국성(國姓) 혹은 삼한갑족에 대해서는 『선조실록(宣祖實錄)』에 의하면, "세상에서 전하기로는 청주 한씨(淸州韓氏)가 기자의 후손이라고 하는데(世傳淸州 韓氏, 乃箕子之後也)?"에 대해 "마한, 진한, 변한이란 삼한(三韓) 국호가 있었음으로써 한(韓)을 가리켜 기자후손(箕子後孫)이라고 한다."에 이어 "공가(孔哥), 인가(印哥) 및 선우가(鮮于哥)도 다 기자의 후손이다." 아울러 "옛 시가(古詩歌)에 기자의 후손들은 털북숭이가 많다는데(箕子枝裔多髥翁)."라고 선우추(鮮于樞, 1256~1301, 원나라 문신)를 지명하는 기록이 있다.416 물론 '청주한씨세보(淸州韓氏世譜)'에 따르면 기자조선(箕子朝鮮)의 후예 마한(馬韓) 9대 원왕(元王)의 세 아들, 즉 우성(友誠), 우량(友諒) 및 우평(友平)이 기씨(奇氏), 한씨(韓氏) 및 선우씨(鮮于氏)가 되었다. 그러나 선계(先系)를 고증할 수 없이 고려 개국벽상공신(開國壁上功臣) 한란(韓蘭)을 시조로 삼고 있다.

여기서 한민족(韓民族式)은 복성(複姓)이나 중국은 단성(單姓)이란 특성이 있다. 중국에서 여씨(呂氏 혹은 余氏)가 백제에선 부여(夫餘), 흑치(黑齒) 및 사택(沙宅) 등, 고구려의 을지(乙支), 연개(淵蓋), 명림(明臨), 대실(大室) 등, 그리고 신라의 거칠부(居柒夫), 이사부(異斯夫), 이질부례지간기(伊叱夫禮智干岐) 등이 특성이다. 이런 성씨제(姓氏制)가 일본에서도 전파되어 복성이 대부분이다. 아예 왕족부터 신라는 김(金)씨, 발해는 대(大)씨 등으로 자리를 잡음으로써 이후는 한민족식(土着式) 복성은 사라지고 단성화되었다. 후삼국 시대 인명에는 신라 혹은 발해의 귀족층을 제외하고 고려, 후백제의 귀족이나 유력한 호족층에서도 아예 성씨 없이 고유 명칭이 대부분이었다. 따라서 고려 이전에는 왕족이나 귀족의 전유물(專有物)로 성씨가 정착되었다. 이렇게 단성화됨에는 좋게 표현하면 '당나라의 제도'를 모델로 벤치마킹

(benchmarking)했다고 하나, 사실은 사대주의(事大主義) 발상에서 '만사 따라쟁이(all follower)'가 되었다. 특히 김부식(金富軾, 1075~1151)은 『삼국사기(三國史記)』에서 의도적으로 성씨를 줄여 중국식 단성으로 표기했다.

고려 태조는 사성제(賜姓制)와 본관단성제(本貫單姓制)까지 했으며, 고려사 기록에 보면 1055(문종 9)년까지 귀족층에서도 대부분 성을 갖고 있지 않았다. 광종 때 실시한 과거에서도 성씨 없이는 합격시키지 않는다는 봉미제도(封彌制度, Sealed Envelop System)를 『고려사(高麗史)』에 의하면, 1011(현종 2)년부터 시행했다. 이후 우리나라에서도 중국식 단성과 족보를 만들기 시작했다. 사대주의에 입각한 중국 인물을 차용해 시조(始祖)로 족보를 만들었다. 사실 대부분은 중국 기록과는 무관했다. 요나라(女眞族)와 금나라(契丹族)의 공격이 심각해지자 봉미제도(封彌制度)에서 거란족과 여진족의 차별을 두게 되자 족보상 선계(先系)가 변천했다. 고려 고종 때는 복성 제갈(諸葛)씨가 제(諸)씨와 갈(葛)씨로 나눠지게 되었다.

유교 신분제(桎梏)의 탈피 수단인 위보(僞譜)

인류 최초의 족보는 신약성서 '마태복음'이라고 하나, 동양에서는 중국 한나라에서 우리나라는 고려 시대에 있었다고 한다. 그러나 현존하는 최고 족보는 1562년 문화 류씨 가정보(嘉靖譜)라고 했으나, 최근엔 1476년 안동 권씨 세보(成化譜)가 가장 오래되었다고 한다. 이런 족보가 조선 시대에 들어와 사대주의(事大主義)를 넘어 아예 모화사상(慕華思想)으로 굳어져 아무런 인연도 없는 중국 성씨를 조상으로 삼아 봉제사하게 되었다. 동방예의지국의 조선 유교 국가에선 족보를 간행하는 이유론 i) 동성불혼(同姓不婚)과 계급내혼제(階級內婚制)의 강

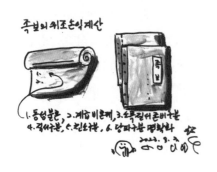

족보의 쉬조은익계산
1. 동성불혼, 2. 계급내혼제, 3. 조문립어존배수분
4. 각씨구분, 6. 친소구분, 6. 당파구분 명확화

화, ii) 소목질서(昭穆秩序) 및 존비구별(尊卑區別)의 명확화, iii) 적서(嫡庶)의 구분, iv) 친소(親疏)의 구분, v) 당파별(黨派別)의 명확화를 도모했다.

조선 초기에는 유교 신분에 따른 i) 양반에게 조세와 군역 면제, ii) 상천 신분(常賤身分)에서 면천 수단(免賤手段)으로 족보 위조가 필수였다. 그뿐만 아니라 임진왜란 이후에는 재정적 보완 수단으로 사용한 공명첩(空名帖)이 란 벼슬 자리를 매관매직하는 바람에 신분 세탁을 국가(조정)가 아예 대놓고 백성들에게 부추겼다. 양반들은 이에 호응하여 자신의 양반족보에 속칭 투탁(投託, 민간에서 두탁이라고 했음)하는 거간꾼까지 생겨났다.『조선왕조실록』을 검색하면 건국 초기부터 족보 문제가 기록된 사항이 140건이나 발생했다. 그 가운데 특히 투탁 문제가 국가 조정에 논급되어『조선왕조실록』에 기록된 사례는 9건이나 되었다.

실제로『영조실록』(1764. 10. 19.)에서는 "역관 김경희(金慶禧)라는 자가 사 사로이 활자를 주조한 다음 사람들의 보첩(族譜)을 많이 모아 놓고 시골에 서 군역을 면하려는 무리를 유인하여 그들의 이름을 보첩에 기록하고 책장을 바꾸어 주는 것으로 생활하고 있습니다. 엄중히 조사하여 중히 다스리도록 하소서(譯官金慶禧爲名者, 私鑄活字, 多聚人家譜牒)."⁴¹⁷라고 사헌부에서 영조에게 보고했다. 당시 양반만이 아니라, 관원, 성균관, 향교, 서원 등의 유생들에게 군역 면제가 있었기(誘引鄕谷圖免軍丁之類)에 신본증명서(身本 證明書)로 족보가 이용되었다. 김경희(金慶禧) 사건 발생 23년 뒤 1787년 4월 27일자『정조실록』에서도 "요즈음 간사한 백성들이 유명한 양반의 족보에 이름을 기록하여 군역의 면제를 도모하는 자가 점점 늘어나고 있습니다. 청 컨대 이를 엄하게 금지(禁止)시켜 주십시오(言奸民之托名顯譜, 圖免軍役者, 比 比有之. 請嚴禁)."⁴¹⁸ 1791년 1월 22일자 박필관(朴弼寬)이라는 백성이 신문고 에 올렸던 "상민과 천민들이 거짓으로 족보를 만드는 것을 금지시켜야 한다 (請禁吏民之結契, 常賤之僞譜)."⁴¹⁹라는 단속 요구가 끊임없이 발생해 왔다.

최초 성씨 집계 문헌『세종실록지리지(世宗實錄地理志)』

한반도의 성씨 정착에 대한 개략적인 설명을 한 이중환(李重煥, 1690~1752)의『택리지(擇里志)』에서는 "고려가 후삼국을 통일하자 비로소 중국식 성씨 제도를 전국에 반포함으로써 사람들은 모두 성씨(姓氏)을 가지게 되었다."라고 적고 있다. 보급과정을 i) 고려 초 사성(賜姓) 이전 성씨(삼국 및 가야 왕실), ii) 중국에서 동래한 성씨(自中國東來姓), iii) 고려 초 사성(麗初賜姓)으로 크게 분류하고 있다. 940(태조 23)년 전후로 성씨분정(姓氏分定)으로 전국 군현제(全國郡縣制)를 실시했다. 왕건은 즉위 이후 개국관료, 개국공신 및 귀순호족(歸順豪族)들에게 사성을 광범위하게 실시, 신라 왕가 3성씨(朴, 昔, 金)와 6부성씨(李, 崔, 鄭, 孫, 裵, 薛)에다가 한(韓), 마(馬), 전(全)씨 등의 유래 성씨는 고려 건국 이전에 성립되었다.

중국 당나라 때 9세기 혹은 10세기 군별성씨서지(郡別氏族書誌)로 둔황 석굴에서 발견된『군망표(郡望表)』[420]와 남송(南宋)의 정초(鄭樵, 1104~1162)가 저술한『통지략(通志略)』혹은『씨족략(氏族略)』이라는 씨족지(氏族志)와 1454년 265개 성씨를 조사했던『세종실록지리지(世宗實錄地理志)』를 대조 비교하면, 우리나라의 성씨는 i) 대부분 중국의 유명 성자(有名姓字)를 모방했으며, ii) 중국에 없는 한국 고유의 성씨는 16개 성씨로 박(朴), 심(沈), 하(河), 옥(玉), 명(明), 준(俊), 석(石), 제(諸), 익(益), 삼(森), 방(邦), 방(芳), 가(價), 승(勝) 및 승(承)에 지나지 않았다. iii) 당나라『군망표(郡望表)』에서 없는 박(朴)씨를 제외하면, 11세기 남송『통지략(通志略)』에 나오고 있었다. 성씨취득연원(姓氏取得連原) 32가지를 열거하면 국(國), 읍(邑), 향(鄉) 등의 지명을 성자(姓字)로 사용한 사례가 가장 많았다. 유명한 사람의 이름자(名字)에서 연유한 것이 다음으로 많았다. 박·석·김(朴昔金)과 같은 신라의 종성(宗姓)은 신라 출자(新羅出自)이며, 후삼국 시대(後三國時代) 이래는 호족들의 한자성씨화(漢字姓氏化)로 우연히 중국 성자(中國姓字)와 같아지는 사례가 많았다.

서지적(書誌的) 기록을 살펴보면『세종실록지리지(世宗實錄地理志, 1454년)』에서는 265여 개 성씨,『동국여지승람(東國輿地勝覽, 1486년)』에서는 277개 성씨, 영조 때『도곡총설(陶谷叢說, 1766년)』에는 298개 성씨, 고종 때

『증보문헌비고(增補文獻備考, 1903년)』에는 496개 성씨가 망라되었다. 그런데 일제강점기 때는 창씨개명(創氏改名)으로 줄었다가 2003년에 귀화인(歸化人)을 제외한 한국 성씨는 286개였으나, 2015년 인구주택 총조사에서 5,582개 성씨가 나왔으며, 한자가 없는 성씨가 4,075개까지 되었다. 한자 성씨 1,507개에 비해 증가했으며, 관향으로는 36,744개로, 최다 관향(最多貫鄕)은 김해 김씨(金海金氏) 전인구의 9%를 차지하고 있다. 상위 10개 성씨가 전체 국민의 63.9%나 집중(集重)된 특이성을 갖고 있다.

지역(貫鄕)별로 집성촌이 형성되어 있어 i) 북한 지역(北韓地域)으로 차(車)씨, 강(康)씨는 대부분 황해도 지방, 계(桂)씨, 선우(鮮于)씨는 대부분 평안도 지방이다. 동(董)씨는 대부분 함경도 지방에 많다. ii) 남한 지역(南韓地域)으로 권(權)씨, 박(朴)씨는 경상북도, 곽(郭)씨, 하(河)씨는 경상남도다. 신(辛)씨, 함(咸)씨는 강원도다. 가(賈)씨, 임(任)씨, 그리고 맹(孟)씨는 충청남도, 변(卞)씨, 어(魚)씨는 충청북도에 많이 분포하고 있다. 소(蘇)씨, 온(溫)씨는 전라북도, 나(羅)씨, 국(鞠)씨는 전라남도에 집중되었다. 고(高)씨, 양(梁)씨는 제주도에 많다.

2.
금호강섶
집성촌(성씨의 고향)을 이루기까지

금호강섶에 옹기종기 모여 살았던 집성촌

우리나라에서 최초로 성씨 통계자료를 공식적으로 간행한 건 1454년『세종실록지리지(世宗實錄地理志)』를 시발점으로 1481년『동국여지승람(東國輿地勝覽)』, 1530년『신증동국여지승람(新增東國輿地勝覽)』 등이 있다. 한반도의 지형상 특이성인 북고남저(北高南低), 동고서저(東高西低) 현상에 따른 '배산임수(背山臨水)'의 택리 기준에 따라 팔공산, 비슬산 등 산기슭 아래에 금호강 혹은 신천 물섶에 집성촌이 형성되었다. 오래된 집성촌의 모습을 더듬어 보고자,『세종실록지리지(世宗實錄地理志)』에서 대구의 집성 현상을 i) 경주도호부(慶州都護府)의 대구군(大丘郡), 수성현(壽城縣) 및 하빈현(河濱縣, 달성군 다사하빈), 해안현(解顔縣), 현풍현(玄風縣, 현풍)과 ii) 성주목(星州牧)의 화원현(花園縣, 달성군 화원), 팔거현(八莒縣, 북구 칠곡)을 살펴본다. 2023년 7월 1일자로 대구광역시로 편입되는 군위군(軍威郡)에 대해서는 이번엔 제외한다.

먼저,『세종실록지리지』를 기준으로 민가호수(民家戶數)와 인구수를 짐작해보면, 대구군(大丘郡)에서는 호수(戶數)는 436호 인구(人口)는 1,329명이며, 수성현(壽城縣)은 264호에 인구 644명, 하빈현(河濱縣)은 351호 인구

1,249명, 해안현(解顔縣) 호수 198호 인구 1,203명, 화원현(花園縣) 호수 321
호 인구 1,361명, 팔거현(八莒縣) 호수 347호 인구 1,481명이었다. 현풍현(玄
風縣)은 호수 4백77호, 인구 1,871명으로 주변에서 강력했던 것은 신라 10
정 가운데 제4삼량벌정이 들어섰던 대가야 정벌 기지였다.

인구 변동 상황을 보면, 과거 신라 시대 경덕왕 이후 수창군(壽昌郡, 일본에
선 嘉昌郡)과 고려 시대 수성군(壽城郡) 관아가 있었던 수성현의 인구수는
대구현(郡)의 절반으로 줄었다.[421] 또한, 대구군보다 팔거현(八莒縣)의 인구
가 더 많았다. 임진왜란을 계기로 팔거현에 명나라 지원군 가운데 유정(劉
綎) 부대 1만3천여 명이 팔거현(八莒縣, 오늘날 매천초등학교 인근)에 주둔하고,
이를 지원하고자 경상 감영(1593~1596)이 들어섬으로 2만5천 명의 군사 상
업 도시로 번창했다. 이어 1640년에 칠곡도호부(인구 3만여 명)로 승격하여
가산도호부 시대를 열었다.

이어서 집성촌의 현상을 살펴
보면, 대구본군(大丘本郡)은 4
본의 토착 성씨(土着姓氏)로는
백(白), 배(裵), 서(徐) 및 이(李)씨
이었다. 타지에서 들어온 성씨
(來姓)는 유일하게 도(都)씨였다.
수성현(壽城縣)에서는 토착 성

씨는 빈(賓), 나(羅), 조(曹) 및 혜(秘 혹은 甜)씨가 있었고, 들어온 성씨(來姓)로
는 7본으로 유(柳), 장(張), 최(崔), 신(申), 유(劉), 고(高) 그리고 정(鄭)씨가 있었
다. 이전에 빠졌던 성씨(續姓)로는 6본으로 예(芮: 缶溪에서 왔음), 진(陳: 桂城
에서 왔음), 최(崔: 保寧에서 왔음)씨이고, 김(金)씨는 둘이었는데 하나는 김해(金
海)와 다른 하나는 청도(靑道)에서 왔다. 이(李)씨는 본관은 알지 못하나 모
두 향리가 되었다. 하빈현(河濱縣)에 대해선 3본으로 신(申), 이(李) 그리고 송
(宋)씨가 있었다. 해안현(解顔縣)은 토착 성씨로 5본으로 모(牟), 백(白), 하(河),
신(申) 및 정(丁)씨였고, 내성(來姓)으로 3본 제(諸), 진(秦) 및 박(朴)씨였고, 속

성(續姓)으로 한(韓)씨 하나가 있었다. 해안에서 20리 떨어진 자이소(資已所)에는 속성인 김(金)씨 하나만 있었다.

한편, 성주목(星州牧)에 속했던 화원현(花園縣)에는 토착성씨 5본으로 서(徐), 갈(葛), 석(石), 조(曺), 및 정(丁)씨였고, 내성(來姓) 3본으로 한(韓), 이(李) 및 백(白)씨였다. 팔거현(八莒縣)은 토착 성씨 3본은 도(都), 현(玄) 및 임(任)씨였으나 백성들의 성 2본은 전(田)과 변(卞)씨였고, 내성 2본은 배(裵)와 임(林)씨였다. 현풍현(玄風縣)에선 토성 4본으로 문(文), 임(林), 곽(郭) 및 윤(尹)씨이며, 내성(來姓) 2본으로 박(朴, 密陽에서 왔음)와 하(河, 昌寧에 왔음)씨였다. 속성(續姓) 1본으로 김(金, 安定에서 왔음, 당시 鄕吏), 구지산 부곡(仇知山部曲)엔 단본(單本)으로 변(卞)씨가 있었다.

금호강변 집성촌의 변천 동향

집성촌의 변천 동향을 살펴보고자 1454년도 간행된『세종실록지리지(世宗實錄地理志)』와 1899년『대구부읍지(大邱府邑誌)』의 기록을 대조(비교)하면, 대구읍지의 대구도호부(大邱都護府)에서는 백(白), 하(夏), 배(裵), 서(徐) 및 이(李)씨가 거주하고, 도(都)씨는 외지에서 들어온 성씨였다. 하빈현(河濱縣)에는 신(申), 이(李) 및 송(宋)씨가 거주했고, 수성현(壽城縣)엔 빈(賓), 나(羅), 조(曺), 혜(嵇)씨가 거주했다.[422] 1530년『신증동국여지승람(新增東國輿地勝覽)』에서는 1370년 고려 말 김지(金祉)가 편찬한 류서(類書)였던『주관육익(周官六翼)』[423] 분류 체계를 원용하여 성씨와 성벽을 연계시켜 수성현(壽城縣)과 해안현(解顏縣)의 성씨를 설명했다.

즉 "수성현(壽城縣)에는 i) 수대군(壽大郡)으로 양성(壤城)이라고 하였으며 그 성씨는 빈(賓)씨였다. ii) 구성(具城)으로 그 성씨는 나(羅)씨였고, iii) 잉조이성(仍助伊城)으로 성씨는 조(曺)와 혜(嵇)씨였다. 이외 류(柳), 장(張), 최(崔), 신(申), 유(劉), 고(高), 정(鄭), 예(芮), 진(陳), 김(金) 및 이(李)씨 모두가 외지에서 들어 왔다. 해안현(解顏縣)에서 모(牟), 백(白), 하(河), 신(申) 및 정(鄭)

씨가 거주해왔다. 주관육익(周官六翼)[424]에 또 이르기를 성화성(省火城)에는 모(牟)씨, 무가성(無價城)에는 신(申)씨, 불좌성(佛坐城)에 백(白)씨, 하명성(河鳴城)에 정(丁)씨가 거주했다. 제(諸), 진(秦). 박(朴)씨도 모두 외지에서 들어왔다. 한(韓)씨도 거주하였는데 속성이었다. 자이소(資已所)에선 김(金)씨가 거주한 속성이었다. 이외에는 모두 외지에서 들어온 성씨라고 기록하고 있다.[425] 이와 같은 기록은 『신증동국여지승람(新增東國輿地勝覽)』에서 언급한 내용을 그대로 옮겨 적었다.

한편, 수헌(睡軒) 권오복(權五福, 1467~1498)의 증손자 초간(草澗) 권문해(權文海, 1534~1591)는 1584(선조 17)년에 대구부사(大邱府使)에 부임하여 1589년까지 우리나라와 중국의 고서에서 간추린 i) 지리(地理), 국호(國號), 성씨(姓氏), 인명(人名), 효자(孝子), 열녀(烈女), 수령(守令), 선명(仙名), 목명(木名), 화명(花名) 및 금명(禽名) 등, ii) 정형한시(定型漢詩)의 운자(韻字), 즉 평성(平聲) 30운, 상성(上聲) 29운, 거성(去聲) 30운, 입성(入聲) 17운 등 106개의 운자순(韻字順)으로 분류하여 편집한 백과사전으로 20권 20책을 편찬했다. iii) 『대동운부군옥(大東韻府群玉)』이란 이름으로 주옥같은 내용을 선별 편집함에 있어, iv) 인용 문헌으로는 중국사서 『사기(史記)』 등을 비롯한 15종과 우리나라 서적 175종을 저자까지 실어 놓았다.

『대동운부군옥(大東韻府群玉)』의 인명(人名)에서 "빈우광(賓宇光)은 수성현(壽城縣) 사람이며, 그는 과거(科擧)에 좋은 성적으로 급제하여, 또한 원나라의 과거에도 급제하였다. 벼슬은 한림(翰林)이었으나, 출세를 추구하지 않았다. 그래서 산수 간에 스스로 즐겼고, 당시 필치가 뛰어났다."라고 적고 있으나, 빈씨 세보(賓氏世譜) 『수성 빈씨(壽城賓氏)』에서는 시조 빈우광(賓宇光)은 송나라 한림학사로, 송이 멸망하자 비각(祕閣)에 소장한 서적 일만칠천권을 갖고 고려에 귀화해 학풍 진작에 힘써 충숙왕(忠肅王) 때 수성군(壽城君)에 책봉(責俸)되었고, 수성부(壽城府, 大丘)를 식읍(食邑)으로 하사받았다.

이같이 중앙(國王)에서 지역을 다스리게 '봉군지(封君地)'로 식읍을 주거나, 공로에 따라 관향(성씨)을 갖도록 특정 지역을 하사(下賜)받는 '사관지(賜

貫地)' 등으로 중앙 관리를 대신했으며, 이를 통해서 성씨 시조(姓氏始祖)가 생겨났다. 사성책봉(賜姓責俸)을 통해 할애해준 지역에 집성촌(集姓村)이 형성되었다. 또한, 성씨의 개관(改貫), 개변(改變)도 있었으나 임진왜란과 병자호란 이후 '재조지은(再造之恩)'이라는 모화사상(慕華思想)의 영향을 크게 받아 주(朱)씨는 신안(新安, 安徽省 新安)으로, 공(孔)씨는 곡부(曲阜, 山東省 曲阜)로, 그리고 천(千)씨는 영향(潁陽, 河南省 潁川) 등 중국 관향을 사용했다. 물론 창씨개명(創氏改名)이란 1940년 초 춘원(春園) 이광수(李光洙, 1892~1950)의 '가야마 미츠로(香山光郞, Koyama Mitsurō)'라는 '당당한 친일애국(堂々とした親日愛國, proud pro-Japanese patriotism)'으로 대두되었던 일제강점기 였다.

우리나라 성씨종류(변이)

세종지리지	동국여지승람	도곡총설	증보문헌비고
1454년	1486	1766	1903
265	277	298	496

※ 2015통계조사 성씨 5,582개 성씨
이종록 ○○○ ㅇㅇㅇ 2013. 9. 3

외국에서 귀화한 성씨는 『신증동국여지승람(新增東國輿地勝覽)』에서 277개의 성씨 가운데 130여 개 외래 귀화성씨였다. 대부분은 중국(한족)계를 시조로 두고 있었다. 고서지(古書誌)와 족보의 교차검증이 어렵기에 생물학적 계보가 아닌 문화적 계보로 봐야 한다. 대표적인 귀화성씨(歸化姓氏)로는 위구르계 덕수 장씨(德水張氏) 및 경주 설씨(慶州偰氏), 베트남계 화산 이씨(花山李氏), 인도계 허황옥에게 연원을 둔 김해 허씨(金海許氏), 일본계 임진왜란 때 왜장에서 귀화한 김충선(金忠善, 1571~1642)의 김해 김씨(金海金氏) 등이 있다.

3.
신천변 성씨별
'배움터'를 찾아서

3W(Water, Way & Will)에 따라 집성촌이 형성

달구벌에서 가장 먼저 사람이 모여들었던 곳은 신천변을 중심으로 신라 시대(新羅時代) 삽량주(歃良州)의 수창군(壽昌郡)에서 고려 시대까지 수성군(壽城郡)으로 달구벌에 행정중심지가 되었다. 조선 시대 1419(세종 1)년에 대구군(大丘郡)으로 승격, 그리고 1466(세조 12)년에 대구도호부(大丘都護府)로 승격되어 행정 중심지가 이동되었다. 이전에는 신천(新川)을 중심으로 달구벌의 신·구석기 시대(新舊石器時代), 청동기 시대(靑銅器時代), 철기 시대(鐵器時代),를 이끌어 왔다. 이렇게 물길(water)을 중심으로 집성촌이 형성되는 건 생명수(生命水)를 요구하는 모든 생명체의 공통적인 필수 요건이었다.

다음 필수 조건은 물길(water way)이었다. 물길에 이어 육로 교통수단(陸路交通手段)이 발달함에 따라 마차길(horse way), 기차길(rail road), 고속도로(high way) 등의 육로(陸路, land rout)가 생겨났다. 현대에는 비행기가 발명되고부터 하늘길(sky way)이란 항공로가 개척되었다. 이보다 가장 먼저 앞서야 하는 것이 '살고자 하는 의지(will to be)'였다. 의지(will)를 다지기 위해 종교적 교단(religious denomination), 교회(church)를 세웠으나 근세에 와서는 학교(school)를 세웠다. 한반도에 선인들은 문중서당, 문중재실 혹은 문중서원을 세워 집성촌의 의지와 미래 씨앗(future seed)을 뿌린다고 생각했다.

아프리카 에티오피아(Ethiopia, Africa) 원주민들이 커피콩을 심을 때 반드시 2~3개씩 파종을 한다. 그 이유는 1개씩 씨앗을 넣으면 30% 미만 발아를 하나, 2~3개씩 뿌리면 90% 이상 싹이 튼다. 동물뿐만 아니라 식물도 땅에 떨어진 순간부터 경쟁하기에 식물도 군락(clusters)을 이루며, 동물 역시 경쟁을 통해 성장·진화한다. 물고기의 떼지음(schooling), 새들의 무리지음(flocking), 양들의 떼거리(herding), 심지어 메뚜기 떼구름(clouding)들도 수천만에서 억 마리씩 무리로 비행 이동한다. 사람들도 자연현상에 따라 먹거리가 풍부한 물 섶에 같은 성씨들이 모여서 살았다.

이렇게 바로 금호(琴湖) 혹은 신천(新川) 섶에 집성촌(集姓村, same-surname village)을 형성했다. 사람이 배움터를 마련한 건 최초는 종교적 모임 혹은 장소인 사찰(temple), 신전(oracle), 교회(church), 교단(brotherhood or sisterhood) 등에서 시작되었기에 '으뜸가는 배움을 가르침(祖宗敎學, 宗敎).' 이라고 했다. 서양의 최초 대학들은 종교적인 신학 연구를 위해 만들었다. 이와 같은 현상은 우리나라에서도 예외는 아니었다. 즉 유교 문화(儒敎文化)에 따라 다른 모양새인 사묘(祠廟), 재실(齋室), 문중서당(書院)을 중심으로 집성촌을 형성했다. 우리나라의 문중재실(門中齋室)이나 문중서원(門中書院)의 특징은 전방에 강학당(講學堂)을 후방엔 종묘(宗廟)를 설립하는 전강후묘(前講後廟)의 배치방법을 사용했다. 서양 중세기 도제시설(徒弟施設)의 전상후창(前商後廠) 배치 방법으로 워크숍(workshop)이라는 용어가 생겨났다.

신천(新川)은 팔조령을 원류(八助嶺源流)해서 출발하면 달성군 가창면 우록리엔 1789(정조 13)년 김충선(金忠善, 1571~1642)을 배향하는 녹동서원(鹿洞書院), 고려 927년 동수대전에서 전사한

전이갑(全以甲)과 전의갑(全義甲) 형제를 모시는 가창면 행정리 한천서원(寒泉書院)은 1847(헌종 13)년간에 건립되었고, 1798(정조 22)년에 서균형(徐鈞衡, 생년 미상~1391)을 향배하는 옥계서원(玉溪書院)이 있었다. 오늘날 수성구에 산재된 신천변 서원으로는 1694(숙종 20)년에 황금동 청호서원(淸湖書院), 1744(영조 20)년 파동에 양희지(楊熙止, 1439~1504)를 모시는 오천서원(梧川書院), 1799(정조 23)년 손린(孫遴, 1566~1628)을 향배하는 상동 봉산서원(鳳山書院)이 있었다. 1820년 최흥원(崔興遠)[426]을 향사하는 동천서당(東川書堂)이 건립되었다가 훼철된 뒤, 현지(동구 옻골)로 이건(移建)했다가 2017년에 철거되었다. 1926년 황금동 첨모재(瞻慕齋)에서 남은(南闇) 서섭(徐涉)과 서감원(徐坎元, 서침의 증손)을 모시는 덕산서원(德山書堂)이 건립되었다.

이어 문중재실(門中齋室)을 살펴보면 가창면에는 옥천 전씨(沃川全氏) 염수재(念修齋), 달성 서씨(達城徐氏) 재실 및 단양 우씨(丹陽禹氏) 재실이 있다. 신천변 수성구에선 집중되어 있어, 창건 연도별로 살펴보면 1600년대 장주한(蔣柱漢, 1605~1669)을 향배하는 계술재(繼述齋)를 창건, 1700년 양달화(楊達和, 1694~1756)를 모시는 학산재(鶴山齋), 1740년 장자원(蔣自元, 김종직과 교류) 덕산재(德山齋), 1766년 노암(蘆庵) 정동범(鄭東範, 1710~1793) 모운당(暮雲堂), 1826년 하시찬(夏時贊, 1750~1828) 독무재(獨茂齋), 1900년 전경창(全慶昌, 1532~1585)) 무동재(武洞齋), 1900년 진씨문중(秦氏門中) 야수정(倻叟亭), 1912년 두사충(杜師忠) 모명재(慕明齋), 1913년 양달화(楊達和, 1694~1756) 영모재(永慕齋), 1920년 순흥 안씨 문중 삼강정사(三剛精舍), 1928년 단지주혈(斷指注血) 효자 모재(慕齋) 배석봉와 공천(孔川) 배영[427]은 모친에 대한 지극한 효성를 추모하고자 황금주공아파트 인근 성산 배씨(星山裵氏) 영사재(永思齋), 1934년 박해(朴咳) 솔일재(率一齋), 1934년 이화옥 첨모재(瞻慕齋), 1937년 김수남 덕암재(德巖齋), 1938년 채선수(蔡先修, 1568~1633) 성산재(成山齋), 1955년 김상집(金尙集, 1723~졸년 미상) 명모재(明慕齋), 1979년 전시헌 보본재(報本齋), 1996년 아산 장씨 문중(牙山蔣氏門中) 연호재(蓮湖齋) 등이 건립되었다.

서침(徐沈)나무에서 노블레스오블리제(nobless oblese)를!

달성공원(達城公園) 가운데 서침나무(徐沈樹)라는 학자수(scholar tree) 한 그루가 있다. 이에 얽힌 이야기는 "1419(세종 원년)년 대구군 관아(大丘郡官衙) 자리를 물색하는 데 달성 서씨 종손이었던 구계(龜溪) 서침(徐沈 혹은 徐沉)428 선생이 쾌히 승낙하자, 그 은공에 후상하고자 했으나 단호히 거절했다. 꼭 보답하겠다면 그 대신에 빈곤한 백성의 환곡(還上耗穀)에 5되씩 경감을 청원하자. 세종은 역터(驛址, 옛 역터, 오늘날 구 남산병원)429와 연신지(蓮信池) 및 신지(新池)를 하사하고, 서침 선생의 백성을 긍휼히 여기는 마음씨에 관료로 불차탁용(不次擢用)하였다." 이런 사실을 기리기 위하여 후손들에 달성공원에 회화나무를 심어 선공후사(先公後私)의 정신을 본받고자 했다. 이에 대해서 『조선왕조실록(世宗實錄)』을 찾아보니 세종원(1419)년에 대구현에서 대구군(大丘郡)으로 승격했으며, 그해 9월 28일에 지진이 일어났다.430 또한, 『세종실록』에서 서침(徐沈)에 대한 기록은 7번이나 나오는데, 서침나무의 일화와 유사한 건 세종 8년 12월 24일 연산도호부사 서침(延山都護府使 徐沈) 등과 세종이 수재(水災)와 한재(旱災)에 대해 대담한 내용이 있다.431

구계 선생(龜溪先生)에 대한 『세종실록』을 검색하면, 세종 8년 12월 24일자에서 시작해 세종 19년 4월 19일까지 7회이나 나오고 있으며, 마지막 기록은 "사헌부에서 서침(徐沈)을 처벌해주시길 세종 국왕에게 계청하고 윤허를 기다렸으나 거절했다." 그 내용은 첨지중추원사(僉知中樞院事) 서침(徐沈)이 첫봄 월록(月祿, 오늘날 월급)을 받지 않고, 영해부사(寧海府使) 로 나갔는데, 의정부에선 고령(高齡)으로 백성을 다스리는 임무에 적당하지 않으니 파직시키라는 계청(啓請)이었다(僉知中樞院事徐沈未受春孟月祿, 出

爲寧海府使, 議政府以年老不宜牧民之任). 그러나 세종은 백성을 위해 일하겠다는데 어떤 죄도 되지 않는다고 윤허하지 않았다[432]. 『세종실록』에선 서침으로 동명이인(同名二人) 서침(徐沈 혹은 徐沉)과 서침(徐忱, 上護軍 武人)이란 현사(賢士)의 기록이 나오기에 혼동할 우려가 많다. 전후 비교해야 함에도 지역 신문에선 서침(徐忱)과 서침(徐沈)을 뒤섞어 표기하고 있다. 이뿐만 아니라 호칭에서도 구계(龜溪) 이중립(李中立, 1533~1571)과 혼동을 초래할 수 있게 『구계집(龜溪集)』과 『구계선생문집(龜溪先生文集)』을 소개하고 있어 몇 번이고 대조가 필요하다.

구암서원(龜巖書院)은 달성 서씨 문중서원으로, 1665(현종 6)년 구계(龜溪) 서침(徐沈, 1365~몰년 미상)의 덕행을 기리고자 현 대구초등학교 서남쪽 언덕 연구산(連龜山) 기슭에 숭현사(崇賢祠)를 세우고 제향하다가, 1718(숙종 44)년 동산동 229(信明女中高等學校 아래)번지로 이전하고 사가정(四佳亭) 서거정(徐居正, 1420~1488)[433], 약봉(藥峯) 서성(徐渻, 1558~1631) 및 함재(涵齋) 서해(徐嶰, 1537~1559) 선생을 추가 배향해 오다가 1778년(정조 2)에 서원수계(書院受繼)를 받았다. 1788년 경례재(經禮齋), 누학재(耨鶴齋, 서재)를 세워 서원 모습을 구비해 구암서원(龜巖書院)으로, 1868년 훼철되었다가 1924년 다시 세워, 1943년 숭현사(崇賢祠)와 강당(講堂)을 중수했다. 1996년 동산동의 도시화로 인해 산격동 연암공원(燕巖公園) 내로 이전했다.

일전에 옛 구암서원(龜巖書院) 이전 터에 남아있는 경앙문(景仰門)과 구암서원 안내판을 들여다보고 나오는 길에 벽면에 쓰여져 있는 서거정(徐居正)의 시, 「봄날(春日)」이란, "수양버들에 연록 물오르고, 옥(연록)빛은 매화엔 떠났다네, 연못의 봄 물빛은 이끼보다 더 푸르다네. 봄철 걱정과 봄날 즐거움엔 어느 게 깊고 얕겠는가? 제비는 (아직) 오지 않았고 꽃도 피지 않았다네 (金入垂楊玉謝梅, 小池新水碧於苔. 春愁春興誰深淺, 燕子不來花未開)."를 읽으면서 섭섭함을 달랬다.

4.
금호변 집성촌의
배움(모임)터를 찾아서

금호 동쪽 물섶에 옹기종기 모여서

서원(書院, college)의 시원(始原)은 당나라 현종(玄宗) 때 724(開元 12)년 낙양자미성(洛陽紫微城)의 여정서원(麗正書院)을 설립하여 725년에 집현전으로 개원했다.[434] 송나라로 들어와서는 주자(朱子)의 '백록동서원(白鹿洞書院)'이 도학연마도량(道學鍊磨道場)으로 보급되어 정제화되었다.[435] 서원(書院)을 우리나라에서 도입된 건 세종원(1418)년 11월 3일에 "인사(人事) 마땅히 행해야 할 조목들로 서원을 유시했다(上諭中外臣寮 … 其有儒士私置書院)."[436] 1439(세종 21)년 조정 군신 회의에서 교육 발전을 위한 사업으로 송대(宋代)의 서원제도(書院制度)의 학령(學令)을 논의했으나 성균관과 의정부의 검토 의견에 따라 시행하지 않기로 결정하였다.[437]

우리나라의 서원역사(書院歷史)는 1542(중종 36)년 풍기군수 주세붕(周世鵬)이 오늘날 영주군 순흥면에 지역 출신 유학자 안향(安珦) 선생을 배향하는 사묘를 설립하고, 유생 교육의 강학당으로 '백운동서원(白雲洞書院)'이라는 명칭으로 시작되었다. 1548년 풍기군수 이황(李滉)이 사액(賜額)을 국왕에게 요청해서 1550년 '소수서원(紹修書院)'이라는 현액을 하사받았다. 이후 21년이 지난 대구 지역에서는 1563(명종 18)년 오늘날 동구 지묘동에 '연경서원(研經書院)'이란 이름으로 지역 최초 사액서원(賜額書院)이 설립되었다.

연경서원(研經書院)에서 유풍(儒風)과 문풍(文風)을 선도했던 수서원(首書院)으로, 퇴계(退溪) 이황(李滉, 1501~1570), 한강(寒岡) 정구(鄭逑, 1543~1620), 우복(愚伏) 정경세(鄭經世, 1563~1633) 3인과 함께 별도로 향현사(鄕賢祠)를 세워 계동(溪東) 전경창(全慶昌, 1532~1585) 및 매암(梅巖) 이숙량(李淑樑, 1519~1592) 제향했다. 퇴계선생문집(退溪先生文集)『서원십영(書院十詠)』시 가운데 「화암서원 대구(畫巖書院大丘)」라는 제목으로 "그림 같은 빼어난 바위가 그렇게도 어렵게도 그려졌는데(畫巖形勝畫難成), 배움 터전이 마련되자 서로들 불러 모아 사서육경(四書六經)을 경독 암송하였다네. 이곳에서 시작되어 윤리 도덕과 학문을 밝히는 등불이 켜졌다니(從此佇聞明道術), 몽매했던 뭇 백성들을 불러다가 일깨워 줄 수 있었겠지."[438]라고 읊었다. 1592년 임진왜란으로 소실, 1602년 중건, 1613년 사당 건립, 1622년 한강 정구(鄭逑), 1706년 우복 정경세(鄭經世)를 제향, 1635년 향현사를 건립하여 계동 전경창(全慶昌, 1532~1585))과 매암 이숙량(李淑樑)을 제향, 1871년 서원철폐령으로 훼철되었다. 2011년부터 비로소 지역에서 복원 운동이 전개되고 있다.

백원서원(百源書院)은 동구 도동 달성 서씨(達城徐氏) 문중서원 1693(숙종18)년 백안동(百安洞)에 건립되어 효자였던 전귀당(全歸堂) 서시립(徐時立, 1578~1665)을 제향하고 있다. 처음에는 백안동(百安洞)에서 세워졌으나 1868(고종 5)년에 서원 철폐령으로 훼철되었다가 1991년 현재 도동 478번지 위치엔 전귀당(全歸堂) 선생의 생전 강학소 자리에다 복원했다. 사우 경덕사(敬德祠)와 서시립 효행비각이 세워졌다. 서원 명칭 '백원(百源)'은 조선 세조 이후 우리나라의 윤리 교과서로 애독했던『명심보감 효행편(明心寶鑑 孝行篇)』에서 "효행은 인간으로서 모든 행동에 근본이 된다(孝爲百行之源也)."[439]라는 구절에서 따왔다.

이외에도 청백서원(淸白書院)은 대구광역시 동구 백안동에 1729년(영조 5)에 청백사(淸白祠)를 건립하여 청백리 병조참판 이영(李榮, 1494~1563, 武臣)을 봉안하였다. 1558년 제주목사를 역임하고 귀향할 때에 "손에 쥐었던 말채찍 하나도 관물(官物)이라고 관청 벽에 걸어놓고 왔다(手中鞭也公, 掛其壁上了)." 해서 '괘편당(掛鞭堂)'이라는 칭호를 받았다. 후손들이 청백사(淸白祠)를 세웠고, 청백서원(淸白書院)으로 승격되었으며, 좌찬성 정수충(鄭守忠, 1401~1469)을 추배(追配)하였다. 그러나 고종(대원군) 때 서원 철폐령에 의하여 훼철되었다.

동산서원(東山書院)은 경주 최씨 대암공파(慶州崔氏臺巖公派) 세거지(옻골) 출신 백불당(百弗庵) 최흥원(崔興遠, 1705~1786)을 제향하는 동천서원(東川書院)으로 1820(순조 20)년에 수성구 만촌동 건립되었다. 1868년 서원 철폐령으로 훼철되었다가 2017년 아파트 단지가 편입되면서 동구 둔산동 옻골마을 백불당고택(百弗堂古宅) 앞으로 이전되어 동산서원(東山書院)으로 개명했다. 최흥원(崔興遠)은 『조선왕조실록』에 7회(국역 5회, 한문본 3회)440나 나오는 역사적 인물로, 시작은 선조 26년 3월 21일자 "비변사 당상을 인견하고 군량 수송, 명군의 진력, 호남 방어 등을 논의하다."441이고 마지막은 정조 7년 2월 19일자 "전 주부 최흥원(崔興遠)은 행실만 훌륭할 뿐만 아니라, 재물을 내어 빈궁한 사람을 구제하였으며(前主簿崔興遠, 行誼不但有可稱), 집 안에다가 선공후사(先公後私)의 곳집(庫)을 갖고 있었으며, 이웃 사람들이 일정한 부역이 무엇인지 모르고 있으나, 향약(鄕約)으로 권장해 가르쳤다.' 하였다. 이왕 들었는데 어찌 등용하지 않을 수 있겠는가(予豈以利祿誘之哉)?"442라는 기록이었다.

유호서원(柳湖書院)은 대구광역시 동구 불로동 518번지 불로고분공원(不老古墳公園) 남쪽에 있었다. 1784년(정조 8)에 곽재겸(郭再謙, 1547~1615)

이 거주하는 서재를 건립하였는데, 이곳은 병조참판 이영(李榮, 1494~1563, 武臣)의 옛집이다. 송담(松潭) 채응린(蔡應麟, 1529~1584)과 괴헌(槐軒) 곽재겸(郭再謙, 1547~1615)을 봉안했다. 서원의 명칭은 유계(柳溪)와 금호(琴湖)의 두 글자를 취하여 '유호(柳湖)'라 백불암(百弗庵) 최흥원(崔興遠, 1705~1786)이 명명했다. 이후 유호서원(柳湖書院)이라고 했다가 고종(대원군) 때 훼철(毁撤)되었다.

배움터는 따로 없다. 언제 어디서나!

1551(명종 6)년 51세 퇴계(退溪) 선생이 아들에게 보낸 편지에서 "배우는 데 어찌 장소를 가릴 것인가? 시골에서 배우든 서울에서 배우든 오직 뜻을 이루는 것에 달렸을 뿐이다(讀書豈擇地乎. 在鄕在京, 惟在立志如何耳)."라고 썼다. 이와 같은 현상으로 인해 금호 동쪽 물섶에 옹기종기 모였던 집성촌에선 배움터라고 향교나 서원만이 아니라, 언제 어디서나 배움터를 열었다. 서당(書堂), 정사(精舍), 당(堂) 혹은 재실(齋室) 등에서 문중이 모여서 묘산(廟算)을 기획하고 서로 교학상장(敎學相長)을 도모했다. 오늘날 동구에서 향학열이 가장 높았음을 짐작할 수 있다.

특히 경주 최씨(慶州崔氏)의 배움터로는 도동 구회당(九會堂) 및 경운재(景雲齋), 둔산동 보본당(報本堂), 봉무동 경지당(敬止堂)과 독암서당(獨巖書堂), 용수동 농연서당(聾淵書堂), 옻골(둔산동) 동계정(東溪亭), 봉무동의 봉무정(鳳舞亭), 지묘동 다천정(茶川亭)이 있었다. 그뿐만 아니라 재실로도 영모재(永慕齋), 원모재(遠慕齋), 첨모재(瞻慕齋), 유강재(濡降齋) 및 직지재(直止齋) 등이 남아있다.

다음으로 인천 채씨(仁川蔡氏)의 배움터로는 미대동 성재서당(盛才書堂)과 추원재(追遠齋) 및 첨송재(瞻松齋), 지묘동 대곡정사(大谷精舍) 및 대곡재(大谷齋), 내동 야산정사(冶山精舍) 및 지묘동 요수정(樂水亭)이 있다. 경주이씨(慶州李氏)의 배움터로는 송정동 서벽정(棲碧亭), 영모재(永慕齋) 및 원감재

(遠感齋) 그리고 월성 이씨(月城李氏)로는 사복동의 오우당(五友堂)이 있다.

이외에도 봉무동 단산(斷山)에 성주 배씨(星州裵氏)의 친목당(親睦堂), 부동 성산 여씨(星山呂氏)의 친목당(親睦堂), 평광동 단양 우씨(丹陽禹氏)의 첨백당(瞻栢堂), 동내동 장수 황씨(長水黃氏)의 동호서당(東湖書堂)이 있고, 내곡동 김해 김씨(金海金氏)의 모의정(慕義亭), 신용동(龍津) 교하 노씨(交河盧氏) 계남정(桂南亭), 중대동 행주 은씨(幸州殷氏)의 동산정(東山亭)과 옥천 전씨(沃川全氏)의 애산정(愛山亭), 평광동 단양 우씨(丹陽禹氏) 경희정(景喜亭)과 경주 김씨(慶州金氏) 서남정(棲南亭) 그리고 단양 우씨(丹陽禹氏)의 와용정(臥龍亭) 등이 있고, 성씨에 한정되지 않고 대명 14현을 모시는 효목동 경현당(景賢堂), 향산구로회(香山九老會)에서 도동에 지은 구로정(九老亭) 그리고 동촌 구룡산 마루에 아양음사(峨洋吟社)가 세운 아양루(峨洋樓)가 있다.

다시금 재실을 따로 모아보면, 내곡동 달성 서씨(達城徐氏) 심락재(尋樂齋), 내동 문화 유씨(文化柳氏) 광사재(廣思齋), 현풍 곽씨(玄風郭氏)의 시사재(時思齋), 문화 유씨(文化柳氏)의 충무재(忠武齋), 일직 손씨(一直孫氏)의 추보재(追報齋)가 있고, 동내동엔 단양 우씨(丹陽禹氏)의 녹봉재(鹿峰齋), 장수 황씨(長水黃氏)의 승방재(勝芳齋)와 영사재(永思齋)가 있다. 둔산동에는 남양 홍씨(南陽洪氏)의 모원재(慕源齋), 옥산 전씨(玉山全氏)의 추모재(追慕齋)가 있으며, 부동엔 곡강 최씨(曲江崔氏)의 귀후재(歸厚齋), 문화 유씨(文化柳氏)의 월천재(月川齋)가 있다.

백안동에선 김해 김씨(金海金氏)의 영안재(永安齋)가 있고, 숙천동엔 성주 배씨(星州裵氏)의 오산재(烏山齋), 달성 서씨(達城徐氏)의 원모재(遠慕齋)가 있다. 신서동엔 문화 유씨(文化柳氏)의 이리재(二履齋), 용계동 성주 이씨(星州李氏) 이로재(履露齋), 달성 서씨(達城徐氏) 첨모재(瞻慕齋)가 있다. 평광동 단양 우씨(丹陽禹氏) 도암재(島岩齋)와 평산 신씨(平山申氏)의 모영재(慕影齋) 등이 있다. 여기서 모영재(慕影齋)는 동구 평광동 108번지에 평산 신씨(平山申氏) 문중재실로 옛날 대비사(大悲寺)가 있던 자리에 있으나 6km 정도 떨어진 표충재(表忠齋)와 같은 종중(宗中)에서 관리하고 있다. 영각유허비(影閣遺墟碑)

가 있고, 그 아래 100m 정도 영각을 추모하는 재실로 모영재가 있다.

이외에도 평산 신씨에 관련된 표충재(表忠齋)는 동구 지묘동 고려 개국공신 장절공(壯節公) 신숭겸(申崇謙, 출생 미상~927) 장군의 충정을 배향하는 평산신씨 재실(齋室)로 설립하였으며, 1607(선조 40)년 경상도관찰사 유영순(柳永詢, 1552~1630)이 지묘사(智妙寺) 터에 순절단(殉節壇)과 '충렬사(忠烈祠)'를 건립했으며, 1670(현종11)년에 중수, 1671년에 '표충사(表忠祠)'로 사액이 내려왔다. 일명 '표충서원(表忠書院)'으로 호칭하였으나, 1871(고종 8)년에 훼철된 뒤로 순절단(殉節壇)을 본거지로 재사(齋舍)를 신축해 제향하고 있다.

5.
금호 북쪽 집성촌의
배움터를 찾아서

금호 북녘 물섶의 추노지향(鄒魯之鄕)

팔공산 아가씨의 치맛자락 폭에 싸여 있는 금호 북녘 물섶에는 지명만 봐도 '공맹의 고향(鄒魯之鄕)'이다. 공자가 살았다는 노나라의 도덕과 윤리가 살아있는 노곡(魯谷) 혹은 논어실(論語室)이라는 동명이 아직도 살아있다. 또한 도덕산(道德山)에서 흘러내려 팔거들(八莒野)을 적시는 반포천(反哺川), 태산(泰山) 아래 사수(泗洙)가 흘려가는 물섶 곡부(曲阜)에 공자가 살았듯이 금호강을 사수(泗水)로 칭했다는 옛 이름 사빈(泗濱)은 오늘날 사수동(泗水洞)과 하빈면(河濱面)으로 갈라졌다.

그뿐만 아니라 이곳에는 1611년 한강(寒岡) 정구(鄭逑, 1543~1620) 선생은 선조 6년 12월 18일자 불차탁용(不次擢用事傳敎)[443]되었음을 시작으로, 고종 39년 2월 5일자 "숙종 때 제문에서 선정(先正)이라고 표현한 것(我朝先正臣鄭逑, 則肅廟祭文, 始稱先正)."[444]까지 198회이나 『조선왕조실록』에 나오는 역사적 인물이다. 특히 추천, 평판, 포상, 선정(先正) 등으로 많은 일화를 남기신 분이다. 그는 75세 노령에도 청주 정씨(淸州鄭氏) 문중강학소(門中講學所)에서 벗어나 지역 후학 양성을 위한 '사빈서재(泗濱書齋)'를 열어 85명 문하생들의 학문 도량이 되었다. 1614년 5월에는 '사양정사(泗陽精舍)'를 세웠다. 오늘날 용어로 영남 유림의 낙중학(洛中學, 낙동강 중류의 학파)의 본거지를 마련했다. 그런데 1694(숙종 20)년 신동 웃갓마을(칠곡 지천면)로 이건했으며, 2011년 사수동 한강공원 내에 복원하였다. 사수동에는 이외에도 한강 선생의 '한강 선생 봉산욕행록(寒岡先生蓬山浴行錄)'[445]이란 기록에 의하면 봉산욕행(동래온천 목욕행)을 추진한 12인의 문인 가운데 한 사람인 정천주(鄭天澍)는 자신의 은거지를 한강 선생을 경원한다는 의미로 '경한재(景寒齋)'를 세워 후생가외(後生可畏)를 꿈꿨다. 1933년부터 1935년까지 3년간 보급되었던 지리 교과서 『조선환여승람(朝鮮寰輿勝覽)』 기록에 의하면 사수동에 세거지를 형성했던 동래정씨(東萊鄭氏, 鄭逑, 1543~1620)와 야성 송씨(冶城宋氏, 宋遠器, 1548~1615)의 문중에서는 '문양서당(汶陽書堂)'을 열어 한강 맥통을 이어왔다.

이에 이어 사수동(泗水洞) 인근 매천동(梅川洞)에서는 1705(숙종 31)년 야로송씨(冶爐宋氏) 아헌(啞軒) 송원기(宋遠器, 1548~1615)를 향사(饗祀)하고자 매양서원(梅陽書院)을 건립했으며, 이후에는 송명기(宋命基, 1680~1755), 송이석(宋履錫, 1698~1782) 부자(父子)를 추가 배향, 1868(고종 5)년 서원 철폐령으로 훼철되었다가 2006년에 사당(尙賢祠) 앞에 복원했다. 아헌(啞軒) 송원기(宋遠器)는 1610(광해군 2)년 문과 급제해 관직에 진출, 광해군의 폭정을 간하는 '육강소(六綱疏)'[446]를 올렸으나 국왕이 불윤(不允)하자 득병낙향(得病落鄕)해 이곳에서 강학후생(講學後生)했다.

1781(정조 5)년 서변동 인천 이씨 『조선왕조실록』에 101번이나 『태조실록』에서 『태종실록』까지 기록된 조선 건국 공신이었던 오천(烏川) 이문화(李文和, 1358~1414)는 마지막 기록인 태종 14년 6월 1일자 행장졸기(行狀卒記)가 등재되어 있었고[447], 이를 추모하는 후손들이 서계서원(西溪書院)을 세웠다. 뒤에 화수정(花樹亭)으로 부르다가 1871(고종 8)년 서원 철폐령으로 훼철되었다가 1987년 서원 복원과 서계서원 사적비(西溪書院事績碑)를 건립, 1992년 4월에 '서계서원(西溪書院)' 현판을 붙였다. 1824(순조 24)년 검단동에 서산서원(西山書院)이 설립되었으나 대원군의 서원 철폐령으로 훼철되었

다. 이후 영남의 선비들은 학문연찬이라는 붓으로 하는 '대의명분으로 바로 잡기(正名爲政)'보다도 '국가의 위험을 보고 목숨까지 내놓겠다(見危授命).' 라는 속칭 한말의병(韓末義兵)으로 칼을 잡았기에 서원 설립이 멈춰버렸다.

우국지사(憂國之士)가 아니더라도 운양호사건(1875. 9. 20.), 제물포조약 (1880. 8. 30.), 조일통상장정(1883. 7. 27.), 갑신정변(1884. 12. 4.), 갑오경장 (甲午更張, 1894. 7.), 을미사건(1895. 10. 8.) 등 연이어 떨어지는 걸 보고, 일제가 강제 점령을 위해 전초 작업을 하고 있음을 눈여겨봤던 영남 선비들은 '자주자강(自主自强)' 혹은 '각자도생(各自圖生)' 차원에서 교학상장을 위한 배움터를 마련하기 시작했다. 도덕산 아래(國憂洞) 솥골(鼎谷) 마을에 전주 최씨의 진사 최치상(崔致翔, 1831~1886)을 향배하는 재실로 1899년 손자 최해운(崔海潤)이 도남정사(道南精舍)를 세웠다. 최해운(崔海潤)**448**으로 일제강점기 독립운동가(군자금 제공)였다. 그의 4남 가운데 2남이 최고(崔杲, 1924~1988)**449**는 시인이었다. 최고 시인은 1941년에 보성전문(普成專門, 오늘날 고려대학 전신)학교에 진학했으나 항일학생비밀결사 '흑백당(黑白黨)' 결성으로 추적당하다가 중국 만주(中國滿洲)에서 일경에게 체포되어 국내 송치, 대전 교도소에 수감하다가 해방을 받아 출옥했다. 그러나 현재는 관리하는 사람이 없는 도남정사(道南精舍)로 남아있어 날로 훼손되고 있다.

태전동(566번지) 달성 서씨 감찰공파로 사육신 사건을 계기로 관직을 버리고 낙향한 서진손(徐震孫, 1426~1493)과 아들 서미수(徐眉壽, 1453~1516)를 추모하는 재사로 매강정사(梅岡精舍)가 있었다. 이매동(理梅洞) 뒷산에서 1982년 이곳에 이설 중창하였으며, 서미수(徐眉壽)의 손자 죽계(竹溪) 서재겸(徐再謙, 1557~1617)은 형 서득겸(徐得謙)과 임진왜란 때 의병창의와 아금암(牙禁巖) 접전참패와 화왕산(火旺山) 산성 곽재우(郭再祐) 휘하참전으로 선비의 견위수명(見危授命)의 모델을 만들었다. 함지산(혹은 觀仁山) 기슭

운암지에서 옻골로 가는 오솔길목(鳩巖洞)에 1919년 안동에서 삼일 독립운동 전개와 일제 기관 파괴로 독립운동을 했던 지강(芝剛) 이승연(李承淵, 1889~1956) 선생은 1932년에 '운곡서당(雲谷書堂)'을 설립하여 후학을 양성했으며, 현재는 건물만 남아있고, 매년 3월에 제사를 지내고 있다.

이뿐 아니라, 구수산(龜首山) 기슭 팔거천 물섶(邑內洞)에 달성 배씨(達城裵氏) 재실 원모재(遠慕齋)에다가 1936년 구천서당(龜川書堂)이란 이름으로 문중강학당을 개관하였다. 순자(荀子)의 『권학편(勸學篇)』의 "삼밭에 다북쑥은 곧게 자란다(麻田蓬生不扶直)."[450]라는 교육환경 효과가 있어 독립투사를 양성했다. 사례로는 배상갑(裵相甲, 1924~1979)은 일제의 강제 징병으로 중국 전선에 참전해 다수의 학도병과 탈출하여 광복군(光復軍)에 입대, 수차례 항일전투에 참전했다.[451] 이에 반해 구천서당(龜川書堂)에 대해 '문중고시촌(門中高試村)' 역할만 했다는 평가가 있었으나, 2022년 말경에 구수산 택지개발로 인해 철거될 운명에 놓였다.

금호, 성씨 고향(Home of Surname)의 재실(齋室)은?

팔공산(八公山) 기슭 아래 금호강 물섶에 자리 잡고 있는 대부분의 집성촌은 임진왜란과 병자호란이라는 국란을 계기로 '조망피신(眺望避身, Prospect and Refuge)'이 확실한 은둔지(隱遁地)를 찾아서 택리를 했다. 전쟁이란 인위적 재앙뿐만 아니라, 가뭄과 수해 등의 천재지변까지로 안전한 보금자리를 찾자는 '정감록의 십승길지(鄭鑑錄之十勝吉地)' 사상이 민중 속으로 파고들었다. 함지산 기슭 동네만 예시를 들어도 논어실(論語室, 魯谷洞), 장태실(場泰室, 梅川洞), 그리고 비로실(飛鷺室, 鳩巖洞) 등 동네 이름을 안방처럼 포근한 보금자리 명칭으로 다듬었다. 대구에 대표적인 비보풍수설(裨補風水說)에 입각해 택리하고 설계한 동구 둔산동 옻골마을(柒谷)은 임진왜란 이후에 입향조 대암(臺巖) 최동집(崔東集, 1586~1661) 경주 최씨 세거지(慶州崔氏世居地)로 형성되었다. 백년대계를 위해 집성촌에서는 문중서원 혹은 서당을 열 수 없다면, 조상의 은공을 생각하는 원모재(遠慕齋), 추모재(追慕齋) 혹은 영사재(永思齋) 등의 이름으로 모임터 혹은 배움터를 세웠다. 매년 배향하면서 뿌리와 혈통을 서로 확인하고 혈족 간 회맹(會盟)을 하는 셈이었다. 필요할 때는 인재 양성을 위해서 배움터로 이용되었다.

오늘날 북구에 해당하는 지역의 재실을 살펴보면, 산격동 1592년 임진왜란이 일어나자 대재(撞齋) 서사진(徐思進, 1568~1645)은 대구도호부 읍내와 3개 속현에서 의병 조직을 결성하고, 대구도호부 읍내 6리 가운데 북산리(北山里) 유사(有司)를 맡았던 의병장(義兵將)으로 전투와 활동을 했다. 그를 추모하고자 설립된 1650(효종 1)년 용담재(龍潭齋)가 설립되었고, 1888(고종 25)년에 중수되었다. 또한, 그의 아들 3형제의 재실(사랑채)로는 나중에는 체화당(逮華堂)으로 개명되어 문중의 강학소 혹은 향소(鄉所)로도 모임과 배움의 터전 되었다.

1582(선조 15)년 금호강변 서변동 인천 이씨(仁川李氏)의 태암(苔巖) 이주(李輈, 1556~1604) 선생은 '공경함은 항상 깨어있는 법이라(敬是常惺惺法).'452라는 의미에서 '환성정(喚惺亭)'이라는 이름의 정자를 금호강 섶 창포산 기슭(菖蒲山)453에 세웠으나, 서계서원(西溪書院)에 중건해 놓았다. 여말

두문동(杜門洞) 72현 가운데 한 분인 능성 구씨(綾城具氏) 시문정공(諡文貞公) 송은(松隱) 구홍(具鴻)이다. 구회신(具懷愼)은 임진왜란 때 의병 창의와 선조 31년 1월 4일 울산 전투상황 보고를 체찰사 류성룡에게 장계로 상신했다는 기록이 『조선왕조실록』에 등재되어454 있었다. 구홍(具鴻)의 8세손 첨정공(僉正公) 계암(溪巖) 구회신(具懷愼, 1564~1634)455을 향배하고자 1659(효종 10)년에 추모당(追慕堂) '송은(松隱)과 계암(溪巖)'을 합쳐 '송계당(松溪堂)'을 세웠고, 1960년에 중건했다. 동변동 산37번지 경주 이씨 금남공을 추모하기 위한 영사재(永思齋)엔 '경주이장(慶州李庄)'이라는 현판을

달았으며, 1600(선조 33)년 능성 구씨의 구홍(具鴻)과 구회신(具懷愼)을 추모하고자 1600(선조 33)년에 화수정(花樹亭)을 세웠다.

이어 조야동 샘골에 영동 박씨(永同朴氏) 재실인 원사재(遠思齋) 및 함지산 기슭에 달성 서씨 추모재(追慕齋)가 있다. 대구의 추노지향(鄒魯之鄉)을 대표하는 동명 논어실(論語室)과 배산을 공자 숭상의 의미를 담아 관니산(冠尼山, 오늘날 함지산)이라고 했던 노곡동에서는 안골 태충각 내 왼쪽엔 계유정란(癸酉靖亂)에 사육신의 한 분이었던 백촌(白村) 김문기(金文起, 1399~1456) 선생은 『조선왕조실록』을 검색하면 117회이나 나오며, 『태종실록』 36권 춘추관의 편수관명단(記事官)[456]을 시작하여 정조 15년 2월 21일자로 장릉 배식단의 배향자 명단 기록(正壇配食三十二人)[457]까지 나오고 있는 현관(賢官)이었다. 그를 추모하는 재실 경의재(景毅齋)와 오른쪽에는 노곡동 입향조 김귀송(金貴松)의 재실인 사성재(思誠齋)가 자리 잡고 있다.

도덕산 아래 도남동에선 임진왜란 전에 입향했던 정선 전씨(旌善全氏)의 1917년에 중수했으나 2000년대에 건립된 것으로 보이는 도남재(道南齋)와 고려 927년 동수대전(桐藪大戰)에서 전사했던 전이갑(全以甲)과 전의갑(全義甲) 형제를 숭상하는 이충사(二忠祠)가 있다. 또한 덕산 이씨(德山李氏)의 백암재실(白巖齋室)이 있었다. 도남지 아래 동네(국화마을, 菊洞)는 임진왜란 뒤에 입향한 인천 이씨 쌍명재공파(仁川李氏雙明齋公派)의 세거지로 1774(영조 20) 남호정사(南湖精舍)를 건립했고, 국동문중(菊洞門中)의 7대손 이해준(李海俊)은 범국회(泛菊會)를 개최하고 1864(고종 1)년에 유화당(有華堂)을 건립했다. 유화당기(有華堂記)엔 "국화꽃이 있어 집이 빛나니 국화 꽃집이로다. 국화와 더불어 무궁하리라. 국화 있음을 집 이름으로 삼겠노라(以菊而增光, 有華有華, 俱無窮芳. 吾且以之, 名吾堂)."[458]라고 기록하고 있다.

이외에도 국우동의 원모재(遠慕齋), 동호동 도산재(道山齋), 산격 1동 용담재(龍潭齋), 읍내동(1090번지) 구수산 아래 달성 배씨의 원모재(遠慕齋), 관음동 양지마을에 달성 배씨 죽와(竹窩) 배경국(裵經國, 1746~1812)의 재사(齋舍)로 1830년 건립된 봉서재(鳳棲齋)가 1869년 훼손되어 중수 기문은 관천(觀川) 배석하(裴錫夏)의 글이었으며, 1926년 관천(觀川) 배석하(裴錫夏, 1857~1936)는 칠곡향교의 동몽교관(童蒙敎官)으로서 후생가외(後生可畏)의 강학당으로 관천재(觀川齋)를 건립했다.

6.
금호 서녘(서호)
무릉도원의 배움터

달구벌의 무릉도원(武陵桃源)에 마련했던 배움터

금호 물길을 하나의 용으로 비유하면 금호잠용(琴湖潛龍)이라고 표현한다. 머리는 와룡산에 두고, 사족은 신천, 동화천, 달서천 그리고 팔거천이 된다. 그러나 금호잠용을 형성하도록 물길을 만들어주는 분수령으로 팔공산과 비슬산은 물론이고, 동촌 아양루(峨洋樓)가 위치한 구룡산(九龍山), 서구 와룡산(臥龍山), 달서구 청룡산(靑龍山)과 황룡산(黃龍山)이 물길을 마련하고 있다. 많은 '용의 언덕(Hills of Dragon)'을 뜻하는 용구(龍丘, hill of dragon), 용잠(龍岑, ridge of dragon), 혹은 용강(龍岡, cliff of dragon) 등은 모두 사라지고, 유일하게 남아있는 명칭이 용강서원(龍岡書院)이다.

용강서원(龍岡書院)은 달서구 선원로(33길 101)에 위치하고 있다. 허득량(許得良, 1597~1637)과 허복량(許復良, 출생 미상~1636)은 『조선왕조실록(純祖實錄)』에 1812년 3월 13일자 충효열장(忠孝列狀) 고문서에 "대구(大丘)의 고 부장(副將) 허득량(許得良)과 그의 종제(從弟)고 정(正) 허복량(許復良)은 정축년 노변(虜變) 때 경상병사 민영(閔栐)을 따라 쌍령(雙嶺)에서 전사했던 사람이다."[459]라고 기록되어 있다. 그를 향배하는 재실로 1639년에 설립했고, 1868(고종 5)년 서원 철폐령으로 훼철, 1920년 중창하여 용강사(龍岡祠)

라고 했다가 1986년 복원과 9대조 고려문하시중(高麗門下侍中) 시충목(諡忠穆) 허유전(許有全)을 배향하고 있다.

병암서원(屛巖書院)은 달서구 새방로(용산동 21)에 위치, 도경유(都慶兪, 1596~ 1636)460461가 강학당으로 1625(인조 3)년에 지었다. 도경유 선생은『조선왕조실록』에 3번이나 기록이 나오고 있으며, 1637(인조 15) 5월 21일자『인조실록』에서는 "경상 감사의 종사관 도경유를 정배했는데 누군가에게 살해되다."462라는 기록이 나오고 있다. 1675(숙종 1)년에 병암서당(屛巖書堂)을 창건하여 성주 도씨(星州都氏) 문중 후손의 종회당 겸 강학당(宗會堂兼講學堂)으로 이용했다. 1785(정조 10)년에 도응유(都應兪, 생몰 연도 미상)와 도경유(都慶兪) 형제를 추모하고자 병암서원(屛巖書院)으로 승호하였다. 1868(고종 5)년에 훼철되었다가 1924년 유림과 후손들이 복원하였다.

낙동서원(洛東書院) 혹은 덕동서원(德東書院)은 달서구 송현로7길 32(상인동 880)에 위치, 1708(숙종 34)에 건립되었다. 고려 공민왕 때 문하찬성사(門下贊成事)와 순충익대좌리공신(純忠翊戴佐理功臣)에 봉해졌던 단양 우씨(丹陽禹氏) 우현보(禹玄寶, 1333~1400)와 임진왜란 의병장 우배선(禹拜善, 1569~1621)463의 향사를 위한 서원이었다. 우배선(禹拜善, 1569~1621)에 대하여『선조실록』에선 7번이나 나오고 있다. 1868(고종 5)년에 훼철되었다가, 1965년 17대손 우종식, 우종목 형제가 사재를 털어 재건하고, 낙동서원(洛東書院)으로 개명한 뒤 지역 유림들에게 기부했다.

도원동(桃源洞)은 멀리 황룡산(黃龍山. 673m 일명 鵲峯)을 바라보는 청룡산(靑龍山, 793.6m 증봉 甑峯) 그 위용 아래에 청룡굴(靑龍窟)을 거쳐 흐르는 도원천(桃源川) 물섶에 모여들었던 집성촌으로 '무릉도원(武陵桃源)'464을 연상하게 하는"신이 손수 틀어 만들 보금자리(神皐福地)"인 자연부락이었다. 선인(先人)들은 이곳에서 양택(陽宅里地)만 택리하지 않고, 사후의 유택지(幽宅

地)까지 마련하고자 했다. 즉 산세가 앞산(大德山)을 백호(白虎)로, 삼필봉(三筆峰)을 청룡이 되며 최정산(最頂山)은 바로 현무(玄武)이고, 와룡산(臥龍山, 299.7m)과 궁산(窮山, 250m)은 안산(案山)의 주작(朱雀)이 되어 명당이라고 했다. 도원동은 원덕마을, 못밑마을(淵下里)과 수밭마을로 구성되었는데 최근에 택지개발로 수밭마을(일명 수박골)만 거의 유지하고 있으나, 나머지는 오늘날 흔적도 없이 사라졌다.

집성촌으로 말하면 원덕마을과 못밑마을(淵下里)은 동래 정씨(東萊鄭氏)와 담양 전씨(潭陽田氏)의 집성촌이었다. 이에 반해 수밭골(일명 수박골)은 밀양 박씨(密陽朴氏)의 집성촌이었다. 월광수변공원(月光水邊公園) 주변에 재실(齋室)로는 수밭마을(도원동 1068)에 밀양 박씨(密陽朴氏)의 도원동 입향조 도암공(桃菴公) 박민호(朴敏豪, 1568~1645)[465]를 추모하는 재실인 도원재(桃源齋)를 후손이 1983년에 세웠다. 그는 만력년간(萬曆年間: 1573~1619) 큰 국난이 날 것을 예상하고 가족을 데리고 이곳에 들어왔으며, 1592년에 임진왜란(壬辰倭亂)이 발발하자 의병을 모아 산성(山城)을 쌓아 적을 방어했다. 한편, 도원 경로당 옆(도원동 1117)에는 1946년에 건립된 고령 김씨(高靈金氏)의 '위선재사(爲先齋舍)'였던 방해재(放海齋)[466]가 있다.

금호 서녘 물섶(西琴湖) 집성촌의 배움터

금호강 서녘호수에 대한 지역 선비들은 특별한 애정을 갖고 '서호(西湖)'라고 했으며, 중국 항주의 서호(西湖)보다도 더 많은 사랑을 쏟았다. 주변 와룡산(臥龍山), 궁산(窮山), 문주산(文朱山), 사북산(泗北山, 飛鳳山) 아미산(峨嵋山, 架亭山), 마천산(馬川山) 등 산골짜기 삳(골)에서 흘러내리는 미터(물 섶)를 신라어로 '돗이(多斯只: waterfront)' 혹은 '돗지(沓只, riverside)'라고 했다. 오늘날 의미로는 닻(錨, anchor) 혹은 돛(帆, sail)에 해당하며, 757(경덕왕 16)년에 행정구역 명칭을 중국 한자로 표기하여 '돗지현(多斯只縣)'을 하빈현(河濱縣)으로 개칭했다(河濱縣本多斯只縣一云沓只景德王改名今因之).[467] 고려 시대에 들어와서 하빈(河濱)에다가 사빈(泗濱)이라는 별칭이 더해졌다. 조선 초기까지 '하빈서호(河濱西湖)' 혹은 '서호하빈(西湖河濱)'이라는 애칭을 사용해 왔다.

그렇게 불리다가 1614년 한강 정구 선생이 '사빈(泗濱)'이라는 명칭 대신에 공자의 고향 산동곡부(山東曲阜)의 사수(泗洙)에서 착안해 사수마을(泗水里, 오늘날 사수동)로 불렀다. 그는 오늘날 사북산(泗北山, 사수동 뒷산)을 비봉산(飛鳳山)이라고 칭하였고, 비봉귀소(飛鳳歸巢)에 해당하는 길지에다가 '사양정사(泗陽精舍)'468를 마련해 후학 양성에 몰두했다. 사수하빈(泗水河濱)은 학문적 물길이 연결되어 '사빈학파(泗濱學派, Sabin School)' 혹은 오늘날 '낙중학(洛中學)'을 탄생시켰다.

금호 서녘 물섶에 배움터를 열었던 선인들의 자취를 살펴보면, 이강서원(伊江書院)은 다사읍 이전리에 소재하며, 서사원(徐思遠, 1550~1615)을 배향하는 서원으로 1639(인조 17)년 건립하였다. 먼저 서사원 선생에 대해선, 『조선왕조실록』에 5번이나469 기록이 나오며, 『선조실록』에 4번이고 관직 제수가 기록되어 있고, 1694(숙종 20)년에는 "그때 서사원(徐思遠, 徐思遠, 1550~1615)이란 사람이 이 기록의 사본(寫本)을 만들어 동궁(東宮)에 올리려고 하므로, 한강 정구(鄭逑) 선생이 글을 보내 만류했다고 하기까지 하였다. 대저 정구(鄭逑)의 글이 그대로 남아 있는데, 그 글에 이르기를, 심경질의(心經質疑)의 사본을 올림은 매우 훌륭한 뜻이요 매우 훌륭한 일이라(其時 有徐思遠者, 欲以是錄, 寫進東宮, 鄭逑以書止之云. 夫逑書具存, 其書曰 質疑之寫進, 甚盛意也, 甚盛擧也)."라고 사후 79년 후에 학문을 언급할 정도로 깊이를 더했던 지역학자였다.470

이어 용호서원(龍湖書院)은 다사읍 서재리(693번지), 1704(숙종 30)년471에 건립된 도성유(都聖兪, 1571~1649), 도여유(都汝兪, 출몰 연도 미상), 도신수(都愼修, 1598~1650) 등을 배향하는 '세덕사(世德祠)'라는 명칭을 가진 성주도씨(星州都氏) 재사(齋祠)로 시작했다. 1708(숙종 34)년에 서원으로 승호함과 동시 도신수(都信修)를 추가 배향했다. 1871(고종 8)년에 훼철되어, '용호서당(龍

湖書堂)'이라는 명칭을 사용하다가 1984년 서원으로 중수하였고, 2014년에 신축하였다. 양직(養直) 도성유(都聖兪)는 한강(寒岡) 정구(鄭逑)와 낙재(樂齋) 서사원(徐思遠)의 문인이었으며, 병자호란 이후 세상사(世上事)를 등지고 학문에만 일념했다. 오늘날 우리에게 남긴 저서론『성리정학집(性理正學集)』, 『체용각분도(體用各分圖)』,『오경체용합일도(五經體用合一圖)』등이 남아 있다. 서재(鋤齋) 도여유(都汝兪)와 지암(止巖) 도신수(都愼修, 1598~1650)[472]는 부자간이며, 한강 및 낙재 선생의 문인이었다.

낙빈서원(洛濱書院)은 설명이 필요하지 않을 정도로 유명하다. 사육신을 모시고자 1679(숙종 5)년에 세운 '하빈사(河濱祠)'에서 취금헌(醉琴軒) 박팽년(朴彭年, 1417~1456), 이개(李塏), 성삼문(成三問), 유성원(柳誠源),

유응부(兪應孚) 등 사육신을 배향하였다. 1694(숙종 20)년에 '낙빈서원((洛濱書院)'이라는 사액을 받았다. 이곳에 세워진 연유는 순천 박씨(順天朴氏) 박팽년(朴彭年)의 후손들이 묘골(묘리)에 세거지를 형성했기 때문이다. 박팽년은『조선왕조실록』에 178번이나 나오는 역사적 인물로『세종실록』에 18번, 『문종실록』,『단종실록』,『세조실록』등에도 등장하나 심지어 1909(순종 2)년 1월 7일자『순종실록』에선 "연로에 있는 선비들과 이름난 신하들의 사당들에 모두 치제하다(故忠正公 朴彭年 … 遣地方官致祭).'[473]라는 하명이 기록되어 있다. 물론 묘골에는 1981년에 '육신사(六臣祠)'라는 사우(祠宇) 건립하여 사육신과 박팽년의 부친 박중림을 같이 모시고 있다.

서호(西湖)에서 빼놓을 수 없는 배움터로는 금암서당(琴岩書堂)이 있는데, 다사읍 매곡리(1102-1번지)에 위치하고 있다. 1764(영조 40)년 임하(林下) 정사철(鄭師哲, 1530~1593)과 낙애(洛涯) 정광천(鄭光天, 1553~1594) 부자를 배향하는 동래 정씨(東萊鄭氏) 재사(齋舍)로 건립되었다. 이후 1786(정조 10)년에 서원의 모습을 갖췄으나 대원군 서원 철폐령으로 훼철되었다가 1958

년 서당(書堂)으로 복원하였다. 임하(林下) 선생은 1570(선조 3)년에 사마시(司馬試) 급제로 남부참봉(南部參奉)에 임명되었으나 성리학에 몰두하였다. 1592(선조 25)년 음력 4월 13일에 임진왜란이 발생, 임하는 63세임에도 음력 7월 6일에 지역 유림들을 팔공산 부인사에 의병창의 회합을 마련하여 지역 의병군 '공산의진군(公山義陣軍)'을 결성하자 의병대장(義兵大將)에 추천되었다. 아들 정광천(鄭光天, 1553~1594)은 하빈면 남면의 의병장을 맡았다. 당시 대구는 '왜적이 한양으로 진격하는 길목(京進之頸)'으로 관군이 패배하자 왜적 주력부대가 후방 공격을 방어하고자 1,600여 명의 잔여병을 대구향교에 주둔시켰다. 이에 의병으로 후방 교란전을 하고자 의병 창의를 함으로써 관군을 지원하게 되었다(義兵倡義, 以襲倭後,而支官軍).

7.
금호락수(琴湖洛水)
두물머리 집성촌의 배움터

낙수(洛水)란 '하도낙서(河圖洛書)'에서

오늘날 우리가 사용하는 도서관(圖書館, libery), 가락(駕洛, 가야, 김해), 낙론 (洛論, 人物性同論), 낙학(洛學), 상락(上洛, 新羅尙州), 호락논쟁(湖洛論爭, 湖南 洛水論爭) 등이 '낙수(洛水 혹은 雒水)'에서 나왔다. 오늘날 낙동강(洛東江)은 태백(太白) 황지(黃池)에서 발원하여 부산하구언(釜山河口堰)까지 513.5km, 유역 면적 23,384㎢로 남한 면적의 23.4%를 차지하고 있다. 삼국 시대엔 '황산진(黃山津)'이라고 했다가, 고려 시대와 조선 시대에선 '낙수(洛水)', '가 야진(伽倻津)'이라고 했다. 여기 '황산진(黃山津)'의 황산(黃山) 오늘날 양산군 물금면 물금리 '황산나루(黃山津)' 혹은 '가야나루(伽倻津)'라고 했다. 낙동 강(洛東江)에서 '낙동(洛東)'이란 '가락의 동쪽(駕洛之東)'이란 뜻이다. 여기서 '가락(駕洛)'이란 삼국 시대 가야국(駕洛國)의 땅이었던 오늘날 상주(尙州)를 칭했다. 오늘날 상주(尙州)는 첨해왕 때 사벌주(沙伐州), 법흥왕 때 상주(上 州), 진흥왕 때 상락군(上洛郡)[474], 신문왕 때 복원해 경덕왕 때 상주(上州)[475] 로 혜공왕 때 사벌주(沙伐州)로 다시 되돌렸다. 이렇게 내려오는 동안 '상락 (上洛)'이라 별호를 갖게 되었다.[476]

사실, 뤄허(洛河, Luò Hé)는 중국 화산(華山) 서남부의 산서성(山西省) 뤄남

현(洛南縣)에서 발원하여(陝西省の華山南麓に發源), 허남성(河南省)으로 유입하여 궁의시(鞏義市)에서 황하(黃河)에 합류한다.[477] 뤄허를 옛날에는 낙수(洛水 혹은 雒水)라고 했다. 그 강의 전체 길이는 420km 정도이며[478], 청동기 뤄허강 유역에는 B.C. 2,100년 ~ B.C. 1,500년까지 얼리터우 문화(二里頭文化, Erlitou culture)를 형성하였기에 그 지역을 '낙양(洛陽, 雒陽)'이라고 했다. 하(夏)나라 우왕(禹王)이 낙수(洛水)에서 거북 등껍질(龜甲)에 새겨진 그림(45개의 점)을 보고 '낙서(洛書, 後天八卦)'를 창안했다. 여기서 주역원리(周易原理)의 기원이 되었던 '하도낙서(河圖洛書)'에 대해 "하늘이 신묘한 물중을 내보이시니, 성인들은 그 원리를 규명하여 천지변혁의 모델로 삼아, 대자연의 길흉을 드러냄을 판단하게 되었다. 황허의 하도와 낙수에서 낙서가 그 원형이 되었다(天賜靈物, 聖人以之爲規, 天地變化而異, 聖人效之, 天鑄表以示福禍, 聖人以之爲表, 黃河出河圖, 落水出塗鴉, 聖人定之)."[479][480]

오늘날 우리들이 사용하는 '도서(圖書)'와 도서관(圖書館)이란 용어는 '하도낙서(河圖洛書)'에 연유하고 있다. 그뿐만 아니라 낙동강 이전에 '낙수(洛水)' 혹은 '상낙(上洛)'이라는 용어가 여기에 기원을 두고 있다. 보다 자세하게 언급하면 1487(성종 18)년 2월에 초간된 『동국여지승람(東國輿地勝覽)』에서 '낙수(洛水)' 혹은 '낙동강(洛東江)'으로 적고 있으나, 1751(영조 27)년 이중환(李重煥, 1690~1752)의 『택리지(擇里志)』에서는 '가락의 동쪽 강이라고 낙동강(洛東江是駕洛之東)'으로 기록하고 있다.[481] 이긍익(李肯翊, 1736~1806)의 『연려실기술(燃藜室記述)』에서는 "상주의 동쪽 강이라고 낙동강(洛東江指尙州之東)"으로 하고, 김정호(金正浩, 1804~1866)가 1861년 「대동여지도(大東輿地圖)」에서도 '낙동강(洛東江)'으로 명칭을 적었다.[482]

오늘날에는 영남 유림의 유학(儒學)을 낙동강 '낙수(洛水)'를 기준으로 퇴계(退溪) 이황(李滉, 1501~1570)을 중심으로 하는 '낙상학(洛上學)'과 남명(南明) 조식(曺植, 1501~1572)을 축으로 하는 '낙하학(洛下學)'으로 하고, 최근에 한강(寒岡) 정구(鄭逑, 1543~1620)를 핵심으로 하는 '낙중학(洛中學)'으로 분류하고 있다. '조식(曺植)'이란 검색어로 『조선왕조실록』을 검색하면 국역본에 240회, 한문 원문에서 228회 나오고 있는데, 한글 번역본(240회)을 중심으로 연산군 일기 1회, 중종 1회, 명종 33회, 선조 31회, 선조수정 26회, 광해군 중초본 57회, 인조 7회, 효종 1회, 현종 2회, 현종개수 3회, 숙종 2회, 영조 7회. 정조 8회, 순조 2회. 고종 3회이나 언급되는 역사상 큰 영향을 준 인물임을 확인할 수 있다.

한글 번역에서 '조식(趙植)'으로 되어 있는 것이 2건이 있는데 1463(성종 6)년 2월 14일 기록은 남명(南冥) 조식(曹植, 1501~1620)이 태어나기 이전에 인물이고, 1602(선조 35)년 9월 25일자 "경상도에 사는 오여은과 당시 사관 정인홍의 변명하다."에서 정인홍은 조식(趙植)의 고제(高弟, 高足弟子)라는 기록이 있어 원문을 확인하니 '조식(曹植)'을 번역상 착오를 내었다.⁴⁸³ 많은 저서에서도 남명(南冥) 조식(曹植) 선생을 확인하지 않고 '조식(趙植)'으로 기록된 것을 많이 볼 수 있다. 오늘날 용어로 수제자(首弟子)에 해당하는 '고족제자(高足弟子)' 정인홍(鄭仁弘, 1535~1623)은 1610(광해군 2)년 9월 오현문묘종사(五賢文廟從祀)에 대해 국왕 문병을 빌미로 "이언적과 이황의 문묘종사가 부당함."을 사직상소(辭職上疏)를 올렸던 사건이 파급되었다.

도동서원에서 올곧음을 찾아

한훤당(寒暄堂) 김굉필(金宏弼, 1454~1504)은 서흥 김씨(瑞興金氏: 黃海道瑞興)로, 1454년 오늘날 서울 정릉(漢城府貞陵洞)에서 중좌위사용(忠佐衛司勇) 김유(金紐)의 둘째 아들로 태어났다. 선산(善山) 김종직(金宗直)의 문하생으로 들어가 소학을 익혔고, 소학(小學)에 심취해서 언필칭소학(言必稱小學)이라고 해서 '소학동자(小學童子)'이라는 별명을 가졌다. 삼십세(立志)에 비로소 육경(六經)을 섭렵하였고, 1480(성종 11)년 생원시

도동서원(당장 : 두암오현)

(生員試)에 합격해 성균관에 입학했다. 성균관 유생으로 원각사승려(圓覺寺僧侶)의 불법을 들어 척불숭유(斥佛崇儒)를 상소했다. 1494년 경상도 관찰사 이극균(李克均)은 '유일지사(遺逸之士)'로 천거해 남부참봉(南部參奉, 경관직 종9품)에 제수되었다. 1496년 군자감주부, 사헌부감찰, 형조좌랑, 1498년 무오사화가 발생하자 김종직의 문도붕당(門徒朋黨)을 조직했다는 죄목으로 곤장 80대와 원방부처형(遠方付處刑)을 받아, 평안도 희천(熙川)에서 2년간 유배되었으며, 희천에서 조광조(趙光祖)에게 학문 전수도 했다. 이후 전남 순천(全南順天)으로 옮겨졌다. 그곳에서 학문 연찬과 후진 양성에 힘썼다. 1504년 갑자사화가 터지자 무오당인(戊午黨人)이란 죄목으로 순천철물저잣거리(順天鐵物市)에서 참형 효수(斬刑梟首)를 받았다.

김굉필(金宏弼)이란 검색어로 『조선왕조실록』을 검색하면, 한글 번역 200회, 한문 원문 181회이나 기록되어 있다. 한글 번역본을 중심으로 살펴보면 성종 2회, 연산군 일기 22회, 중종 50회, 인종 1회, 명종 4회, 선조 43회, 선조수정 11회, 광해군 중초본 10회, 광해군 정초본 9회, 인조 1회, 효종 2회, 현종 2회, 현종개수 3회, 숙종 12회, 숙종 보궐정오 4회, 경종 1회, 경종수정 1회, 영조 7회, 정조 3회, 헌종 1회, 철종 2회, 고종 8회, 순종 1회나 나오는 역사적 인물이었다. 1481(성종 11)년 6월 16일에 "김광필이 원각사의 중을 심문 처형에 관한 상소하다."484에서 마지막 200번째는 1908(순종 2)년 1월 8일 "학문이 순수하고 독실하며 행실이 곧고 정확하여 백 대에 기풍을 남겨 사람들이 우러르고 있다. 행차가 이러한 고장을 지나가니 더욱 감흥된다. 선정(先正)인 문경공(文敬公) 김굉필(金宏弼)의 사판에 지방관을 보내어 치제하게 하라(學問純篤 … 先正文敬公 金宏弼祠版, 遣地方官致祭)."485에 기록되어 있다.

그뿐만 아니라, 1517(중종 12)년 8월 6일자로 "김굉필(金宏弼)·정여창(鄭汝昌)은 다 어진 사람이다(金宏弼鄭汝昌皆賢者也). 그 자손의 녹용은 다른 주죄(誅罪)된 사람의 자손의 예(例)와 같이 할 수 없으니, 각별히 녹용해야 한다(其子孫錄用, 不可如他被誅人子孫例, 當各別錄用). 또 관작(官爵)을 포증

(褒贈)하고 처자를 존휼(存恤)하는 등의 일도 아울러 승전(承傳)을 봉행하라."486 1517(중종 12)년 우의정에 추증되었고, 도학강론(道學講論)의 사우(祠宇)를 세워 제사를 지낼 수 있게 되었다. 1519년 기묘사화(己卯士禍)가 발생하여 문하생들의 피해로 남곤(南袞) 등 반대 세력에서 수정론을 제기했다. 이후 성균관 유생들의 문묘종사(文廟從祀) 건의, 1557(선조 8)년 '문경(文敬)'이라는 시호(諡號)가 내려졌다.

또한 1610(광해군 2)년 대간(臺諫), 성균관 유생 및 지방 유림이 지속적으로 상소해 김굉필(金宏弼), 정여창(鄭汝昌), 조광조(趙光祖), 이언적(李彦迪), 이황(李滉) 등 5명을 조선 성리학의 오현(五賢)으로 문묘종사(文廟從祀)하도록 했다. 이황(李滉)은 김굉필 선생을 '도학의 용마루(道學之祖宗)'라고 했으며, 혹은 '5명의 현인 가운데 으뜸 현인(五賢中首賢)'이라고 했다. 사실, 무오 갑자사화 이후 영남 유림에서는 한훤당(寒暄堂) 김굉필(金宏弼, 1454~1504)을 배향(配享)해 왔던 참에 뜻을 모아서 1568년 비슬산 동쪽 유가사(瑜伽寺) 옆 쌍계 골짜기에 쌍계서원(雙谿書院)을 세웠다.

1573년 사액서원(賜額書院)으로 임진왜란 때 전소되었다. 1604(선조 37)년 외증손 한강(寒岡) 정구(鄭逑, 1543~1620)가 현재 이곳 강변으로 서원을 옮겨 세웠고, 서원명은 보로동서원(甫勞洞書院)이라고 했다. 1607(선조 40)년 선조(宣祖)는 경상도사(慶尙道事) 배대유(裵大維, 1563~1632)의 검정 바탕에 흰색 글씨로 도동서원(道東書院, 사적 제488호, 담장이 보물 제350호 書院)이란 사액을 내렸다. 현재 현판은 나뭇결 그대로 두고 검정 글씨도 된 도동서원(道東書院)을 이황의 글씨를 뽑아서 쓴 것(集字)이다. 도동(道東)이란 단순하게 '공자의 도가 동으로 왔다(仲尼之道東來).'487라고 할 수 있으나, "산동곡부(山東曲阜)의 공자님이 이곳 동쪽 서원으로 옮겨 계시게 되었다(仲尼之道, 從曲阜移,到在東院)."라는 의미를 갖고 있었다.

낙동강의 강풍이 겨울을 몰아 침입함에 비보(裨補)하고자, 1849년에 현재 수월루(水月樓)를 세웠다. 상량문에는 "푸른빛 산봉우리들이 난간 아래로 들어오고, 수십 겹 병풍처럼 둘러 쳐 생동감 있는 그림이 펼쳐진다(蒼翠

郡巒入檻低, 十疊雲屛開活畵)."라는 시구까지 적혀 있다. 수월(水月)이란 '추월
한수(秋月寒水)' 혹은 '한수조월(寒水照月)'이란 의미를 지녔다. 가을 달처럼
티끌 한 점 없이 맑기만 하고, 차가운 강물처럼 투철하고 명징(明澄)한 현인
의 심경(心境)을 뜻한다. 물론 주자(朱子)의 "조심스럽게 천 년의 마음을 살
펴보건대, 가을 달빛이 찬 강물을 비추는 듯, 나의 스승 어찌 한 사람만이
있을까요? 성현께서 전하시는 모든 서책들이 스승일세(恭惟千載心, 秋月照
寒水, 魯叟何常師, 刪述存聖軌).[488]"라는 시구에서 나왔다.

동방예의지국, 일문삼강(一門三剛)의 배움터를 찾아

낙동강 수변에 자리 잡고 있는 서원으로는 화원읍 인흥2길 26번지에 추
황(秋篁, 1198~1259), 추적(秋適, 1246~몰년 미상), 추유(秋濡, 1345~1404), 추
수경(秋水鏡, 1530~1660)을 배향하고자 1866(고종 3)년 인흥서원(仁興書
院)을 건립하였다. 현풍읍 대리에선 1707(숙종 33)년에 건립한 청백사(淸白
祠)를 이양서원(尼陽書院, 대구시 문화재 제32호)이 있는데 곽안방(郭安邦, 생
몰 연도 미상), 곽지운(郭之雲, 1498~1551), 곽규(郭赳, 1521~1584), 곽황(郭趪,
1530~1569)을 배향하고 있다. 또한, 현풍읍 지리744번지 암곡서원(巖谷書
院)에서는 곽경(郭鏡), 곽기정(郭基正), 곽한정(郭漢正), 곽자의(郭子義), 곽순
종(郭順宗) 등을 배향하고 있으며, 이는 포산사(苞山祠)에서 유래하였으며
2009년 암곡서원으로 승격되었다. 유가읍 가태리에 예연서원(禮淵書院, 대
구시 기념물 제11호)을 1618(광해군 10)년 건립한 충현사(忠賢祠)에서 곽재우
(郭再祐, 1552~1617)와 곽준(郭䞭, 1551~1597)을 배향하면서 서원으로 승격
했다. 구지면(求知面)에서는 1694(숙종 20)년에 송담서원(送潭書院)을 건립해
박성(朴惺, 1549~1606)을 배향하고 있고, 1990년에 건립된 화산서원(花山
書院)에서 곽승화(郭承華, 생몰 연도 미상), 곽간(郭趕, 1529~1593), 곽율(郭㴋,
1531~1593), 곽재겸(郭再謙, 1547~1615) 등이 배향되고 있다.
특히 곽재우(郭再祐) 홍의장군(紅衣將軍)에 대해서는 『조선왕조실록』에

서 국역본 217회, 한문본 204회으로, 도합 421회이나 나오는 역사적 인물이다. 『선조실록』에 84번이나 『고종실록』에서도 1건이나 기록되어 있다. 1592(선조 25)년 6월 28일자 기록은 경상우도초유사 김성일이 전황 보고서(招諭使金誠一馳啓曰)로 "의령(宜寧)에 사는 고 목사(牧使) 곽월(郭越)의 아들인 유생(儒生) 곽재우(郭再祐)는 젊어서 활쏘기와 말타기를 연습하였고, 집안이 본래 부유하였는데, 변란을 들은 뒤에는 그 재산을 다 흩어 의병을 모집하니 수하에 장사(壯士)들이 상당히 많았습니다(聞變之後, 盡散其財以募兵, 手下壯士頗衆, 最先起軍) …."[489]라고 상왕에게 상신하는 장계에서 시작했다. 마지막으로 1882(고종 19)년 5월 4일자 충청도 유생 백낙관(白樂寬)이 원정략(原情略)을 올리는 글에 "또한 이항복(李恒福), 이덕형(李德馨), 이순신(李舜臣), 곽재우(郭再祐)와 같은 신하들은 모두 나라의 중흥을 보좌한 인물 중에 가장 현저했던 사람들이었다(李舜臣, 郭再祐等, 皆中興輔佐最著者也)."[490]라는 구절에서 나왔다.

삶은 곧 배움이고, 배움이 바로 삶이다(生卽學, 學卽生)

오늘날의 배움은 제도적인 교육기관을 통해 '형식지(形式知, explicit knowledge)'를 학습하는 공식적 학습(公式的 學習, formal learning)이 대부분이나, 그러나 개인적인 특수 경험, 노하우(knowhow), 비기(祕技) 등의 비형식적인 암묵지(暗默知, tacit knowledge)는 비공식적 학습(非公式的 學習, informal learning) 혹은 자기주도학습(自己主導學習, self-directed learnig)을 통해서 배우게 된다. 오늘날 인적자원개발(human resource development)이란 변혁을 초래함에는 조지 엘튼 메이요(George Elton Mayo, 1880~1949)라는 인적자원 관리의 아버지가 있었다. 그는 『산업 문화의 인적 문제(The Human Problems of an Industrialized Civilization)』라는 저서를 통해서 과거 노임비(급료, 임금), 교육비, 채용 비용 등의 비용 계정으로 종사자(노동자, 직원 등)를 계산했으나, 이를 뒤집어 '인적자원(human resource)'

혹은 '인적자본(human caipital)'으로 사고 전환을 초래했다. 또한 유네스코(UNESCO)를 통해 학령교육(學齡敎育)에서 평생교육(life-long education)으로 패러다임(paraigm)을 전환했다.

그런데 우리나라에서는 B.C. 500년부터 '삶이란 배움이고, 배움이 삶이다(生卽學, 學卽生).'라는 개념으로 죽은 사람의 개관(蓋棺), 지방(紙榜), 영전(靈箋), 위패(位牌), 묘비(墓碑), 지석(誌石) 등에다가 '학생(學生)'이라는 글자를 적었다. 오늘날 용어로는 평생교육(life-long education)이다. 또한, 배우는 방법은 특이했다. 천재가 아닌 이상 태어나자마자 알지(生而知之) 못하기에, 가르침을 통해 배우는 것(學而知之)이 일반 원칙이었으나, 선인들은 생활과 경험을 통해서 암묵지를 익히는(困而知之) 것이었다. 그러나 최고 수준의 득도는 '자기 스스로 배움(學己, self-learning)'을 통해서 격물치지(格物致知)를 하게 했다. 삼경(三經)의 하나인 예기(禮記)에서는 '학기편(學己篇)'[491]이 있다. 오늘날 용서로는 '자기주도학습(self-directed learning)'[492]이다. 선인들의 학기(學己)는 오늘의 자기주도학습을 넘어서고 있다. 대학(大學)의 격물치지(格物致知), 수신제가(修身齊家), 중용(中庸)과 신독(愼獨) 등의 득도 과정은 불교의 참선(參禪) 혹은 수도(修道)와도 같았다.

우리의 선인들은 '요수지락(樂水之樂)'을 만끽하면서 문중의 앞날을 위해서 교학상장(敎學相長)하겠다고 세웠던 시설이 바로 서원, 서당, 재실이고 정자와 누각이었다. 어떤 면에선 이와 같이 후학 혹은 후손을 양성하는 일은 바로 자기와 자신의 문중 발전을 도모하는 학문 유산 계승 작업이었다. 『논어(論語)』에서 말하는 자신을 위한 학문(學者爲己)이다.[493]

금호강 물 섶에서 교육상장(敎育相長)을 위해서 세웠던 집성촌의 서당으로는 다사읍 매곡리(1102-1번지) 금암서당(琴岩書堂)은 1764(영조 40)년에 세웠으며, 정사철(鄭師哲, 1530~1593)과 낙애(洛涯) 정광천(鄭光天, 1553~1594)

부자를 배향한다. 1786(정조 10)년에 서원의 모습을 갖췄으나 대원군 서원 철폐령으로 훼철되었다가 1958년 서당으로 복원되었다. 낙동강 물섶에는 논공읍 삼리리(136-1번지) 승호서당(承湖書堂)이 있는데 이난미(李蘭美, 1592~1661)를 추모하고, 후예 양성을 위해서 1795(정조 19)년에 건립했다. 화원읍 본리리(401-2번지) 세칭 남평 문씨 세거지에 있는 수봉정사(壽峰精舍)는 문영박(文永樸, 1880~1930)을 기리고자 문중 강학당으로 1936년에 건립하였다. 문영박(文永樸) 지사는 1919년부터 별세할 때까지 전국 각처를 돌면서 군자금을 모금해 임시정부에 지속적으로 전달하는 독립운동으로 1980년 건국포장, 1990년 건국훈장 애국장이 추서되었다.

유가읍(瑜伽邑) 가태리(375번지)에는 남계서당(藍溪書堂)이 1860(철종 11) 년에 건립되었으며, 곽월(郭越, 1518~1586, 아들이 郭再祐)을 추모하고 있다. 대원군 서원 철폐령으로 훼철되었다가 후손들에 의해 서당으로 중건되었다. 곽월(郭越) 선생은 『조선왕조실록』에 국역 16회과 한문 16회로 32회나 기록이 나오며, 최초는 1570(선조3)년 5월13일자 "서용되어 직첩을 주었다(郭越 等敍用 … 職牒還給事)."[494]이고, 마지막은 1592(선조 25)년 6월 1일자 "현풍(玄風) 사람 곽재우(郭再祐)는 고(故) 목사 곽월(郭越)의 아들이다(玄風人郭再祐, 故牧使郭越之子也). … 항상 붉은 옷을 입고 스스로 홍의장군(紅衣將軍)이라 일컬었는데, 적진을 드나들면서 나는 듯이 치고 달리어 적이 탄환과 화살을 일제히 쏘아댔지만 맞출 수가 없었다(常着紅衣, 自稱紅衣將軍, 出入賊陣, 馳驟如飛, 賊丸矢齊發, 不能中.) …"[495]

8.
금호강 르네상스의
미래를 내려다보다

군위(軍威), 대구의 북두칠성(北斗七星)

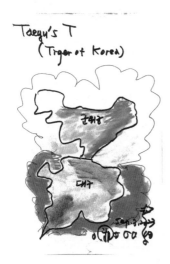

오늘날 군위군(軍威軍)은 삼한 시대(三韓時代) 때 진한(辰韓) 12소국 가운데 하나였던 '여담국(如湛國)'으로『삼국지 위지 동이전 한조(三國志魏志東夷傳韓條)』에서 나오고 있다.[496]『삼국사기 지리지(三國史記 地理志)』숭선군조(崇善郡條)에 "군위현은 본시 노동멱현(奴同覓縣)인데 신라 경덕왕이 군위로 고쳤다(軍威縣,本奴同覓縣. 景德王改名, 今固之)." 또한 '여두멱(如豆覓)'이라고도 했다. 따라서 신라어 '여두멱(如豆覓)'을 당시 한자음으로 '여담(如湛)'[497]으로 표기했다. B.C. 108년 이후 진한연맹체(辰韓聯盟體)의 한 나라 결속의 기반으로 세력을 유지해 3세기 이후까지 성장하다가 신라에 복속되었다.

신라 복속 이후는 숭선군(崇善郡: 軍威縣, 孝寧縣, 缶林縣)으로 있다가 757(경덕왕 35)년 군위현(軍威縣)으로, 1018(고려 현종 9)년 상주목(尙州牧) 군위현(軍威縣)으로, 1143(의종 16)년 일선국(一善郡) 군위현으로, 1390(공양왕 2)년 경상도 군위현, 1895(고종 32)년 6월 23일 경상북도 군위군, 1914(일제)년 4월 1일 경상북도 군위군, 2022년 12월 8일 '경상북도와 대구광역시 간 관할구역 변경에 관한 법률(제19155호, 2023. 1. 3. 제정)'이 국회를 통과했다. 2023년 7월 1일자로 대구광역시 군위군으로 편입되었다.

한편 군 명칭에 대해 934년 고려 태조 왕건(王建)이 후삼국통일 무렵 후백 제군을 공격하고자 이 지역을 지날 때 고려군의 위세가 당당함(過此地時, 高 麗軍勢, 堂堂之樣)을 보고, 이를 촌로에게 지명을 군위(軍威)라고 지어주었다는 일설이 있다. 역사적 사실은 이미 757(경덕왕 35)년에 군위(軍威)라고 불리 어왔다.[498]

오늘날 군위군의 위상은? 고대(고구려) 천문학에선 북단은 북두칠성(北斗 七星)이다. 물론 남단은 남두육성(南斗六星), 동단은 동두오성(東斗五星), 서 단은 서두사성(西斗四星)에 해당한다. 남쪽으로는 팔공산 천왕봉(天王峯, 1192.3m, 일명 毗盧峯, 군위군에 속하나 地籍不附合地)으로 솟아있으며, 대구 시 동구, 경상북도 칠곡군과도 연접하는 산맥이 동서로 긴 산성(山城)을 이 루고 있는 모습이 달구벌을 감싸는 상현월(上弦月, 초승달)을 이루고 있다. 이어 연장선을 그으면 영천시와도 만나서 금호강으로 물이 모여드는 분수 령(分水嶺)을 형성하고 있다.

지질과 물길에선 대략 9,000만 년에서 1억1천만 년 전 중생대 백악기 전 기 지층에서 서식했던 공룡 발자국이 지난 2009년 3월 7일에 군위읍에서 발견되었다. 길이 발자국의 길이 354mm, 폭 173mm인 익룡(翼龍)의 앞 발 자국이었다.[499] 이는 세계 최대 익룡이라도 했던 해남이크누스(Haenamich-nus)의 전족장(前足長) 330mm, 폭 110mm보다 크며, 동시에 이보다는 작 은 익룡(공룡)들 여러 마리의 발자국 화석이 함께 출토되었다. 또한 우보면 (友保面) 나호리(羅湖里)에서는 공룡 골격까지 발견되었다.

군위군의 물길은 위천(威川)이 중앙을 관통하고, 최동단 삼국유사면(고로 면) 학암리에서 발원하여 소보면(召保面) 사리리를 지나 의성군 비안면(比安

面)에서 쌍계천(雙溪川)에 합류하고, 상주시 중동면에서 낙동강(洛東江)과 다시 합쳐진다. 위천(威川) 지류인 남천(南川)은 팔공산에 발원하여 부계면(缶溪面), 효령면(孝令面)을 지나 병수리(竝水里)에서 위천과 합류한다. 물길은 흐르는 곳마다 농경지를 형성하였고, 사질양토(砂壤土)로 '비옥한 초승달(fertile crescent)'을 만들었다.

한편 군위군의 인구 변동 추이는 1949년 70,544명에서 1955년 66,432명으로 줄었다가, 1966년 80,261명으로 정점을 찍고, 1970년 69,557명으로 하향곡선을 긋기 시작했다. 1973년 7월 1일자로 의성군 금성면 광현동을 군위읍으로 흡수하였고, 동시에 선산군 산동면 동산동을 소보면으로 편입했는데도 1975년 67,286명에서 지속적 유출됨과 동시에 저출산화 시대를 맞아 2020년에 23,256명으로 내려앉았다. 2023년 5월 1일자 23,165명으로 대구광역시에 편입되었다.

사실, 군위군이 편입해야 하는 이유로는 급격한 저출산고령화, 대도시 대구시로 인구 유출, 지방 재정의 열악화 등으로 인구 소멸 위험지수 0.1로 전국 최하위를 기록했다. 즉 2023년 5월 기준 세대당 평균 인구는 1.69명으로 대부분이 독거노인 가정(獨居老人家庭)이었는 데다가 인구 유출 대책으로 자전거 길 조성과 운동장 만들기 등 전시 행정으로만으로는 당랑거철(螳螂拒轍)이었다.

한편 한국고용정보원(Korea Employment Information Service)에서 2006년 3월에 설립되면서부터 인구 유출, 저출산고령화의 심각성을 진단하고자 인구소멸위험지수(人口消滅危險指數)를 개발하여 매년 발표하고 있었다. 인구소멸위험지수(산출식)=만 20~39세 여성 인구(A)÷만 65세 이상 고령 인구수(B)로 진단하는데, 지수(A/B)가 0.5 미만이면 소멸위험단계에 진입했다고 판단한다. 군위군은 2015년엔 0.19에서 2022년 3월엔 0.11(必死危險)로, 전국 최하위에 도달했다.

이런 궁지에 몰린 군위군에서는 필사즉생(必死卽生)의 특단의 대책이 강구되어야 했었다. 마침 대구광역시는 겉보기로는 통합 신공항 이전 대상지를 물색하고 있었으나, 속셈은 '미래 100년 먹거리를 담을 위대한 밥그릇 (Great Bowl for Next 100-Years' Food: 산단 부지 확보, 팔공산 국립공원화, 광역 도시 최대 규모 1,499㎢ 몸집 불리기 등)'을 마련하고자 고민했다. 행정구역의 땅 모양이 대구(Taegu)의 이니셜 티 자(T)로 보이고, '한국의 호랑이(Tiger of Korea)'로 거듭나며, 동시에 첨단 기술(Technology), 관용(Tolerance), 관광 도시(Tour City)로 미래 황무지를 마련했다.

대구계명개천(大邱鷄鳴開天)의 미래가 열린다

먼저, 군위군을 대구광역시로 편입할 발상을 하게 된 배경과 동기는 i) 2002년 대선 당시에 부·울·경(부산/울산/경남) 동남권 허브공항 건설이 대선 공약으로 대두되었다. ii) 대구 경북의 연합전선에선 영천공항으로 대응했으나, 설득 논리의 빈약함을 알고 경남과 결합하여 밀양공항으로 대체대응했다. 2012년 MB 정부와 2016년 박근혜 정부에서 두 차례나 '타당성 없어 백지화(No Feasibility, Blanking Out)'라는 참패를 당했다. 이에 대구·경북 자체에서는 대구공항 이동으로 급선회하자 2016년 7월 11일에 청와대(수석비서관 회의)에서 제시한 대구 통합공항 이전 제안을[500] 수용하겠다고 받아들였다. 그런데도 대구광역시 입장에선 이렇게도 저렇게도 할 수 없는 장기판에 '꼬닥장(deadlock)' 상황에 놓이게 되었다.

여론은 물론이고 언론에서도 '엄어터지는 동네북' 신세를 면하지 못했다. 그렇게 되자 대구시는 "궁색하면 자신 혼자만 잘되려 하나, 발달하려면 천하가 다 같이 잘되게 해야 한다(窮則獨善其身, 達則兼善天下)."라는 『맹자진심장(孟子眞心章)』구절을 떠올리게 했다. 여기서 다 같이 잘되는 방법? 볼링

게임에서 킹핀을 강타해서 10개의 핀을 쓰러뜨리는 킹핀강타(kingpin strik-ing) 전략을 강구하게 되었다.

당면 과제, 신공항 통합 이전, 해결의 필요조건은 i) 대구 통합공항 이전 대상지를 확보, ii) 이왕에 대구시 행정구역으로 편입하여 미래 100년간 산단 용지(産團用地) 확보, iii) 이전대상지의 광역 혹은 기초자치단체의 반대 저항할 수 없도록 법적 단서조항을 활용한다. 해결책으로 i) 당시 지방자치법에 "주민투표로 결정한 사항엔 지방의회 의결을 거치지 않아도 된다."라는 단서조항(但書條項)을 이용하여 공항 이전과 대구시 편입을 동시 주민 투표에 부치고, ii) 대구광역시 행정구역에 편입시킨 뒤에 신공항 통합 이전 대상지는 대구시에서 결정하도록 하는 '땅 짚고 헤엄치기(Turkey shoot)' 방법이었다. 이 방안에 대해 보고서(2매)를 작성하였다. iii) 2016년 9월 14일에 대구광역시 공항 이전 TF(?), 군위군 김영만 군수(이후에 대면 설득) 및 대구시 정치인들에게도 해결 방안(보고서)을 제공했다.

물론 군위군을 대구광역시로 편입하는 아이디어였으나 수신자의 입장 차이를 고려해 표현 방식과 용어를 달리했다. 대구 광역시장에게는 "대구 공항 통합이전에 따른 데드락(deadlock) 상황 해제용 골든키(golden key)"라는 제목의 두 장짜리 보고서였다. 대구시에서는 한동안 아무런 반응도 없었다. 군위군에서는 검토하고 있다면 한번 만나자고 해 군위군청을 방문해 대화했다. 원래는 대구시에서 군위군을 편입시킨 뒤에 ▷ 이전 대상지를 결정하는 수순을 제시했다. 그러나 역으로 이전 대상지부터 주민 투표로 결정하는 걸 보고, 편입은 물 건너갔구나 하는 생각을 한때 했다.

그런데 정치적 입장이 서로 달라지자 2021년 12월 5일 군위군 김영만 군수는 '내년은 군위군 대구 편입 대역사의 해'라는 2022년 예산안 시정 연설을 했고, 2022년 2월 6일엔 팔공산 정상에서 '군위군 대구 편입은 균형 발전의 첫걸음'이라는 간절한 염원을 발표했다. 이외 많은 우여곡절(迂餘曲折)을 거쳐서 2022년 12월 8일 '경상북도와 대구시 간 관할구역 변경에 관한 법률안'이 통과되어 법적인 근거를 마련했고, 2023년 7월 1일부터 군위군

행정구역이 대구광역시로 편입되었다.

　이제 대구시는 광역시 면적으로는 국내 최대 규모로 확보했다. '규모의 경제(economies of scale)'에 있어서도 글로벌 도약대(global springboard)를 마련했다. 속된 표현으로 미래 100년의 먹거리를 담을 밥그릇을 챙겼다. 따라서 이제 우리는 거대한 밥그릇에 맛있는 밥을 채우는 노력을 남보다 더해야 한다. 아이디어를 발상할 때는 대구의 영어 대문자 티(T) 자 모양은 단순한 등산용 지팡이(stick) 모양이 아니라, '수소폭탄의 이 층 버섯구름(double-decker mushroom cloud of a hydrogen bomb)'을 만들면서 지구촌을 덮는다는 의미를 담았다. 대구는 금호강과 낙동강 섶에 '신이 둥지를 틀어준 100리 뻘 복지(神皐百里福地)'에서 물(수소)을 기반으로 미래 먹거리를 만들어 가자는 미래 철학까지 담았다. 꼰대라고 해도 좋으니, 대구에 사는 사람들은 '물을 얻으면 하늘로 승천하는 용(得水昇天之龍)'의 기상을 가졌다는 말을 하고 싶다. 수탉벼슬 모양을 한 팔공산, 비슬산, 최정산 등 주변 산에 비해 대구 시청은 수탉의 눈알에 해당한다. 바라는 바는 '지구촌 새벽을 알리는 성당 꼭대기 수탉(A rooster on the top of the cathedral announcing the dawn of the global village)'이 되어 새로운 세상을 열어젖히는 대구가 되기를 바란다.

인용 문헌(참고 자료)

1) 魏書, 卷一序紀 第一: "昔黃帝有子二十五人, 或内列諸華, 或外分荒服, 昌意少子, 受封北土, 國有大鮮卑山, 因以爲號. 其後, 世爲君長, 統幽都之北, 廣漠之野, 畜牧遷徙, 射獵爲業, 淳樸爲俗, 簡易爲化, 不爲文字, 刻木紀契而已, 世事遠近, 人相傳授, 如史官之紀錄焉. 黃帝以土德王, 北俗謂土爲托, 謂后爲跋, 故以爲氏. 其裔始均, 入仕堯世, 逐女魃於弱水之北, 民賴其勤, 帝舜嘉之, 命爲田祖. 爰歷三代, 以及秦漢, 獫狁·獯犹·山戎·匈奴之屬, 累代殘暴, 作害中州, 而始均之裔, 不交南夏, 是以載籍無聞焉.

2) 後漢書, 烏桓鮮卑列傳: "鮮卑者, 亦東胡之支也, 別依鮮卑山, 故因號焉. 其言語習俗與烏桓同."

3) 大鮮卑山, 傳說中的鮮卑起源地, 其地點不詳. 現代考證認爲應是指大興安嶺北側.

4) Dalgubol, A place where the galaxy at night and the luster of ripple at day wave to the melody of the Gayageum

5) 김은기(삼성증권 리서치센터 수석연구위원), 설상가상(雪上加霜)에서 점입가경(漸入佳境)으로 변화, E-dalily, 2022. 11. 18.: "2023년 회사채 금리는 상고하저(上高下低) 패턴을 보이면서, 하반기로 갈수록 회사채 발행시장 여건이 개선되는 점입가경(漸入佳境)의 모습을 전망. 2022년 회사채 시장을 사자성어로 정리하면 설상가상(雪上加霜)이라 말할 수 있다."

6) '구름이 걷히면 푸른 하늘이(雲外蒼天)' 변호사 선정 신년 사자성어에 운외창천(雲外蒼天), 2022.1.3.: "전국 지방 변호사회에서 추천한 사자성어로 투표, 경기 북부 변호사회 소속 정이수 변호사 추천 사자성어 '코로나 극복하고 더 나은 세상 원하는 마음 담아' 2위 호시우행 '예리한 시선으로 끈기 있게 걷자(虎視牛行)'…."

7) 박종준, '중력이산(衆力移山)'… 중소기업인이 뽑은 2022년 사자성어에 담긴 뜻은, 글로벌 경제신문, 2012. 12. 21.: "중기중앙회, 500개 중기 대상 설문조사 …. '많은 이가 힘 합치면 산도 옮긴다.' 의미. 국내 중소기업인들이 2022년을 상징하는 사자성어로 '중력이산(衆力移山, 많은 사람이 힘을 합치면 산도 옮긴다.)'을 뽑았다. 코로나19와 미중 무역 분쟁 장기화, 원자재 가격 급등 등의 어려움을 힘을 합쳐 이겨내겠다는 의지가 담긴 것으로 풀이된다."

8) 蘇軾, 晁錯論: "古之立大事者, 不惟有超世之才, 亦必有堅忍不拔之志:昔禹之治水, 鑿龍門詞解, 決大河, 而放之海. 方其功之未成也, 蓋亦有潰冒詞解衝突詞解可畏之患. 惟能前知其當然, 事至不懼, 而徐爲之圖, 是以得至於成功. 夫以七國之强而驟削之, 其爲變豈足怪哉? 錯不於此時捐其身, 爲天下當大難之冲詞解, 而制吳楚之命, 乃爲自全之計, 欲使天子自將而己居守. 且夫發七國之難者誰乎? 己欲求其名, 安所逃其患? 以自將之至危, 與居守之至安, 己爲難首, 擇其至安, 而遺天子以其至危: 此忠臣義士所以憤怨而不平者也. 當此之時, 雖無袁盎詞解亦未免於禍. 何者? 己欲居守, 而使人主自將. 以情而言, 天子固已難之矣, 而重違其議. 是以袁盎之說, 得行於其間. 使吳楚反, 錯以身任其危, 日夜淬礪 詞解, 東向而待之, 使不至於累其君. 則天子將恃之以爲無恐, 雖有百盎, 可得而間哉?"

9) 劉向, 戰國策·齊策四: "狡兔有三窟, 僅得其免死身, 今君在一窟, 未得高枕而臥也, 請爲君復鑿二窟."

10) William Butler Yeats, The Lake Isle of Innisfree: "I will arise and go now, and go to Innisfree, And a small cabin build there, of clay and wattles made; Nine bean-rows will I have there, a hive for the honey-bee, And live alone in the bee-loud glade. And I shall have some peace there, for peace comes dropping slow, Dropping from the veils of the morning to where the cricket sings; There midnight's all a glimmer, and noon a purple glow, And evening full of the linnet's wings. I will arise and go now, for always night and day. I hear lake water lapping with low sounds by the shore; While I stand on the roadway, or on the pavements grey, I hear it in the deep heart's core."

11) Jared Diamond, Economics: The wealth of nations,Nature Publishing Group, Nature(Vol. 429, Issue 6992) June 10, 2004: "… For example, around 1950, when South Korea, Ghana and the Philippines were equally poor, most economists predicted that resource-rich Ghana and the Philippines were on the verge of wealth, whereas South Korea was doomed to remain mired in poverty. The result, of course, has been the opposite, because for 1,300 years South Korea has formed half of a unified, literate kingdom, and was strongly influenced by neighbouring China(one of the world's two oldest agricultural civilizations) long before that, whereas Ghana and the Philippines were exposed to rudimentary state government only within the past few centuries. As another example, Iceland, until a century ago Europe's poorest country, is now among the world's ten richest despite its modest resources, while resource-rich Zambia is still poor. But Zambia acquired colonial state government barely a century ago, whereas Iceland has been a literate state for 1,100 years."

12) 司馬遷, 史記卷八十七, 李斯列傳第二十七: "至秦, 會莊襄王卒, 李斯乃求爲秦相文信侯呂不韋舍人, 不韋賢之, 任以爲郎. 李斯因以得說, 說秦王曰:「胥人者, 去其幾也. 成大功者, 在因瑕釁而遂忍之. 昔者秦穆公之霸, 終不東并六國者, 何也? 諸侯尙衆, 周德未衰, 故五伯迭興, 更尊周室. 自秦孝公以來, 周室卑微, 諸侯相兼, 關東爲六國, 秦之乘勝役諸侯, 蓋六世矣. 今諸侯服秦, 譬若郡縣. 夫以秦之彊, 大王之賢, 由灶上騷除, 足以滅諸侯, 成帝業, 爲天下一統, 此萬世之一時也. 今怠而不急就, 諸侯復彊, 相聚約從, 雖有黃帝之賢, 不能并也. 秦王乃拜斯爲長史, 聽其計, 陰遣謀士齎持金玉以游說諸侯. 諸侯名士可下以財者, 厚遺結之, 不肯者, 利劍刺之. 離其君臣之計, 秦王乃使其良將隨其後. 秦王拜斯爲客卿."

13) Where did Earth get its water from? / BBC Sky at Night Magazine, 2022. 2. 1.: "Far from the Sun, where temperatures are low, water formed icy objects such as comets, while closer to the Sun water reacted with rocky materials to form hydrated minerals. It's thought that the mostly likely way that planet Earth inherited its water was from asteroids and comets crashing into it."

14) Genesis 1:6~9: "And God said, 'Let there be a vault between the waters to separate water from water.' So God made the vault and separated the water under the vault from the water above it. And it was so. God called the vault sky. And there was evening, and there was morning—the second day. And God said, 'Let the water under the sky be gathered to one place, and let dry ground appear.' And it was so."

15) Presentation Speech by Gunnar Berge, Chairman of the Norwegian Nobel Committee, Oslo, December 10, 2000. The Nobel Prize Award ceremony speech(nobelprize.org): "Your Majesty, Your Royal Highnesses, Excellencies, Ladies and Gentlemen, ⋯ Gunnar Roaldkvam, a writer from Stavanger, puts this so simply and so aptly in his poem 'The last drop': Once upon a time, there were two drops of water; one was the first, the other the last. The first drop was the bravest. I could quite fancy being the last drop, the one that makes everything run over, so that we get our freedom back. But who wants to be the first drop?"

16) Wikipediam galaxy: "In Greek mythology, Zeus places his son born by a mortal woman, the infant Heracles, on Hera's breast while she is asleep so the baby will drink her divine milk and thus become immortal. Hera wakes up while breastfeeding and then realizes she is nursing an unknown baby: she pushes the baby away, some of her milk spills, and it produces the band of light known as the Milky Way."

17) 정수정 외 2,「우리의 먹거리 이야기」, 생각나눔, 2022. 1. 13. 머리말: "팔공산과 비슬산의 자락에 금호, 낙동(琴湖洛東)강물이 화원동산(花園東山, Flower Garden) 앞에서 만나 두물거리(兩水處)를 만들고 있는 모습은 마치 밤하늘에 오리온 성계 은하수가 이곳 달구벌에다가 쏟아 내린다는 표현밖에 나오지 않는다. 다시 말하면, 성경(Deuteronomy)에서 가나안의 땅을 '젖과 꿀이 흐르는 땅(A land flowing with milk and honey)'이라 했듯이 대구는 '신이 손수 틀어 만든 축복의 둥지(神皐福地)'다. 우리가 잘 아는 그리스 신화(Greek mythology)를 빌리면 팔공산(八公山)과 비슬산(琵瑟山)은 미의 여신 헤라의 양 젖가슴이다. 따라서 금호강과 낙동강은 헤라 여신의 젖 국물이 된다. 이로 인해 달구벌에 풍요와 번창이 기약되었다. 두말할 필요 없이 화원에서 만나는 두물거리는 지상의 은하수다."

18) 慶尙北道地名由來總攬, 慶尙北道敎育硏究員, 慶尙北道敎育委員會,1984.7.18

19) 崔致遠, 新羅壽昌郡護國城八角燈樓記: "南行於溪滸. 見一女子.因訊眸容所以然.優婆夷答曰.是處是聖地也."

20) 이용남,「그 많던 공룡들은 어디로 갔을까」(과학), 인터넷한겨레(legacy.www.hani.co.kr), 2004. 6. 15.: "경상도를 떠난 공룡들은 어디로 갔을까. 이들이 처음 도착했던 전남 보성에서 일부는 그곳에 자리를 잡고 알을 낳았다. 그러나 한 무리는 이동을 계속해 전남 해남에 다다랐다.

그러나 그 앞에는 얕은 호수가 가로막고 있었다. 호수는 그리 크지 않았다. 주변에선 화산이 간혹 폭발하고 있었다…. (경기도 화성의 강변 최후 서식지로 남겨진다.) 격렬한 화산 활동을 피해 공룡들은 경기도 화성의 강변까지 이동했다. 이곳에서 공룡들은 종족 번식을 위해 해마다 열심히 알을 낳았다. 하지만 빈번하게 일어나는 홍수로 인해 불행하게도 공룡 알들은 부화하지도 못한 채 깨어지기 일쑤였다."

21) 詩經, 小雅篇·大東: "… 維天有漢, 監亦有光. 跂彼織女, 終日七襄. 雖則七襄, 不成報章. 睆彼牽牛, 不以服箱. 東有啓明, 西有長庚. 有捄天畢, 載施之行. 維南有箕, 不可以簸揚. 維北有斗, 不可以挹酒漿. 維南有箕, 載翕其舌. 維北有斗, 西柄之揭…."

22) 『詩經·小雅·漸漸之石』: "有豕白蹢, 烝涉波矣. 月離於畢, 俾滂沱矣. 武人東征, 不皇他矣."

23) 詩經 小雅篇 巷伯: "哆兮侈兮 成是南箕. 彼譖人者 誰適與謀."

24) Harumaki Gohan(はるまきごはん), BLUE ENDING NOVA, 銀河錄 (Gingaroku): "夜明け前に　街灯が泣いて, 冷たい空氣さえも　藍色だった. 近いようで　遠かったライト, 消えちゃう前の　蠟燭を見てるような. ごめんね　最果てだと思った, 君と夜明けを待てなかった, 電波塔が点滅する. 搖らいだふたりの距離も全部, 一度零に戻しておいて, 白い息になりそうだ. 銀河みたいな　銀河みたいな, 銀河みたいな街だったね. 僕らふたりだけの　夜明けだった, 夜明けだったんだ. 建前が曖昧なように, 完全な覆面なんて無理なんだ. 近づいたら　遠ざかるライト, 淡いオレンジ　暗くなって. 泣いてしまう理由を　口を閉ざす理由を 知りたくなるわけは, 笑ってくれるような　魔法みたいな言葉, 銀河は隠してるからさ, 銀河みたいな　銀河みたいな…."

25) 申緯, 警修堂全薰, 小樂府: "梨花月白三更天, 啼血聲聲怨杜鵑, 儘覺多情原是病, 不關人事不成眠."

26) 연암 이좌훈(李佐薰: 1753~1770)은 18세의 삶을 살면서 5세부터 천재시인으로 많은 유고 한시를 남겼다. 1773년 천재 시인의 죽음을 애통하게 여겨 평생 동안 썼던 유고 시집『연기처럼 사라진 사람의 바위같이 남을 한시 모음(燃巖詩集)』을 출간했다. 닭싸움(투계), 뭇별들이 흐려 가는데(중성행) 등 237수를 엮었다. 아버지는 이동현이며, 6촌 동생으로는 우리나라 최초의 천주교 세례자 혹은 순교자 이승훈(李承薰, 1756~1781)이 있다.

27) 李佐薰(1753~1770), 衆星行: "夜深淸月底, 衆星方煌煌, 微雲掩不得, 朔風就有光, 眞珠三萬斛, 磊落靑琉璃, 群芒起虛無, 元氣乃扶持, 霏霏露華滋, 明河聲在東, 天機孰主張, 吾將問化翁."

28) Wikipedia, Polyphemos: "Polyphemos also loved the nereid-nymph Galateia and wooed her with music and song. She spurned him for the love of the shepherd Akis(Acis), but when the giant spied the pair together he crushed the boy beneath a stone."

29) According to Greek mythology, the reed flute was first played by the satyr Pan. When Pan chased the beautiful nymph Syrinx(which means reed) and tried to embrace her, Syrinx, who did not like Pan, prayed to the river gods and was transformed into lovely reeds.

30) 金富軾, 三國史記, 卷十七, 高句麗本紀 第五美川王條: "是時, 國相倉助利將廢王, 先遣北部祖弗東部蕭友等. 物色訪乙弗於山野. 至沸流河邊, 見一丈夫在舡上. 雖形貌憔悴, 而動止非常. 蕭友等疑是乙弗, 就而拜之曰. 今國王無道, 國相與群臣陰謀. 廢之以王孫操行儉約. 仁慈愛人, 可以嗣祖業. 故遣臣等奉迎, 乙弗疑曰予野人. 非王孫也. 請更審之, 蕭友等曰. 今上失人心久矣, 固不足爲國主. 故群臣望王孫甚勤, 請無疑. 遂奉引以歸 助利喜. 致於烏陌南家, 不令人知. 秋九月, 王獵於侯山之陰, 國相助利從之. 謂衆人曰, 與我同心者. 効我乃以蘆葉揷冠. 衆人皆揷之, 助利知衆心皆同. 遂共廢王, 幽之別室. 以兵周衛, 遂迎王孫. 上璽綬, 卽王位."

31) 詩經, 國風, 第十一 秦風, 蒹葭: "蒹葭蒼蒼, 白露爲霜. 所謂伊人, 在水一方. 遡洄從之, 道阻且長. 遡游從之, 宛在水中央. 蒹葭萋萋, 白露未晞. 所謂伊人, 在水之湄. 遡洄從之, 道阻且躋. 遡游從之, 宛在水中坻. 蒹葭采采, 白露未已. 所謂伊人, 在水之涘. 遡洄從之, 道阻且右. 遡游從之, 宛在水中沚."

32) 詩經, 國風第七河廣: "誰謂河廣, 一葦杭之, 誰謂宋遠, 跂予望之."

33) 杜甫, 洗兵馬行: "中興諸將收山東, 捷書夜報淸晝同. 河廣傳聞一葦過, 胡兒命在竹中."

34) 丁若鏞, 哀切陽: "蘆田少婦哭聲長, 哭向縣門號穹蒼, 夫征不復尙可有, 自古未聞男絶陽…."

35) 樂學軌範(燕山君日記): "召問禮曹堂上掌樂院提調等曰 鼓吹用俗樂何如 喪禮雖多 猶可變更 況此鼓吹乎 且妓有年少貌美善吹草笛者 更令八道採進. 如向日花之類 雖善吹 年老貌醜 何觀哉."

36) What is a mirliton in the Nutcracker ballet? The definition of a mirliton is an eunuch flute or onion flute; a musical instrument of the woodwind family that was originally used during the 16th and 17th centuries and is still manufactured today resembling a kazoo.

37) In the Exodus narrative, Hebrew: יַם-סוּף , romanized: Yam-Sūp, lit. 'Reed Sea') is the body of water which the Israelites crossed following their exodus from Egypt. The same phrase appears in over 20 other places in the Hebrew Bible. This has traditionally been interpreted as referring to the Red Sea, following the Greek Septuagint's rendering of the phrase.

38) Job 8:11: "Can the papyrus grow up without a marsh? Can the rushes grow without water?"

39) Isaiah 35:7: "The scorched land will become a pool. And the thirsty ground springs of water; In the haunt of jackals, its resting place, Grass becomes reeds and rushes."

40) Luke 7:24: "When the messengers of John had left, He began to speak to the crowds about John, What did you go out into the wilderness to see? A reed shaken by the wind?"

41) Matthew 11:7: "As these men were going away, Jesus began to speak to the crowds about John, What did you go out into the wilderness to see? A reed shaken by the wind?"

42) Isaiah 58:5: "Is it a fast like this which I choose, a day for a man to humble himself? Is it for bowing one's head like a reed. And for spreading out sackcloth and ashes as a bed? Will you call this a fast, even an acceptable day to the Lord?"

43) Job 40:21: "Under the lotus plants he lies down, In the covert of the reeds and the marsh."

44) Jalal al-Din Muhammad Rumi, The Reed Flute, From the Mesnavi of Rumi Kindle Edition, Oriental Publishing (August 5, 2016): "PROLOGUE. HEARKEN to the reed-flute, how it complains, Lamenting its banishment from its home: Ever since they tore me from my osier bed, My plaintive notes have moved men and women to tears···. Body is not veiled from soul, neither soul from body, Yet no man hath ever seen a soul)···. This plaint of the flute is fire, not mere air. Let him who lacks this fire be accounted dead)! ··· Who hath seen a poison and an antidote like the flute? Who hath seen a sympathetic consoler like the flute? ··· The pitcher of the desire of the covetous never fills, The oyster-shell fills not with pearls till it is content; Only he whose garment is rent by the violence of love. Is wholly pure from covetousness and sin."

45) 李重煥 擇里志: "大邱有監營之處, 山四方高塞, 其盆中處悽, 野央琴湖而 東西流入洛東. 鄕衙在其江後側, 慶尙之中位置. 而南北之街, 太平以地形勢, 良之都會地."

46) 三國志 第三十五回, 玄德南漳逢隱淪 單福新野遇英主: "卻說蔡瑁欲回城, 趙雲引軍趕出城來. 原來趙雲正飮酒間, 忽見人馬動, 急入內觀之, 席上不見了玄德. 雲大驚, 出投館舍, 聽得人說: 「蔡瑁引軍望 西趕去了」雲火急綽槍上馬···. 水鏡曰: '公聞荊, 襄諸郡小兒之謠乎? 其謠曰: 「八九年間始欲衰, 至十三年無子遺. 到頭天命有所歸, 泥中蟠龍向天飛」此謠始於建安初. 建安 八年, 劉景升喪卻前妻, 便生家亂, 此所謂「始欲衰」也, 「無子遺」者, 謂景升將逝, 文武零落無子遺矣, 「天命有歸」, 「龍向天飛」, 蓋應在將軍也.' 玄德聞言驚謝曰: 「備安敢當此!」"

47) 李白, 宣州謝朓樓餞別校書叔雲: "棄我去者, 昨日之日不可留. 亂我心者, 今日之日多煩憂. 長風萬里送秋鴈, 對此可以酣高樓. 蓬萊文章建安骨, 中間小謝又淸發. 俱懷逸興壯思飛, 欲上靑天覽明月. 抽刀斷水水更流, 擧杯消愁愁更愁. 人生在世不稱意, 朝散髮弄扁舟."

48) 지질학에서 팔공산, 금호 및 비슬산 그리고 앞산은 8,500만 년 전 화산폭발로 생성되었으나, 6,500만 년 전 퇴적암을 뚫고 화강암이 융기하여 팔공산은 968미터, 비슬산은 1,000미터 정도로 바다에서 치솟았다고 보고 있음.

49) 三國史記, 金庾信列傳: "··· 眞平王建福三十三年辛未, 公年十七歲. 見高句麗百濟靺鞨侵軼國疆. 慷慨有平寇賊之志. 獨行入中嶽石崛. 齊戒告天盟誓曰. 敵國無道爲豺虎. 以擾我封場. 略無寧歲. 僕是一介微臣. 不量材力. 志淸禍亂. 惟天降監. 假手於我 ···."

50) 三國史記, 新羅本紀 第五善德王: "冬, 王將伐百濟, 以報大耶之役, 乃遣伊湌金春秋於高句麗, 以請師. 初大耶之敗也, 都督品釋之妻死焉, 是春秋之女也. 春秋聞之, 倚柱而立, 終日不瞬, 人物過前而不之省. 旣而言曰, 嗟乎. 大丈夫豈不能呑百濟乎. 便詣王曰, 臣願奉使高句麗請兵, 以報怨於百濟. 王許之. 高句麗王高臧素聞春秋之名, 嚴兵衛而後見之. 春秋進言曰, 今百濟無道爲長蛇封豕, 以侵軼我封疆, 寡君願得大國兵馬, 以洗其恥. 校勘乃使下臣致命於下執事. 麗王謂曰, 竹嶺本是我地分, 汝若還竹嶺西北之地, 兵可出焉. 春秋對曰, 奉君命乞師, 大王無意救患以善鄰, 但校勘 威劫行人, 以要歸校勘地. 臣有死而已, 不知其他. 臧怒其言之不遜, 囚校勘之別館. 春秋潛使人告本國王, 王命大將軍金庾信, 領死士一萬人赴之. 庾信行軍過漢江, 入高句麗南境, 麗王聞之, 放春秋以還."

51) 「토끼전」의 수많은 이본이 많으며, 兎鼈山水錄, 鼈主簿傳, 兎生員傳, 兎鼈歌, 水宮歌, 兎之肝 등이 현존하나 삼국사기 김유신열전(三國史記 金庾信列傳)에서 김춘추가 고구려 사신으로부터 듣고 토끼의 지혜를 얻었다고 함.

52) 三國史記, 金庾信列傳 "… 王怒囚之 欲戮未果 春秋以靑布三百步 密贈王之寵臣先道解. 道解以饋具來 相飮酒酣 戲語曰 "子亦嘗聞龜兎之說乎? 昔 東海龍女病心 醫言 得兎肝合藥 則可療也 然海中無兎 不奈之何 有一龜白龍王言 吾能得之 遂登陸見兎言 海中有一島 淸泉白石 茂林佳菓 寒暑不能到 鷹隼不能侵 爾若得至 可以安居無患 因負兎背上 游行二三里許. 龜顧謂兎曰 今龍女被病 須兎肝爲藥 故不憚勞 負爾來耳. 兎曰 噫 吾神明之後 能出五藏 洗而納之 日者小覺心煩 遂出肝心洗之 暫置巖石之底 聞爾甘言徑來 肝尙在彼 何不廻歸取肝 則汝得所求 吾雖無肝尙活 豈不兩相宜哉 龜信之而還 纔上岸. 兎脫入草中 謂龜曰 愚哉 汝也 豈有無肝而生者乎 龜憫默而退. 春秋聞其言 喩其意. 移書於王曰 二嶺本大國地 今臣歸國 請吾王還之 謂子不信 有如皦日. 王迺悅焉. 秋入高句麗 過六旬未還 庾信揀得國內勇士三千人 相語曰 吾聞見危致命 臨難忘身者 烈士之志也 夫一人致死當百人 百人致死當千人 千人致死當萬人 則可以橫行天下 今國之賢相 被他國之拘執 其可畏不犯難乎? 於是衆人曰 雖出萬死一生之中 敢不從將軍之令乎? 遂請王以定行期. 時 高句麗諜者浮屠德昌 使告於王 王前聞春秋盟辭 又聞諜者之言 不敢復留 厚禮而歸之. 及出境 謂送者曰 吾欲釋憾於百濟 故來請師 大王不許 而反求土地 此非臣所得專 嚮與大王書者 圖逭死耳[此與本記 眞平王十二年[善德王十一年]所書一事而小異 以皆古記所傳 故兩存之."

53) 車順喆(徐羅伐文化財研究院), 南山佛蹟의 調查狀況, 新羅文物研究 12, 國立慶州博物館 (gyeongju museum), 2019. p.96: "第1寺址(傳禪房寺址). 築臺, 礎石. 石造三尊佛立. 像. 塔 3. 塔材. '太魯院'名 瓦片. 金銅裝飾具, 鐵鼎,. 文樣瓦片. 國立慶州博物館. (大魯院名 瓦片,金銅裝飾具, 鐵鼎 等)"

54) 申櫶(1810~1884), 琴堂初稿(筆寫本): "… 天帝命下使仙, 密湧上於琴湖水, 其仙以琴星惚, 一瞬失方桶索, 掉落得倒覆耶, 以之爲山象方桶, 其名曰咸池山, 俗名象水椀, 因方桶伊, 或曰方地 …."

55) 一然, 三國遺事券五 包山二聖: "羅時有觀機, 道成二聖師. 不知何許人. 同隱包山.[鄕云所瑟山. 乃梵音. 此云包也] 機庵南嶺. 成處北穴. 相去十許里. 披雲嘯月. 每相過從. 成欲致機. 則山中樹皆向南而俯, 如相迎者. 機見之而往. 機欲邀成也. 則亦如之皆北偃. 成乃至. 如是有年. 成於所居之後, 高嵓之上. 常宴坐. 一日自嵓縫間透身而出. 全身騰空而逝. 莫知所至. 或云. 至壽昌郡 [今壽城郡.] 捐骸焉. 機亦繼踵歸眞. 今以二師名命其墟. 皆有遺趾. 道成嵓高數丈 後人置寺穴下. 大平興國七年壬午. 有釋成梵. 始來住寺. 敞萬日彌陀道場. 精懃五十餘年. 屢有殊祥. 時玄風信士二十餘人歲結社. 拾香木納寺. 每入山採香. 劈析淘洗. 攤置箔上. 其木至夜放光如燭. 由是郡人項施其香徒. 以得光之歲爲賀. 乃二聖之靈感. 或岳神攸助也. 神名靜聖天王. 嘗於迦葉佛時受佛囑. 有本誓. 待山中一千人出世. 轉受餘報. 今山中嘗記九聖遺事. 則未詳."

56) 李崇仁, 陶隱集卷二, 寄題仁興社: "仁興社在苞山麓, 昔我曾遊伴雪螢, 檀樾有時來禮佛, 闍梨淸晝坐談經. 立庭一塔亭亭白, 夾道長松箇箇靑. 最憶黃金天上筆, 祇今光焰射華星."

57) 李崇仁(高麗), 題毗瑟山僧舍: "俗客驅東道, 高僧臥小亭, 雲從朝暮白, 山自古今靑, 往事追松子, 羈逝愧地靈, 慇勤汲澗水, 一甁煮蔘苓"

58) 靑城雜記 第一卷, 揣言: "… 畫出橫之不過悻悻一節之夫, 區區無謀之士, 宛然如昨日 … 史記, 卷九十四 田儋列傳. 於是, 田橫起而立廣, 復收三齊, 自以爲光復舊物, 而不知韓信又襲其虛矣 …."

59) 李崇仁, 『東文選』 卷之八, 嗚呼島: "嗚呼島在東溟中 滄波渺然一點碧. 夫何使我雙涕零 祇爲哀此田橫客. 田橫氣槩橫素秋 壯士歸心實五百, 咸陽隆準眞天人 手注天潢洗秦虐. 橫何爲哉不歸來 寃血自汚蓮花鍔. 客雖聞之爭柰何 飛鳥依依無處托. 寧從地下共追隨 軀命如絲安足惜. 同將一刎寄孤嶼 山哀浦思日色薄. 嗚呼千秋與萬古 此心菀結誰能識. 不爲轟霆有所洩 定作長虹射天赤. 君不見, 今古多少輕薄兒 朝爲同袍暮仇敵."

60) 두산백과, 혹은 위키백과(/ko.wikipedia.org), 원대동(院垈洞): "삼국 시대 신라가 삼국통일의 위업을 완수하기 위해 화랑도들의 심신을 단련할 수 있는 전국명소를 두루 다니면서 수련을 하게 되었는데 이들의 숙식소로 만든 곳을 院 또는 魯院이라 하였다 한다."/ 대구시서구청 홈페이지(dgs.go.kr), 지명유래 원대동: "삼국 시대 신라가 삼국통일의 위업을 완수하기 위하여 화랑도들의 심신을 단련할 수 있는 전국명소를 두루 다니면서 수련을 하게 하였는데 이들의 숙식소(宿食所)로 만든 곳을 원(院) 또는 노원(魯院)이라 하였다 한다. 이와 같이 역사 속에서 옛날 이곳에 대노원(大魯院)이 있었던 터(垈)라 하여 원대(院垈)라 하고 이것이 동명으로 된 것이라고 한다."

61) 『대구북구마을지』, 팔거역사문화연구회, 2019, p.193: "노원동 작원마을은 각기 노원(魯院, 현 여성회관 부근으로 비정)과 작원(鵲院: 현 팔달동 작원마을로 비정)이 이었던 데서 유래한다."

62) 전영권, 서거정의 달성십영에 관한 지리학적 연구, 한국지역지리학회지, 제16권 제5호, 2010, p.505: "18세기로 추정되는 달성서시학유공파세보 권상, 달성도 …."

63) 新增東國輿地勝覽, 慶州都護府, 驛院: "大櫓院在府南六里有新羅金生大櫓院大三字"

64) 조선 시대 10리는 김정호의 대동여지도 평균 4.5km이고, 동국여지승람 평균 4.7km 혹은 시골에선 평균 5.7km 내외였음. 1) 김현종, 『大東地志』 「程里考」에 기반한 조선 후기의 1리(里), 대한지리지학회지 제53권 제6호, 2018. pp.501~522. 10리가 4km가 아닌 평균 4.5km로 환산되었음. 1) 조선 시대 10리는 4km가 아니다, 매트로신문, 2010. 11. 17.: "조선 시대에는 주척(周尺)으로 6척을 1보로 삼고, 매 360보로 1리(里)를 삼았으며, 3,600보를 10리로 삼았다. 문제는 주척이다. 주척 1자의 길이가 얼마인지 알면 조선 시대의 10리 거리도 명확해지는데, 현재 조선 시대 사용하던 주척 중 현존 유물이 없다. 세종 때 사용하던 주척을 참고해 10리를 계산하면 다음과 같다. 1보가 주척으로 6자이므로 21.79cm×6자=1만3,074cm이고, 1리는 1만3,074cm×360보=4만7,066cm이며, 10리의 거리는 130.74cm×3,600보=47만664cm(4.7㎞)이다. 이와 같이 조선 시대 10리는 4.7㎞ 정도로 계산됨."

65) 대구십미, 디지털대구동구문화대전(daegudonggu.grandculture.net): "2005년 대구음식관 광박람회 이후, 2006년 5월 관련 업계 및 전문가 등의 의견으로 10가지 음식을 대구십미로 이름을 붙였음. 서거정의 대구 10경과 전주 10미에 착안했다."

66) 梁書 卷五十四 百濟列傳 第四十八 諸夷: "百濟者, 其先東夷有三韓國, 一曰馬韓, 二曰辰韓, 三曰弁韓.弁韓, 辰韓各十二國, 馬韓有五十四國. 大國萬餘家, 小國數千家, 總十餘萬戶, 百濟卽其一也 … 號所治城曰固麻, 謂邑曰簷魯, 如中國之言郡縣也.其國有二十二簷魯, 皆以子弟宗族分據之 …."

67) 三國史記, 高句麗本紀, 東明聖王條: "… 麗語以復舊土爲多勿, 故以名焉."

68) 鄭雲龍, 日帝下 新羅花郎 硏究와 南堂 朴昌和의『花郎世紀』- 花郎制의 起源·成立 問題를 中心으로- 신라사학회, 학술저널 신라사학보, 제41호, 2017. 12., pp.223~261(39pages)

69) 論語 雍也章: "子曰 知者樂水, 仁者樂山; 知者動, 仁者靜; 知者樂, 仁者壽."

70) 孟子, 盡心章: "登東山而小魯, 登泰山而小天下."

71) 三國史記, 卷四十一, 金庾信列傳: "金庾信, 王京人也. 十二世祖首露, 不知何許人也. 以後漢建武十八年王寅, 登龜峯, 望駕洛九村, 遂至其地開國, 號曰加耶, 後改爲金官國.其子孫相承, 至九世孫仇充, 或云仇次休, 於庾信爲曾祖. 羅人自謂少昊金天氏之後, 故姓金. 庾信碑亦云:「軒轅之裔, 少昊之胤」, 則南加耶始祖首露與新羅, 同姓也."

72) 生居鎭川文化祭りは第1回を1979年に始まり1998年までは「常山祝典」と呼ばれてきたが,1998年から鎭川が金庾信将軍の出生地であり花郎精神の發源地として文化遺跡が発掘検証され, 花郎をテーマにした祭りに変わり,1999年から2007年まで「生居鎭川花郎祭」に変更して開催された。2008年からは花郎という支援文化の継承発展とともに,郡民の生活様式を通じて作られた文化全体を統合, 未来指向的な方向で祭りを運営し, 生居鎭川と連携された新しい文化を創造し, 「生居」の価値を高めることを目標に「生居鎭川文化祭り」に変更して開催されるようになった。

73) Genesis 1:6-7: "And God said, 'Let there be a vault between the waters to separate water from water.' So God made the vault and separated the water under the vault from the water above it. And it was so."

74) Joseph Dillow, The Waters Above: Earth's Pre-Flood Vapor Canopy, Moody Press, January 1, 1982, 479 pages.

75) It may also mean space, the expanse of air, the nether abyss or infinite darkness. Pherecydes of Syros(fl. 6th century BC) interprets chaos as water, like something formless that can be differentiated.

76) Encyclopaedia Britannica(britannica.com), Pherecydes of Syros, Greek writer: "Pherecydes of Syros, (born c. 550 BCE), Greek mythographer and cosmogonist traditionally associated with the Seven Wise Men of Greece (especially Thales). Pherecydes is credited with originating metempsychosis, a doctrine that holds the human soul to be immortal, passing into another body, either human or animal, after death. He is also known as the author of Heptamychos, a work, extant in fragments only, describing the origin of the world from a divine trinity: Zas (Zeus), Chronos or Kronos, and Chthonie or Ge (Mother Earth). Pherecydes was characterized by Aristotle in Metaphysics, Book XIV, as a theologian who mixed philosophy and myth.

Tradition says that he was the teacher of Pythagoras. He is not to be confused with Pherecydes of Athens, a genealogist who lived about a century later.

77) 한국민족문화백과사전, 경상누층군(慶尙累層群, Gyeongsang Supergroup): "경상남북도에 넓게 분포되어 있는, 두께 약 8,000m의 강 또는 호수에 의해 형성된 지층. 중생대 쥐라기 말 대보조산운동(大寶造山運動) 혹은 대보충동(大寶衝動, 일명 大寶運動) 이후 백악기(Late Jurassic of the Mesozoic Era Cretaceous after the Great Orogeny)에 들어와서 경상분지를 비롯하여 여러 곳에 작은 퇴적분지가 형성되었으며 그곳에 화산활동을 수반하여 두꺼운 육성 퇴적층이 형성되었다."

78) 황상구, 한반도 남동부 경상호의 조구조 배경과 호화산작용, 암석학회지, Journal Petrol Soc. Korea Vol. 21, No. 2. 2012, p.368: "화산암류가 경상분지의 남동부에서 남해안으로 연장되는 활모양의 화산대를 백악기 동안 거대한 유라시아대륙 동변부의 화산호 체인의 일부로 보고 이 체인 내에 존재하는 한국호(Korea Arcs) 가운데에서 경상호(Gyeongsang Arc)라고 한다."

79) 황상구, 한반도 남동부 경상호(慶尙弧)의 조구조 배경과 호화산작용(弧火山作用), 암석학회지, Journal Petrol Soc. Korea Vol. 21, No. 2, 2012, p.368: "경상호(Gyeongsang Arc)는 대구~부산 사이에 폭이 약 150km로서 가장 넓으며, 길이가 서남서 방향으로 약 250km 정도 연장되고 북북동 방향으로 약 200km 정도로 연장되며, 일본호의 남서부와 연결된다. 이 경상호의 남동쪽의 외측부는 해수에 잠기며 북서쪽의 내측부는 경상분지의 퇴적층을 덮거나 그 하부에서 퇴적층에 협재(狹在)되어 있다. 여러 곳에 수반되는 곡분은 퇴적층으로 쌓여있으며, 그 두께가 대개 얇지만 상당히 두껍고 넓은 곳도 있다."

80) 경상분지(慶尙盆地), 위키백과: "경상 분지는 한반도 남동부의 경상도 지역에 분포하는 국내 최대의 백악기 퇴적분지이다. 경상분지는 중생대 백악기 호수에서 형성된 육성(陸性) 퇴적분지로서, 두께가 9~10km에 달하는 퇴적층 경상 누층군 및 이를 관입하는 불국사 화강암 등으로 구성되어 있다. 지리적으로는 영남 지방 대부분과 호남 지방의 일부분을 포함한다. 경상분지가 퇴적된 호수는 공룡들에게 좋은 서식지였기 때문에, 퇴적층 내에는 경남 고성 덕명리, 울산 천전리 공룡 발자국 등과 같은 공룡의 화석이 다수 분포한다."

81) 창원시 여행 1억 년 전 시간으로 떠나 볼 수 있는 호계리 공룡 발자국 화석, 창원시 홈페이지, 2022. 5. 16.: "중생대 초기 백악기 시절 우리나라는 호수의 나라였다. 미국 오대호나 중앙아시아의 바이칼 호에 견줄 만한 거대한 호수가 생겨났고, 경상도 일대를 포함하는 경상분지에 큰 호수가 3개나 있었는데 그중 하난 남해안에서 일본 대마도까지 걸치는 거대한 호수였다." / 『매호천 공룡 발자국 아이들과 함께 가봐요』 고산역에서 출발해보기, 대구교통공사, 2022. 1. 22.: "… 지금으로부터 1억 년 전 대구는 중생대 백악기 경상누층군이 퇴적된 거대한 경상분지의 일부였습니다. 현대를 살고 있는 우리들은 매호천의 공룡 발자국 등을 통해 경상분지라는 거대한 분지 속에 있는 거대한 호수와 그 호수 주변을 거니는 그 당시 번성했던 거대한 공룡 무리들의 모습을 상상할 수 있다고 하는데요." / 박관영, 『물의 도시 대구 13』 신천 공룡 발자국 화석, 영남일보, 2018. 1. 18.: "약 1억 년 전인 중생대 백악기, 경상도 일대는 분지형 저지대였다. 낮은 곳으로 물이 흘러들어 점차 드넓은 호수가 만들어졌고 주변으로는 많은 못과 늪지대가 생겨났다. 직경이 150km나 되는 호수는 경상도 전역은 물론 대한 해협과 일본 본토까지 아우르는 거대한 규

모였다고 한다. 이때의 경상도 일대 저지대를 경상분지, 호수를 경상호수라 한다."

82) Andrew S Cohen, The Geological Evolution of Lake Basins Get access Arrow, Oxford Academy(doi.org), May 2003: "… Two things are required in order for a lake to exist on the earth's surface: a topographically closed hole in the ground and water. The subject of how topographical depressions form on the earth's continental crust has frequently been cast as one of lake origins, emphasizing the hole's initial formation. However, it is important to realize that the hole itself has a history, which is partly independent of the lake that fills it, and that this history interacts with that of the water body …."

83) The early Mesozoic was dominated by ferns, cycads, ginkgophytes, bennettitaleans, and other unusual plants. Modern gymnosperms, such as conifers, first appeared in their current recognizable forms in the early Triassic.

84) 박관영,『물의 도시 대구 13』신천 공룡 발자국 화석, 영남일보, 2018. 1. 18.: "경상누층군으로 이루어진 경상분지, 그 한가운데에 바로 대구가 있었다. 날씨는 따뜻했고 초식 공룡의 먹이가 되는 나무고사리, 소철, 연한 순의 송백류 등이 풍부했다. 공룡과 다양한 동물들은 물과 먹이를 찾아 습지와 늪과 수풀로 우거진 호수를 활보했다. 육중한 걸음은 발자국을 남겼고, 발자국이 사라지기 전에 건조한 기후를 맞았으며, 또 다른 퇴적물이 그 위를 덮었다 …. 지구 상에 출현한 생물 가운데 가장 거대한 생물인 공룡은 지금으로부터 약 2억 2천800만 년 전인 중생대 초에 처음 등장하여 6천500만 년 전인 중생대 백악기 말에 모두 사라졌다. 우리나라에 처음으로 공룡이 출현한 것은 백악기 전기인 약 1억 2천만 년 전으로 알려져 있다. 한반도의 공룡은 마지막 공룡 시대를 살았던 셈이다. 약 7천만 년 전 화산폭발이 일어나 앞산이 생겼다. 그리고 약 6천500만 년 전 마그마가 지층의 약한 부분을 뚫고 들어가 서서히 식으면서 팔공산이 생겼다."

85) 이융남(한국지질자원연구원 척추고생물학, 선임연구원), 중생대 경상호수 떠나간 공룡들 화성강변에서 최후를 맞다, 한겨레신문, 2004. 5. 16.: "한반도 공룡의 전성기인 백악기(1억 4400만~6600만 년 전)가 시작되자 경상도를 거의 다 포함하는 거대한 호수(경상호수)가 형성됐다. 한반도는 공룡들의 낙원이었다. 경상도 크기만 한 거대한 호수와 그곳으로 흘러드는 조그만 하천과 강에는 물이 풍부하게 넘쳐나고 기후는 우기와 건기가 되풀이되며 식물들은 빠르게 성장했다. 눈을 돌려 강가의 범람원 지역으로 발길을 옮겼다. 그곳에서 목 긴 공룡인 용각류들이 집단으로 모여 사는 모습이 먼저 눈에 띈다. 새끼는 2m, 어미는 30m나 되는 그 큰 덩치에 긴 목을 이용해 주변의 겉씨식물들을 게걸스럽게 먹어치워 이들이 지나간 곳의 삼림은 황폐화하곤 했다. 이 용각류들은 카마라사우루스, 브라키오사우루스, 티타노사우루스, 유헬로푸스와 친척 관계를 이루는 공룡들로 서로 조상은 달랐지만 사이좋게, 평화롭게 서식지를 공유하고 있었다."

86) The Wilson cycle theory is based upon the idea of an ongoing cycle of ocean closure, continental collision, and a formation of new ocean on the former suture zone. The Wilson Cycle can be described in six phases of tectonic plate motion: the separation of a continent (continental rift), formation of a young ocean at the seafloor, formation of ocean basins during continental drift, initiation of subduction, closure of ocean basins due to oceanic lithospheric subduction, and finally, collision of two continents and closure of the ocean basins. [4] The first three

stages (Embryonic, Young, Mature) describe the widening of the ocean and the last three stages (Declining, Terminal, and Relic Scar/Geosuture) describe the closing of the ocean and creation of mountain ranges like the Himalayas. In the 21st century, insights from seismic imaging and other techniques have led to updates to the Wilson Cycle to include relationships between activation of rifting and mantle plumes. [4] Plume-induced rifting and rifting-induced mantle upwelling can explain the high correlation of ages of Large Igneous Provinces and the break-up age for these margins. Phases of Wilson cycle: From ten o'clock position clockwise: initial pre-drift extension, rift-to-drift phase, initial opening of an oceanic basin, (2 and 4) seafloor spreading, widening of the basin, subduction of oceanic lithosphere, closure of the basin, continent-continent collision.

87) Christopher T. Griffin, Brenen M. Wynd, Darlington Munyikwa, Tim J. Broderick, Michel Zondo, Stephen Tolan, Max C. Langer, Sterling J. Nesbitt & Hazel R. Taruvinga, Africa's oldest dinosaurs reveal early suppression of dinosaur distribution, Nature volume 609, pages 313-319, 31 August 2022.

88) 한반도에서 최초 발견된 공룡화석 천연기념물 됐다, 서울신문, 2022. 10. 7.: "한국에서 최초로 발견된 신종 각룡류 골격 화석인 '화석 뿔공룡(코리아케라톱스 화성엔시스) 골격 화석'이 7일 천연 기념물로 지정됐다. '화성 뿔공룡 골격 화석'은 우리나라에서 하반신의 모든 뼈가 제자리에 있는 완전한 형태로 발견된 거의 유일한 각룡류 공룡의 골격 화석이다. 원형 보존 상태가 좋고 신종 각룡류 공룡으로 국제적으로도 인정받은 대표 공룡 화석으로써 자연유산으로서 가치가 매우 높다. 영어 학명인 '코리아케라톱스 화성엔시스'는 '화성에서 발견된 한국 뿔 공룡'의 의미다. 그 간 공룡 발자국 화석 산지와 공룡 알 화석이 천연기념물로 지정된 것은 있으나 골격 화석은 이번 이 처음이다. 2008년 화성 전곡항 방조제 주변 청소 작업 도중 화성시청 공무원이 엉덩이뼈와 꼬리뼈, 양쪽 아래 다리뼈와 발뼈 등 하반신의 모든 뼈가 제자리에 있는 완전한 형태로 발견했다. 이후 서울대 이융남 교수의 학술연구를 통해 국제적으로 우리나라에서 처음으로 발견된 신종 각룡류로 인정받고 코리아케라톱스 화성엔시스로 이름이 붙었다."

89) 경북대학교(home.knu.ac.kr), 지구과학과, 명예교수 명단에 양승영(고생물학), 이윤종(암석학), 임성규(고생물학)

90) 이상헌, 2002년 북구 노곡동 부엉덤이 공룡 발자국 10개를, 매일신문, 2002. 5. 23.: "1억 년 전 인 중생대 백악기 초기의 초식공룡 발자국 화석이 대구시 북구 노곡동 부엉덤이 마을 인근 경 부고속도로 공사 절개지에서 발견됐다. 경북대 임성규 교수(지구과학교육과)는 21일 '고속도로 절개지의 화석현황을 조사하던 중 길이 35cm, 폭 30cm의 공룡 발자국 10여 개를 발견했다.'라 며 현장을 공개했다. 임 교수는 '이번에 발견된 화석은 이구아노돈류(類)로, 두 다리로 걷는 조 각류(鳥脚類) 초식공룡의 발자국'이라며 '경상누층군 함안층 최하부 지층에서 공룡화석이 발 견된 것은 드문 일'이라고 설명했다. 임 교수는 또 '화석지는 공룡화석뿐 아니라 물결자국 등 다 양한 퇴적구조도 잘 보존돼 있어 퇴적환경 연구에 중요한 자료'라며 '표면 약품처리를 한 뒤 자 연 학습장으로 활용하는 것이 바람직하다.'라고 주장했다. 대구시는 이에 따라 문화재청에 이 곳 일대에 대한 현장조사를 요청하는 한편 보존방안을 강구키로 했다."

91) '진주교대 과학교육과 김경수 교수연구팀, 대학교 홈페이지(cue.ac.kr), 중생대 백악기 뜀걸음 (hopping) 포유류의 발자국 화석', 2017. 2. 22.: "이번에 발견된 포유류 발자국 화석은 캥거루 처럼 뜀걸음(hooping)하는 형태의 총 9쌍의 뒷발자국으로 이루어져 있는데, 중생대 백악기 화 석으로는 세계적으로 한 차례도 보고된 적이 없어 의미가 크다 …."

92) 김태완(문화재청 문화재전문위원, 천연기념물분과), 경북 칠곡군립도서관, 한국의 화석(칠곡을 중 심으로), 제2강연, 2022. 10. 29.

93) 琵琶 起源: 實物は現存しないが, サーサーン朝ペルシア遺跡から出土する工芸品の浮彫り 装飾などに, 琵琶に似た樂器がしばしば見られる. 糸倉が後ろに曲が, 多くはばちをもって 彈奏されており, この「バルバット(英語版)」と呼ばれる樂器が四弦系琵琶やウード, リュート の祖先とされる. これが中國に伝わったのは前漢の頃である. 現存する世界最古の四弦琵 琶は, 今のところ正倉院に保存されている數面の琵琶であると思われる. いずれも奈良時代 のものである. また樂譜も正倉院および敦煌から發見されている.

94) 鳩摩羅什(譯), 法華経, 方便品第二: "… 若使人作樂, 擊鼓吹角貝, 簫笛琴箜篌, 琵琶鐃銅 鈸, 如是衆妙音, 盡持以供養 …."

95) 無名人詩(壬亂當時): "最重要的是, 當風吹過琴水. 波濤笑洶湧, 陽光是明媚. 卽在大自然, 閃閃發光也. 這時起風了, 蘆葦變琴弦. 相互摩擦聲, 彈琴開始了. 連蘆葦葉都. 不能靜止不 動, 我要到吹箸."

96) De rerum natura(Latin: [deː ˈreːrʊn naˈtuːraː]; On the Nature of Things) is a first-century BC didactic poem by the Roman poet and philosopher Lucretius (c. 99 B.C. - c. 55 B.C.) with the goal of explaining Epicurean philosophy to a Roman audience. The poem, written in some 7,400 dactylic hexameters, is divided into six untitled books, and explores Epicurean physics through poetic language and metaphors. [1] Namely, Lucretius explores the principles of atomism; the nature of the mind and soul; explanations of sensation and thought; the development of the world and its phenomena; and explains a variety of celestial and terrestrial phenomena. The universe described in the poem operates according to these physical principles, guided by fortuna ('chance'), [2] and not the divine intervention of the traditional Roman deities.

97) Lucretius's task was to clearly state and fully develop these views in an attractive form; his work was an attempt to show through poetry that everything in nature can be explained by natural laws, without the need for the intervention of divine beings.

98) 三國史記, 雜志(樂誌): "… 玄鶴來舞, 遂名玄鶴琴 …."

99) 瑜亮情結, 百度百科(baike.baidu.com): "『三國演義』中所記載的 孫劉聯盟打了一場赤壁 之戰, 實際上就是周瑜和諸葛亮聯手御曹. 不過, 在整个合作過程中, 周瑜嫉妒諸葛亮, 時 刻都想鏟除的諸葛軍師."

100) 羅貫中, 三國演義, 第三十八章: "玄德見孔明身長八尺, 面如冠玉, 頭戴綸巾, 身披鶴氅, 飄 飄然有神仙之槪."

101) 現代辭典 琴: 解釋 [名] 1. 樂器名. 最早指瑤琴(古琴). 2. 今泛指樂器類別總稱: (1) 國樂器中的古琴, 七弦琴, 月琴, 揚琴, 胡琴等. (2) 西洋樂器中的鋼琴, 口琴, 手風琴, 管風琴等.

102) 東國通鑑. 維基百科(自由的百科全書): 東國通鑑是一部朝鮮王朝時期官方編寫的漢文編年體歷史書, 成書於15世紀. 這部書籍由徐居正, 鄭孝恆等學者朝鮮成宗之命編撰. 1446年開始編寫, 1485年 完成.『東國通鑑』是朝鮮半島歷史上第一部通史, 記載了上自檀君朝鮮, 下自高麗王朝末期的歷史. 這部史書第一次將檀君建立古朝鮮的年代定位在公元前 2333年, 此後, 大韓帝國所創造的檀君紀元也以此年份爲元年.

103)『論語·述而』說:「志於道, 據於德, 依於仁, 游於藝」這裡的「藝」一般都解釋爲六藝. 孔子自己早年受過良好的六藝教育也十分擅長駕車, 以禮樂射御書數爲教. 創設了儒家學派. 三千弟子當中, 身通六藝者有七十二人. 孔子晚年刪『詩』,『書』, 定『禮』,『樂』. 修『春秋』. 序『易傳』, 將它們作爲教材教授弟子.

104) 한흥섭,『삼국사기』악지(樂誌)에 나타난 음악사상(The Thought of music on the 『Samguksak』 akji), 성균관대학교 대동문화연구원, 대동문화연구, 2006, vol., no. 55, pp.323-359 (37pages): "(초록) 대략 유가 사상, 도가 사상, 풍류도를 고대 한국음악의 사상적 배경으로 정리할 수 있으며, 유가 사상은 악지의 위치, 악가무(樂歌舞) 일체로서의 악, 악기의 의미, 우륵(于勒)과 신라 관료의 음악관을 통해, 도가 사상은 고구려의 음악인 왕산악(王山岳)의 '검은 학이 춤을 추면서 내려왔음(玄鶴來舞)'과 신라의 음악인 백결 선생의 음악 사상의 배경을 통해, 풍류도는 향가와 금도(琴道)의 내용을 통해 입증하였다. 또한 유가 사상은 지배계층의 음악사상을 대변하는 것임도 확인할 수 있었다. 일반적으로 고대 동아시아에서 음악(音樂)은 철학 사상과 매우 깊이 관련되어 있었다."

105) 崔致遠, 鸞郞碑序: "國有玄妙之道曰風流, 設敎之源, 備詳仙史. 實乃包含三敎, 接化群生. 且如入則孝於家, 出則忠於國, 魯司寇之旨也. 處無爲之事, 行不言之敎. 周柱史之宗也. 諸惡莫作, 諸善奉行. 竺乾太子之化也."

106) 琴操, 蔡邕, 東漢: 序首, 昔伏羲氏作琴, 所以禦邪僻, 防心淫, 以脩身理性, 反其天眞也. 琴長三尺六寸六分, 象三百六十日也, 廣六寸, 象六合也. 文上曰池, 下曰岩. 池, 水也, 言其平. 下曰濱, 濱, 賓也. 言其服也. 前廣後狹, 象尊卑也. 上圓下方, 法天地也. 五弦宮也, 象五行也. 大弦者, 君也, 寬和而溫. 小弦者, 臣也. 清廉而不亂. 文王武王加二弦, 合君臣恩也. 宮爲君, 商爲臣, 角爲民, 徵爲事, 羽爲物. 古琴曲有歌詩五曲, 一曰鹿鳴, 二曰伐檀, 三曰騶虞, 四曰鵲巢, 五曰白駒. 又有一十二操, 一曰將歸操, 二曰猗蘭操, 三曰龜山操, 四曰越裳操, 五曰拘幽操, 六曰岐山操, 七曰履霜操, 八曰雉朝飛操, 九曰別鶴操, 十曰殘形操, 十一曰水仙操, 十二曰懷陵操. 又有九, 一曰列女引, 二曰伯姬引, 三曰貞女引, 四曰思歸引, 五曰辟歷引, 六曰走馬引, 七曰箜篌引, 八曰琴引, 九曰楚引. 又有河間雜歌二十一章."

107) 357년에 축조된 안악(安岳) 제3호분 벽화에 그려진 거문고의 연주 모습이나, 집안(集安) 무용총 벽화에 나타난 거문고의 연주 모습이 그러한 추정의 근거가 되는 고고학 자료들이다. 그리고 고구려에 칠현금을 보낸 진나라는 서진(西晉, 265~316)이 아니라 동진(東晉, 316~419)일 것으로 추정되고 있다.

108) 金富軾, 三國史記, 雜誌(樂誌): "… 羅王恐琴道斷絶…. 克宗以後, 以琴自業者非一二 …."

109) ウィキペディア(Wikipedia), 『新羅古記』(しらぎこき)は, 中國唐代の顧愔によって書かれた史書. 顧愔が代宗の大曆3年, 新羅の第36代王惠恭王の4年に唐朝の弔冊使歸崇敬の從事官として新羅に赴いた時の見聞録である. 現在では逸文となっており, 『大中遺事』や『三國史記』に『新羅古記』の一節が引用される形で殘っているのみである.

110) 三國史記, 雜誌, 樂誌: "亦法中國樂部箏而爲之, 風俗通曰箏秦聲也. 釋名曰箏施絃高, 箏箏然"

111) 三國史節要: "羅」古記云: 「加耶國」, 「嘉實王」, 見「唐」之樂器, 而造之. 王以謂諸國方言各異聲音, 豈可一哉, 乃命樂師「省熱縣」人「于勒」, 造十二曲. 後, 「于勒」以其國將亂, 携樂器, 投「新羅」, 「眞興王」, 王受之, 安置「國原」, 乃遣大奈麻「注知」「階古」大舍「萬德」, 傳其業. 三人旣傳十一{二}?曲, 相謂曰: '此繁且淫, 不可以爲雅正.' 遂約爲五曲. 「于勒」始聞焉而怒, 及聽其五種之音, 流淚歎曰: '樂而不流, 哀而不悲, 可謂正也, 爾其奏之王前.' 王聞之大悅. 諫臣獻議: 「加耶」亡國之音, 不足取也. 王曰: 「加耶」王, 淫亂自滅, 樂何罪乎. 蓋聖人制樂, 緣人情以爲?節, 國之理亂, 不由音調.' 遂行之, 以爲大樂.' 加耶琴有二調, 一河臨調, 二嫩竹調, 共一百八十五曲.

112) 三國史節要: "「于勒」所製十二曲: 一曰下加羅都, 二曰上加羅都, 三曰寶伎, 四曰達己, 五曰思勿, 六曰勿慧, 七曰下奇物, 八曰師子伎, 九曰居烈, 十曰沙八兮, 十一曰爾赦, 十二曰上奇物. 「泥文{尼文}」所製三曲: 一曰烏, 二曰鼠, 三曰 [赦字未詳]

113) 조선 세종 12년(1430) 2월까지 악보는 전하나 연주법과 가사는 없던 거문고 13곡 가운데 하나임.

114) [生大刀, いくたち, Life Sword](名) (「いく」は接頭語) いきいきとした生命力のある大刀.

115) [生弓矢, いく-ゆみや, Life Bow and Arrow](名) (「いく」は接頭語) いきいきとした生命力のある弓と矢.

116) [天詔琴, あめののりごと, Harp of the Heaven] そうしてから妻の須勢理毘賣を背負うと, 神宝である生大刀(いくたち)・生弓矢(いくゆみや)・天の詔琴(あめののりごと)を手にして逃げ出そうとした.

117) 古事記 上卷大國主命に, 「ここにその神の髮を握りて, その室の椽每に結い着けて, すなはちその大神の生大刀と生弓矢と, その天の詔琴を取り持ちて逃げ出でます時, その天の詔琴樹に拂れて地動み鳴りき」

118) 日本書紀 雄略天皇十二年十月の條に, 秦酒公(はだのさけのきみ)が琴の聲をもって天皇の過ちを悟らせようとして, 琴を彈じたという話がある.

119) 옥고(玉沽, 1382~1434년)는 조선의 문신이다. 본관은 의령(宜寧). 자는 대수(待售), 호는 응계(凝溪)이다. 어렸을 때 아버지를 여의고, 이조 정랑(吏曹正郞)이 되었으나 사직하고 돌아가 어머니를 봉양하니, 사림(士林)이 탄상(歎賞)하지 아니하는 이가 없었다. 야은(冶隱) 길재(吉再)의 문학에서 수학하였다. 1399년(정종(定宗) 1년) 식년(式年) 문과에 동진사(同進士)로 급제하였다. 성균관 학유(成均館學諭)를 거쳐 전적(典籍)과 겸 교수(敎授)에 이르고, 집현전 교리(集賢殿校理), 사간원 정언(司諫院正言), 춘관 낭중(春官郎中), 태상시 소윤(太常寺少尹), 어사부 장령(御史府掌令)을 지냈으며, 외직으로는 안동부 통판(安東府通判), 지대구군사(知大丘郡事)를 지냈

다. 청렴(淸廉)하고 근검 근신(勤儉謹愼)하여 청백리(淸白吏)에 녹선되기도 했다. 총명하였으며 정사에서는 엄하고 결단성이 있었다.

120) 新增東國輿地勝覽, 大丘都護府: "琴柔玉沽, 俱爲知郡, 郡吏裵泄, 狡猾而機警, 舞女文守令多, 寄以爲政泄晩年謂人曰前後守令我皆率居唯琴柔玉沽侍居耳"

121) 대구읍지(국역), 대구광역시, 경북대학교 영남문화연구원, 2016. p.181: "금유(琴柔)·옥고(玉沽): 모두 군수였다. 군의 아전인 배설(裵泄)은 기지가 있고 총명하였으나 사람됨이 교활하여 법을 멋대로 남용하니, 수령들이 대부분 그에게 기대어 정치를 하였다. 배설이 만년에 사람들에게 말하기를, "전후의 수령들은 내가 모두 거느리고 살았는데, 오직 금유와 옥고는 내가 모시고 살아야 했다.""

122) 옥(玉)씨는 왕산악(王山岳)의 후예라는 일설도 있으며, 고구려가 멸망하고 신라에 귀순하면서 성씨를 왕씨에 옥씨로 창시했다고 볼 수 있다. 고려멸망 후에 왕씨가 옥씨로 전성했다는 족보학계 전문가들의 이야기가 있다.

123) [名字] 大丘. [讀み] おおおか, だいく, だいおか, [全國順位] 36,690位, [全國人數] およそ 70人

124) 금학루(琴鶴樓)의 명칭을 두고 많은 고심을 했다. 학금루(鶴琴樓)라고 하면 거문고 누각이라는 이름으로 금씨의 상징성이 너무 드려 나기에 "금호와 선학이 같이 흐르는 누각(琴湖流而, 仙鶴共遊)"을 은유하는 표현을 선택했다.

125) 琴牢(生歿未詳), 字子開, 一字子張, 又称琴張. 『孔子家語·弟子解』有其名, 『史記·仲尼弟子列傳』沒有其名, 春秋時期衛國人. 孔子弟子. 琴張听說宗魯死了, 准備去吊唁. 孔子說: "齊豹變坏, 孟縶被害, 都是因爲他, 你爲什么要去吊唁呢? 君子不食坏人的俸祿, 不受動亂, 不爲了利被邪惡所扰, 不以惡對待別人, 不袒護不義, 不做事非礼." 孔子在陳時, 想念起在魯國的狂士學生, 孟子說: "如琴張, 曾晳, 牧皮者, 孔子之所謂狂矣."

126) 김혜정, 대구 출신 판소리 명창의 음악적 지향, 경인교육대학교, 2017. 판소리연구(지), No. 44. pp.5~34: "i) 대구 출신 명창들은 1920-30년대 활동이 활발했던 여성 명창이 많은 것은 대부분 권번을 통해 교육받은 이들일 것임. ii) 유성기 음반 녹음 목록과 경성 방송국의 방송 목록을 확인한 결과 대구 출신 명창인 김추월, 강소춘, 박소춘, 김소향, 김초향 등, iii) 대구 명창들이 우조와 경드름, 설렁제, 동강산제 등 시김새가 두드러지지 않는 대목들을 선호했음. iv) 지역 기반 음악 문화라면 해당 장르에서만 그 특성이 드러나는 것이 아니라 전반적인 지역의 음악 문화와의 연계성 위에 설 수 있어야 함. 대구는 음악학에서 한반도 동부의 메나리토리권으로 분류되는 지역임. 판소리를 형성하지 못하고 있음."

127) 손태룡, 『최계란과 대구 아리랑 고찰』, 대구경북연구원, 대구경북연구 No. 13, 2014, pp.67~85: "i)'대구 아리랑'이 1936 창작 최계란(崔桂蘭, 1920~2001)에 1936년 밀리온(Million)에서 발매되었음. ii) 대구 아리랑은 자진모리로 된 전주-간주-후주를 포함하여 8분의 10박자의 엇모리 장단임. 장구, 가야금 그리고 바이올린과 함께한 선양악단(鮮洋樂團) 반주였음. iii) 대구시 동구 봉무동 출생인 최계란은 1930년 10세 때 대구 달성권번에 들어가 강태홍(姜太弘, 1893~1957)의 지도를 받았음. 임종성(林鍾成)에 의해 서울의 경성 방송국 출연과 조선권번에 기적(妓籍)을 두고 대구 아리랑을 취입했음."

128) 李白, 關山月: "關山萬里路, 拔劍起長歌 …."

129) 김용민, 최계란 선생 아리랑 아시나요 … 봉무공원서 대구 아리랑 축제, 연합뉴스, 2019. 9. 30.: "제6회 최계란 선생 대구 아리랑 축제가 다음 달 1일 동구 봉무공원 특설무대에서 열린다."

130) 世宗實錄地理志, 慶州都護府, 大丘郡: "琴湖其源, 出永川母子山. 西流過郡北, 于西入于洛東江."

131) 구본욱(경북대 퇴계연구소), 금호강 선유문화와 누정, 2022 팔거역사문화 아카데미, 문화가 흐르는 금호강, 팔거역사문화연구회, 2022. 11. 11., p.113: "세종조에 대구군의 관아 객사 동북쪽에 건립한 금학루라는 누각으로 인하여 금호강이 거문고와 관련되어 해석되게 되었다."

132) 新增東國輿地勝覽, 大丘都護府, 琴湖: "在府西北入十一里. 其源有二, 一出永川郡普賢山. 一出母子山西流入於沙門津"

133) 大邱府邑誌: "琴湖: 在府北十里, 其源有二. 一出新寧普賢山, 一出慶州母子山. 至永川爲一流. 名曰琴溪西入洛東江."

134) 최원관(다사향토사연구회 소장), 금호선사선유도, 금호선유문화연구보존회(khsunyu.com), 2021. 2. 5.: "금호(琴湖)는 조선 시대의 하빈현(河濱縣)의 별칭(別稱)으로 현재 다사읍·하빈면 지역을 말한다."

135) 『경상북도 지명유래총람』, 경상북도교육연구원, 경상북도교육위원회, 1984. 7. 18.: "'바람이 불면 강변의 갈대밭에서 비파(琴)소리가 나고 호수처럼 물이 맑고 잔잔하다.' 하여 금호(琴湖)라 하였다."

136) 朴載益, 要正澄心錄演義, 1953 符都誌 小符都誌: "… 設朝市於達丘, 開海市於栗浦. 立陸海交易之制, 常時巡行. 勸奬農桑紡績 … 如是內大興善事 … 外不行干戈 與諸隣保其平和一意復古而專務重建. 境內有道, 恰如昔世."

137) 아시1 [명사] '봉황'을 달리 이르는 말. [유의어] 봉황, 응서조

138) 황윤석(黃胤錫)의 『화음방언자의해(華音方言字義解)』에서 '아시(阿尸)'는 신라어 봉황(鳳凰), 서유문(徐有聞)의 『무오연행록(戊午燕行錄)』에서도 고려어 안시(安市)는 봉황을, 박지원의 『열하일기(熱河日記)』에서도 고구려어 안시(安市)가 "고구려에서 큰 새를 안시(安市)라고 한다고 적고 있다." 북한어 사전에서도 "1. 아시: 봉황을 달리 이르는 말"이라고 한다. 삼국사기에는 함안을 아시량국(阿尸良國) 혹은 아시랑가야(阿尸良伽倻)로 표기하고 있다.

139) 이승수, 燕行路上의 공간 탐색, 鳳凰山城: 安市城說과 관련하여, 한국학중앙연구원, 2006, vol. 29, no. 2, pp.367-388(22pages)

140) 新增東國輿地勝覽, 大丘都護府, 琴鶴樓: "琴柔詩爲郡身瘦倦, 登樓眼豁明. 琴湖新水滿, 鈴閣暑風淸. 敢望絃歌治, 休誇組綬榮. 三年無寸效, 操筆謾含情"

141) 新增東國輿地勝覽, 大丘都護府, 琴鶴樓: "金銚記古人之名物或因其地或因其名 … 琴候位政而邑有琴湖之名樓繪鶴舞之狀登玆樓也 …."

142) 徐居正, 鶴樓明月: "一年十二度圓月, 待得仲秋圓十分, 更有長風箒雲去, 一樓無地着纖氛."

143) 강진덕(姜進德): 자는 자수(子修). 본관은 진주(晉州)이고, 증조는 군보(君寶), 할아버지는 시 (蓍), 아버지는 회백(淮伯)이다. 어머니는 동래정씨 정량생(鄭良生)의 딸이고, 부인은 문화 유씨 유원현(柳元顯)의 딸이다. 1427년(세종 9) 문과에 급제하였고, 호조좌랑(戶曹佐郞)과 승지(承 旨)·장령(掌令) 등을 역임하였다.

144) 慶尙道先生案(cafe.daum.net → kangssizokbo): "(丁未) 十二月日 都觀察黜陟使通政大夫 刑曹參議 李繩直(丁未十二月初六日口傳來戊申十二月仍本職去) 都事 奉訓郞 典農判官 姜進 德(戊申二月十二日 口傳來 十二月 拜兵曹正郞去)."

145) 姜進德, 琴鶴樓: "地大人居, 客擭高眼, 界明鶴能, 雲共去琴, 與月俱清"

146) 龍章(たつあき, Tatsuaki), 題琴鶴樓: "畫棟飛邊看瘦影, 朱欄曲處聽遺音, 清風明月千年態, 流水高山太古心."

147) 『국역 대구부읍지』(1899), 대구시·경북대영남문화연구원, 2016. 12. 30., 129면

148) 전영권, 서거정의 '대구 십경'에 관한 연구, 한국과학기술정보연구원scienceon.kisti.re.kr, 한국 지역지리학회, 2009년 하계학술대회 발표집, 2009년 8월 13일, pp.84~99에서 89면: "누각을 금학루로 이름 짓는 것이 가히 옳지 않은가?" 한편 강진덕(강진덕), 금유, 일본 승 용장(龍章)이 금학루를 소재로 읊은 시를 살펴보면, 금학루는 높은 건물이 없었던 당시는 비교적 규모가 있 는 편이어서 시야가 훤히 뜨였을 것이다 …."

149) 大邱府邑誌, 樓亭 琴鶴樓: "… 日本僧龍章詩畫棟飛邊看瘦影 …."

150) 徐居正의 大邱十景(대구십경(http://m.blog.naver.com› sudony), 2006. 1. 26.: "琴鶴樓(금학루)를 두고 읊은 詩, 姜進德의 「日僧龍章 琴柔」에서 樓高(누고), 鈴閣(영각), 朱欄(주란), 明月(명월), 雲鶴 (운학), 清香(청향) 등의 …."/ 참으로 몸과 마음 고요하구나 물러나 살자던 꿈 이루어졌네, 국민동 행! 2022. 10. 22.: "琴鶴樓(금학루)를 두고 읊은 詩, 姜進德의 「日僧龍章 琴柔」에서 樓高(누고), 鈴 閣(영각), 朱欄(주란), 明月(명월), 雲鶴(운학), 清香(청향) 등의 詩句로 미루어, 그 규모와 …."

151) 王羲之(303~361), 字逸少, 原籍琅邪郡臨沂(今屬山東), 官拜右軍將軍, 人稱王右軍, 爲王導 之姪, 是東晉時期的書法家, 人稱書聖, 其書法師承衛夫人, 鍾繇, 又因其王氏家族屬於正 一道世家, 故其亦曾受錄爲正一道士, 頗受正一符籙影響. 王羲之的書法眞跡皆已失傳, 其 作品『蘭亭集序』等帖, 皆爲後人臨摹. 王羲之自小求知慾很强, 善於思考. 七歲跟女書法家 衛鑠(衛夫人)學習書法[1]. 王羲之的書法實踐, 變当時流行的章草, 八分爲今草, 行書, 楷書, 是書体轉換時期平地而起的高峰. 其書法尺牘散見於唐朝的精摹本『臨諸法帖』, 『十七帖』, 『快雪時晴帖』, 現藏于日本的『喪亂帖』, 『孔侍中帖』等名品.

152) 王羲之, 蘭亭集序: "永和九年歲在癸丑暮春之初會于會稽 山陰之蘭亭脩稧事也羣賢畢至 少長咸集此地有崇山峻領茂林脩竹又有清流激湍映帶左右引以爲流觴曲水列坐其次雖無 絲竹管弦之盛一觴一詠亦足以暢敍幽情是日也天朗氣清惠風和暢仰觀宇之大俯察品類 之盛所以遊目騁懷足以極視聽之娛信可樂也夫人之相與俯仰一世或取諸懷抱悟言一室之內或因寄所託放浪形骸之外雖趣舍萬殊靜躁不同當其欣於所遇暫得於己快然自足不知老之將至及其所之既倦情隨事遷感慨係之矣向之所欣俯仰之間以爲陳迹猶不能不以之興懷況脩短隨化終期於盡古人云死生亦大矣豈不痛哉每攬昔人興感之由若合一契未嘗不臨文嗟悼不能喩之於懷固知一死生爲虛誕齊彭殤爲妄作後之視今亦由今之視昔悲夫故列敍時人錄其所述雖世殊事異所以興懷其致一也後之攬者亦將有感於斯文"

153) 薛瑩, 落日五湖遊: "秋日湖上, 落日五湖遊, 煙波處處愁, 浮沈千古事, 誰與問東流"

154) 정만진, 『예술 소재로서의 대구 역사문화자연유산』, 2021. 10. 3. 대구역사진흥원, 198면

155) 具然雨, 琴愚集序: 吾東古無琴至伽倻國, 始有之傳之者數家矣. 至於今二十餘年人琴俱不復作禮樂甚矣. 衰然不求之於琴求琴之外則凡天地之間有聲之物無非琴之大全也. 風雨霹靂江海山水草木鳥獸之間皆是也. 何必求之於人器然後爲琴也哉. 洛水東公岳南有一片湖洋洋焉擊之石瀏瀏焉蕩之風其聲或擊而鳴其音或疏而緩均節度曲自然中律呂意者伽倻全譜盡枉是也. 世無延陵師曠但謂之琴湖而不識湖之所以爲湖也.

156) 世宗實錄, 63卷 世宗 16年 1月 10日 戊子: "集賢殿副提學偰循等上書曰: 臣等伏覩主上殿下, 深慮本國學術淺狹, 華語訛謬, 將遣子弟, 入學中朝, 尋降勅諭, 令就國中務學, 爰命曾選, 修撰臣辛石堅, 副修撰臣南秀文, 著作郞臣金禮蒙, 仍於司譯院肄業, 事大之誠, 至矣盡矣 …"

157) 정사철, 『대구역사문화대전』, 동구(grandculture.net/daegu/donggu): "1587년(선조 20)에 남부 참봉에 제수되었으나 나아가지 않았다. 이때 대구 마천산(馬川山)의 선사(仙査)에 서당을 지어 강학을 하였다. 1592년(선조 25) 4월에 임진왜란이 일어나자, 7월 6일에 대구광역시 동구 신무동에 있는 부인사에서 지역의 인사들이 향회를 열어 대구지역 전역에 의병을 모아 공산의진군을 결성하였다. 이때 정사철은 의병대장으로 추대되었으나, 질병으로 인해 임무를 수행하지 못하여 낙재 서사원이 대신하였다. 1593년(선조 26) 봄에 대구광역시 달성군 거창면으로 피신했다가 전염병에 걸려 그해 3월 14일에 세상을 떠나니, 향년 64세였다. (출처: 한국학중앙연구원 - 향토문화전자대전)"

158) 朱熹, 『晦菴集』 卷9, 「武夷精舍雜詠幷序」: "武夷之溪, 東流凡九曲, 而第五曲爲最深. 蓋其山自北而南者, 至此而盡, 聳全石爲一峰 … 漁艇: 出載長烟重, 歸裝片月輕, 千巖猿鶴友, 愁絶棹歌聲 …."

159) 都聖兪: 字 廷彥, 生 辛未, 居 達城.

160) 都汝兪: 字 諧中, 號 鋤齋, 生 甲戌, 居 達成.

161) 都聖兪: "日暮輕棹疾, 巖花紅綺爛, 汀柳綠袍翻, 追陪作高會, 綢繆情更敦, 何幸干戈後, 重傾酒一罇, 閒分白鷗戲, 心逐孤雲奔, 收將不盡意, 更泝伊洛源."

162) 都汝兪: "光風三月暮, 邂逅東南友. 滿載一葉船, 繫馬巖邊柳. 唱和百篇詩, 自酌一罇酒. 先生樂有餘, 小子分左右. 濯足淸江上, 何羨羊裘叟. 只恨分袂去, 何處追先後."

163) 都錫珪(1773~1837) 星州都氏, 二十六世, 生父必東. 初諱秉圭再諱奭珪. 子會彥號錦南, 承旨公汝弼, 五世孫昭威公允安公聖兪派, 四起 大邱鋤齋

164) 鳳岡 李晩輿(1861~1904), 吾家山誌: "明宗丙寅, 上命畵陶山. 其後英廟癸丑正廟王子. 亦命畵以進, 其畵陶山也. 自淸涼至雲巖爲九曲, 謹依是本. 先載淸涼諸詠, 總結陶山諸什. 而自淸涼至陶山, 自陶山至雲巖. 歷路題品一一備錄. 以統一區山川, [九曲 一雲巖曲 二月川曲 三繫潭曲 四汾川曲 五濯纓曲 六川砂曲 七丹砂曲 八孤山曲 九淸涼曲"

165) 芝村 朴履坤, 桃津人(1730~1783)의 芝村文集

166) 노재현 및 최영현, 한국 구곡원림(九曲園林)의 하천 유로 및 수계별 분포 특성, 한국전통조경학회지(Koi.org), 29호, 2021. 12., pp.50~65 가운데 55면

167) 禹成圭, 景陶齋集 卷2, 「用武夷櫂歌韻賦雲林九曲」, "岡淪播老遺芬地, 一理昭昭靜裏天."

168) 한강 정구 선생이 낙향 후 8년간 후학을 양성했던 팔거현 노곡(八莒縣 蘆谷)은 오늘날 대구 북구 노곡동이 아닌 경상북도 칠곡군 왜관읍 낙산리 615번지 가실성당 자리로 과거 노곡정사(蘆谷精舍)가 있었던 곳이다.

169) 낙동강 중류 지방 조선 유학 '낙중학'을 아시나요, 매일신문, 2010. 6. 7.: "▲낙동강 중류 지역의 조선 유학인 '낙중학'을 연구하자는 학술대회가 4일 계명대학교에서 열렸다. '낙중학'을 연구하자는 목소리가 학계에서 처음으로 일고 있다. 낙중학은 대구, 선산, 고령, 성주, 칠곡, 영천, 청도, 합천 …'/ 계명대 한국학연구원 '낙중학' 기획학술대회 개최, 뉴시스, 2014. 6. 13.: "계명대 한국학연구원은 13일 오전 10시 성서캠퍼스 의양관에서 낙중학(洛中學) 제5차 기획학술대회를 개최했다. 조선 후기 낙중학의 전개와 한려학파를 주제로 열린 이번 기획학술대회는 조선 중기의 걸출한'/ 용학도서관, '낙중학(洛中學), 대구를 흐르다' 프로그램 운영, 매일신문, 2022. 6. 13.: "하나로 '낙중학(洛中學), 대구를 흐르다 - 대구유학의 뿌리를 찾아서' 프로그램을 운영한다고 13일 밝혔다. 낙중학은 낙동강 상류의 퇴계학파와 낙동강 하류의 남명 학파가 대구 등 낙동강 중류 일대에서 만나 형성된 …."

170) 金宗直(1431~1492), 戊午史禍事蹟, 佔畢齋集: "丁丑十月日. 余自密城道京山. 宿踏溪驛. 夢有神人. 被七章之服. 頎然而來. 自言楚懷王孫心. 爲西楚伯王項籍所弑. 沉之郴江. 因忽不見. 余覺之. 愕然曰. 懷王, 南楚之人也. 余則東夷之人也. 地之相去. 不翅萬有餘里. 世之先後. 亦千有餘載. 來感于夢寐. 玆何祥也. 且考之史. 無投江之語. 豈羽使人密擊. 而投其尸于水歟. 是未可知也. 遂爲文以吊之. 惟天賦物則以予人兮. 孰不知其遵四大與五常. 匪華豊而夷嗇兮. 曷古有而今亡. 故吾夷人又後千祀兮. 恭吊楚之懷王. 昔祖龍之弄牙角兮. 四海之波殷爲盂. 雖鱣鮪鰍鯢曷自保兮. 思網漏以營營. 時六國之遺祚兮. 沉淪播越僅媲夫編氓. 梁也南國之將種兮. 踵魚狐而起事. 求得王而從民望兮. 存熊繹於不祀. 握乾符而面陽兮. 天下固無尊於羋氏. 遣長者以入關兮. 亦有足覩其仁義. 羊狠狼貪擅夷冠軍兮. 胡不收以膏齊斧. 嗚呼. 勢有大不然者. 吾於王而益懼. 爲醢醋於反噬兮. 果天運之蹠盭. 郴之山磝以觸天兮. 景晻曖而向晏. 郴之水流以日夜兮. 波淫泆而不返. 天長地久恨其曷旣兮. 魂至今猶飄蕩. 余之心貫于金石兮. 王忽臨乎夢想. 循紫陽之老筆兮. 思螷蠆以欽欽. 擧雲罍以酹地兮. 冀英靈之來歆云."

171) 김학수, 船遊를 통해 본 洛江 연안 지역 선비들의 집단의식 17세기 寒旅學人을 중심으로, 경북대학교 영남문화연구원, 2011, 국사연구휘보 제152호 봄호, pp.41~98

172) 蘇軾, 前赤壁賦: "壬戌之秋七月旣望, 蘇子與客, 泛舟遊於赤壁之下, 淸風徐來, 水波不興. 擧酒屬客, 誦明月之詩, 歌窈窕之章.少焉, 月出於東山之上, 徘徊於斗牛之間. 白露橫江, 水

光接天. 縱一葦之所如. 凌萬頃之茫然. 浩浩乎如憑虛御風而不知其所止. 飄飄乎如遺世獨
立. 羽化而登仙, 於是, 飲酒樂甚. 扣舷而歌之. 歌曰桂棹兮蘭槳. 擊空明兮泝流光. 渺渺兮
余懷. 望美人兮天一方. 客有吹洞簫者. 倚歌而和之, 其聲嗚嗚然. 如怨如慕, 如泣如訴, 餘
音嫋嫋, 不絕如縷, 舞幽壑之潛蛟. 泣孤舟之嫠婦. 蘇子愀然正襟, 危坐而問客曰何爲其然
也. 客曰月明星稀. 烏鵲南飛, 此非曹孟德之詩乎. 西望夏口, 東望武昌, 山川相繆, 鬱乎蒼蒼,
此非孟德之困於周郎者乎 … 是造物者之無盡藏也. 而吾與子之所共樂, 客喜而笑, 洗盞更
酌, 肴核旣盡, 盃盤狼藉, 相與枕藉乎舟中, 不知東方之旣白."

173) 조규백, 「조선조 한문학에 나타난 소동파 '적벽선유'의 재연 연구 - 『임술범월록(壬戌泛月
錄)』을 중심으로」, 한국문학과 예술연구소, 한국문학과 예술, 2021. 6. 10. Vol. 38, NO. 10,
pp.191~227

174) 莊子, 齊物論: "狙公賦芧曰, 朝三而暮四. 衆狙皆怒. 曰然則朝四而暮三, 衆狙皆悅. 名實未
虧而喜怒爲用."

175) 이종목, 조선 시대 臥遊文化 硏究, 진단학보, 2004. vol. 20, no. 98, pp.81-106(26pages): "조
선 시대 문인들은 i) 인공의 산을 만들거나, ii) 산수유람의 글을 읽고 산수화를 걸어두는 등의
방법을 통해 간접적으로 자연을 감상했다. 이를 '臥遊'라는 용어로 규정하였다. '臥遊'는 크게 i)
宗炳이 처음 이 말을 사용한 대로의 회화, ii) 둘째 인공의 산인 假山, iii) 셋째 산수유람의 기록
이 그것이다."

176) 宋史, 宗炳傳: "老病俱至, 名山恐難遍睹. 唯當澄懷觀道, 臥以游之."

177) 宗炳, 東晉宗炳撰山水畵論, 畵山水序: "圣人含道暎物, 賢者澄懷味像. 至于山水質有而趣
灵, 是以軒轅, 堯, 孔, 广成, 大隗, 許由, 孤竹之流, 必有崆峒, 具茨, 藐姑, 箕首, 大蒙之游焉.
又称仁智之樂焉. 夫圣人以神法道, 而賢者通, 山水以形媚道, 而仁者樂. 不亦幾乎? … 夫以
應目會心爲理者, 類之成巧, 則目亦同應. 心亦俱會. 應會感神, 神超理得. 雖复虛求幽岩, 何
以加焉? 又神本亡端, 栖形感類, 理入影迹, 誠能妙寫, 亦誠盡矣."

178) 沈括, 夢溪筆談: "林逋隱居杭州孤山, 常畜兩鶴, 縱之則飛入雲霄, 盤旋久之, 復入籠中. 逋
常泛小艇, 遊西湖諸寺. 有客至逋所居, 則一童子出應門, 延客坐, 爲開籠縱鶴. 良久, 逋必
棹小船而歸. 蓋嘗以鶴飛爲驗也."

179) 辭海, 林逋: "宋代林逋隱居杭州西湖孤山, 無妻無子, 種梅養鶴以自娛, 人稱其梅妻鶴子."

180) 전 세계 한류 팬 수가 1억 5,000만 명을 돌파했다. 국민일보, 정책 브리핑(Korea kr), 2022. 3. 3.

181) 강성환 외 2, 『달성 행복 만들기』, 2016. 달성행복연구회, p.283: "다사(多斯): 다사지(多斯只) 혹
은 답지(畓只)라고 하며, 신라 경덕왕 16(A.D. 757)년에 하빈(河濱)으로 개칭 전 지명이다. 『삼국
사기(三國史記)』엔 '하빈현은 본래 다사지현(일명 답지)을 경덕왕 때에 개명하여 오늘에 이르다
(河濱縣本多斯只縣一云畓只景德王改名今因之).'라고 기록하고 있으며, 다사(多斯)와 답지(畓
只)는 당시 신라어를 한자의 음이나 훈을 빌려서 표기했음. 신라어 '닷(닻, 錨)'을 향찰로 닷(多
斯), 닷지(多斯只) 혹은 닷지(畓只)로 표기한 것으로 보임. 오늘날 넓은 의미에서 '물가'에 해당해
하빈(河濱)으로 개칭하였음. 다사향토연구회장 최원관 님도 '다사(多斯)'란 '물(河)'을 의미한다

고 했음. 신라어로 오늘날 물(水)에 해당하는 말은 '미르(mir)'라고 했으며, 일본어 '미즈(miz)'로 현존하고 있다. 짓거리, 물건 등을 의미하는 일본어 다찌(だち)와 유사하며, 친구 녀석(友達)를 '도모다찌(ともだち)'라고 한다. 건달(乾達)을 일본어로는 야쿠자(やくざ)다.

182) 강성환, 전게서, p.91: 그래서 아직도 신라 고어가 많이 잔존하고 있는 지역이다. 다사(多斯), 다사지(多斯只) 혹은 답지(沓只)라는 말은 신라어 '닷(닻, 錨)' 혹은 돛(돛, 帆)을 향찰로 표기한 것으로 한문으로는 강촌(江村), 강변(江邊), 일본어 표기로는 하빈(河濱) 등이다. 향찰(鄕札)로 다사(多斯)의 의미는 "물때 좋다. 닻 올려라(好時上錨)." 혹은 "바람 좋다. 돛 달아라(風好帆懸)."라는 축복 기원이었다. 이곳에 사는 모든 사람에게 "순풍에 돛 달아라."라는 행운을 자자손손 이어가기를 바랐던 선인들의 지혜였다.

183) 孫子兵法 謀攻篇: "上兵伐謀, 其次伐交 其次伐兵, 其下攻城"

184) 『대구부읍지』(1899년), 2016. 12., 경북대학교 영남문화연구원, p.16: "신천(新川): 부의 동쪽 4리에 있다. 한 근원은 팔조령에서 나오고 한 근원은 최정산에서 나온다. 사방산(四方山) 앞에서 합류하여 금호강으로 들어간다."

185) 대구광역시·택민국학연구원, 『대구지명유래총람』, 2009, p.84: "1778년 이전의 신천은 지금과는 달리 용두산- 수도산 기슭 - 반월당 - 신명여고 - 달성공원 - 달서천으로 흘러 금호강과 합류했다. 대구의 중심부를 흐르던 이 강은 황수 때 시가지를 넘쳐 침수되는 등 피해가 극심했다."

186) 이정웅, 『잘못된 대구 지역史 왜 고쳐지지 않나』 '상' 신천과 입암, 영남일보, 2007. 6. 14.: "도대체 무얼 보고 썼나? 고증 없는 기록물들 신천 물길 돌렸다는 증거 문헌 없어 95년 발간 市史는 잘못된 기록 베껴 곳곳에서 이의제기 … 市는 계속 팔짱만 …."

187) 전영권, 『대구 신천(新川) 유로에 관한 새로운 해석』, 한국지역지리학회지, 2004. pp.689~697: "1778년 이전의 신천이 현재의 신천 유로와는 달리 대구 중심부를 흘렀다는 주장은 사실과 다르다. 둘째, 현재의 신천이라는 지명은 1778년 대구 판관 이서가 새롭게 조성한 물줄기라는 의미에서 그 명칭이 생겨나게 되었다는 주장도 사실과 다르다. … 신천의 유로는 역사시대 이래 지금까지 변화가 없었다."

188) 1737~1776年 の間に作成されたと考えられる『廣輿図』(ソウル大學 奎章閣韓國學研究院 所藏)

189) 世宗實錄地理志(1454), 慶尙道慶州府大丘郡: "新川在府東四里出八助嶺入琴湖."

190) 新增東國輿地勝覽(1530), 大丘都護府: "新川在府東四里出八助嶺入琴湖."

191) 輿地圖書(1757~1765), 慶尙道大丘山川: "新川在府東四里. 源出八助嶺, 一出最頂山. 合流于府南四方山前, 入于府北琴湖."

192) 大丘邑誌(1767~1770): "新川在府東四里, 一源出八助嶺, 一源出最頂山, 合流于四方山前, 入于琴湖江."

193) 嶺南邑誌(1895): "新川在府東四里, 一源出八助嶺, 一源出最頂山, 合流于四方山前, 入于琴湖江."

194) 金正浩, 大東地志(1861): "新川, 源出毗瑟山及八助嶺, 北流會而經府, 東四里入于琴湖江."

195) 大邱邑誌(1908~1924): "新川在府東五里, 其源出於南峽, 經壽城達句北, 入於琴湖, 昔此川在於府西, 每爲水患. 故判官李潝築堤. 以東之溢流入峽, 有寒泉梅溪自鹿之勝."

196) 蘇公堤: "楊柳堤 遠方煙雨, 情人言語 畫船人未起, 是誰在花港觀魚, 而我在看你. 隔山頭隔漁火, 鵲橋何時落. 許仙遇到白蛇, 好多話要說. 站在西泠渡口, 折一枝楊柳. 竟然也像幾分蘇東坡. 我試畫君團扇一點墨, 也盼秋水湖心一點眸. 我是英台你就化作那年萬松的山伯, 只聽風聲大作雷峯塔經過 …."

197) 大邱府邑誌(1831): "林藪新川藪: 在府東十里下守西東上兩面 長十餘里. 英祖戊戌判官李潝爲邑基築堤植藪, 當寧戊辰邑人爲碑號曰李公堤."

198) 大邱府邑誌(1831): "新川堰 在府南十里, 英祖戊戌判官李潝, 以校基邑基施有水溢之患防築新川一帶高二尺許長十餘里堰上作堰虹亭新築 遇風頹壓. 當寧戊辰邑人立碑曰李公堤."

199) シンカワ [新川] 5 日本姓氏語源辭典(https://name-power.net): "… ⑤コリア(朝鮮·韓國)系, 推定での比率は約 4%. 大韓民國東部付近(旧: 新羅國) から發祥. 新羅の「新」を使用. 福井縣坂井市(旧: 坂井郡三國町)で 1970年 9月 9日 に歸化の記錄あり. 本姓は朴. 朴ボク參照."

200) 朝鮮王朝實錄, 成宗實錄 12年 2月 8日(19冊 125卷): "御經筵. 講訖, 大司憲鄭佸, 正言申經, 論啓斷訟都監所決, 一度得決, 爲不易之文不可. 不聽. 申經又啓曰: 今因風水之說, 二百餘家, 一朝盡撤, 恐後嗣崇信風水, 撤人家舍不已也. 風水之說, 臣未之知, 然都邑, 與葬地有異矣. 上曰: 葬地, 則用風水之說, 獨於都邑, 而不用乎? 爾等, 初以過多爲辭, 故減其數. 申經又曰: 若以地理之說爲信, 獨撤宰相, 朝士之家, 而不毀小民之家, 可乎? 上曰: 予知有是言也. 小民則無知, 而歸怨於上, 故不毀, 識理朝士, 則自知禁忌, 雖變何怨? 侍讀官李昌臣曰: 雖識理朝士, 無所歸處, 則豈獨無怨? 況妻子, 奴婢無知之人乎? 同一禁忌, 而或毀或否, 可乎?『詩』曰: 相其陰陽, 觀其流泉. 釋之者曰: 山南曰陽, 水北曰陽, 流泉水泉灌漑之利也. 崔灝元以此二句, 證地理之說, 是援聖經賢傳, 而入於墨也. 聖上, 博通經傳, 洞然知灝元之言, 爲誣也. 且地理之說, 以禁忌處通路爲忌, 以今觀之, 自南大門, 抵南小門, 大路繞南山底, 車馬通行, 且都內旁蹊(曲經), 不知其幾, 而獨於不緊山脈, 盡撤家舍, 何耶? 臣等敢啓者, 非以庇護家主也, 恐有後世之弊也. 後嗣之君, 或藉此, 信用風水之說, 術家又從而唱之曰: 某家, 乃某山之忌. 毀民家舍, 無有紀極, 其可乎? 上曰: 風水學, 初不禁造家, 及其撤去也, 使人歸怨於上, 不當. 若不用地理之說, 當與大臣, 推論廢之. 仍問左右, 領事尹壕對曰: 地理之說, 臣未知之. 然豈無不緊之處乎? 減數撤去何如? 檢討官閔師騫曰: 臨壓, 則識理朝士, 必不安心而居, 撤去宜矣. 其山脈不緊家舍, 勿撤何如? 上曰: 前日宮闕修理, 以其忌年, 而停之, 其時臺諫, 以觀象監誤擇吉日請罪, 今何所言有異歟? 行幸皆擇吉日, 是則國家用陰陽拘忌也, 久矣. 鄭佸曰: 非欲盡廢地理之說. 但若盡信, 則將有弊, 故臣等敢啓耳. 凡人之一族, 皆葬於一山脈之內. 都邑之內, 民居稠密, 何害於國家?

201) 朝鮮王朝實錄, 成宗實錄(126卷), 太白山史庫本, 十九冊一二五卷十章: "成宗十二年二月八日 王子. 命召崔灝元, 傳曰: 人皆以爲地理之說, 誕妄難信, 汝亦儒者, 其悉言之. 灝元對曰: 以地理之說, 爲誕妄者, 皆言與行違也. 古云: '相其陰陽, 觀其流泉' 歷漢, 唐, 以至于今, 其書猶存, 其法相傳, 豈可謂之誣哉? 今人之葬親者, 必觀風水, 以此而可知矣. 言甚不經, 人皆鄙之."

202) 전영권,『대구 신천의 유로에 관한 새로운 해석』, 한국지역지리학회지, 10권 4호, 2004, p.694: "崔

灝元, 前爲大丘府使, 信風水之說, 壅其川源, 濬民之田而導之, 民咸怨咨, 李命崇, 以御史, 案驗罷黜之. 況今百九十九家, 一朝盡撤乎? 如朝臣之識理者, 固當聞命卽毁. 至如匹夫無知之人, 以積年安居之室, 一朝而毁之, 其怨, 可勝言哉? 且祖宗之禁山脈者, 非都城民家也."

203) 詩經, 國風篇, 殷其雷: "殷其雷, 在南山之陽, 何斯違斯 莫敢或遑, 振振君子, 歸哉歸哉 …."

204) 成宗實錄, 弟125卷, 成宗 12年 1月 23日 戊戌: "命召崔灝元, 傳曰: '人皆以爲地理之說, 誕妄難信, 汝亦儒者, 其悉言之.' 灝元對曰: '以地理之說, 爲誕妄者, 皆言與行違也. 古云: 相其陰陽, 觀其流泉. 歷漢, 唐, 以至于今, 其書猶存, 其法相傳, 豈可謂之誣哉? 今人之葬親者, 必觀風水, 以此可知矣.' 言甚不經, 人皆鄙之."

205) 成宗實錄 第126卷, 成宗 12年 2月 8日 壬子: "詩曰: 相其陰陽, 觀其流泉. 釋之者曰: 山南曰陽, 水北曰陰, 流泉水泉灌漑之利也. 崔灝元以此二句, 證地理之說, 是援聖經, 賢傳, 而入於墨也. 聖上, 博通經傳, 洞然知灝元之言, 爲誣也. 且地理之說, 以禁忌處通路爲忌, 以今觀之, 自南大門, 抵南小門, 大路繞南山底, 車馬通行, 且都內旁蹊 …."

206) ウィキペディア(Wikipedia): "新川(しんがわ, にいかわ, あらかわ, にっかわ)とは, 日本各地に流れる河川または,それに由來する地名や人名. 命名のし 易さから, 日本各地には同名の河川が多數存在する."

207) 전영권,『상계서』, pp.694~695

208) Brittle deformation refers to the shape change of a material by breaking of its chemical bonds, which do not subsequently reform.

209) 신천, 위키페이디아(https://ko.wikipedia.org)

210) 『대구부읍지』(1899년), 2016. 12., 경북대학교 영남문화연구원, p.32: "정조 무술년에 판관 이서(李漵)가 읍기(邑基)를 위하여 제방을 쌓고 나무를 심어 숲을 조성하였다. 고종 무진년(1868)에 고을 사람들이 비를 세우고 이공제(李公堤)라 하였다."

211) 『대구부읍지』(1899년), 2016. 12., 경북대학교 영남문화연구원, p.169: "신천언(新川堰): 부의 남쪽 10리에 있다. 정조 무술년(1778)에 판관 이서(李漵)가 향교터와 읍터에 홍수의 염려가 있어 신천 일대에 높이 2척 가량, 길이 10여 리로 제방을 쌓았다. 제방 위에 언홍정(堰虹亭)을 만들었는데 신축년(1781)에 바람을 만나 쓰러져 버렸다. 무진년(1808)에 고을 사람들이 비석을 세우고 이공제(李公堤)라 하였다."

212) Cambridge Unversity Dictionary: storm in a teacup), idiom UK (US tempest in a teapot), a lot of unnecessary anger and worry about a matter that is not important.

213) 전영권,『대구 신천유로에 관한 새로운 해석』, 한국지역지리학회지, 제10권 4호, 2004년, p.694~695.: "대구의 속현인 수성현 사이를 흐르는 하천이라는 뜻에서 '사이천', 또는 '새천(샛강)'이 한자로 표기되는 과정에서 '신천'으로 오기되었을 가능성이 크다."

214) 정인서,「대구 도심하천 생태 새역사를 쓴다」, 채널코리아 뉴스, 2016. 7. 19: "하천 안내를 해준 김선왕 전 경북과학대 교수는 '일부 오류로 이름이 붙여지긴 했으나 뜻도 좋고 부르기도 좋은데다 몇백 년 정착된 이름이라 아무도 바꾸자는 사람이 없다.'라고 말한다. 일부 기록에는 1778

년 대구판관 이서(李逝)가 물난리로 인해 사재를 들여 제방을 새로 쌓아 물줄기를 돌렸다고 한다. 그 이전의 『팔도여지지』나 그 이후의 『세종실록지리지』 등 물줄기 모습이나 기록에 신천이라는 지명이 있어 이서의 제방 기록이 잘못이라고 한다."

215) Merriam-Webster, What is the word Rive mean: "to split with force or violence.: to divide into pieces or fractions. an organization being riven by controversy: fracture. intransitive verb."

216) 說文解字, 江(jiāng) 淸代陳昌治刻本 [說文解字] 江 [卷十一][水部] 江水. 出蜀湔氐徼外崏山, 入海. 從水工聲. 古雙切.

217) 老子, 道德經: "上善若水 水善利萬物而不爭 處衆人之所惡 故幾於道)."

218) 新羅本紀 第四新羅本紀: "智證麻立干(500~514) 姓金氏, 諱智大路, 或云智度路 又云智哲老. 奈勿王之曾孫, 習寶葛文王之子, 炤知王之再從弟也. 母金氏鳥生夫人 訥祇王之女 … 四年冬十月, 群臣上言. 始祖創業已來 國名未定 或稱斯羅, 或稱斯盧或言新羅. 臣等以爲, 新者德業日新, 羅者網羅四方之義, 則其爲國號宜矣. 又觀自古有國家者 …."

219) 전영권, [수요 시평] 신천 금호강 다시 보기, 매일신문, 2007. 4. 4.: "대구 중심을 흐르던 신천의 잦은 범람으로부터 주민들의 인명과 재산을 보호할 목적으로 사재를 들여 현재의 물길로 돌린 이후 생겨난 새로운 물줄기라는 것에서부터 시작한다는 것이다. 新川(德業日新之川)의 한자 의미에서 생각해본다면 일견 그럴듯해 보인다."

220) 大學: "湯之盤銘曰, 苟日新, 日日新, 又日新. [朱子 注] 盤, 沐浴之盤也. 銘, 名其器以自警之辭也. 苟, 誠也. 湯以人之洗濯其心以去惡, 如沐浴其身以去垢. 故銘其盤, 言誠能一日有以滌其舊染之汙而自新, 則當因其已新者, 而日日新之, 又日新之, 不可略有間斷也."

221) 燕巖 朴趾源, 楚亭集序: "法古創新, 噫! 法古者, 病泥跡. 創新者, 患不經. 苟能, 法古而知變. 創新而能典. 今之文猶古之文也."

222) 朴趾源, 楚亭集序: "然則刱新可乎. 世遂有怪誕淫僻而不知懼者. 是三丈之木. 賢於關石. 而延年之聲. 可登淸廟矣. 刱新寧可爲也. 夫然則如之何其可也. 吾將奈何無其已乎. 噫. 法古者. 病泥跡. 刱新者. 患不經. 苟能法古而知變. 刱新而能典. 今之文. 猶古之文也. 古之人有善讀書者. 公明宣是已. 古之人有善爲文者. 淮陰侯是已. 何者. 公明宣學於曾子. 三年不讀書. 曾子問之. 對曰. 宣見夫子之居庭. 見夫子之應賓客. 見夫子之居朝廷也. 學而未能. 宣安敢不學而處夫子之門乎. 背水置陣. 不見於法. 諸將之不服固也. 乃淮陰侯則曰此在兵法. 顧諸君不察. 兵法不曰置之死地而後生乎 …."

223) 南總督談話文, 朝鮮總督府法務局, 昭和十五年(1940) 二月: "司法上に於ける內鮮一體の具現--內地人式氏の設定に就て, <氏制度の解說--氏では何か 氏は如何にして定めるか …."

224) 大野文書, '昭和14年制令第19號朝鮮民事令中改正ノ件及昭和 14年制令第20號朝鮮人ノ氏名ニ關スル件ニ關スル第75議會擬問擬答'

225) 朝鮮總督府令 第19號, 朝鮮民事令中改善の件, 1928. 11. 10.

226) 現日進市域において「香久山」の名が初めて登場したのは, 1889年 に赤池村をはじめ6村が合併し香久山村が成立した時である. 村名は, 初代村長となった出原三郎の「政治は潔白であるべし」との思想により, 潔白を象徴するとされる持統天皇の御製である「衣ほすてふ天の香久山」からとって香久山村と名付けた. 1906年 の日進村成立によって一時姿を消していたが, 日進株山特定土地區畵整理事業地の新町名として約87年 ぶりに復活した.

227) 香山光郎(李光洙), 選氏苦心談, 每日新報, 1940. 1. 5.

228) [名字] 間川 [讀み] まがわ [全國順位] 34,653位 [全國人數] およそ80人 名字の由來解說] 同名字は, 埼玉縣, 神奈川縣, 北海道などにみられる.

229) 日本姓氏語源辭典(https://name-power.net) [名字] 新川 [讀み] しんかわ, につかわ, にいかわ, あらかわ, にいがわ, につかわ [全國順位] 1,056位 [全國人數] およそ16,900人 [名字の由來解說] ① 新川臣, ② 新川宿禰, ③ 古代の氏族であり, 物部の伴造(とものみやつこ)として軍事, 刑罰を担当した物部氏などにもみられる. ④ 現大阪府南西部である和泉國日根郡に有名氏族. 「新」は新しいを意味する. ① 地形, 新しい川から. 大阪府貝塚市, 茨城縣神栖市下幡木に江戸時代にあった. 石川縣小松市下粟津町では明治新姓と伝える. 江戸時代にあった門割制度の新川門から. 門の位置の例. 鹿兒島縣日置市東市來町長里, 鹿兒島縣曽於市大隅町岩川. 門名は新しい川から. 鹿兒島縣日置市東市來町湯田では新門に「川」を追加. 門による明治新姓. 善隣. 香川縣木田郡三木町下高岡に分布あり. ② 群馬縣桐生市新里町新川發. 室町時代に「新河」の表記で記録のある地名. 地名はニッカワ. ③ 富山縣富山市(旧: 上新川郡)中新川郡下新川郡發祥. 奈良時代に記録のある地名. 地名はニイカワで「新河」とも表記した. 岩手縣宮古市蟆目では京都府京都市から北陸地方を経て來住したと伝える. ④ 沖繩縣島尻郡南風原町新川, 沖繩縣石垣市新川は琉球王國時代に記録のある地名. 地名はアラカワで琉球音はアラカー. ⑤ コリア(朝鮮·韓國)系, 推定での比率は約 4%. 大韓民國東部付近(旧: 新羅國)から發祥. 新羅の「新」を使用. 福井縣坂井市(旧: 坂井郡三國町)で 1970年 9月 9日 に歸化の記録あり. 本姓は朴. 朴ボク参照.

230) Jacob (/ˈdʒeɪkəb/; Hebrew: יַעֲקֹב‎, Modern: Yaʿaqōv (help·info), Tiberian: Yaʿăqōḇ; Arabic: يَعْقُوب‎, romanized: Yaʿqūb; Greek: Ἰακώβ, romanized: Iakób), later given the name Israel, is regarded as a patriarch of the Israelites and is an important

figure in Abrahamic religions, such as Judaism, Christianity, and Islam. Jacob first appears in the Book of Genesis, where he is described as the son of Isaac and Rebecca, and the grandson of Abraham, Sarah, and Bethuel.

231) Genesis 28:13: "He had a dream in which he saw a stairway resting on the earth, with its top reaching to heaven, and the angels of God were ascending and descending on it."

232) 百度百科, 紫微垣: "三垣之一, 也叫紫微宮, 源于遠古時期中國人民對星辰的自然崇拜, 是古代中國神話和天文學結合的産物. 紫微垣就是天帝居住的地方, 是皇帝内院, 除了皇帝外, 皇后, 太子, 宮女都在這居住. 按『步天歌』, 紫微垣爲三垣的中垣, 在北天中央位置, 故稱中宮, 以北极爲中樞. 有十五星, 分爲左垣与右垣兩列, 『宋史·天文志』: 紫微垣在北斗北, 左右环列, 翊衛之象也."

233) Mandarin(Pinyin): chēnglí (Zhuyin): ㄔㄥ ㄌㄧˊ, 撐犁(撑犁) alternative forms 撐黎／撑黎. Etymology Borrowed from Proto-Turkic *teŋri ('sky, heaven, god'). Compare Old Turkic teŋri, god of the blue sky. Turkish tanrı god. Tengrism (also known as Tengriism, Tengerism, or Tengrianism) is an ethnic and old state Turko-Mongolic religion originating in the Eurasian steppes, based on folk shamanism, animism and generally centered around the titular sky god Tengri. Tengri was not considered a deity in the usual sense, but a personification of the universe. The purpose of life is, according to the Tengris view, to live in harmony with the universe.

234) 愛德華 / 布魯克, 天空地圖: 瑰麗星空, 奇幻神話, 與驚人的天文發現, 出版社聯經, 2021.: "爲了了解天空的含義, 天文學被發展爲觀察北極星或與之相關的星星. 有時, 我會以一種相反的想法, 試圖通過世界和地上發生的自然災害來解讀天意. 這就是宗敎和哲學 …."

235) Matthew 6:10: "… your kingdom come, your will be done, on earth as it is in heaven."

236) Proverb 16:1: "The preparations of the heart belong to man, but the answer of the tongue is from the LORD."

237) Romans 8:28: "Or that all things work together for good to those who love God, who; or that in all things God works together with those who love him to bring about what is good- with those who."

238) Benjamin Schmolck(21 December 1672 ~ 12 February 1737) was a German Lutheran writer of hymns. He was born a pastor's son in Brauchitschdorf(Chróstnik), Silesia. After attending the gymnasium in Liegnitz (Legnica), he studied theology at the University of Leipzig from 1693 to 1697. In 1702 he was ordained as a deacon at the Protestant Church of Peace and in 1714 as the pastor of the Church of the Holy Trinity in Schweidnitz(Świdnica), where he stayed for the rest of his life. Influenced by the pietism movement he became the most popular hymn writer of his day. His compositions include My Jesus as Thou Wilt and A faithful friend is wandering yonder. One of his pupils was the poet Johann Christian Günther.

239) 1 My Jesus, as Thou wilt: O may Thy will be mine! Into Thy hand of love, I would my all resign. Through sorrow or thro' joy, Conduct me as Thine own, And help me still to say, "My Lord, Thy will be done." 2 My Jesus, as Thou wilt: Tho' seen thro' many'a tear, Let not my star of hope, Grow dim or disappear. Since Thou on earth hast wept, And sorrowed oft alone, If I must weep with Thee, My Lord, Thy will be done. 3 My Jesus, as Thou wilt: All shall be well for me; Each changing future scene, I gladly trust with Thee. Straight to my home above, I travel calmly on, And sing in life or death, "My Lord, Thy will be done." Amen.

240) 明心寶鑑, 省心篇: "天不生無祿之人, 地不長無名之草. 大富由天小富由勤. 成家之兒, 惜糞如金. 敗家之兒, 用金如糞."

241) 羅貫中, 三國演義, 第一百三回, 上方谷司馬受困 五丈原諸葛禳星: "孔明嘆曰: 謀事在人, 成事在天. 不可强也!后人有詩嘆曰: 谷口風狂烈焰飄, 何期驟雨降靑霄. 武侯妙計如能就, 安得山河屬晋朝!"

242) 干宝(3世紀~336年), 字令升, 新蔡今屬河南駐馬店市新蔡縣, 爲祖籍人. 東晉時期的史學家, 文學家, 志怪小說的創始人. 祖父干統, 三國時爲東吳奮武將軍, 都亭侯, 父干瑩, 曾仕吳, 任立節都尉, 遷居海鹽. 干寶博覽群書, 晉元帝時召爲佐著作郎. 以家貧, 求補山陰令, 遷始安太守. 曾參與鎮壓荊湘流民起義(杜弢之亂), 賜爵關內侯. 後王導提拔爲司徒右長史, 遷散騎常侍. 咸康二年(336年) 三月卒.

243) 東晉, 干寶, 搜神記: 古云 南斗注生, 北斗注死. 道敎重視斗星崇拜, 称南斗注生, 北斗注死, 南斗星君掌管生存, 北斗星君掌管死亡. 凡人受胎, 皆從南斗過北斗. 北斗星君掌管死亡, 若能朝拜北斗, 便可得道成仙, 從死籍上永遠除名. 南斗專掌生存, 民間又称爲延壽司. 朝拜南斗, 可增加陽壽. 正如『封神榜』里气勢磅礡的, 九曲黃河陣在現實中是存在的一樣七星續命灯在現實中也是存在的.

244) 管輅對顔超說: "北邊坐人, 是北斗. 南邊坐人, 是南斗, 南斗注生, 北斗注死. 凡人受胎, 皆從南斗過北斗, 所有祈求, 皆向北斗."

245) 鶡冠子是道家類著作, 兼及法家與兵家. 傳爲戰國時期楚國隱士鶡冠子所作, 有三卷十九篇. 作者不詳, 『漢書·藝文志』稱作者是「楚人」「居深山, 以鶡爲冠」. 應劭『風俗通義』佚文也說: "鶡冠氏, 楚賢人, 以鶡爲冠, 因氏焉. 鶡冠子著書." 『鶡冠子』一書大多闡述道家思想. 也有天學. 宇宙論等方面的內容. 『漢書·藝文志』著錄一篇, 列之於道家. 清人王人俊輯『鶡冠子佚文』一卷.

246) 周易, 說卦傳第五章: "帝出乎震. 齊乎巽, 相見乎离. 致役乎坤. 說言乎兌. 戰乎乾, 勞乎坎. 成言乎艮. 万物出乎震. 震東方也. 齊乎巽. 巽東南也. 齊也者. 言万物之洁齊也. 离也者. 明也. 万物皆相見. 南方之卦也."

247) 존 하지, 위키백과, 우리 모두의 백과사전(wikipedia.org): "존 리드 하지(영어: John Reed Hodge, 1893년 6월 12일~1963년 11월 12일)는 미국의 군인 겸 … 교활한 종자(The Koreans are the same breed of cats as the Japs)라는 …."

248) 明心寶鑑, 天理編: "孟子曰 順天者存, 逆天者亡"

249) 孟子, 離婁章句上 第七章: "孟子曰, 天下有道, 小德役大德. 小賢役大賢. 天下無道, 小役大弱役强. 斯二者天也. 順天者存, 逆天者亡 …."

250) 荀子, 天論: "天行有常, 不爲堯存, 不爲桀亡 … 大天而思之, 孰與物畜而制之? 從天而頌之, 孰與制天命而用之."

251) Habakkuk 1:1~4: "The prophecy that Habakkuk the prophet received. Habakkuk's Complaint: How long, Lord, must I call for help, but you do not listen? Or cry out to you, Violence! but you do not save? Why do you make me look at injustice? Why do you tolerate wrongdoing? Destruction and violence are before me; there is strife, and conflict abounds. Therefore the law is paralyzed, and justice never prevails. The wicked hem in the righteous, so that justice is perverted."

252) Luke 17:20: "Once, on being asked by the Pharisees when the kingdom of God would come, Jesus replied, "The coming of the kingdom of God is not something that can be observed, 21

nor will people say, 'Here it is.' or 'There it is.' because the kingdom of God is in your midst."

253) 中庸, 二十章十八節: "誠者, 天之道也. 誠之者, 人之道也. 誠者, 不勉而中. 不思而得, 從容中道, 聖人也. 誠之者, 擇善而固執之者也."

254) 金堉墓碣銘: 贈資憲大夫吏曹判書金公墓碣銘竝書: "… 又曰, 人寧直道以死. 不可枉道以生. 汝等爲君子而死, 則吾視猶生也. 爲小人而生, 則吾視猶死也 …."

255) 北齊書, 元景安傳: "天保時, 諸元帝室親近者多被誅戮. 疏宗如景安之徒議欲請姓高氏, 景皓云. 豈得棄本宗, 逐他姓, 大丈夫寧可玉碎, 不能瓦全."

256) 玉碎(gyokusai, ぎょくさい), 栗林忠道(著), 吉田津由子(編集), 玉碎總指揮官の繪手紙, 小學館文庫, 2002: 硫黃島に散った栗林中將が留學の地アメリカから息子に傳えたこと.昭和3年, 軍事研究のためアメリカに留學した陸軍大尉栗林忠道が, 幼い息子·太郎に書き綴った繪入りの手紙. その15年後, 彼は總指揮官として赴いた硫黃島で玉碎する. 留學先からの繪手紙と,戰地から娘·たか子に宛てた手紙, 双方を初公開. 子に對する父親の深い愛情とユ·モアに溢れた文面から, 軍人·栗林の人生の明暗ともうひとつの戰中史が見えてくる. 監修·細木重辰(軍事史研究家)解說·枝川公一(ノンフィクション作家)

257) Wikipedia, Battle of Saipan, 15 June ~ 9 July 1944(24 days), Saipan, Mariana Islands: "The Battle of Saipan was a battle of the Pacific campaign of World War II, fought on the island of Saipan in the Mariana Islands from 15 June to 9 July 1944 as part of Operation Forager. [9] It has been referred to as the 'Pacific D-Day' with the invasion fleet departing Pearl Harbor on 5 June 1944, the day before Operation Overlord in Europe was launched, and launching nine days after. [10] The U.S. 2nd Marine Division, 4th Marine Division, and the Army's 27th Infantry Division, commanded by Lieutenant General Holland Smith, defeated the 43rd Infantry Division of the Imperial Japanese Army, commanded by Lieutenant General Yoshitsugu Saitō. The loss of Saipan, with the deaths of at least 29,000 troops and heavy civilian casualties, precipitated the resignation of Prime Minister of Japan Hideki Tōjō and left the Japanese archipelago within the range of United States Army Air Forces B-29 bombers."

258) 『신찬팔도지리지(新撰八道地理志)』, 한국민족문화대백과사전: "1425년 변계량·맹사성 등이 『경상도지리지』를 비롯한 팔도지리지를 모아 편찬한 지리서. 조선왕조 최초의 관찬지지(官撰地誌)이다. 현존하지는 않는다. 『세종실록』의 기록에 의하면 세종은 1424년(세종 6) 대제학 변계량(卞季良)에게 조선 전역에 걸친 지리 및 주·부·군·현의 연혁을 찬진하라는 명령을 내렸다. 이때 각 도별로 지리지가 편찬되었다….결국, 『경상도지리지』 등 각도 지리지는 『신찬팔도지리지』의 저본(底本)이 되었고, 『신찬팔도지리지』는 『세종실록』 지리지의 저본으로 조선왕조 관찬지리지의 표본이 되었다."

259) 경상도지리지 편찬, 우리역사넷(nts.history.go.kr): "세종 7(1425)년에 국왕은 이미 경연(經筵) 석상에서 문신들에게 여러 차례 지리지 편찬사업의 중요성을 역설한 것 같다. 이러한 세종의 뜻을 받들어 춘추관(春秋館)과 예조(禮曹)는 일정한 규식을 마련하고 그에 따라 지리지를 편찬하여 올려보내도록 하였다. 이러한 조령(朝令)에 의해서 각도는 드 지리지 편찬사업을 착수했다.

경상도지리지는 대구지군사 금유(琴柔)와 인동현감 김빈(金鑌)이 주관하여 6개월이라는 비교적 짧은 기간에 만들었고, 그런데 경력(經歷) 남시지(南施智), 경주부윤 오공식(吳公湜), 판관(判官) 정시개보(鄭施介保) 등이 다시 한 부를 더 만들어 경상도에 보관하자고 건의하여, 경상도 관찰사 하연(河演)이 이를 허락하고 부본을 만들어 경상도 감영에 보관했다.'

260) 定宗實錄5卷, 定宗 2年 9月 19日: "三軍都事玄孟仁, 毆國學生員. 孟仁將祭蘿於講武堂, 武工等欲宿明倫堂, 生員等以爲: 非武工所處, 欲黜之, 武工反唇相詰, 至以拳毆生員. 生員等具告於孟仁, 孟仁以爲: 武工於祭, 不可闕者. 反以生員宋殷, 脫冠投地, 嗾武工結縛, 毆而曳之. 兼大司成李詹,大司成趙庸等, 坐視不愧. 三館諸儒, 具其本末, 告諸憲司, 大司憲鄭矩, 亦不欲劾孟仁. 博士琴柔詣庸家告之, 庸執手曰: 庸, 趙浚之所擧, 足下亦其門生也. 今浚被譴, 且世子掌三軍, 而孟仁爲其僚佐, 不可抗也."

261) 世宗實錄100卷, 世宗 25年 4月 27日 壬子: "成均生員崔沆等上疏曰: 竊聞帝王爲治之道, 以敎養人材爲急, 而擇任師儒爲本. 前兼司成琴柔性稟剛明, 學術精硏, 德行俱全, 聞望益重, 誠多士之所取則者也. 歲當辛亥, 特褒賢德, 超拜大司成, 臣等咸喜爵命之稱德, 俄而見代, 歷任分憂宣化之職. 去歲冬, 再兼成均之任, 臣等不勝欣忭, 近以微失, 尋置散秩. 臣等竊念人主用人, 不以一事之失廢賢, 伏望煥發綸綍之音, 還任成均之職. 上曰: 柔再受私罪, 不可遽用. 不允."

262) 慶尙道地理志, 大丘郡篇: "連龜山, 諺傳作石龜, 南頭北尾, 藏於山脊, 以連山脈, 故名之."

263) 新增東國輿地勝覽, 大丘都護府篇: "連龜山, 在府南三里鎭山. 諺傳, 建邑初作石龜藏於山脊, 南頭北尾, 以通地脈. 故謂之連龜."

264) 徐居正, 新增東國輿地勝覽, 大丘都護府篇: "達城十詠, 第三詠 龜岫春雲, 龜岑隱隱似鼇岑, 雲出無心亦有心. 大地生靈方有望, 可能無意作甘霖."

265) 大邱邑誌: "連龜山: 在府三里鎭山, 諺傳建邑初, 作石龜藏於山脊. 南頭北尾, 以通地脈, 故謂之連龜."

266) 전영권,『신천유로에 관한 새로운 해석』, 한국지력지리학회, 제10권 제4호, 2004, 694면: "1481(성종 12)년 대구부사 최호원의 풍수의 학설을 믿고서 하천의 근원을 막고 백성들의 농경지에다 수로를 만들어 그곳으로 물이 흐르게 하여 백성들이 모두 원만하고 한탄하므로 이명숭(李命崇)을 어사로 파견시켰다는 내용이(성종 12년 1월 12정유일) 기록되어 있다. 이 내용을 토대로 신천의 유로변경을 주장하는 사람도 있으나, 내용을 면밀히 분석해보면 수해로부터 안정을 위한 조치로 보기보다는 풍수적인 관점에서 이뤄진 소규모 유로 변경에 해당한다. 특히 풍수적으로 볼 때 대구의 진산인 연구산을 대구천이 관통하고 있으므로 아마도 연구산의 맥을 단절하는 대구천 지류 일부를 백성들의 농경지로 유로 변경하였을 가능성은 있다."

267) 周易, 繫辭上傳 十一章: "是故易有太極, 是生兩儀.. 兩儀生四象. 四象生八卦. 八卦定吉凶, 吉凶生大業."

268) 張拭, 太極解儀: "此所謂無極而太極也. 所以動而陽靜而陰之本體也. 然非有以離乎陰陽也, 卽陰陽而指其本體, 不雜乎陰陽而爲言耳."

269) 張栻(1133~1180) 字敬夫, 後避諱改字欽夫, 又字樂齋, 號南軒, 學者稱南軒先生, 諡曰宣. 後世又稱張宣公. 南宋漢州綿竹(今四川綿竹市)人, 右相張浚之子, 南宋初期學者, 敎育家. 生於南宋高宗紹興三年(公元 1133年), 南宋孝宗乾道元年(1165年). 主管嶽麓書院敎事, 從學者達數千人, 初步奠定了湖湘學派規模, 成爲一代學宗. 南宋孝宗淳熙七年(1180年) 遷右文殿修撰, 提擧武夷山沖祐觀. 其學自成一派, 與朱熹, 呂祖謙齊名, 時稱「東南三賢」. 孝宗淳熙七年(公元 1180年(去世, 享年四十八歲. 南宋理宗淳祐初年(1241年) 從祀孔廟, 後與李寬, 韓愈, 李士眞, 周敦頤, 朱熹, 黃干同祀石鼓書院七賢祠, 世稱石鼓七賢.

270) 旅軒先生全書 下, 性理說 卷二. 太極說: "設令此宇宙之前, 續有已過之宇宙, 此宇宙之後, 復有無窮之宇宙, 此理之爲太極 則 其亦一而已矣."

271) 정병석, "易有太極"의 해석을 통해 본 여헌 장현광의 역학 사상, 한국학논문집, 제52집, 2013, pp.119~148 가운데 132면: "설령 현재의 우주 이전에 이미 무한히 지나가 버린 과거의 우주가 있었고, 현재의 우주 이후에 또다시 무궁한 우주가 다시 온다 하여도 이 리가 태극이 되는 것은 또한 마찬가지일 것이다."

272) 軒先生文集 卷八. 易學圖說序: "夫易, 卽天地也. 天地焉而萬變萬化萬事萬物, 在其中矣. 易豈外此而別自有道理者乎. 然則天地固自有天地矣, 萬變萬化, 固自有萬變萬化矣, 萬事萬物, 固自有萬事萬物矣."

273) Jo McDonald, Why the rock art of Murujuga deserves World Heritage status, August 28, 2018: "MURUJUGA IS THE Aboriginal name for the Dampier Archipelago and the Burrup Peninsula in north west WA and is home to at least a million individual works of art. Australia has some of the world's richest and most diverse rock art. While rock art is found all around the globe, Australia is relatively unique because here there are still cultural connections between rock art and the people who created it. … When people first started using this landscape 50,000 years ago, it was located around 100km from the coast. It was wetter and warmer than it is now- and the archaeological record of the coastal plain at this time demonstrates an entire group of animals no longer found in this part of Australia. Murujuga's artists painted some of these animals, such as crocodiles."

274) As a result of the Burrup and Maitland Industrial Estates Agreement(BMIEA), Murujuga was declared a National Park on the 17th of January 2013, becoming the 100th National Park in Australia. The National Park consists of freehold land title in excess of 5,134ha …. With over one million recorded rock engravings or petroglyphs, Murujuga National Park contains the densest concentration of rock art of any area in the world. The petroglyphs of Murujuga range in age, with some dating back approximately forty thousand years. Access to some rock engraving sites within the park is restricted under Aboriginal lore and custom. The rock art sites are also protected under the WA Aboriginal Heritage Act 1972, which sets penalties for disturbing or interfering with the sites.

275) Miguel Mario Díaz-Canel y Bermúdez(Spanish: [mi.'yel 'di.as ka'nel]; born 20 April 1960) is a politician and engineer who is the third first secretary of the Communist Party of Cuba. Díaz-

Canel succeeds the brothers Fidel and Raúl Castro, making him the first non-Castro leader of Cuba since the revolution. Díaz-Canel's leadership thus represents a non-dynastic form of succession for the party as well as for the state, and the end of Castro leadership in Cuba.

276) 崔致遠, 新羅壽昌郡護國城八角燈樓記: "氣高者志望偏高, 心正者神交必正乃, 以龍年羊月, 庚申夜夢. 於達佛城北摩頂溪寺. 都一大像坐蓮花座峻極, 於天左面有保處菩薩, 高亦如之. 南行御溪滸, 見一女子因訊晬容所以然. 優婆夷答曰是處是聖地也. 又見城南佛山上, 有七彌勒像, 累體踏肩面北以立其高珪空 …."

277) 두사충과 뽕나무골목(매일신문사 벽면) 안내판, 2022. 9. 1.: "두사충은 풍수지리에 밝아 '하루에 천 냥이 나오는 자리(The Land of Thousands Coins)'에 집터를 잡고 살았으나 … (杜師忠精通風水, 在一天出一千兩的位置, 建造房屋居住.)로 적혀 있었다. 그 옆에 '하루 천 냥이 나오는 명당' 안내판: '… 두 아들에게 '이 터는 하루에 천 냥이 나오는 자리'라고 하였다(這塊地以後會是一塊才之才金的寶地.).'라고 적혀 있다."

278) 慕明先生遺訣, 相地妙經抄解: "… 仙仙者無慾之稱也. 無慾然後開眼開眼然後知氣. … 子子孫孫皆選吉地. 而福祿無窮也. 此乃前輩之所不爲也. 故曰無慾者爲地仙也."

279) 明宗實錄 33卷, 明宗 21年 10月 4日 辛酉: "以李鐸爲工曹判書, 朴永俊爲司憲府大司憲, 李仲虎爲執義, 權德輿, 申湛爲掌令, 具思孟爲司諫院司諫, 金戣, 黃廷彧爲司憲府持平, 奇大升爲司諫院獻納, 閔時中爲弘文館校理, 韓孝友爲兵曹正郎, 李增, 鄭琢 [別無器度, 以有向方之心, 見許於名流, 乃擢於校書而授之] 爲司諫院正言, 李恒爲林川郡守, 朴淳爲僉知中樞府事."

280) 英祖實錄 118卷, 英祖 48年 1月 17日 癸丑: "敎曰: 偶然思之, 故相鄭琢, 幾百年後其孫登科, 爲下大夫, 可謂異事. 故承旨鄭玉子, 令該曹問否懸註錄用. 權相一頃年特除參議, 而莫知其子若孫, 在於何處, 亦令銓曹, 問其子若孫, 一體調用."

281) 輿地圖序(1757~1765), 慶尙道大丘山川: "笠巖在新川邊, 其形如笠, 故名之世傳星隕爲石, 鳥足山來."

282) 大丘邑誌(1767~1770): "笠巖在府東五里新川邊, 其形如笠, 故名世傳星隕爲石, 鳥足山來."

283) 嶺南邑誌(1895): "笠巖在府東五里新川邊, 其形如笠, 故名之世傳星隕爲石, 自鳥足山來."

284) 大邱邑誌(1908~1924): "新笠巖在府東五里新川之邊, 望之如笠翁然."

285) 金正浩, 大東地志(1861): "笠巖在川中形如笠"

286) 大邱府邑誌(1831): "笠巖: 在府東五里新川邊, 其形如笠. 故名世傳星隕爲石自鳥足山來."

287) 大邱府邑誌(1831): "鳥足山, 在府東二十里一名法伊山, 有烽燧及有雨壇自八鳥嶺來."

288) 鄭道傳, 三峰逸事: "三峰原本位於江原道旌善郡的三峰山, 因爲在洪水時被衝下來, 才成爲今日位於丹陽的嶋潭三峰. 相傳從那之後, 丹陽每年都付稅金給旌善郡, 但鄭道傳表示: 「又不是我們讓三峰衝下來的, 我們反而因爲水路受阻, 損失慘重, 沒有理由爲了毫無用處的山峰繳稅, 需要的話請拿回去」從此不再需要繳納稅金."

289) 宣祖實錄, 宣祖 22年潤 6月 24日 乙巳: "北兵使啓本: '穩城 美錢鎭呈: '本月初二日二更, 有 火塊形體如人坐於圓方席, 又若佩持弓矢, 空中浮飛向北, 隨有震雷, 如氷坼之聲, 風氣燻 于人面.' 變怪非常事."

290) 高麗史, 卷八世家第三十四: "文宗二十四年春 正月癸巳朔訪朝賀, 庚子星隕子, 大丘縣化 爲石."

291) 大邱府邑誌(1831): "七星巖藪在府北城外正廟, 丙辰觀察使李泰永, 奇其七巖之, 拱北環植 卉 …."

292) (국역) 대구부읍지, 대구광역시 경북대영남문화연구원, 2016, p.32: "칠성바위 숲: (대구도호)부 의 북쪽 성 밖에 있다. 정조 병진년(1796)에 관찰사 이태영(李泰永)이 일곱 개의 바위가 북극성 을 껴안고 있는 것을 기이하게 여겨 바위 둘레에 초목을 심었다."

293) 論語, 爲政篇: "子曰, 爲政以德. 譬如北辰, 居其所而, 衆星共(拱)之."

294) 孟子, 告子編 第十三章: 孟子曰, 拱把之桐梓, 人苟欲生之, 皆知所以養之者. 至於身, 而不知 所以養之者, 豈愛身不若桐梓哉. 弗思甚也."

295) 장희자, 대구 칠성동의 유래, 칠성바위, 시니어매일, 2019. 11. 15.: "1973년 경북대학교에서 발 굴 조사했다. 덮개돌 아래에는 굄돌이 없었고 지하 유구의 조사에서도 제 1, 2, 5, 7호에서 덮개 돌 아래에 15×30㎝의 돌무지(積石)가 있었을 뿐 제3, 4, 6호에서는 아무런 시설도 발견되지 않았다. 이들 고인돌에서는 부장품이 전혀 없었고 지하에서도 널의 시설이 발견되지 않은 점으 로 미루어보아 애초부터 무덤으로서의 성격보다는 거석 기념비적인 것으로 추정된다. 발굴 조 사 때 덮개돌의 크기는 제1호가 길이 3.2m, 너비 2.7m, 두께 1.3m이고, 제2호가 1.×1.1×1.1m, 제3호가 1.8×1.4×1.7m, 제4호가 1.7×1.6×1.8m, 제5호가 2 ×1.5×1.5m, 제6호가 2×0.8× 1.2m, 제7호가 2×1.3×0.8m이다."

296) 徐思遠(1550~1615), 樂齋先生日記, 記錄期間(1592~1595, 宣祖 25~28), 筆寫本, 四周無邊, 無界, 12行 22字, 無魚尾: "騎向西門, 大門大開 … 城裡一人也未留 ….不久之後, 壽城煙火 猛. 不一會, 邑內也發炎火 …."

297) 전계신(全繼信, 1562~1614): 대구 파동 태생, 본관 옥산(仁川), 자(字) 여중(汝重), 호(號) 파수(巴 叟), 증조 전순손(全順孫)이고, 조부는 전익견(全益堅), 부는 사재감정 전련(全璉), 아들은 전천 행(全千幸), 전득행(全得幸)이 있다. 수영(水營) 무관직 종사, 1592년(선조 25) 임진왜란이 일어나 관군패배 후 귀향 의병창의, 파동협곡에서 왜군격파, 신령 의병장 권응수(權應銖)와 협력 전공, 1594년 무과에 합격, 왜란 종전 후 동래와 통영 소모진(召募陣) 군무 종사, 1602년 조정 강화논 의 때 한음(漢陰) 이덕형(李德馨)의 추천 대마도에 가서 일본동향 파악 귀국. 1605년 임진왜란 전공 선무원종공신 1등 녹훈되었다. 1606년 대마도로 가 일본 국서(國書)를 고치게 하였고, 왜 란 중 왕릉훼손 범인 두 명을 인도받고 포로 150여 명을 송환. 이후 함안군수, 갑산부사, 경상좌 수사, 황해도병마절도사를 역임했음. 저술로『파수실기(巴叟實紀)』가 있다.

298) 沙也可(さやか, 1571~1642)は, 文祿·慶長の役の際, 加藤淸正の配下として朝鮮に渡ったが, 投降して朝鮮軍に加わり, 火繩銃の技術を伝えて日本軍と戰ったとされる武將. 現代朝鮮

語發音ではサヤガとなる, 朝鮮では金忠善(キム·チュンソン, ハングル表記: 김충선)の名で知られ, 字は善之, 慕夏堂と号したという. 韓國においては英雄扱いされているが, その活躍の實態は不明な点も多い.

299) 聞灘先生文集卷之一: "詩, 在塔谷栗林看讀書. 倭虜六七荷鋒刃鍊至, 相與熟視立去. 吟題巖面 …."

300) 孫遴, 柳淵立石: "鍊補當年脫女媧, 天敎砥柱鎭頹波 …."

301) 孫處訥, 柳淵立石: "誰道巉巖歷女媧, 自天成柱截橫波. 凝然不動無如汝, 堪笑春花逐浪多."

302) 仁祖實錄 四十六卷, 仁祖二十三年三月二十三日 乙巳: "金尙憲之事, 諸大臣反復陳辨, 而聖意猶有所未能釋然者, 豈不以萬里生還之日, 不造闕下, 遽告退歸, 爲有歉於臣子之情禮乎? 此似然矣, 而亦有可言者矣. 軍職在身, 實非六年南冠之人, 所可料及. 設令有職名, … 砥柱橫波, 無非聖世培養所致, 而儒臣, 近侍相繼陳啓, 聖上想已洞燭其情事矣. 伏願更加採納焉. 答曰: 依啓. 但鹽盆, 漁箭, 頃年旣已查減, 其勿施行."

303) 肅宗實錄 十八卷, 肅宗十三年四月十四日: "辛酉宋時烈門人前府使韓聖輔等, 爲時烈上疏, 伸辨羅良佐之疏, 略曰: "時烈當鑴之凌駕先正, 吹索朱子, 便以爲斯文之賊, 而宣擧則遮護, 以時烈憂世之心, 安得無忘身斥鑴之事, 安得無先治黨與之說乎? … 又日一致, 則便許其亂後守義也. 祭文中砥柱一星等語, 亦指其亂後事, 而其文又有中罹大難, 匪欲瓦全之語, 瓦全旣不如玉碎, 則卽此祭文褒貶, 亦自可見, 何可謂前後之言相戾也?"

304) 肅宗實錄 二十一卷 肅宗十五年六月三日戊辰: "引見大臣備局諸臣, 時右議政金德遠, 亦新視事同侍. 上顧謂曰: 往日事, 有乖待大臣之道, 心常慊然, 仍加慰諭甚至. 領議政權大運曰: 李玄逸博學君子, 宜使頻侍講筵, 仍兼國子祭酒, 則可爲士子矜式也. 其欲免吏部者, 亦非虛僞之辭, 若循其願而專責經學, 則必有裨益. 左議政睦來善及德遠, 又言之 … 金昌協贊之曰: 以豪傑英雄之姿, 有戰兢臨履之功. 斂浩氣於環堵之窄, 可以塞宇宙. 任至重於一身之小, 可以抗華嵩. 進而置之巖廊, 爲帝王師而不見其泰. 退而處於丘壑, 與麋鹿友而不見其窮. 巖巖乎砥柱之峙洪流, 凜凜乎寒松之挺大冬. 苟億世之下, 觀乎此七分之貌, 則尙識其爲三百年間氣所鍾. 後祭寃賜祭, 諡文正."

305) 당시 조선유교사회에서 공부자(孔夫子) 혹은 주자(朱子)에 견줄 대스승으로 송시렬(宋時烈)의 문하에서는 '송자(松子)' 혹은 '송부자(宋夫子)'라고 했으며, 이황(李滉)의 문하에서는 '이자(李子)'라고 호칭하였다. 이런 꼴불견을 조식(曹植)의 문하생 정인홍(鄭仁弘)은 '이황과 이언적을 성균관향배 5현에서 제외하자.'라는 사직상소를 올려서 '찻잔 속의 태풍(茶盃中颱)'을 일으켰던 사건도 있었다.

306) 『광해군 일기』(중초본) 42권, 광해 3년 6월 19일 정해, "의령 사람 이종욱이 소를 올려 정인홍과 조식을 위해 무함을 밝히다." / 『효종실록』 4권, 효종 1년 7월 3일 갑인 "영의정 이경여가 신하의 간쟁·당파의 폐해·유생의 친유에 대해 아뢰다."

307) 秦朝末年創作的作品『紫芝曲』傳說是秦朝末年, 由隱居在商山的名爲 "商山四皓" 的四个人物(東園公, 綺里季, 夏黃公, 甪里先生)所作. 宋『樂府詩集·琴曲歌辭二』有名爲『采芝操』的兩个版本的詩歌.『紫芝曲』也泛指隱逸避世的歌或詞. 秦末, 商山四皓(東園公, 綺里季, 夏黃公, 甪里先生)見秦施暴政, 避秦焚書坑儒, 隨退入商山隱居, 曾作『紫芝歌』, 歌云: 莫莫高山, 深谷逶迤, 曄曄紫芝, 可以療飢, 唐虞世遠, 吾將何歸? 駟馬高盖, 其憂甚大, 富貴之累, 人不如貧, 賤之肆志, 乃共入商.

308) 商山四皓(秦末), 紫芝歌(zǐzhīqǔ): "莫莫高山. 深谷逶迤. 曄曄紫芝. 可以療飢. 唐虞世遠. 吾將何歸. 駟馬高盖. 其憂甚大. 富貴之畏人兮. 貧賤之肆志. 收藏下載复制完善(現代飜譯: 好大的山川, 深谷內河流山路盤根錯節. 好美的紫色灵芝, 可以暫時給我充当食物. 前人的歌謠离現在已經很遠, 我將何去何從. 坐在華麗的馬車下, 我的憂慮還很大. 富貴的時候還怕見人啊, 做窮人的時候确還有遠大的志向)."

309) 徐居正, 四皓圖: "於世於名兩已逃, 閑圍一局子頻鼓, 此中妙手無人識, 會有安劉一着高."

310) 鄭經世, 聞灘先生文集, 附四皓圖跋: "我先君子(已故父親) 早歡手澤(手工製作) 目. 經戰亂淸殿舊物(家族世代相傳的物)都沒有了, 但這件卻完整而且看著它. 可以說物類聚壽了和短. 但因舊紙易破. 故委託社人(工匠)運後, 做成小屛風, 視爲珍品, 故爲善保. 以望能給寫句讓它光. 夕上在現這淸晰時. 衆諾過被點名. 來爲人帶來益, 它是麽. 在看來這祖輩留下心, 以定要長保存, 以免丟失, 這孝子心. 更何況如果他留下大意, 又豈敢怠慢. 早聞不爲官無義, 爲官實爲君子所急. 但若只知進官, 不知下位, 以致仕棄名貪圖富貴, 亦爲畫中人罪, 傷大志. 前任的. 將嚴屬望在這面努."

311) 정만진, 임진왜란 왜적들은 어느 길로 쳐들어 왔을까, 오마이뉴스(ohmynews.com), 2016. 10. 5.

312) 孫遴(1566~1628), 聞灘先生文集: "巖面: 白刃環相立, 猶解讀書人. 恨未孫吳學, 爲國掃腥塵."

313) 孫遴, 聞灘十景: "沃野農歌: 原隰昀昀小洞平, 歸農民物喜休兵. 厭厭落日黃雲畔, 風送南薰一兩聲."

314) 孫處訥, 感沃野農家: "喜看今日地更平, 蔽野曾經百萬兵. 滿眼菑畬民有樂, 依然記得舊時聲."

315) 孫遴(1566~1628), 聞灘十景: "巴村吹烟: 幕幕依依點點家, 隨風飛染白雲多. 妍光何處厄難狀, 暮入芳州細柳和."

316) 서유민(徐有敏 혹은 徐慶輔, 1795~졸년 미상)의 생존 연도를 파악하고자 처갓집 전주 이씨 중종 대왕 자손록 덕흥대원군파(中宗大王子孫錄德興大院君派) 세보에서 "달성 서씨 아버지가 현감 서중수의 아들경보군수(達城人父縣監重修子慶輔郡守)"로 기록되어 정조 3(1779)년 승정원일 기를 확인하니 정조 3년 12월 25일 '서중수를 문경현감(徐重修爲聞慶縣監)'에 임명했기에 그의 아들은 서경보(徐慶輔, 1795~졸년 미상)로 1828년 생원시(34세) 합격, 1864년 1월 10일 승정원 일기에서 "회양부사 서경보(淮陽府使徐慶輔)"가 임명되었다.

317) 권성윤(權聖允, 1835~1921) 안동 권씨, 서산군파(瑞山君派) 세보에 "乙未十一月二十五日生 辛酉三月二十三日卒墓三兄弟巖下亥坐 …."동쪽 금호정을 1864년에 세웠음.

318) 李冀洙(1855~1931) 전주 이씨 16대, 부 이가채(李可採)의 제3자. 세보의 기록은 "上同當宁乙

丑十二月十日生 娶 密陽朴承潤 女乙亥生."로 적혀 있음.

319) 李冀洙, 琴湖亭原韻: "萬事悠悠老去知, 築亭湖上欲爰爲. 靑年失學還多恨, 白首治生亦豈
時滿載. 孤舟風與月相招, 好友酒兼詩試看. 凡案遺經在讀字, 兒曹復可期."

320) 李冀洙, 琴湖亭(謹次): "亭上風流獨自知, 世間何事更求爲看, 魚聽鳥閑多日, 對酒橫琴樂有
時, 俗子豈敎來共擢親朋還, 與吟詩紹先橋後, 無過此寧靜心中又遠期."

321) 伯牙(公元 前 387年~公元 前 299年), 中國春秋時期晋國大夫, 伯氏, 又作伯雅, 琴師, 善彈七
弦琴, 因与鐘子期的知音故事而聞名于世. 伯牙的事迹首見于『列子·湯問』篇, 另『荀子·勸
學』和『呂氏春秋·本味』中也有記載.

322) 鄭光天(1553~1594), 洛涯文集, 卷一, 詩靑松: "獨臥琴巖上, 悠悠太古心, 松風驚午夢, 疑是
伯牙琴"

323) 鄭師哲(1530 ~1593), 琴巖卽事: "松壇客散日將殘, 茅屋孤燈夜向闌. 靜對床書人寂寂, 半江
霜月雁驚寒."

324) 徐思遠, 于牙琴亭: "盛德高風父子雙, 鷰停鵠峙影澄江. 幾回丈履同心賞, 此日孤吟咽老腔"

325) Psalm 37:16: "A little that a righteous man hath is better than the riches of many wicked …."

326) 蘇軾, 赤壁賦, 古文眞寶: "天地之間物各有主, 苟非吾之所有. 雖一毫而莫取."

327) 李晬光, 芝峯類說(1614) 2卷 外國條: "自國都東北至駿河州, 又一千里. 所有山曰富士山."/ 李
晬光, 芝峯類說, 帝國賦: "後漢書曰, 徐福入海, 止夷澶洲. 韓文所謂海外夷亶之州是也, 按
夷亶二州名. 今倭國南海道, 有紀伊州淡州, 淡與亶音相近, 疑卽夷澶洲也. 姜沆聞見錄云倭
人謂伊勢之熱田山 紀伊之熊野山. 駿河之富士山, 爲三神山. 又徐福死而爲神. 故紀伊州, 今
有徐福祠, 熊野山守神者. 徐福之神也. 愛宕山守神者, 新羅人曰羅之神也. 日羅者, 疑卽三
國史所稱迎烏, 細烏者也. 趙完璧言日本京都 見有徐福祠, 徐福之裔主之云."

328) 法句經, 第15章, 安樂品: "無病最利, 知足最富. 厚爲最友, 泥洹最樂."

329) 論語, 述而篇, 第十五章: "子曰: 飯疏食飮水, 曲肱而枕之, 樂亦在其中矣. 不義而富且貴, 於
我如浮雲."

330) 王屋山, 國家級風景名勝區, 又称 "天壇山". 位于河南省濟源市西北 40公里處. 山名之由
來, 有謂 "山中有洞, 深不可入, 洞中如王者之宮, 故名曰王屋." 主峰之巔有石壇, 据說爲
軒轅黃帝祭天之所. 漢魏時列爲道敎十大洞天之首, 爲 "天下第一洞天". 唐代司馬承禎『天
地宮府圖·十大洞天』曰: "第一王屋山洞, 周回万里, 号曰小有淸虛之天."

331) 압로정, 대구문화대전(grandculture.net), 한국학중앙연구원 향토문화전자대전: "1561(명종
16)년 송담(松潭) 채응린(蔡應麟, 1529~1584)이 건립하였다. 채응린은 압로정 남쪽에 소유정
(小有亭)을 함께 건립하였다."

332) 百度百科, 小有淸虛之天, 道家所傳洞府名. 在河南省濟源市西王屋山.

333) 蔡應麟, 小有亭題詠錄, 小有亭: "山邊碧樹山前水, 水外靑郊水上家. 評水評山無外事, 生

平只願故人過."

334) 1591년(선조 24) 사마시 합격, 별시 문과 병과 급제해 검열, 1593년 정자, 지제교·수찬·교리·응교·
정언·사간·장령·집의·필선·보덕·승지, 예조·병조·형조판참의 등 역임. 1613년(광해군 5) 집의, 박응서
(朴應犀) 무고로 영창대군을 죽이자고 주장하는 지평 정호관(丁好寬)을 면박했고, 인목대비 폐
비 주장 이이첨(李爾瞻) 일당에 반대죄상 폭로, 외직 행주판관, 경기·평안·전라·강원도의 도사,
경상감사 및 남양·순천·상주·청풍의 수령 역임. 1623년 인조반정 조신들이 외직에서 모두 파직
되었으나 특별히 유임. 저서『용계유고(龍溪遺稿)』가 있음.

335) 金指南, 小有亭次韻: "江上綠外數十家, 一條幽逕少人過. 登臨斗覺塵寰樓, 眺望方知眼界
多. 芳草嫩花俱靜寂, 近峰遙岫亂森羅. 斜陽不盡滄洲趣, 催泛輕舟下晚沙."

336) 列子, 湯問篇: "伯牙善鼓琴, 鍾子期善聽. 伯牙鼓琴, 志在高山, 子期曰:善哉, 峨峨乎若泰山.
志在流水, 子期曰:善哉, 洋洋兮若江河. 伯牙所念, 子期必得之."

337) 李瀚, 夢求: "呂氏春秋曰 鍾子期死, 伯牙破琴絶絃, 終身不復鼓琴, 以爲無足爲鼓者."

338) 아양곡(峨洋曲)은 열자탕문(列子湯問)에서 백아가 탄금했던 거문고곡으로 이를 '아양귀상음
(峨洋貴賞音)' 혹은 '아양수화절현금(峨洋誰和絶絃琴)'이라고 한다. 기독교에서 기도 후에 '아멘
(aman, 그렇다).'이라고 하듯이 혹은 우리나라 판소리에 '얼씨구~ 잘한다.'라는 추임새를 넣듯이
종자기는 백아의 탄금에 "훌륭하도다. 그 뜻이 높고도 높은 태산 같구나(峨峨兮若泰山)! 멋지도
다. 의미가 도도하게 흐르는 강물 같도다(洋洋兮若江河)!"라는 지음 감상을 했다.

339) 아양음사(峨洋吟社): 해방 직후 대구시장 허흡 등 72인이 결성한 시모임(詩社)이었다. 아양루에
서 거문고로 '고산유수'와 '아양곡'을 탄금하면서 지음지인(知音知人)들 간에 음풍농월의 풍류
를 즐겼다. 오늘날 아양루 앞에 거대한 바윗돌로 과거 "풍류에서 옥쇄하고 충정에서도 옥쇄했
다(玉碎于風流與忠正)."라고 말하고 있다.

340) 宋書, 陶淵明傳: "潛不解音聲, 而畜無絃琴一張. 每酒適, 撫弄以寄其意."

341) 李奎報, 讀陶潛詩: "我愛陶淵明, 吐語淡而粹, 常撫無絃琴, 其詩一如此, 至音本無聲, 何勞
絃上指, 至言本無文, 安事彫鑿費, 平和出天然, 久嚼知醇味."

342) 徐敬德, 無絃琴銘: "琴而無絃, 存體去用, 非誠去用, 靜基含動, 聽之聲上, 不若聽之於無聲.
樂之形上, 不若樂之於無形. 樂之於無形, 乃得其, 聽之於無聲, 乃得其妙, 外得於有. 內得
於無. 顧得趣乎其中. 爰有事於絃上工夫. 不用其絃, 用其絃絃律外宮商. 吾得其天. 樂之以
音. 樂其音, 音非聽之以耳. 聽之以心. 彼哉子期. 曷耳吾琴."

343) 李永瑞(~1450), 無絃琴: "淵明自有一張琴, 不被朱絃思轉深, 眞趣豈能聲上得, 天機須向靜
中尋. 鯤絃鐵撥渾閑事, 流水高山謾苦心, 古調未應諧俗耳, 悠悠千載少知音."

344) John Keats(1795~1821), Ode on a Grecian Urn: "Heard melodies are sweet, but those unheard
/ Are sweeter; therefore, ye soft pipes, play on / Not to the sensual ear, but, more endear'd, / Pipe
to the spirit ditties of no tone. / Thou, silent form, dost tease us out of thought / As doth eternity:
Cold Pastoral! / When old age shall this generation waste, / Thou shalt remain, in midst of other

woe / Than ours, a friend to man, to whom thou say'st, / 'Beauty is truth, truth beauty,--that is all / Ye know on earth, and all ye need to know."

345) 九龍柱聯: 금오산 법성사, 사불산 대승사 및 양산 영취산 통도사 대웅전 주연에서: 楊柳梢頭甘露灑, 蓮花香裏碧波閑, 七寶池中漂玉子, 九龍口裏浴金仙(버들가지 끝을 적셔 감로수를 뿌리니, 연꽃 향기 속에서 푸른 물결이 서늘하네. 칠복의 연못에 옥동자를 띄우고, 아홉 마리의 용이 입으로 부처님을 핥아서 목욕시키네).

346) 宗梵, 九龍山通天寺, "三十年來枉用功, 許多言動盡慙愧. 卽色空句身一轉, 物物元是古道場."

347) 엄태두(嚴泰斗, 출생 연도 미상~1983년 이후 별세): 경북 상주 출신, 申正均 선생으로부터 필법 수업, 黃止菴 선생으로부터 사서오경제자백가를 섭렵, 일정말엽 경북도지사실 근무(지방 서기), 경북 공무원 후생회 창립위원, 육군본부 참모총장실 군무행정관(2급) 근속 20여 년 정년퇴직, 성균관 유도회 총본부 총무부장 및 성균관 전의 재임 …. 1983년 서울시 동일서당『기초서예교본』출판.

348) 掘港舊有八景, 亦稱蟳山八景: 碧霞晚眺, 範堤歸牧, 東林詩社, 西寺晨鐘, 鹽嶺積雪, 蟳山曉日, 管池泛月, 南坎春潮. 隨着滄桑變化, 如今除極少數尚有遺蹟可覓外, 大多已湮滅.

349) 李彰世(1890년대 출생~몰년 미상): 이풍로(李豊魯, 1874~몰년 미상)는 1894(고종 31)년에 갑오 식년시(甲午式年試) 進仕 3등(三等) 826위(855/1055)으로 합격, 이풍로(李豊魯)의 계자로 호가 송운(松雲)인 이창세(李彰世)는 전의 이씨의 항렬자로 봐서(敎·世·炳字) 29세에 해당, 松雲處士諱彰世墓碣銘으로 봐서 평범한 선비로 생을 마쳤음.

350) 李彰世, 松雲遺稿, 韓國學文獻研究所, 亞細亞文化社, 1985.(189): "新川霽月(14면), 琴湖明月(15), 瑟峀歸雲(15), 九龍樵笛(15), 八公宿霧(16), 東村夕照(16), 西寺晨鍾(16), 雙橋彩虹(17), 蒼壁漁舟(17). … 松雲處士全義李公 諱彰世 墓碣銘·景園全義李公 諱明世 追慕碑文·鍾聲公碑文…."

351) 嚴泰斗, 琴湖明月: "琴湖不讓洞庭湖, 湖月天成別版圖. 圖上姮娥粧玉鏡, 鏡中影子暎氷壺."

352) 無名者集詩稿第四冊(詩), 偶吟: "鬱鬱胸懷强自寬, 呼兒獨酌不成歡. 疎籬破屋西城崑, 短僕瀛駗實錄官. 似酒年光從直溪, 如某世事好傍觀. 塵琴久輟峨洋操, 一曲試彈行路難."

353) 李白(701~762), 行路難, 三首之一: "金樽淸酒斗十千, 玉盤珍羞直萬錢. 停杯投箸不能食, 拔劍四顧心茫然. 欲渡黃河氷塞川, 將登太行雪暗天. 閑來垂釣碧溪上, 忽復乘舟夢日邊. 行路難行路難, 多岐路今安在. 長風破浪會有時, 直掛雲帆濟滄海."

354) 孟子, 第十四卷, 盡心下第三十七節: "万章問曰:孔子在陳曰. 盍歸乎來!吾党之士狂簡, 進取, 不忘其初. 孔子在陳, 何思魯之狂士? 孟子曰:孔子, 不得中道而与之, 必也狂狷乎!狂者進取, 狷者有所不爲也. 孔子豈不欲中道哉? 不可必得, 故思其次也. 敢問何如斯可謂狂矣? 曰: 如琴張. 曾晳 牧皮者, 孔子之所謂狂矣."

355) 崔鉉達(1867~1942), 琴湖泛舟: "琴湖春水泛蘭舟, 簫鼓聲聲起白鷗, 何似滿江秋月夜, 漁舟閑與白鷗遊."/ 徐居正, 琴湖泛舟: "琴湖淸淺泛蘭舟, 取此閑行近白鷗, 盡醉月明回棹去, 風流不必五湖遊."

356) 槐(huái) 說文解字, 淸代 段玉裁說文解字注: "槐木也. 釋木曰. 欀槐, 大葉而黑. 守宮槐, 葉晝聶宵炕. 按此皆槐之異者. 落叶喬木. 木材可供建築和制家具. 花蕾可做黃色染料: 槐火用槐木取火. 槐序 槐棟(a. 中國周代朝廷种三 槐九棘, 公卿大夫分坐其下, 后因以 '槐棘' 指三公或三公之位, b. 指听訟的處所. 均亦称 '棘槐' 槐鼎喩三公.

357) 槐爾雅曰 欀槐 大葉而黑 又曰 守宮槐 葉晝聶宵炕 蓋聶之爲字象一耳就二耳相合也 炕則擧也 張也. 言守宮槐 葉晝合 而夜張也 周禮秋官外朝之法 面三槐 三公位焉 或曰 槐之言懷也 懷來遠人 故三公位焉 或曰 槐之言歸也 聽訟於下 使其情各歸於實也.

358) [春秋說題辭] 槐者, 虛星之精. 又 [周禮·夏官·司爟註] 秋取槐檀之火. 又槐里, 地名. [前漢·地理志] 屬右扶風. 又水名. [山海經] 敦與之山, 槐水出焉. 又孟槐, 獸名. [山海經] 譙明之山有獸, 狀如貆, 赤毫, 曰孟槐. 又姓. [統譜] 望出廣漢. 唐槐承榮, 槐公儉. 又 [集韻] [韻會] 胡隈切 [正韻] 胡瑰切, 音回 [說文] 守宮也. [春秋元命苞] 樹槐, 聽訟其下. [註] 槐之言歸也, 情見歸實也. 又 [韻會] 桃槐, 西域國名. 又琅槐, 千乘郡縣名.

359) 周礼·秋官·朝士: "朝士掌建邦外朝之法. 左九棘, 孤卿大夫位焉, 群士在其后, 右九棘, 公侯伯子男位焉, 群吏在其后, 面三槐, 三公位焉, 州長衆庶在其后."

360) Fish Tail, Wikipedia: (publishing, bibliography) V-shaped decoration that appears in the middle (in a bound book, on the outer edges) of a traditional East Asian-style book leaf

361) 김문기,「小有亭歌의 特徵과 價値」계명대학교 한국학연구소, 한국학논집 16권, 1989, pp.75~84

362) 泗上, 百度百科: 泛指泗水北岸的地域.『左傳·襄公十九年』: "執 邾悼公 以其伐我故, 遂次于泗上."戰國策·楚策一: "大王悉起兵以攻宋, 不至數月而宋可擧, 擧宋而東指, 則泗上十二諸侯, 盡王之有已." 春秋時孔子在泗上講學授徒, 后常以 '泗上' 指學術之鄉. 晉書桓彝傳論: "首陽高節, 求仁而得仁: 泗 上微言, 朝聞而夕死." 南齊書劉善明傳: "令泗上歸業, 下還風, 君欲誰讓邪?" 郁達夫『正月六日作』詩: "泗上文章初識命, 淮陰風骨亦求怜."

363) 김문기, 노계(蘆溪)의「소유정가(小有亭歌)」소고(小攷), 국어국문학 v.84, 1980년, pp.255~256

364) 소유정가(小有亭歌), 한국민족문화대백과사전(encykorea.aks.ac.kr)

365) 신영산, 국어 선생으로 살기, 박인로의 가사 '소유정가' 전문 현대어풀이, 새뫼(newmoun.tistory.com)

366) 송나라 때 사람인 이공린(李公麟)의 호(號). 이공린이 늙어서 용면산(龍眠山) 산장에 거처하면서 날마다 용면산을 그렸다고 함.

367) 정주연, 3월의 봄을 기다리는 하중도(금호꽃섬)의 풍경, 대구북구청(blog.naver.com/buk_daegu): "2021년 9월 시민공모전을 통해 금호꽃섬으로 명칭이 선정되었지만 아직 하중도란 이름이 더 각인되어 있어 금호꽃섬은 저도 익숙하지는 않네요. 아마도 시간이 지나야 금호꽃섬이란 명칭도 자연스러워질 것 같아요."

368) Robert Louis Stevenson, Looking Glass River: "Smooth it glides upon its travel, Here a wimple, there a gleam / O the clean gravel, O the smooth stream; Sailing blossoms, silver fishes, Paven pools as clear as air / How a child wishes, To live down there. / We can see our coloured faces, Floating on the shaken pool / Down in cool places, Dim and very cool; / Till a wind or water wrinkle, Dipping marten, plumping trout, / Spreads in a twinkle, And blots all out. / See the rings pursue each other; / All below grows black as night, / Just as if mother, Had blown out the light; / Patience, children, just a minute, / See the spreading circles die; / The stream and all in it, Will clear by-and-by."

369) Emma Miao, etry Society — the lake is enough to blind you (3rd Place in Artlyst Ekphrastic Challenge. July 2020). Emma Miao is a writer and editor from Vancouver, Canada. Her work is published in Gulf Coast, Frontier Poetry, Quarterly West, Atlanta Review, Cincinnati Review, Diode Poetry Journal, Permafrost, HOBART, and Subnivean. She is the founder and Editor-in-Chief of Surging Tide, a literary journal and nonprofit organization that uplifts and celebrates genre-defying, experimental art.

370) Emma Miao, The Lake Is Enough To Blind You: "It is an old story. Girls, perched on banks, shedding masks onto the moonlit pebbles. They are giggling, brushing white flecks off their noses. The myth tells them to drag fingers into the lake, lick the ripple, splash dirty off their mishaven legs. Mother warned of wolves nuzzling by their feet. But water makes them submissive. Let the dragonflies and stained reeds whisper things that never happened. Let the rolling waves smooth their palms half-cast and forgotten by the bayside. They wade into the shallows, black manes haloing their bodies. A mist settles; their crested reflections blur into mosaics. Remember hands pressing into waists. Remember sighs dancing on lips. When the fog lifts, the girls are gone."

371) 太宗實錄 十四卷: 太宗七年十一月二十一日辛未: "命置無咎于驪興, 無疾于大丘. 驪興府院君 閔霽請放二子遠地, 從之." 上謂代言尹思修曰: "驪江, 驪城, 置之外方, 爲兩親也, 非爲彼也. 彼有兩親, 年深且病, 故予置無咎于近地. 若其親有疾, 則可於一日召之侍藥. 前日臺諫章疏, 皆請置二人於法, 其意豈謂予殺無咎等哉? 正欲置之遠地耳. 故予對曰: 勿忙也."

372) 이경우, 열섬 대구를 녹색 공원도시로 만든 행동대장, 경북매일, 2022. 5. 31.: "강수가 범람하면 침수하는 지역으로 건물은 지을 수 없는 곳이다. 역사적으로 태종 이방원의 처남 민무질이 대구에 유배 와서 11개월 정도 머문 적이 있다고 한다, 명시하진 않았지만 '섬'이었다고 하니 하중도일 수도 있고 그 후손도 있을 것이다."

373) 당시 유배의 종류에서는 i) 본향안치(本鄕安置), ii) 중도부처(中途付處), iii) 주군안치(州郡安置), iv) 절도안치(絶島安置), v) 위리안치(圍籬安置)가 있었음.

374) 민무질(閔無疾), 한국민족문화대백과사전: "… 조선 시대 태종 때 1407년 7월 왕실옥이 발생한 지 2일 후 민무질을 장단(長湍)에 송치하고, 19일 후 공신녹권(功臣錄券)을 환수하여 서인(庶人)으로 삼고 다시 대구에 유배시켰다. 민제가 죽고 한 달이 지난 1408년 10월 그들의 죄를 비난하는 교서를 반포하고 곧 삼척진(三陟鎭)에 옮겨졌다."

375) 이정웅, [기고] 금호강 르네상스 계획에 대한 몇 가지 제언, 영남일보, 2022. 10. 3.: "… 여섯째, 금호강 하중도를 국제적인 꽃 정원을 만들고 조선 초 태종의 처남이자 성군 세종의 외삼촌 민무질의 유배지라는 사실을 스토리텔링하자 …."

376) 太宗實錄十六卷, 太宗八年十一月十九日: "癸亥/司諫院請大丘縣令玉沽之罪, 不允. 疏曰: 國家設臺諫, 以糾庶官, 故臺諫移文, 庶官汲汲奉行, 乃可以立紀綱而成事功也. 曩者, 亂賊閔無疾, 在付處之所, 不悛其惡, 交結雜人, 又娶土人曹得時之女, 恣行不法. 本院移文監司, 以覈其狀, 差使員大丘縣令玉沽, 黨附亂賊, 不卽奉行, 及至再三移文催督, 勢不獲已, 乃微報其狀. 其他往來交結者, 已曾蒙宥, 若玉沽不遵邦憲, 輕慢所司之罪, 不可不懲. 請下攸司, 痛懲其罪, 以戒後來. 上召正言朴安臣傳曰: 無咎無疾付處之所, 守令往來相見者及關於閔氏之事, 已掃除之矣, 其勿復論."

377) Henry David Thoreau, Walden or Life in the Woods, Ticknor and Fields: Boston, August 9, 1854: "The time given to us is not forever. There is no old age or youth in the balance of time. Time once passed cannot be brought back. Don't let the moment pass in vain. We must strive to live a full life every day. You have to take care of your own life. Live freely without being tied down anywhere. To do so, I am leaving for Walden Pond this evening."

378) 皇甫謐, 高士傳: "由不欲聞之 洗耳於潁水之濱 …. 堯欲召我爲九州長, 惡聞其聲, 是故洗耳 …. 子若處高岸深谷, 人道不通, 誰能見子. 子故浮游, 欲聞求其名譽, 汚吾犢口."

379) John 13:10: "Jesus answered, 'Those who have had a bath need only to wash their feet; their whole body is clean. And you are clean, though not every one of you.' For he knew who was going to betray him, and that was why he said not every one was clean."

380) 구본욱(具本旭. 대구학회 회장), 2023. 10. 27. 대구의 노정(소유정)에 대하여, 팔거역사연구회, 칠곡향교(2층 대강당): "16~17세기 대구 선비의 뱃놀이 물길로는 1) 압로정(혹은 소유정)-세심정(연경서원 혹은 서계서원), 2) 다사(이강서원)-사수(사양정사)-세심정(연경서원 혹은 서계서원), 3) 세심정(연경서원 혹은 서계서원)-다사(이강서원)-강정(부강정), 4) 압로정(혹은 서유정)-세심정(연경서원 혹은 서계서원)-사양정사-이강서원-강정(부강정)-하목정(霞鶩亭)이란 장기노선까지 있었다."

381) 李白, 行路難之三: "有耳莫洗潁川水, 有口莫食首陽蕨. 含光混世貴無名, 何用孤高比雲月. 吾觀自古賢達人, 功成不退皆殞身. 子胥旣棄吳江上, 屈原終投湘水濱. 陸機雄才豈自保, 李斯稅駕苦不早. 華亭鶴唳詎可聞, 上蔡蒼鷹何足道. 君不見吳中張翰稱達生, 秋風忽憶江東行. 且樂生前一杯酒, 何須身後千載名."

382) 司馬退之, 玄宗開元間道士. 生平事迹見『唐詩紀事』卷二三. 目前有記載的詩詞在『全唐詩』中存在一首. 司馬退之的詩詞全集.

383) 司馬退之(唐玄宗), 唐詩, 洗心: "不踐名利道, 始覺塵土腥. 不味稻粱食, 始覺精神淸. 羅浮奔走外, 日月无短明. 山瘦松亦勁, 鶴老飛更輕. 逍遙此中客, 翠發皆長生. 草木多古色, 鷄犬无新聲. 君有出俗志, 不貪英雄名. 傲然脫冠帶, 改換人間情. 去矣丹霄路, 向曉云冥冥."

384) 讀睡詩社: "暮鼓晨鐘催雁陣, 飛云幻海洗禪心. 紅塵一夢身爲客, 月下淸風撫素琴."

385) 黃道周(1585~1646), 洗心詩: "塵垢辭虞夏, 波瀾長布衣. 花溪垂竹叶, 砧杵靖柴扉. 已信天无夢, 但聞雪卽非. 開眸靑浩浩, 不共軟云歸."

386) 거북·황소·물개바위 등 대구 사연 있는 바위 스토리, 영남일보, 2020. 9. 10.: "신천내 칠성시장~경대교 물개 바위, 대봉교 인근 황소바위, 상동교 인근 거북바위, '헉!' 저 바위 3개가 4억 2천만원 대구의 한 기업가가 기부했다는데 …."

387) 양덕모, 신천 속 바위돌의 풍수 이야기, 대구일보, 2010. 8. 24.

388) 李象靖, 大山集, 四十四卷, 二十五, 鼉淵書堂記(1776), 丙戌: "公山之一支南走八九里, 絶爲巖壁, 面皆粉白, 高十數丈. 水出龍門, 循山而下, 至巖之陰而爲鼉淵, 兩旁巨石橫臥如籠然. 水瀉其中, 潔淸紺寒, 在一壑最爲奇處. 水聲喧, 咫尺不辨人語, 淵之得名以此. 東行十數武, 又南折爲鼓淵, 巨石橫峙, 飛瀑駕空, 噴洩泡沫, 白日霧雷交騰. 水上下數百步之間, 科而成淵者凡九曲, 鼉淵正當 …."

389) 1930년 대홍수와 1980년 화재로 소실되어 1981년 복원되었다. 농연서당(鼉淵書堂)은 정면 5칸, 측면 5칸 홑처마 팔작지붕의 건물로 방 2칸, 대청 2칸, 반 칸 툇간의 구조에 돌담과 1칸의 평대문이었다.

390) 禮記(中庸): "有弗學, 學之弗能弗措也 ; 有弗問, 問之弗知弗措也; 有弗思, 思之弗得 弗措也; 有弗辨, 辨之弗明弗措也; 有弗行, 行之弗篤弗措也. 人一能之, 己百之 …."

391) 中庸: "有弗學學之弗能, 弗措也. 有弗問, 問之弗知, 弗措也. 有弗思, 弗措也. 有弗辨, 弗措也. 有弗行, 行之弗, 篤弗措也. 人一能之己百之. 人十能之, 己千之."

392) 崔興源, 百弗菴集, 十六歲在八公山寶齋寺: "八公山下一庵雄, 畵閣歸然上碧穹. 落葉盡堆峯似瘠, 懸流爭瀉壑如礱. 從敎物外新盟定, 都要塵間舊染空. 最是靈區無限意, 數聲鳴鶴九天通."

393) 百弗庵 崔興源(1705~1786) 百弗菴集, 梅花詩: "歲歲寒葩發古枝, 生生物理最堪奇. 斯人何獨無斯理, 孤露傷心涕自垂."

394) 崔興源, 百弗菴集, 紫荊詩: "夜來風不吹, 紫荊應葆英. 何事庭前樹, 枯稾不欲榮. 自愧心力薄, 培養未以誠."

395) 崔興源, 百弗菴集, 鼉淵詩: "身世徒然一草廬, 意中惟有古琴書. 何時出此塵寰外, 走入公山水石居."

396) 慶州崔氏臺岩公派 世譜(拔萃): 一世 崔鄲(兵曹判書), 二世 在田(梁山郡守 贈戶曹參議), 三世 孟淵(生員 孟山縣監), 四世 瀚(漢城參軍), 五世 自河(繕工監 監役), 六世 海(萬戶), 七世 宗沃(字 啓心 司憲府監察), 八世 誠(字 士訓 號 台洞 萬頃縣令 贈兵曹參判), 九世 東巢(巢字 鎭仲 號 臺巖 大君師傅), 十世 衛南(字 子城 生員), 十一世 慶涵(字 君養 宣敎郞), 十二世 壽學(字 德叟 司憲府監察), 十三世 鼎錫 字 禹瑞 通德郞), 十四世 興遠(百弗菴 先生, 初諱는 興源 字 汝浩), 十五世 周鎭, 十六世 湜, 十七世 孝述(都正), 十八世 命德 命愚.

397) 崔孝述, 止軒先生文集(15卷), 鼉淵九曲: 木版本(試驗板) / 國譯 止軒先生文集 乾坤(1,036面), 慶州崔氏漆溪派宗中, 2002 延世大學校圖書館 所藏中: "一曲粉巖立洞門, 風烟已占別乾坤. 尋眞小路兹邱始, 對坐澄潭擧一樽 …. 九曲龍門勢欲開, 春風和氣靄然來. 源頭活水淸如許, 深造方知本地恢."

398) 농연구곡시, 디지털대구동구문화대전(daegudonggu.grandculture.net), 2023. 3. 17.

399) 高麗史, 卷五十七, 地理禮州: "禮州本高句麗于尸郡 新羅景德王 改爲有隣郡 … 忠宣王二年 汰諸牧 改爲寧海府 別號丹陽「成廟所定」有觀魚臺 屬府一郡三 縣二 …." / 新增東國輿地勝覽, 卷 24, 慶尙道 寧海都護府 樓臺 觀魚臺: "在府東七里, 李穡賦序, 觀魚臺在寧海府, 臨東海, 石岩下游魚可數 故以名之 …."

400) 李穡, 牧隱詩藁, 卷之一, 觀魚臺小賦(全文): "觀魚臺在寧海府, 臨東海, 石崖下游魚可數, 故以名之. 府吾外家也, 爲作小賦, 庶幾傳之中原耳. 丹陽東岸, 日本西涯, 洪濤淼淼, 莫知其他. 其動也如山之頹, 其靜也如鏡之磨. 風伯之所秉鑰, 海若之所室家. 長鯨群戲而勢搖大空, 鷟鳥孤飛而影接落霞. 有臺俯焉, 目中無地. 上有一天, 下有一水. 茫茫其間, 千里萬里. 惟臺之下, 波伏不起. 俯見群魚, 有同有異, 圉圉洋洋, 各得其志. 任公之餌夸矣, 非吾之所敢擬; 太公之釣直矣, 非吾之所冀. 嗟夫我人, 萬物之靈. 忘吾形以樂其樂, 樂其樂以歿吾寧. 物我一心, 古今一理. 孰口腹之營營, 而甘君子之所棄. 慨文王之旣歿, 想於牣難狀使夫子而乘桴, 亦必有樂于此. 惟魚躍之斷章, 迺中庸之大旨, 庶沈潛以終身, 幸摳衣於子思子. 予年十七歲, 赴東堂賦和氏璧, 二十一歲, 入燕都國學月課, 吳伯尙先生賞予賦, 每日可敎. 旣歸, 赴癸巳東堂賦黃河, 鄕試賦「琬圭」, 會試賦「九章」, 今皆不錄. 非古文也, 非吾志也, 非吾志而出身於此, 非此無階於榮養耳. 嗚呼悲哉."

401) 徐居正, 四佳詩集 第一卷, 賦類, 後觀魚臺賦: "戊戌孟冬有日, 達城子與客遊於觀魚之臺之上. 臺在丹陽海岸, 勢甚斗絶, 去天一握, 俯臨無地, 天水相連, 上下一色. 渺乎不知其幾千萬里, 而非涯渣之可觀也. 予方凌汗漫. 超鴻濛, 發豪嘯, 吐霓虹, 杯視東溟, 而天下已小於目中矣 …."

402) 鄭子産, 百度百科: "鄭子産是春秋時期鄭國的政治家. 『鄭子産相國』反映出子産在內政, 外交方面的政治智慧, 特別是作爲一个政治家所具有的開明風度, 表現出一个称職的執政者的知人善任, 集思广益, 以及如何 愛人 方面的明智和賢達. 子産的言論, 始終閃耀着思想的光輝. 鄭人游于 鄕校, 以論執政. 然明謂子産曰: 毁鄕校, 何如? 子産曰: 何爲? 夫人朝夕退而游焉, 以議執政之善否. 其所善者, 吾則行之, 其所惡者, 吾則改之, 是吾師也. 若之何毁之? 我聞忠善以損怨, 不聞作威以防怨. 豈不遽止? 然猶防川: 大決所犯. 傷人必多, 吾不克救也, 不如小決使道, 不如吾聞而藥之也." 然明 曰: "蔑也, 今而后知吾子之信可事也. 小人實不才. 若果行此, 其鄭國實賴之. 豈唯二三臣?"仲尼(18) 聞是語也, 曰: "以是觀之, 人謂子産不仁, 吾不信也."

403) 徐居正, 四佳詩集卷一 後觀魚臺賦: "惟斯道旦萬古而如一, 嗟予生之眇末兮聞道晚, 而然旣樂古人之樂兮. 當與古人而同歸. 鄭子鬢分燕尾. 喜深雀躍, 洗盞更酌, 浮我以白, 相與援北斗而夷猶兮. 待東方之月出."

404) 金宗直(1431~1492), 佔畢齋文集, 第一卷: "觀魚臺賦:肅承符于玉帳兮, 東將窮乎海涯. 紛羽檄之交午兮. 余安能以恤他. 懼壯事與老謀兮. 泊日月以消磨. 吻禮州之闔閭兮. 聊延佇於前修之故家. 有臺巉屼于厥傍兮. 襯赤城之晨霞. 從二客以指點兮. 怳不知身之憑灝氣而躡茲地也. 蒙莊奚詫於知魚. 鄒孟敢稱於觀水. 倚危磴而遐矚兮. 渺雲濤其幾里. 少焉颺母不翔. 鹽煙遙起, 海市如掃. 光景欻異. 劃長嘯以俯窺兮. 群魚撥剌以悅志. 寋族戲而隊游兮. 匪盧寸滻潏之可擬. 凌通派以喁喁兮. 縱網擉兮奚冀, 或掉鬐而奮鱗兮. 吾恐風雷變化以通靈. 攀虯枝而太息兮. 感物類之咸寧. 竝鳶飛以取譬兮. 孰聽瑩於至理. 斯太極之參于前兮. 矢佩服而勿棄, 眷二客之脩騫兮. 忽有得於瞻跂. 崇羽觴以相屬兮. 悟一本之在此. 酹牧翁而詠姱辭兮. 若飽飫於珍旨, 肝膽非楚越之遙兮. 願同歸於明誠之君子.'

405) 大明一統志, 卷二十三, 觀魚臺:"位於中國鄂大縣, 城北十三里. 魯國之恩公娜拉是釣到魚的. 北面還有武唐亭, 杜預說是恩公, 和鉤相遇的地方."

406) 春秋左氏傳 隱公 五年春: "公矢魚於棠者 …. 五年春,公將如棠觀魚者, 張僖伯諫曰 …."

407) 高麗史, 世家 卷十四: "睿宗庚子十四年八月戊戌日行大同江登舟觀魚 …. 禑王: 京師四月丙朔雨雹禑觀魚於海豐郡重房池裸而抱魚."

408) 中庸, 第十二章, 夫婦之愚章: "君子之道費而隱, 夫婦之愚可以與知焉 及其至也雖聖人亦有所不知焉. 夫婦之不肖可以能行焉. 及其至也雖聖人亦有所不能焉. 天地之大也人猶有所憾. 故君子語大天下莫能載焉語小天下莫能破焉. 詩云鳶飛戾天魚躍于淵, 言其上下察也. 君子之道造端乎夫婦 及其至也察乎天地. 君子 依乎中庸 遯世不見知而不悔唯聖者能之."

409) 李萬運, 默軒先生文集, 遊觀魚臺記: "泗邊在觀魚臺, 絕壁臨江, 岩上聳立, 於絕壁上. 頭上是天, 脚下池塘. 佛把廣闊田野和遠山. 景色握手中 … 過此人, 嚮往臺得指著. 似香持今."

410) 1936년 이수각(李壽珏)이 증보 간행한 「칠곡지(漆谷誌)」 4卷 2冊, 권두에 壬辰(1832) 李天永, 壬辰(1832) 李以鼎, 柔兆困敦(1936) 李壽珏의 序가 있고, 권말에 壬辰(1832) 鄭光述, 柔兆困敦(1936) 裵錫采, 丙子(1936) 李敦燁의 跋이 있다.

411) 정익동(鄭翊東, 1735~1795) 자는 맹양(孟陽), 호는 겸재(謙齋)이다. 본관은 동래(東萊)이다. 고조부는 정희상(鄭姬相)이고, 증조부는 정시걸(鄭時杰)이며, 조부는 정은필(鄭殷弼)이고, 부친은 정유점(鄭惟漸)이다. 육경사자(六經四子)에 정통하고 특히 책문(策文)에 능하여 네 차례나 향시에 합격하였다. 백불암(百弗庵) 최흥원(崔興遠: 1705~1786)의 문하에서 수학하였다. 당대의 명사와 두루 교유하며 학문을 독실히 행하고 후진을 양성하며 효제충신과 예의염치 등을 권장하였다. 시문집 『겸재집(謙齋集)』은 1914년에 손자 정숭진(鄭嵩鎭)이 간행하였으며, 목활자본이다.

412) 李以鼎外, 漆谷志, 題詠 鄭翊東: "觀魚臺: 先生遺跡此江潯, 千古傳心有寶琴. 傍人莫道瑤絃絕, 山水峩洋是大音."

413) 淸代陳昌治刻本, [說文解字] 姓 [卷十二] [女部] 姓是人所生也. 古之神聖母, 感天而生子, 故稱天子. 從女從生, 生亦聲."

414) 春秋左傳, 隱公八年: "… 無駭卒, 羽父請謚與族, 公問族於衆仲, 衆仲對曰, 天子建德, 因生以賜姓, 胙之土而命之氏, 諸侯以字, 爲謚, 因以爲族, 官有世功, 則有官族, 邑亦如之, 公命以字爲展氏."

415) 春秋雜類: "姓與氏之分, 姓是本原所生, 氏是子孫下各分. 如商姓子, 其後有宋, 宋又有華氏
魚氏孔氏之類. 周自黃帝以來姓姬, 其後魯衛毛聃晉鄭之屬, 各自以國爲氏, 而其國之子孫
又皆以字爲氏 …. 左氏曰:「天子因生以賜姓, 諸侯以字爲諡, 因以爲族.」天子自因生以賜姓,
爲推其所自出而賜之姓."

416) 宣祖實錄 第一六五卷, 宣祖三十六年八月十三日丙申: "根壽曰: 世傳淸州 韓氏, 乃箕子之後
也. 上曰: 何故? 永慶曰: 有馬韓, 辰韓, 弁韓, 爲三韓國號, 故指韓爲箕子之後. 根壽曰: 孔哥,
印哥, 鮮于哥, 皆是箕子之後. 蓋箕子之少子, 封於于, 故謂之鮮于. 古詩有云: 箕子枝裔多髯
翁. 蓋指單于樞也. 暉曰: 平安道 鮮于哥, 相傳爲箕子殿參奉云. 上曰: 有一天使, 見箕子墓
曰: 此逆葬也. 汝國必無箕子子孫矣. 永慶曰: 此則風水之說也."

417) 英祖實錄, 卷一百四, 英祖四十年十月十九日丁酉: "丁酉/上行晝講. 憲府 [執義柳修] 申前
啓, 不允. 又啓: 譯官金慶禧爲名者, 私鑄活字, 多聚人家譜牒, 誘引鄕谷圖免軍丁之類, 冒錄
換張, 以作生計. 請令法曹, 嚴覈重繩. 允之. 諫院 [正言林德躋] 申前啓, 不允. 又啓請預行署
經於詞訟之初, 及除守令, 則卽令辭朝, 以除夫馬遲待之弊, 上命廟堂覆奏, 後竟不施. 又請
紏以言被罪者, 上責諭之.

418) 正祖實錄, 二十三卷, 正祖十一年四月二十七日甲子: "… 甲子 司諫李師濂新啓十五事. 其
一, 言近來朝象潰裂, 士風委靡, 其挽回矜式之道, 惟在於林下讀書之士. 請加殊禮, 期於必
致 …. 其十四, 言奸民之托名顯譜, 圖免軍役者, 比比有之. 請嚴禁. 其十五, 請愼擇守令, 嚴
明殿最. 竝賜優批, 令各該司稟處, 仍敎曰: 爾於娭婣之世, 不循俗套, 一番詣臺, 輒有袖草,
前後殆近百. 其心, 可尙也. 遂以師濂, 超拜承旨."

419) 正祖實錄, 卷三十二卷, 正祖十五年一月二十二日丁酉: "民人朴弼寬擊鼓, 請禁吏民之結契,
常賤之僞譜, 屠牛無節, 生松濫斫. 又言豪右兼幷之弊, 請奴婢無過三十口, 庄土無過三十
結, 軍人收布無過二十尺."

420) 郡望卽地望, 郡姓. '郡望' 一詞, 是 '郡' 与 '望' 的合称. '郡' 是行政區划, '望' 是名門望族, '郡望' 連
用, 卽表示某一地域或范圍內的名門大族. 地望, 卽姓氏古籍中常用的 '郡望', 指魏晉南北朝至
隋唐時每郡顯貴的家族, 意思是世居某郡爲当地所仰望, 幷以此而別于其他的同姓族人. 歷
代的姓氏書中, 其中有一類是以論地望爲主(如唐代柳芳的 『氏族論』 和南朝劉孝標的 『世說新
語』). '百家姓' 刻本, 也往往在每个姓氏前面注明了 '郡望'. 如隋唐時期, 在我國北方形成的 '四
大郡望': 范陽(今北京至河北省保定一帶)盧氏, 淸河(今河北省淸河一帶)崔氏, 榮陽鄭氏(今河南省鄭
州一帶), 太原(今山西省太原一帶)王氏. 『新唐書·柳中傳』 所載的柳芳 『氏族論』: 郡姓者, 以中國士
人門第閥閱爲之. 制: 凡四世有三公者曰膏粱, 有令仆者爲華腴, 尙書, 領護而上者爲甲姓, 九卿
若方伯者爲乙姓, 散騎常侍, 太中大夫者爲丙姓, 吏部正員郞爲丁姓. 凡得入者, 謂之四姓.

421) 신라 초기엔 위화군(渭火郡) 또는 상촌창군(上村昌郡)이었는데, 통일 신라 시대 경덕왕 때 수창군
(壽昌郡)으로 바뀌었으며, 가창(嘉昌)으로 기록된 곳도 있다. 고려 초에 수성군(壽城郡)으로 바뀌었
고, 1018년(현종 9)에 수성군사(壽城郡司)로서 경주에 속했다가 1390년(공양왕 2)에 해안현(解顔縣)
을 겸하여 감무(監務)를 두었다. 1394년(태조 3)에 대구 겸관으로 삼았다가 1414년(태종 14)에 다시
대구에 합속(合屬)되었으며, 1419년에 수성현사(水城縣司)로 대구임내(大邱任內)에 속하게 되었다.

422) 『국역 대구부읍지』(1899), 대구광역시·경북대학교영남문화연구원, 2016, 11면

423) 牧隱薰, 牧隱文稿 卷9 序: "周官六翼序: 我東方國於唐堯戊辰歲 世理世亂 分爲三國 至于 大祖受天明命 始克一之四百有餘年矣 …."

424) 周官六翼(しゅうかんろくよく): 世界大百科事典, 株式會社平凡社世界大百科事典 第 2版: "[東國輿地勝覽]より, … 全國總図と各道地図を掲げ, 中國の『大明一統志』の影響をうけ て, 朝鮮全土の郡縣ごとに建置沿革, 屬縣, 郡名, 姓氏, 風俗, 形勝, 山川, 土産, 城郭, 燧燧, 學校, 驛院, 樓亭, 橋梁, 仏宇, 祠廟, 陵墓, 古跡, 名宦, 人物, 題詠などの項目に分けて記述. 『周官六翼』など, 本書編纂当時に存在してその後失われた書籍も引用し, 15~16世紀朝鮮 の研究に不可欠の史料である. 朝鮮地誌の代表作として評価が高く, 後代の地誌·地方誌 (邑誌)に大きな影響を与えた."

425) 新增東國輿地勝覽(1530), 卷二十六, 大丘都護府 大丘郡: "姓氏: 本府白夏裵徐李都來. 河 濱申李宋, 壽城賓羅曹秬(禾无山)周官六翼, 壽城古有三城, 壽大郡一名壤城其姓賓. 句具 城羅, 仍助伊城其姓曺秬. 柳張崔申劉高鄭芮陳金李並來. 海安牟白河申丁. 六翼亦云省火 城牟, 無價城申, 佛坐城白, 河鳴城丁. 諸秦朴竝來韓續資已金續"

426) 최흥원(崔興源)에 있어 동명이인으로 최흥원(崔興源, 1529~1603)은 서애(西厓) 유성룡(柳成龍)의 파직 으로 영의정이 되었던 인물로 호가 송천(松泉) 시호가 충정(忠貞)과 혼동하기 쉬우며, 백불암 (百弗庵) 최흥원(崔興遠, 1705~1786)는 경주 최씨 대암공파로 옻골을 세거지로 살았던 지역학 자였다.

427) 『공천집(孔川集)』: 조선 후기 학자 배영의 시문집, 현재 인수문고 소장. 시 20수, 서(書) 1편, 잡저 4편, 권2에 문(文) 1편, 설 5편, 권3은 부록으로 도유정장(道儒呈狀) 1편, 예조입안문(禮曹立案 文) 1편, 예조관문(禮曹關文) 1편, 삼강록(三綱錄) 1편, 가장 1편, 행장 1편 등이 수록, 시 「제유 훈후(題遺訓後)」엔 살아계실 때 효도하지 못하고 돌아가신 후에 후회 … 잡저 '유훈(遺訓)' 계획 을 세우고 행동하는 게 성사에 가장 현명한 방법론, 여유 있는 행동으로 차근차근 하는 습관화 가 배움에 크게 좌우됨.

428) 세종 때 전 상호군(上護軍) i) 서침(徐忱)은 무인으로 세종 15년 4월 26일에 우의정 최윤덕이 전 상호군 서침 등 62명의 출정한 장수 위로연을 배풀었다는 기록에 등장하고 있다. 일반적으로 고려 울진현령(蔚珍縣令)은 목민심서 율기편에 나오는 서침(徐忱)은 "질솔하게 민정을 살펴 백 성을 기쁘게 했다(簡其騶率 溫其顏色 以詢以訪 則民無不悅矣)." 선정의 귀감이 되고 있다. ii) 이 와 달리 대구 출신 서침(徐沈 혹은 徐沉)은 자(子)는 성묵(聖默) 호(湖)는 구계(龜溪)이며, 정몽주 (정몽주, 1337~1392)의 문하생, 1433년 첨지중추원사, 1434년 전라처치사(全羅處置使), 삼남 균전제처사(三南均田制處事), 조봉대부 전의소감(典醫少監)을 역임했음. 가계로는 부(父)는 서 균형(徐均衡), 모(母)는 승동정(丞同正) 이영유(李永儒)의 딸이었다.

429) 대구학회 구본욱(具本旭) 회장님 등의 일부 향토사가들은 "현재 신명여고 아래 옛 구암서원이 있었던 곳이다."라고 함.

430) 世宗實錄, 一冊一卷, 世宗元年九月二十八日: "… 慶尙道 大丘郡地震."

431) 世宗實錄, 第十一冊 三十四卷, 世宗八年十二月二十四日癸未: "… 兆陽鎭僉節制使安從廉, 延山都護府使徐沈, 知德川郡事金賢佐, 定寧縣令池浩, 珍城縣監宋臺等辭, 上引見曰: 百姓近因水旱, 不聊其生, 予甚軫慮, 尙未能回天之意, 又不能親治其民, 分憂差遣, 爾其體予至懷, 勸農賑濟, 還上分給等事, 刻意圖之, 使民免於飢死. 從廉曰: 臣多年侍衛, 未知外方之事. 今也初授兩件重任, 自除授之日, 常以不堪其職爲懼. 上曰: 以此存心, 其職擧矣."

432) 世宗實錄, 第二十四冊 七十七卷, 世宗十九年四月十九日: "… 初, 僉知中樞院事徐沈未受春孟月祿, 出爲寧海府使, 議政府以年老不宜牧民之任, 啓請罷之. 沈將赴任, 在道聞之, 遂歸星州私第, 使其壻南宮石上言: 未受中樞之祿而赴任, 乞賜未受之祿. 上不允. 憲府聞之, 移文劾之, 答曰: 中樞猶未遞差, 且前年之歉, 星州尤甚, 無以爲生, 故女壻乃上言也. 憲司啓曰: 沈別無才德, 官至堂上, 宜益謹愼, 而見代之後, 欲追受祿, 冒濫上言, 其貪汚無恥, 染穢士風, 莫此爲甚, 請置於法. 上不允. 至是, 持平河孝明啓曰: 沈擊鼓上言, 欲違法受祿, 其罪匪輕. 前日啓請治罪, 未蒙兪允, 臣等缺望, 近者又有余德潤, 京畿經歷見罷後, 亦以受祿擊鼓. 士風不美如此, 不可不懲, 以戒後來. 上不允曰: 堂上官, 何可以此小事罪之? 孝明又啓曰: 旣爲堂上, 而無廉恥, 尤當懲之. 且以受祿擊鼓, 乃胥史賤隸及向化人所爲, 豈以堂上官, 敢爲此事? 朝士貪陋成風, 職此之由. 此厥不罪, 弊將莫救, 伏請罷之. 上又不允."

433) 서거정(徐居正, 1420~1488)은 인천 서씨에서 분파된 달성군(達城君) 서주행(徐周行)의 10세손으로 어머니는 권근의 딸이었기에 어릴 때는 외갓집 경기도 임진현(경기도 임진현)에서 성장, 사가정(四佳亭)이란 호에서 사가(四佳: 매화, 대나무, 연꽃 및 해당화)라는 임진강변의 지명에 연유, 서울 사가정역, 몽촌토성의 사가정길이 현존하고, 사관지(賜貫地) 달성군(達城君)으로 봉직받았기에 고향을 대구로 생각하고, 세종~성종까지 6명의 군왕을 45년간 섬겼음. 4개 대과를 장원한 천재 가운데 천재로 유명하고, 8세부터 5보 시를 작성했던 신동에서 6,400여 수 이상의 이백두보를 능가하는 대시성이며, 『경국대전』, 『동국여지승람』, 『동문선』 등을 저서한 대문장가였음. 과거 시험관으로 대구 출신 과거자에게 관심을 표명했음. 수양대군과 친밀하여 20세에 명나라 사신으로 갔다 왔으며, 후예를 양성하지 않았다는 '좁은 그릇(狹器)'을 평가하기도 함.

434) 袁枚, 隨園隨筆: "書院之名, 起于唐玄宗之時, 麗正書院, 集賢書院皆建于省外, 爲修書之地."

435) 書院, 百度百科: "書院是中國古代教育机构, 最早出現在唐玄宗時期, 東都洛陽紫微城的麗正書院. 正式的教育制度則是由朱熹創立, 發展于宋代."

436) 世宗實錄 2卷, 世宗卽位年 11月 3日 己酉: "上諭中外臣寮曰: 惟我父王纘承太祖之業, 立經陳紀, 爲萬世法, 深仁厚澤, 洽于民心 … 且鄕校生徒, 雖有志學者, 所在守令, 如損分書役, 應對賓客等事, 無時使喚, 以致廢業, 自今一禁, 其有儒士私置書院, 教誨生徒者, 啓聞褒賞 …."

437) 世宗實錄 86卷, 世宗 21年 9月 29日 甲戌: "初, 兼成均注簿宋乙開上書, 請令各官學校明立學令, 命下禮曹, 與成均館議之. 成均館議曰: 謹按朱文公 淳熙間在南康, 請于朝, 作白鹿洞書院, 爲學規." 其略曰: "父子有親, 君臣有義, 夫婦有別, 長幼有序, 朋友有信 … 成均四部學堂以至鄕校, 皆以『小學』爲學令." 命令議政府諸曹及藝文館春秋館集賢殿同議以聞. 議政府僉議啓曰: "『小學』乃天下萬世所共尊仰之書, 稱爲學令不可, 請勿擧行. 從之."

438) 李滉, 退溪先生文集 卷四, 書院十詠, 畵巖書院 大丘: "畵巖形勝畵難成, 立院相招誦六經.

從此佇聞明道術, 可無呼寐得群醒."

439) 秋適, 明心寶鑑, 孝行篇: "孝爲百行之源也. 人得養生喪葬之宜, 以盡事親之道, 然後可謂孝也."

440) 조선왕조실록 5회 요약: 1. 선조실록 36권, 선조 26년 3월 21일 병자 2번째 기사 / 비변사 당상을 인견하고 군량 수송, 명군의 진격, 호남의 방어 등을 논의하다. 2. 선조실록 41권, 선조 26년 8월 30일 신해 9번째 기사 / 영의정 최흥원이 서울에 머물고 있는 왜적에 대한 조처를 요청하다. 3. 선조실록 130권, 선조 33년 10월 29일 기해 4번째 기사 / 예조에서 인산의 석물에 대한 일로 아뢰다. 4. 정조실록 14권, 정조 6년 7월 15일 경술 1번째 기사 / 신하들이 힘을 합쳐 세도를 도와주기를 청하다. 5. 정조실록 15권, 정조 7년 2월 19일 경진 6번째 기사 / 영남의 선비 이광정과 전 주부 최흥원을 등용할 것을 명하다.

441) 宣祖實錄 36卷, 宣祖 26年 3月 21日: "上引見備邊司堂上 [寅城府院君 鄭澈, 領相崔興源, 左相尹斗壽, 鵝川君 李增, 兵曹判書李恒福, 吏曹參判具思孟, 戶曹參判尹自新, 昌山君 成壽益, 兵曹參判沈忠謙, 禮曹參議李瓘, 副提學李, 同副承旨李好閔, 獻納吉誨, 持平黃洛.] 曰: 近來運糧及凡事, 何樣處之? 天將頓兵不進, 此則奈何? 崔興源曰: 民力已竭, 雖催督, 而輸運甚難. 觀韓應寅書狀, 則提督欲見侍郞, 然後進兵云, 而侍郞病, 無出來之期, 劉員外亦不來, 甚可悶也."

442) 正祖實錄 15卷, 正祖 7年 2月 19日 庚辰: "… 又聞前嶺伯言: 前主簿崔興遠, 行誼不但有可稱, 捐財濟窮. 家有先公後私之庫, 隣里不知常賦, 又以鄕約勸誨之云. 旣聞之後, 豈可不錄用? 亦令該曹, 陞職調用. 此等人, 必欲見之, 申飭上來. 噫! 士貴尙志, 予豈以利祿誘之哉? 第四方之士, 知予所尙者學行, 所急者人才, 則可以知勸. 此予之志也."

443) 宣祖實錄 7卷, 宣祖 6年 12月 18日 甲子: 吏曹啓曰: "前日承傳內, 山野之間, 有操行者及已授官職者, 其中尤異者, 不次擢用事傳敎. 故書啓, 六品陞敍可當. 康陵參奉奇大鼎, 洪可臣, 禮賓寺參奉柳夢鶴, 敬陵參奉柳夢井, 生員金當弼, 幼學鄭逑啓. 傳曰: 此公事, 議大臣乎."

444) 高宗實錄 42卷 高宗 39年 2月 5日: "奉常司提調金台濟疏略: 第伏念先聖, 先賢位號之正 … 麗朝文憲公 崔沖生時, 稱以海東孔子, 文僖公 禹倬, 擧國謂之易東先生. 我朝先正臣鄭述, 則肅廟祭文, 始稱先正, 而嗣後疏請從享文廟者, 屢矣. 先正臣金尙憲則正廟有敎曰: 道學之正, 節義之高, 不獨我國之尊慕, 抑亦淸人之敬服."

445) 寒岡先生蓬山浴行錄: "萬曆丁巳七月二十日晴, 郭慶馨, 郭楊馨, 郭永禧, 郭赾, 金恪崔, 金克明, 金竂, 金中淸, 羅生員, 羅紘, 洛江, 盧世厚, 盧垓, 達城, 德山, 萬頃, 朴忠胤, 槃泉, 裴尙龍, 別son, 星州, 宋言承, 柳武龍, 李 ⇨ 李道昌, 李蘭貴, 李薰美, 李鎔, 李稑, 李倫, 李命龍, 李文雨, 李𣸪, 李善繼, 李堉, 李潤雨, 李綜, 李天封, 李塾, 李興雨, 李彦英, 鄭橚, 鄭承慶, 鄭天澍, 蔡夢硯, 崔轔, 品官, 鷄三鳴寒岡先生以肩輿發行昧爽至枝巖前乘船 蔡夢硯. 郭永禧. 李天封. 李彦英. 李潤雨. 裴尙龍. 李命龍. 柳武龍. 李蘭貴. 李塾. 鄭天澍. 等從達城伯 李𣸪入船拜辭而下朴忠胤. 李文雨. 都聖兪. 李稑. 李綜. 李倫. 金竂. 李興雨. 李道昌. 等拜辭于船頭船則道東院船也院長. 郭赾. 前期絓理於數日之內而極其精緻亦見其誠意也 …."

446) 光海君日記, 33卷, 光海 2年 9月 18日 庚申: "慶尙道 星州生員宋遠器等, 上疏曰: 臣等初聞朴而立, 具獄上聞, 私自相語曰: 我殿下之明, 其必洞燭矣. 及傳聖旨, 特以兇人爲病風妄罵, 而命釋之, 又以爲: 兇人, 年過七十, 何可訊鞫 / 夫鄭述之待命官下, 懇懇欲辨者, 惟兇謀讖記之捏, 而大臣之所請嚴鞫, 聖明之所命明覈者, 亦不過此一段, 則奉命之臣, 豈容一日遲延, 一分回護哉? 卽當爲之面詰, 面詰之後, 亦卽嚴鞫, 嚴鞫之下, 姦情莫遁, 則固宜取招上達. 而皆不能然, 顧乃致兇人於三日之程, 呼爲老儒, 溫辭慰藉, 及公庭納段之際, 元獄本案, 置而勿問, 只取其構誣之招, 支離蔓說. 此固人情之所難知者矣. 自上下燭其謊亂之招, 則疑其發於病風, 俯察其冒籍之歲, 則謂不可以施刑, 聖上矜疾衄老之意, 實出於如傷之盛德, 而其縱罪失刑者, 未必不由於前後所啓之不能以實也. 彼之作言, 旣關國犯逆, 而無驗焉, 則其可不受反坐之律乎? 『大明律』, 有七十不刑者, 據衆證定罪之條, 則先王本意, 非以爲七十則竝元罪而全赦之也. 況此人, 今年六十有一, 其姪子宗緒興緒輩, 亦不敢隱, 遂以庚戌生納直招, 則冒籍罔國之罪, 亦不可貸. 而全釋元罪, 則金石舊典, 不知將何所恃也. 俗所謂病風者, 狂惑失性, 蹈水火而不知避者也. 如此之人, 雖有罪辜, 在常憲可原, 而犯及罪逆, 則亦難全赦也. 此則不狂不惑, 不蹈水火, 而妖言悖說, 極其兇慘, 臣等竊恐在王法, 有所罔赦者也. 然則今之所當必覈者, 非讖記之說, 今之所當必問者, 非密告之言乎? 其或諱或唱, 反覆難測之狀, 亦不可以不詰也." 答曰: "此事朝廷旣已參酌處置. 爾等抗此迫脅之章, 將欲必行己志, 或有後弊也. 宜安分守靜, 自修其身."

447) 太宗實錄 27卷, 太宗 14年 6月 1日 王寅: "前參贊議政府事李文和卒. 文和 仁州人, 典工判書, 深之子. 中庚申科第一人, 遂拜右正言, 三遷右獻納藝文應敎, 自後皆帶館職. 國初, 除左諫議大夫, 累歷華要. 以都承旨久知銓選, 小心愼密, 掌己卯生員試, 陞簽書義興三軍府事. 上卽位, 擢議政府文學, 不出政府. 六曹者十年. 再長憲府, 至是卒, 年五十七. 輟朝三日, 賻以厚, 諡恭度. 文和精敏, 有適時才, 嘗任都評議使司首領官, 京畿左道, 慶尙, 忠淸道西北面監司, 庶務修擧. 子孝仁, 孝義, 孝禮, 孝智, 孝信, 孝常."

448) 경상북도 달성군 달성면 원대동 출신의 최해윤(崔海潤, 출생몰 연도 미상)은 1924년 5월 김창숙(金昌淑)의 독립운동 자금 모집 활동을 돕고 있던 손후익(孫厚翼)을 만나 임시 정부의 활동 자금을 제공하였다. 1926년 1월에는 경상북도 유림단(儒林團)에 참가하여 군자금 모집 활동을 벌이던 이동흠(李棟欽)에게 군자금을 제공하는 등 김창숙과 곽종석(郭鍾錫)이 추진한 유림의 독립운동 자금 모집 운동에 적극 참여하였다.

449) 최고(崔杲, 1924~1988): 1924년 대구 서구 원대동 출생, 1936년(구제: 5년제) 서울 경복중 입학, 1941년 보성전문 진학, 항일학생 결사 흑백당(일본 고관 암살단) 결성해 활동, 1944년 만주에서 일경에 체포돼 국내이송, 1944년 대전지방법원 징역 5년형 선고 후 하옥, 1945년 광복으로 출옥, 1955년 문예지 '예술집단'에 단편소설 「ㅅ 부인의 엉덩이」로 등단, 1964년 대구로 귀향, 잠시 교직 생활 등 했으나 1988년 별세. 동구 신암동 선열 묘지에 안장.

450) 荀子, 勸學篇: "蓬生麻中, 不扶自直. 白沙在涅, 与之俱黑."

451) 칠곡향교지, 2020. 칠곡향교, 제4절 근현대 칠곡의 인물, 546면

452) 眞德秀, 心經附註, 敬以直內章: "朱子曰, 惺惺乃心不昏昧之謂, 只此便是敬. 今人, 說敬以整齊嚴肅言之, 固是, 然心若昏昧, 燭理不明, 雖强把捉, 豈得爲敬."

453) 창포듬 혹은 창포덤이(菖蒲山麓之堰)라고 하는 곳은 오늘날 서변동 하수종말처리장이 있는 금호강 섶으로 보고 있다.

454) 宣祖實錄 96卷, 宣祖 31年 1月 4日 庚寅: "柳成龍馳啓曰: 本月二十五日, 軍官具懷愼回自蔚山天兵與我軍, 攻打倭賊內城, 城甚堅險, 大砲不能撞破. 賊從城上孔穴, 多放鳥銃, 天兵, 我軍頗有損傷, 經理鳴金止攻. 陳遊擊乘夜, 先登攻城, 右臂中丸, 以調病事, 昨昏輿出慶州, 自朝廷似當別爲問慰. 二十五日, 天氣微陰, 昨日未末, 東風連吹, 雨勢漸多, 軍士露處原野, 極爲可慮. 軍糧則時方連續輸入."

455) 구회신(具懷愼, 1564~1634)은 본관 능성(綾城), 자 경중(敬仲) 호 계암(溪巖), 부 구대성(具大成) 모 옥천 황씨, 부인 나주 나씨(羅州羅氏)와 풍천 임씨(豊川任氏), 아들 2명(具文祥, 具仁繼), 구사(具瀉)의 8대손, 1564年 7月 18日 의성군 가음면 순호리에서 출생, 1592年 임진왜란 발발로 팔공산 의병창의, 정유재란 때 경주로 가서 도체찰사 유성룡의 군관으로 종군, 울산 서생포 도산성 전투 전황 조정보고, 전황장계가 선조실록과 징비록에 수록되었다. 전후 오늘날 북구 무태동(동서변동)에 정착, 1599年 무과급제 어모장군(禦侮將軍) 행훈련원첨정을 역임했으나 서사원(徐思遠, 1550~1615)의 선사재에 수강과 연경서원 한강(寒岡)의 심경(心經) 수강으로 문인으로 활동하다가 1643年 6月 18日 별세해서 묘소는 서변동 창포산(菖蒲山)에 있다.

456) 太宗實錄 36卷 附錄, 編修官: "春秋館敬奉王旨撰進: 監館事: 大匡輔國崇祿大夫議政府右議政領集賢殿經筵事兼判兵曹事世子傅 臣孟思誠. 同知館事: 嘉靖大夫藝文館提學集賢殿提學同知經筵事世子右賓客 臣尹淮. 嘉善大夫中軍都摠制府摠制世子左副賓客 臣申檣. 記注官: 朝散大夫直集賢殿知製教經筵檢討官 臣安止. 朝散大夫議政府舍人 臣尹烔. 朝奉大夫議政府舍人知製教 臣趙瑞康. 朝奉大夫奉常少尹 臣李塏. 記事官: 奉直郎司諫院左獻納知製教兼承文院副校理 臣安修己. 奉直郎集賢殿副校理知製 教經筵副檢討官 臣李先齊. 奉直郎司譯院判官 臣朴始生. 務功郎藝文奉教世子右副正字 臣吳愼之. 務功郎藝文奉教 臣權自弘. 通仕郎藝文待教 臣張義. 通仕郎藝文待教 臣魚孝瞻. 從仕郎藝文檢閱 臣金文起 …."

457) 正祖實錄 32卷, 正祖 15年 2月 21日 丙寅: "正壇配食三十二人: [安平大君 章昭公 瑢, 錦城大君 貞愍公 瑜, 和義君 忠景公 瓔, 漢南君 貞悼公, 永豐君 貞烈公 瑔, 判中樞院事李穰, 礪良府院君 忠愍公 宋玹壽, 禮曹判書忠莊公, 權自愼, 寧陽尉 獻愍公 鄭悰, 敦寧府判官權完, 議政府領議政忠定公 皇甫仁, 議政府左議政忠翼公 金宗瑞, 議政府右議政忠莊公 鄭苯, 吏曹判書忠貞公 閔伸, 兵曹判書趙克寬, 吏曹判書忠毅公 金文起, 都摠府都摠管忠肅公 成勝 …."

458) 有華堂記: "… 菊以堂而爲華芳, 以菊而增光, 有華有華, 俱無窮芳. 吾且以之, 名吾堂. 閼逢困敦, 重陽月下澣, 七代孫海俊謹書."

459) 純祖實錄 15卷, 純祖 12年 3月 13日 乙酉: "禮曹, 以各式年京外忠孝烈狀報政府, 分等抄啓: 忠臣旌閭秩, [報恩故副護軍李命百, 文烈公 趙憲門人, 倭變倡義守報恩, 赤巖戰死, 靑山故主簿朴文綱, 丁丑虜變從錦伯鄭世規, 死於陰竹] 孝子旌閭秩, 李顯撥, 木川故士人金壽弼, 沃溝故良人鄭時孫, 全州故閑良白行良, 尙州故士人洪道運, 金山故學生曺應邦, 安東故學生琴弘達, 故學生李漢伍, 巨濟故學生鄭游, 平山故同知趙萬吉, 平壤故士人金就義, 渭原故士人姜建恒, 安邊將校申萬和, 咸興故府使興光翼.] 烈女旌閭秩 …."

460) 도경유(都慶兪, 1596~1637)는 성주 도씨(星州都氏), 자는 내보(來甫), 호는 낙음(洛陰), 증조부

도순경(都舜卿), 조부 도흠조(都欽祖), 부는 초계군수 도원량(都元亮)이고, 형은 도응유(都應兪), 도언유(都彦兪)가 있다, 1596(선조29)년 도촌리(都村里, 달성군 다사읍 서재리) 출생, 1624(인조 2)년 사마시 합격, 1627년 5월 금오랑(金吾郞) 제수와 의금부도사가 되었다. 1628년에는 봉정대부(奉正大夫)로 승진 황해도 은율현감에 부임, 이후 장선도차사원(裝船都差使員)에 발탁, 전선(戰船)을 감독했으며, 원접사(遠接使) 김신국(金藎國, 1572~1657)과 왕명으로 황주(黃州)에 명나라 사신단을 맞이했다. 1636년(인조 14) 12월 병자호란이 일어나자 경상도관찰사 심연(沈演)의 종사관으로 합류하여 머뭇거리는 군대를 독려하기 위하여 우영군관(右營軍官) 박충겸(朴忠謙)의 목을 베며 행군을 이끌었다. 1637년 이천(利川)에 도착하여 충청병사(忠淸兵使) 이의배(李義培)의 부대와 합류하여 쌍령(雙嶺)에서 항전하였다. 1637년 패전한 뒤 유배를 가던 중에 사망하였다. 저술로는『낙음문집(洛陰文集)』6권 2책, 권두에는 정종로(鄭宗魯)의 서문과 권말에는 만각재(晩覺齋) 이동급(李東汲, 1738~1811)의 발문이 수록되어 있다.

461) 도경유에 대한 조선왕조실록: 1. 인조실록 22권, 인조 8년 5월 24일 계묘 1번째 기사 / 부원수 정충신이 유흥치의 관하인 도사 하상진에게서 항복받다. 2. 인조실록 29권, 인조 12년 2월 2일 기미 2번째 기사 / 황해도 암행어사 오전이 관리의 탐학과 치적을 아뢰다. 3. 인조실록 34권, 인조 15년 5월 21일 무자 2번째 기사 / 경상 감사의 종사관 도경유를 정배했는데 누군가에게 살해되다: "병란 때 경상 감사 심연(沈演)이 종사관 도경유(都慶兪)를 좌우 병사의 진중에 보내 전투를 독려하게 하였는데, 접전이 시작되자 도경유가 먼저 도주하여 전군을 놀라 무너졌으므로 온 도내의 사람들이 그의 살점을 먹고 싶어 합니다. 그런데 심연은 사정에 구애되어 즉시 효시(梟示)하지 않았으므로 물정이 분하게 여김이 오랠수록 더욱 격렬합니다."

462) 仁祖實錄 34卷, 仁祖 15年 5月 21日 戊子: "憲府啓曰: 兵亂時, 慶尙監司沈演, 送從事官都慶兪於左右兵使陣中, 使之督戰, 則接戰之時, 慶兪身先逃走, 以致全軍驚潰, 一道之人, 欲食其肉, 而沈演拘於私情, 不卽梟示, 物情駭憤, 久而愈激. 都慶兪請拿鞫. 上從之. 遂定配于平海郡, 行到陽智, 爲人所殺. 先是, 慶兪與陜川人朴忠謙有嫌. 及爲沈演從事官, 忠謙適在閑林管下, 慶兪稱以逗遛, 斬忠謙. 至是, 慶兪之子愼昇, 以其父之死, 出於忠謙子有吉等三人之報復, 擊錚起獄, 竟因證左不明, 累年不決. 大臣以疑獄, 不可輕斷, 遂皆釋之."

463) 우병선에 대한 선조실록을 요약하면: 1. 선조실록 55권, 선조 27년 9월 24일 기해 5번째 기사 / 군공자를 등용할 것을 명하다. 2. 선조실록 141권, 선조 34년 9월 1일 을미 3번째 기사 / 간원이 관왕묘의 일, 판돈녕 부사 이축, 위원 군수 이원에 대해 아뢰다. 3. 선조실록 141권, 선조 34년 9월 3일 정유 2번째 기사 / 간원이 관왕묘의 일, 판돈녕 부사 이축, 위원 군수 이원 등에 대해 아뢰다. 4. 선조실록 141권, 선조 34년 9월 4일 무술 2번째 기사 / 간원이 관왕묘의 일과 이축, 이원, 금산 군수 우배선 등에 대해 아뢰다. 5. 선조실록 141권, 선조 34년 9월 6일 경자 1번째 기사 / 상이『주역』을 강하고, 윤의립·김제남·윤황 등과 시국을 논하다. 6. 선조실록 149권, 선조 35년 4월 29일 경신 2번째 기사 / 지평 강주가 봉상시 정 허흔을 체차하라고 아뢰다. 7. 선조실록 164권, 선조 36년 7월 23일 정축 4번째 기사 / 폭풍우에 대한 전라좌도 수사 안위의 치계.

464) 양승복, 도심 속의 '무릉도원' 달서구 도원동, 경북일보, 2003. 3. 22.: "'우리 동네는 한마디로 자연 속의 도심이 살아 숨쉬는 무릉도원 같은 곳입니다.' 대구시 달서구 도원동사무소 홍승활(48) 동장의 동네 자랑이다 …."

465) 박민호(朴敏豪), 대구 달서구 도원동(수박골), (chungheongong.com) 가문[家門]을 빛낸 선조 [先祖] - 충헌공파: "도암공(桃菴公)의 휘는 민호(敏豪) 자는 선여(善如) 도암은 아호(雅號)이다. 밀양 박씨 규정공후 공간공(恭簡公) 휘건(楗)의 6세손이다. 선조 1년(1568년) 7월 5일 출생하여 일찍이 부모를 여의고 외가에서 자랐다. 임진왜란이 일어나자 청주에서 대구 화원현 월배면 도원촌으로 피난하여 의거하였다. 이후 국난을 좌시(坐視)할 수 없어 동지를 규압하여 의병을 일으키어 성(城)을 쌓고 방비(防備)를 공고히 하여 침범하는 왜적을 무찌르고 물리쳤으니 왜적이 감히 침범을 못 하고 퇴병하였다. 도암공은 남이 평정되자 고을의 어수선한 분위기를 쇄신하는 데 앞장서고 조약을 엄하게 하여 떠돌이 도적들을 방어하고 심심계곡 도원마을에 아름다움에 동요되어 집터를 정하고 이르기를 '지금은 도원이요 옛날은 무릉이었는데 우리 자손들이 대대로 이곳에 거주하여 부귀영화를 탐하지 말 것이며, 나의 본분을 지켜 부지런히 농사짓고 독서하며 우의를 돈독히 하는 것으로 가법(家法)을 삼을지니라.' 하고 편액을 달아 부를기를 도암이라고 스스로 경계하였다. 이 사실은 읍지에도 실려있다. 1645년 을유 5월 18일 향수 78세의 일기로 돌아가시니 임진왜란에 창의하여 세운 공로로 병조참의에 증직되었다. 도암공은 아들 넷을 두었는데, 첫째 입(岦) 둘째 몽립(夢岦) 셋째 장립(長岦) 증손(曾孫) 만적(萬迪)은 1728(영조4)년 양무원종공신록권(楊武原從功臣錄券)을 받았다.

466) 방해재(放海齋), 대구문화유산(http://www.dgch.or.kr/): 목조건물, 민도리, 정면:3칸, 측면: 1.5칸, 1946년, 대구광역시 달서구 도원동 1117, 이는 高靈 金氏(고령 김씨)의 爲先齋舍(위선재사)인데 180평 대지에 건평 13평에 방 2칸, 대청 1칸의 팔작지붕이다. 마당에 있는 碑(비)는 이곳 面長(면장)의 頌德碑(송덕비)가 있다.

467) 中嶋弘美(鮮文大 講師), 三國史記 地理志의 百濟 地名語 硏究-韓·日 地名語 比較의 觀點에서-語文硏究 제39권 제3호, 2011년 가을, p.168: "김종택(2000:19)에서 신라 지명 奴斯火 → 慈仁 및 백제 지명 奴斯只 → 儒城의 대응에서 나타나는 '奴斯'을 '눗'으로 읽어 '늪(沼)과 관련지어 논의하였는데 …."

468) 서양정사(泗陽精舍)의 명칭에 대해 한강 선생님이 내곡천을 사수(泗洙)로 칭하였기에 "사수의 북쪽에 있는 정사(泗水之北則縮曰泗陽)"였기에 자연스럽게 사양정사라고 향토사 전문가들이 설명한다. 그러나『시경(詩經)』에서 "산의 남쪽을 양으로, 물의 북쪽을 양이라고 한다(山南曰陽, 水北曰陽)."라는 구절과는 상반된 설명이다. '사수 섬 양지바른 언덕(泗洙之邊, 陽地之皐)'이라는 의미에서 왔다고도 할 수 있다.

469) 서사원(徐思遠)에 대한 조선왕조실록의 5번 기록 요지: 1. 선조실록 64권, 선조 28년 6월 11일 임자 2번째 기사 / 사간원이 관리 임용이 공정해야 함을 아뢰다. 2. 선조실록 146권, 선조 35년 2월 2일 을축 5번째 기사 / 한응인 등에게 관직을 제수하다. 3. 선조실록 184권, 선조 38년 2월 13일 정사 5번째 기사 / 비변사가 수령의 재목, 학행이 정예한 자들을 천거하다. 4. 선조실록 210권, 선조 40년 4월 2일 갑오 3번째기사 / 오백령·최유원·서사원 등에게 관직을 제수하다. 5. 숙종실록 27권, 숙종 20년 10월 18일 임자 1번째 기사 / 주강에 나아가 민진후·이여 등과 국정을 논하다.

470) 肅宗實錄 27卷, 肅宗 20年 10月 18日 壬子: "… 本不經李滉證訂, 而且以刪補爲罪, 朝議同然. 遂至毀板焚冊, 聲裕疏引鄭逑之言爲證, 而至曰: '其時有徐思遠者, 欲以是錄, 寫進東宮, 鄭逑以書止之云.' 夫逑書具存, 其書曰: 『質疑』之寫進.' 甚盛意也, 甚盛擧也. 又曰: 此書初非先生之自爲, 未必壂然無一毫未盡, 其或筵中侍講之時, 具逹而進之可矣. 聲裕則截去上下, 反其書意, 以證其言, 是則不惟誣時烈, 竝與滉·逑而誣之矣. 李德弘子孫在嶺南者, 以德弘與滉往復書, 以至於呈官, 作一鄕戰, 聲裕等誣罔之狀, 於此益著. 『心經』本是滉所表章, 爲一生用功之根基, 而其於所講論, 今無可考, 惟此 『質疑』 一書在焉. 大義雖明, 其或有支蔓疎漏之處, 實由於記者之得失, 就加刪定, 使本旨益明, 寧有所傷於尊尙滉之道哉? 今諸臣恩賜之本, 旣爲還頒, 宜以此一本, 下于兩南巡營中一處, 使之鏤板印進, 以備睿覽, 仍使其書復行於世. 上可之."

471) 용호서원(龍湖書院) 건립 시기: 영남 읍지(嶺南邑誌)와 교남지(嶠南誌)는 1708년으로, 1931년 간행된 달성군지(達城郡誌)는 1704년으로 기록함.

472) 도신수(都愼修, 1598~1650): 팔거현(북구 읍내동) 출생, 낙재(樂齋) 서사원(徐思遠)과 한강(寒岡) 정구(鄭逑)에게 수학, 1624(인조 2)년 진사시와 1627년 식년 문과 을과 급제하였다. 성균관학·학정·박사 등 역임, 참예도찰방(參禮道察訪)에서 임기 만료, 전적·형조좌랑·공청도도사 등에 임명되었으나 나가지 않았다. 이어 호조정랑·함흥판관·울산부사 등 역임, 역학(易學)을 서사원(徐思遠)으로부터 배웠으며, 성장하여서는 정구(鄭逑)의 문하에서 수학하였다.

473) 純宗實錄 3卷, 純宗 2年 1月 7日: "詔曰: 此臣之直節卓忠, 常切曠感, 輦路過此, 遺祠入望. 故文烈公 朴泰輔祠版, 遣地方官致祭." 又詔曰: "此四相臣, 當時秉執, 社稷賴安. 駕過此地, 遺祠相望, 撫念忠義, 釆切愴感. 故忠獻公 金昌集, 忠文公 李頤命,忠翼公 趙泰采,忠愍公 李健命祠版, 遣地方官致祭." 又詔曰: "六臣之危忠卓節, 上下千載, 罕有倫比. 駕過遺墓, 尤庸興感. 故忠正公 朴彭年, 忠文公 成三問, 忠簡公 李塏, 忠景公 柳誠源, 忠烈公 河緯地, 忠穆公 兪應孚墓, 遣地方官致祭."

474) 高麗史 卷57, 雜志11(地理2): "尙州牧本沙伐國 新羅沾解王取以爲州 法興王改爲上州 置軍主 眞興王廢爲上洛郡 神文王復置州 景德王改爲上州 惠恭王復爲沙伐州 太祖二十三年復改爲尙州 其後又改爲安東都督府 成宗二年初置十二牧 尙州郡其一也. 十四年置十二州節度使號歸德軍屬嶺南道 顯宗三年廢節度使復爲安東大都護府 五年改爲尙州按撫使 九年定爲牧爲八牧之一 別號上洛(成廟所定) 又號商山(諺傳州北面林下村人姓太者捕賊有功陞其村爲永順縣) 有洛東江又有大堤名曰恭檢(明宗 二十五年司錄崔正份因舊址而築之) 屬郡七縣十七領知事府二."

475) 三國史記 卷34, 雜志3(地理1): "尙州, 沾解王時取沙伐國爲州. 法興王十二年, 梁普通六年. 初置軍主爲上州, 眞興王十八年州廢, 神文王七年, 唐垂拱三年復置. 築城周一千一百九步, 景德王十六年改名尙州. 今因之領縣三, 靑驍縣, 本昔里火縣 景德王改名. 今靑理縣, 多仁縣 本達已縣(或云多已) 景德王改名 今因之 化昌縣, 本知乃彌知縣, 景德王改名 今未詳."

476) 東國輿地勝覽, 卷28, 尙州牧, 建置沿革條: "本沙伐國(一云沙弗) 新羅沾解王取以爲州 法興王改上州 置軍主 眞興王改上洛郡 神文王爲復州 景德王改今名 惠恭王復爲沙伐州 高麗初復改爲尙州 後改爲安東都督府 成宗二年 改尙州牧 後置節度使號歸德軍 隸嶺南道 顯

宗廢節度使 復爲安東大都護府 後改爲尙州按撫使 九年定爲八牧之一 本朝因之世宗以觀察使兼牧使尋罷 世祖朝始置鎭 以牧使兼右道兵馬節度副使 尋罷之 仍爲鎭."

477) 洛河, 百度百科: "古稱雒水, 黃河右岸重要支流. 因河南境內的伊河爲重要支流, 亦稱伊洛河, 卽上古時期河洛地區的洛水. 南洛河爲洛河在水文上的名稱. 源出陝西省渭南市華州區西南與藍田縣, 臨渭區交界的箭峪嶺側木岔溝, 流經陝西省東南部及河南省西北部洛陽市境內, 在河南省鞏義市注入黃河. 河道全長 447公里, 陝西境內河長 129.8公里, 河南境長 366公里. 流域總面積 18,881平方公里."

478) らく-すい [洛水/雒水] 中國, 陝西せんせい省南部にある華山に源を發し, 河南省に入って北東に流れ, 洛陽の南を通り黃河に注ぐ川. 長さ420キロ. 洛河, 南洛河. ルオショイ. 中國, 陝西省北西部にある白于はくう山地に源を發し, 南東に流れ, 渭水いすいに合流して黃河に注ぐ川. 長さ 660キロ. 洛河. 北洛河.

479) 양삼열, [풍수단상] 하도(河圖)와 낙서(洛書), 울산매일TV, 2022. 11. 27.: "하늘이 신묘한 물건을 내시니 성인이 그것을 법칙으로 삼고, 하늘과 땅이 변하여 달라지니 성인이 그것을 본받고, 하늘이 상을 드리워 길흉을 드러내니 성인이 그것을 상으로 삼았으며, 황하(黃河)에서 하도(河圖)가 나오고 낙수(洛水)에서 낙서(洛書)가 나오니 성인이 그것을 법칙으로 하였다."라고 역서(易書)에 적혀 있다. 천하의 법도가 하도(河圖)와 낙서(洛書)에서 출현한 것임을 분명히 밝히고 있다.

480) 升庵詩話, 維基文庫(wikisource.org), 2021. 9. 29.: "聖人之心如化工, 然後矢口成文, 吐辭爲經, 自聖人以下, 必須則古昔, 稱先王矣 … 倉頡之制文字, 天地之出圖書, 何非何惡, 而今天雨粟鬼夜哭哉!"

481) 낙동강(洛東江) , 한국민족문화대백과사전(https://encykorea.aks.ac.kr), 2023. 5. 31.: "···『동국여지승람』에는 낙수(洛水)로 표기되어 있으며『택리지』에는 낙동강으로 되어 있다. 본래 낙동이란 가락의 동쪽이라는 데에서 유래되었다 한다."

482) 洛東江則是位於東側. 高麗時期所編撰的『三國遺史』中, 將洛東江標示爲「黃山津」或「伽倻津」, 但在朝鮮初期的歷史地理誌『東國輿地勝覽』則將洛東江寫作「洛水」或「洛東江」, 同時記載著:「洛東江位於尙州東側 36里處」. 18世紀由李肯翊所編寫的『燃藜室記述』中也寫道:「洛東江指尙州之東」, 之後在金正浩的『大東輿地圖』中也標有「落東江」的名稱. 由此可知, 今日所使用的洛東江之名早在朝鮮初期便開始使用.

483) 宣祖修正實錄 36卷, 宣祖 35年 9月 25日 甲申: "慶尙道居吳汝穩上疏言鄭仁弘人中之鳳, 而李貴乃敢搆虛捏無, 逐節辨明, 累千言. 其時史官又從而爲之說曰: 仁弘, 曹植之高弟, 以氣節自許, 多士尊之曰來庵先生. 今蒙不世之遇, 連置風憲之長, 朝廷宜體尊賢之至意, 而仁弘竟未免失意而歸, 使山林高蹈之士, 猶恐入山之不深, 以仁弘爲戒, 深可惜也. 云 仁弘假跡山林, 遙執朝權, 以戕害士林爲事. 辛巳間入臺閣, 首劾士類, 復論李敬中排斥鄭汝立之罪. 其後, 又醜詆李珥, 成渾, 甚於讐怨, 攘臂跳踉, 締結李爾瞻等三四人, 濁亂朝政, 無所不至, 而史臣肆意讚揚, 是出於附會諂媚之心. 鄙夫難與事君, 其是之謂乎!"

484) 成宗實錄 118卷, 成宗 11年 6月 16日 乙丑: "成均生員金宏弼上疏曰: 臣聞事有所當爲, 有所當去者: 曰正曰直, 事之當爲者也; 曰邪曰曲, 事之當去者也, 今夫儒也, 釋也, 其道不同,

其文不同, 其法不同, 其行不同. 何者, 儒之爲道, 不過曰, 父子有親, 君臣有義, 夫婦有別, 長
幼有序, 朋友有信, 而其文『詩』,『書』,『易』,『春秋』; 其法, 禮樂刑政, 以之爲己, 則順而祥; 以
之爲人, 則愛而公; 以之爲天下國家, 無所處而不當. 釋之爲道, 不過曰, 棄而君臣, 去而父子,
禁而相生養之道, 以求所謂淸淨, 寂滅者, 而其文『金剛』,『般若』; 其法觀空, 見性, 以之爲己,
則逆而不祥; 以之爲人, 則偏而不公; 以之爲天下, 無所處而得其宜. 由是觀之, 其邪正, 曲直
之所在, 槪可知矣 …."

485) 純宗實錄 3卷, 純宗 2年 1月 8日: "詔曰: 學問純篤, 操履貞確, 百世遺風, 士林攸仰. 駕過嶠
鄕, 尤庸興感. 先正文敬公 金宏弼祠版, 遣地方官致祭 …."

486) 中宗實錄 29卷, 中宗 12年 8月 6日 己酉 "傳于政院曰: 金宏弼鄭汝昌皆賢者也. 其子孫錄
用, 不可如他被誅人子孫例, 當各別錄用. 且褒贈官爵, 存恤妻子等事, 幷捧承傳."

487) 도동서원 이야기, 달성문화재단, 2015, 머리글

488) 朱子, 齋居感興二十首: "恭惟千載心, 秋月照寒水, 魯叟何常師, 刪述存聖軌."

489) 宣祖實錄 27卷, 宣祖 25年 6月 28日 丙辰: 慶尙右道招諭使金誠一馳啓曰: "臣罪當萬死,
特蒙天地再生之恩, 不唯不誅 … 又有宜寧居故牧使郭越之子儒生郭再祐者, 少習弓馬, 家
素饒富, 聞變之後, 盡散其財以募兵, 手下壯士頗衆. 最先起軍, 入草溪空城, 取兵仗軍糧,
時有同縣居鄭大成者, 聚徒作賊, 陜川郡守田見龍, 竝疑爲賊, 飛報監兵使. 監兵使乃下令,
擒斬大成後, 再祐之兵亦爲散去 …."

490) 高宗實錄 19卷, 高宗 19年 5月 4日 己丑: "初四日. 忠淸道儒生白樂寬原情略 [獨疏未徹, 擧
火于南山, 以原情入徹]: … 奉駕西遷, 將欲內附, 幸賴皇明之拯救, 而亦有臣李恒福, 李德
馨, 李舜臣, 郭再祐等, 皆中興輔佐最著者也. 論介, 月仙, 以遮方賤妓 …."

491) 禮記, 學己篇: "發慮憲, 求善良, 足以謏聞, 不足以動衆. 就賢體遠, 足以動衆, 未足以化民.
君子如欲化民成俗, 其必由學乎!"

492) Lois Melkonian, Self directed learning is the key to new skills and knowledge, January 31,
2022(betterup.com/blog/self-directed-learning): "Self-directed learning supports your
continuous growth. If you've ever taught yourself a new skill — such as how to make sauerkraut,
grow tomatoes, or play a musical instrument — you've used self-directed learning. You can
employ self-directed learning for anything you are motivated to learn, whether for a hobby
or more work-related. Self directed learning requires a number of skills, including: Critical
thinking, Research, Time management, Communication, Self-management. If you're ready to
embark on a self-directed learning adventure, read on to learn what self-directed learning is
and how to implement it in your life."

493) 論語, 憲問篇: "古之學者爲己, 今之學者爲人 …."

494) 宣祖實錄4卷, 宣祖 3年 5月 13日 庚辰: "傳李英賢, 具思孟, 洪奉世, 李瓘, 沈淵, 金田溉, 李
璋, 李鵬, 柳景源, 宋庭荀, 鄭淹, 金允悌, 趙述, 李千壽, 郭越等敍用, 安鴻, 柳克智, 李山甫,
尹存性等職牒還給事, 下吏曹."

495) 宣祖修正實錄 26卷, 宣祖 25年 6月 1日 己丑: "玄風人郭再祐, 故牧使郭越之子也. 本儒生, 以善居喪聞. 早棄擧業, 有武勇亦自晦, 家頗饒財. 聞賊渡海, 盡散家藏, 交結材武, 以爲傔. 盜果悍異於平人. 跟尋其類, 說以禍福, 先得數十人, 漸聚兵至千餘人. 及賊入右道, 倭將安國司者, 聲言向湖南, 再祐往來江上, 東西勦擊, 賊兵多死. 常着紅衣, 自稱紅衣將軍, 出入賊陣, 馳驟如飛, 賊九矢齊發, 不能中. 忠讜果敢, 能得士心, 人自爲戰, 善於應機合變, 軍無傷挫. 旣復宜寧等數邑, 仍屯兵鼎津江右, 下道獲安農作, 義聲大彰."

496) 三國志 魏書東夷傳 韓條: "… 已柢國·不斯國·弁辰彌離彌凍國·弁辰接塗國·勤耆國·難彌離彌凍國·弁辰古資彌凍國·弁辰古淳是國·冉奚國·弁辰半路國·弁[辰]樂奴國·軍彌國(弁軍彌國)·弁辰彌烏邪馬國·如湛國·弁辰甘路國·戶路國·州鮮國(馬延國)·弁辰狗邪國·弁辰走漕馬國·弁辰安邪國(馬延國)·弁辰瀆盧國·斯盧國·優由國 …."

497) 나무위키, 여담국: …'여(如)'는 중국고음 'nzio'이고, '심(湛)'은 'dam'으로 한자음애 가깝다. 여담국은 군위군에 비정하고 있다.

498) 三國史記 卷三十四: "… 介同兮縣, 今未詳, 軍威縣, 本奴同覓縣一云如豆覓, 景德王改名, 今因之."

499) 세계 최대 익룡 발자국 화석, 군위 1억 년 전 지층서 발견, 중앙일보, 2009. 09. 08.: "세계 최대 규모의 익룡 발자국 화석이 경북 군위군에서 발견됐다. 문화재청 국립문화재연구소 천연기념물센터는 군위군 중생대 공룡 화석 산지 기초 학술 조사 도중 세계에서 가장 큰 익룡 발자국 화석을 발견했다고 7일 밝혔다. 약 9,000만~1억 1,000만 년 전 지층에서 발견된 익룡 발자국은 길이 354㎜, 폭 173㎜로, 익룡 앞 발자국의 특징인 비대칭형의 세 발가락이 선명히 찍혀 있다. 지금까지 세계 최대 익룡 발자국으로 보고된 것은 1996년 전남 해남군에서 발견된 해남이크누스(Haenamichnus)다. 이는 앞 발자국 길이 330㎜, 폭 110㎜에 뒤 발자국 길이 350㎜, 폭 105㎜다. 이번에 발견된 발자국은 해남이크누스의 것보다 크다."

500) 이용욱, 박 대통령 "대구 공항, 군 공항과 통합이전을 …" 밀양 신공항 탈락 보상 차원인 듯, 경향신문, 2016. 7. 11.: "박근혜 대통령은 11일 '대구 공항은 군(軍)과 민간 공항을 통합 이전함으로써 군과 주민들의 기대를 충족하도록 해야 할 것"이라고 말했다. 박근혜 대통령은 이날 청와대에서 수석비서관 회의를 주재하면서 "영남권 신공항의 입지가 김해 신공항 건설로 결정됐다. 이러한 결정으로 인해 현재 군과 민간이 함께 운용하고 있는 대구 공항 이전 추진이 일시 중단된 것으로 알고 있다.'라며 이같이 밝혔다. 대구 공항 통합 이전은 지난달 영남권 신공항 선정에서 대구·경북이 강력하게 밀어붙였던 경남 밀양이 탈락한 데 대한 보상 차원 대책으로 해석된다."

색인표(Index)